JACK L'ÉVENTREUR

Née à Miami en 1956, Patricia Cornwell a mis à profit son expérience dans la médecine légale pour créer le personnage de Kay Scarpetta, héroïne d'une quinzaine de romans qui feront l'objet d'une prochaine adaptation à l'écran.

PATRICIA CORNWELL

Jack l'Éventreur

Affaire classée

PORTRAIT D'UN TUEUR

TRADUIT DE L'AMÉRICAIN PAR JEAN ESCH

ÉDITIONS DES DEUX TERRES

Titre original :

PORTRAIT OF A KILLER : JACK THE RIPPER - CASE CLOSED
J.P. Putnam's Sons, a member of Penguin Putnam Inc., New York

ISBN : 978-2-253-09031-1 - 1ʳᵉ publication LGF

À John Grieve, de Scotland Yard.
Vous l'auriez attrapé.

LOCALITY OF THE SEVEN UNDISCOVERED MURDERS.

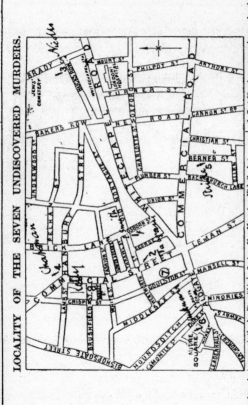

The above chart represents the locality within which, since April last, seven women of the unfortunate class have been murdered. The precise spot where each crime was committed is indicated by a dagger and a numeral.

1. April 3.—Emma Elizabeth Smith, forty-five, had a stake or iron instrument thrust through her body, near Osborn-street, Whitechapel.

2. Aug. 7.—Martha Tabram, thirty-five, stabbed in thirty-nine places, at George-yard-buildings, Commercial-street, Spitalfields.

3. Aug. 31.—Mary Ann Nicholls, forty-seven, had her throat cut and body mutilated, in Buck's-row, Whitechapel.

4. Sept. 8.—Annie Chapman, forty-seven, her throat cut and body mutilated, in Hanbury-street, Spitalfields.

5. Sept. 30.—A woman, supposed to be Elizabeth Stride, but not yet identified, discovered with her throat cut, in Berner-street, Whitechapel.

6. Sept. 30.—A woman, unknown, found with her throat cut and body mutilated, in Mitre-square, Aldgate.

Figure 7 (encircled) marks the spot in Goulston-street where a portion of an apron belonging to the woman murdered in Mitre-square was picked up by a Metropolitan police-constable.

Figure 8, Nov. 9.—Mary Jane Kelly, '4, her throat cut and body terribly mutilated, in Miller's-court, Dorset-street.

« Ce fut la panique générale ; de nombreuses personnes très nerveuses affirmaient que le Malin était revenu sur terre. »

H.M., missionnaire anonyme dans l'East End.

CHAPITRE 1

M. PERSONNE

Le lundi 6 août 1888 était jour férié à Londres. La ville était une fête foraine où l'on pouvait faire des choses merveilleuses pour seulement quelques *pennies*, quand on les avait.

Les cloches de la paroisse de Windsor et de la chapelle Saint-George sonnèrent toute la journée. Les navires avaient hissé les couleurs et des canons faisaient retentir des salves royales pour fêter le quarante-quatrième anniversaire du duc d'Édimbourg.

Le Crystal Palace offrait un époustouflant éventail de programmes spéciaux : récitals d'orgue, concerts de musique militaire, un « monstrueux spectacle de feu d'artifice », un grand ballet féerique, des ventriloques et des « numéros de variétés mondialement célèbres ». Madame Tussaud présentait une statue en cire du corps de Frédéric II et, bien évidemment, la toujours très populaire Salle des Horreurs attendait ceux qui avaient les moyens d'acheter des places de théâtre et étaient d'humeur à s'offrir une « allégorie » ou simplement une bonne vieille frayeur. *Dr Jekyll et Mr Hyde* se jouait à guichets fermés. Le célèbre comédien américain Richard Mansfield brillait dans le double rôle de Jekyll et Hyde au Lyceum de Henry Irving, et l'Opéra Comique proposait sa propre version de la pièce, bien que les critiques ne soient pas très bonnes, et dans une ambiance de scandale, car le théâtre avait adapté le roman de Robert Louis Stevenson sans autorisation.

En ce jour férié, il y avait des expositions de chevaux et de bétail, des «tarifs réduits» dans les trains, et les bazars de Covent Garden regorgeaient de vaisselle de Sheffield, d'or, de bijoux et de vieux uniformes militaires. Si un homme voulait se faire passer pour un soldat en ce jour de détente et de chahut, il pouvait le faire à moindres frais, sans qu'on lui pose de questions. On pouvait aussi se déguiser en policier en louant un authentique uniforme de la Police métropolitaine chez Angel's, spécialiste des costumes de théâtre, à Camden Town, à seulement trois kilomètres de l'endroit où vivait le séduisant Walter Richard Sickert.

Âgé de vingt-huit ans, Sickert avait renoncé à son obscure carrière de comédien pour répondre à l'appel plus noble de l'art. Il était peintre, graveur, élève de James Abott McNeill Whistler et disciple d'Edgar Degas. Le jeune Sickert était lui-même une œuvre d'art : svelte, avec un torse et des épaules développés par la natation, un nez et une mâchoire aux angles parfaits, d'épais cheveux blonds ondulés et des yeux bleus aussi impénétrables et pénétrants que ses pensées secrètes et son esprit perçant. On aurait presque pu le qualifier de «joli», n'eût été sa bouche qui pouvait prendre l'apparence d'un trait dur et cruel. On ne connaît pas sa taille précise, mais un de ses amis le décrit comme «un peu plus grand que la moyenne». Des photographies et plusieurs vêtements légués aux archives de la Tate Gallery dans les années 1980 suggèrent qu'il mesurait environ 1,73 mètre.

Sickert parlait couramment l'allemand, l'anglais, le français, l'italien, il connaissait suffisamment bien le latin pour l'enseigner à ses amis, et il possédait de bonnes bases en danois et en grec, et peut-être aussi quelques rudiments d'espagnol et de portugais. On dit qu'il lisait les classiques dans leur langue originale, mais il ne finissait pas toujours un livre qu'il avait commencé. Il n'était pas rare qu'il abandonne ici et là des dizaines de romans, ouverts à la dernière page qui avait su capter son intérêt. Sickert était surtout passionné par les journaux, les magazines et les revues.

Jusqu'à sa mort, en 1942, ses ateliers et ses cabinets de travail ressemblèrent à des centres de recyclage pour presque toutes les choses imprimées qui sortaient des presses européennes. On peut se demander comment une personne qui travaille beaucoup peut trouver le temps de lire quatre, cinq, six ou dix quotidiens chaque jour, mais Sickert avait une méthode. Il ne s'occupait pas de ce qui ne l'intéressait pas, qu'il s'agisse de politique, d'économie, des affaires internationales, des guerres ou des gens. Rien n'intéressait Sickert si ça n'avait pas une influence quelconque sur Sickert.

Il préférait généralement lire un article sur le tout dernier spectacle présenté à Londres, éplucher les critiques d'art, se jeter sur une nouvelle histoire de crime ou chercher son nom si, pour une raison ou une autre, il devait être mentionné tel ou tel jour. Sickert avait plaisir à découvrir ce que faisaient les gens, surtout dans l'intimité de leurs vies victoriennes pas toujours très propres. Il suppliait ses amis : « Écrivez, écrivez, écrivez ! Racontez-moi en détail toutes sortes de choses, des choses qui vous ont amusés, *comment, quand* et *où,* et toutes sortes de rumeurs sur tout le monde. »

Sickert méprisait l'aristocratie et la haute bourgeoisie, mais il était fasciné par les vedettes. Il réussissait à frayer avec les plus grandes personnalités de son temps : Henry Irving et Ellen Terry, Aubrey Beardsley, Henry James, Max Beerbohm, Oscar Wilde, Monet, Renoir, Pissarro, Rodin, André Gide, Édouard Dujardin, Proust et des parlementaires. Mais il ne connaissait pas nécessairement la plupart d'entre eux, et personne – célèbre ou pas – ne le connaissait véritablement, pas même sa première épouse, Ellen, qui aurait quarante ans dans moins de quinze jours. Sans doute Sickert ne pensait-il guère à l'anniversaire de son épouse en ce jour férié, mais il est peu probable qu'il l'ait oublié.

Sa mémoire prodigieuse lui valait une grande admiration. Durant toute sa vie, il amusa les convives dans les dîners en jouant de longs passages de comédies musicales et de pièces de théâtre, en costume, sans jamais se tromper dans son texte. Sickert ne pouvait pas avoir oublié que l'anniversaire d'Ellen était le 18 août et que c'était l'occasion de faire facilement de la peine. Peut-être qu'il « oublierait ». Peut-être qu'il disparaîtrait dans un de ses taudis secrets qu'il louait et appelait des ateliers. Peut-être qu'il

emmènerait Ellen dans un café romantique de Soho
et qu'il l'abandonnerait seule à table pour foncer
dans un quelconque music-hall et ne pas rentrer de
la nuit. Ellen aima Sickert durant toute sa triste vie,
malgré le cœur sec de son mari, ses mensonges
pathologiques, son égocentrisme et sa sale manie
de disparaître pendant plusieurs jours, voire des
semaines, sans donner de nouvelles ni d'explications.

Walter Sickert était un comédien de nature plus que
de métier. Il occupait le devant de la scène dans sa vie
secrète, alimentée par les fantasmes, et il était aussi à
l'aise pour se mouvoir sans se faire remarquer dans
l'obscurité profonde des rues désertes qu'au milieu
d'une foule grouillante. Il possédait un large registre
de voix et était passé maître dans l'art du maquillage et
du costume. Il était tellement doué pour le déguisement que, lorsqu'il était enfant, il arrivait souvent que
ses voisins et sa propre famille ne le reconnaissent pas.

Au cours de sa longue et célèbre existence, il eut
la triste réputation de changer constamment d'apparence, grâce à diverses barbes et moustaches, de
porter des tenues étranges, proches parfois du déguisement, et d'essayer toutes sortes de coiffures, allant
jusqu'à se raser le crâne. Comme l'a écrit son
ami, le peintre et écrivain français Jacques-Émile
Blanche, Sickert était un « Protée ». « Le génie de
Sickert pour le camouflage vestimentaire, la façon
de se coiffer et de parler, rivalise avec celui de Fre-
goli », se souvenait Blanche. Sur un portrait peint
par Wilson Steer en 1890, Sickert arbore visiblement
une fausse moustache qui ressemble à une queue
d'écureuil collée au-dessus de sa bouche.

De même, Sickert avait un certain penchant pour les pseudonymes. Sa carrière de comédien, ses tableaux, ses gravures, ses dessins et une profusion de lettres adressées à des collègues, amis et journaux, révèlent de nombreuses personnalités : M. Nemo (équivalent latin de M. Personne), Un Enthousiaste, Un Whistlerien, Votre Critique d'Art, Un Outsider, Walter Sickert, Sickert, Walter R. Sickert, Richard Sickert, W. R. Sickert, W.S., R.S., S., Dick, W. St., Rd. Sickert LL.D., R. St. A.R.A et RDSt A.R.A.

Sickert n'a pas rédigé ses mémoires, il ne tenait pas de journal intime, n'avait pas d'agenda et ne datait pas la plupart de ses lettres, ni ses œuvres ; il est donc difficile de savoir où il était et ce qu'il faisait tel jour, telle semaine, tel mois ou même telle année. Je n'ai trouvé aucun renseignement concernant ses activités en ce jour du 6 août 1888, mais il n'y a aucune raison de penser qu'il n'était pas à Londres. Des notes qu'il a griffonnées sur des croquis de music-hall suggèrent qu'il était en tout cas en ville deux jours plus tôt, le 4 août.

Whistler devait se marier à Londres cinq jours plus tard, le 11. Sickert n'avait pas été invité à la cérémonie intime, mais il n'était pas du genre à manquer cela, même s'il devait jouer les espions.

Le grand peintre James McNeill Whistler était tombé éperdument amoureux de la «remarquablement jolie» Beatrice Godwin, qui allait prendre la première place dans sa vie et en modifier totalement le cours. De même, Whistler occupait une des places prédominantes dans la vie de Sickert, dont il avait totalement modifié le cours. «Gentil garçon, ce Walter », disait Whistler au début des années 1880, à l'époque où il avait encore de l'affection pour ce jeune homme ambitieux et extraordinairement doué. Depuis, leurs rapports s'étaient refroidis, mais rien n'aurait pu préparer Sickert à ce qui dut lui apparaître comme un abandon aussi inattendu que total de la part du maître qu'il idolâtrait, enviait et haïssait. Whistler et sa jeune épouse projetaient de passer leur lune de miel et de voyager jusqu'à la fin de l'année en France, où ils espéraient s'installer de manière permanente.

Le bonheur conjugal programmé du génie flamboyant et égocentrique James McNeill Whistler devait être déconcertant pour son ancien apprenti garçon de courses. Un des nombreux rôles de Sickert était celui du séducteur irrésistible, mais, dans les coulisses, il n'était rien de tel. Sickert était dépendant des femmes et il les détestait. Il les jugeait inférieures sur le plan intellectuel et inutiles, sauf comme concierges ou objets à manipuler, essentiellement pour l'art et l'argent. Les femmes étaient dangereuses, car elles lui rappelaient un secret humiliant et horripilant qu'il emporta dans sa tombe, et même au-delà, car les corps incinérés ne disent rien sur la chair, même quand on les exhume. Sickert était né avec une déformation du pénis qui avait nécessité une opération chirurgicale quand il était petit et qui l'avait laissé, sinon mutilé, du moins frappé de difformité. Sans doute était-il incapable d'avoir une érection. Peut-être ne lui restait-il pas un pénis assez long pour la pénétration, et il est fort possible qu'il ait été obligé de s'accroupir comme une femme pour uriner.

« Ma théorie au sujet de ces crimes, c'est que le meurtrier a été salement estropié », dit une lettre datée du 4 octobre 1888 et conservée parmi les documents concernant « les Meurtres de Whitechapel », à la Corporation of London Record Office – « ... *il est possible* que son membre intime ait été détruit, et maintenant il se venge du sexe en commettant ces atrocités ». La lettre est écrite à l'encre violette et signée d'un énigmatique « Scotus », qui pourrait être la traduction latine de *Scotsman*, Écossais. Le mot *scotch* peut signifier une petite incision ou coupure. « Scotus » peut également être une allusion étrange et érudite à Johannes Scotus Eriugena, théologien, professeur de grammaire et de dialectique du IXᵉ siècle.

Pour Walter Sickert, imaginer Whistler amoureux d'une femme avec laquelle il avait des relations sexuelles a peut-être été le catalyseur qui fit de cet homme l'un des meurtriers les plus dangereux et les plus insaisissables de tous les temps. Il commença alors à exécuter ce qu'il avait imaginé durant la majeure partie de sa vie, pas seulement dans ses pensées, mais aussi dans des croquis d'enfant qui représentaient des femmes kidnappées, attachées et poignardées.

La psychologie d'un meurtrier violent et dénué de remords ne se définit pas en reliant des points entre eux. Il n'existe pas d'explications simples, ni d'enchaînements infaillibles de causes et d'effets. Mais la boussole de la nature humaine indique une certaine direction, et les sentiments de Sickert ne pouvaient qu'être embrasés par le mariage de Whistler avec la veuve de l'architecte et archéologue Edward Godwin, l'homme qui avait vécu précédemment avec la comédienne Ellen Terry et qui était le père de ses enfants.

La belle et sensuelle Ellen Terry était une des actrices les plus célèbres de l'époque victorienne, et Sickert était obsédé par elle. Adolescent, il les suivait partout, elle et son partenaire de scène, Henry Irving. Et voilà que Whistler se retrouvait lié aux deux obsessions de Sickert, et dans son univers, ces trois étoiles formaient une constellation dont il était exclu. Les étoiles se fichaient pas mal de lui. Il était véritablement M. Nemo.

Mais à la fin de l'été 1888, il se donna un nouveau nom de scène qui, durant toute sa vie, ne serait jamais rattaché à lui ; un nom qui, bientôt, serait plus connu que ceux de Whistler, Irving ou Terry.

La concrétisation des fantasmes violents de Jack l'Éventreur débuta en ce jour d'insouciance du 6 août 1888, lorsqu'il sortit en douce des coulisses pour effectuer ses débuts dans une série d'épouvantables représentations destinées à devenir le mystère criminel le plus connu de toute l'histoire. On croit généralement, à tort, que son épopée violente prit fin aussi brutalement qu'elle commença, qu'il surgit de nulle part et quitta ensuite la scène.

Des décennies ont passé, puis cinquante ans, puis cent ; ses crimes sexuels sanglants se sont banalisés et sont devenus anodins. Ils sont devenus des énigmes, des week-ends du mystère, des jeux, des « Circuits Éventreur » qui s'achèvent par quelques pintes au pub Ten Bells. *Saucy Jack*, Jack l'Effronté, comme il se surnommait parfois, a tenu le premier rôle dans des films noirs avec de célèbres acteurs, des trucages et une avalanche de ce que l'Éventreur disait adorer : du sang, du sang, du sang. Ses carnages n'inspirent plus ni la peur, ni la colère, ni même la pitié, alors que ses victimes se décomposent en silence, certaines dans des tombes anonymes.

CHAPITRE 2

LA VISITE

Peu de temps avant Noël 2001, je regagnais à pied mon appartement de l'Upper Eastside à New York, et je savais que je paraissais abattue et nerveuse, en dépit de mes efforts pour avoir l'air détendue et de bonne humeur.

Je n'ai pas beaucoup de souvenirs de cette soirée-là, pas même du restaurant où nous avions dîné en petit comité. Je me souviens vaguement que Lesley Stahl nous a raconté une histoire effrayante concernant sa dernière enquête pour le magazine *60 Minutes*, et que tout le monde autour de la table parlait de politique et d'économie. J'offris quelques encouragements à un autre auteur, en débitant mon habituel laïus sur l'importance de « faire-ce-qu'on-a-envie-de-faire », car je n'avais pas envie de parler de moi, ni de ce travail dont je craignais qu'il détruise ma vie. J'avais le cœur comprimé, comme si le chagrin allait exploser dans ma poitrine d'une seconde à l'autre.

Avec mon agent littéraire, Esther Newberg, nous prîmes à pied la direction de notre quartier. Je n'avais pas grand-chose à dire, alors que nous marchions sur le trottoir obscur, en croisant les habituels suspects qui promenaient leurs chiens et le flot incessant des gens qui hurlaient dans leurs téléphones portables. Je remarquais à peine les taxis qui passaient ou le bruit des klaxons. Je me mis à imaginer qu'un criminel quelconque essayait de nous voler nos mallettes ou de nous kidnapper. Je le pourchasserais, je plongerais pour le saisir aux chevilles et je le plaquerais au sol. Je mesure 1,73 mètre et pèse 55 kilos, mais je cours vite, et je lui donnerais une bonne leçon, c'est sûr. J'imaginais ce que je ferais si une saloperie de psychopathe surgissait derrière nous dans le noir et soudain…

– Comment ça va ? me demanda Esther.

– À vrai dire…

Je m'interrompis, car je disais rarement la vérité à Esther.

Je n'avais pas pour habitude d'avouer devant mon agent, ou mon éditrice, Phyllis Grann, que j'avais peur ou que j'étais mal à l'aise à cause de mon travail. Ces deux femmes étaient les deux piliers de mon existence professionnelle et elles avaient confiance en moi. Si je leur avouais que j'avais enquêté sur Jack l'Éventreur et que je connaissais son identité, elles n'en douteraient pas un seul instant.

– Je suis malheureuse, confessai-je, et je me sentais si déprimée, en effet, que j'étais au bord des larmes.

– Ah bon ? (La démarche énergique d'Esther, que rien n'arrêtait, marqua un temps d'hésitation dans Lexington Avenue.) Tu es malheureuse ? C'est vrai ? Pourquoi ?

– Je déteste ce livre, Esther. Je ne sais pas comment

j'ai pu… J'ai simplement observé ses tableaux et sa vie, et de fil en aiguille…

Elle ne disait rien.

Il a toujours été plus facile pour moi de me mettre en colère que de montrer ma peur ou ma tristesse, et je gâchais ma vie à cause de Walter Richard Sickert. Il me la volait.

— Je veux écrire mes romans, dis-je. Je ne veux pas écrire sur lui. Il n'y a aucune joie là-dedans. Aucune.

— Tu sais, dit Esther très calmement en retrouvant son allure habituelle, tu n'y es pas obligée. Je peux m'arranger pour te libérer de ton contrat.

Oui, elle aurait pu me libérer de mon contrat, mais moi, je n'aurais jamais pu me libérer de cette histoire. Je connaissais l'identité d'un meurtrier et il m'était impossible de détourner le regard.

— Je me retrouve brusquement en position de juge, dis-je à Esther. Peu importe qu'il soit mort. Régulièrement, une petite voix me demande : « Et si tu avais tort ? » Je ne me pardonnerais jamais d'avoir porté une telle accusation contre quelqu'un, pour découvrir ensuite que je me suis trompée.

— Mais tu ne penses pas te tromper…

— Non. Parce que je ne me trompe pas.

Tout avait commencé assez innocemment, comme quand vous vous apprêtez à traverser une charmante route de campagne et que vous êtes percuté tout à coup par une bétonneuse. J'étais à Londres en mai 2001 pour assurer la promotion des fouilles archéologiques de Jamestown. Mon amie Linda Fairstein, chef de la brigade des crimes sexuels auprès du Bureau du District Attorney de New York, se trouvait à Londres elle aussi, et elle me demanda si j'avais envie de faire un saut à Scotland Yard pour une petite visite.

– Pas dans l'immédiat, répondis-je.

Mais à peine ces mots étaient-ils sortis de ma bouche que je songeai à la réaction de mépris de mes lecteurs s'ils apprenaient que, parfois, je n'avais pas envie de visiter un énième poste de police, ou un laboratoire, une morgue, un champ de tir, un cimetière, un pénitencier, le lieu d'un crime, un organisme de lutte contre la criminalité ou un musée anatomique.

Quand je voyage, surtout à l'étranger, mon sésame pour découvrir la ville est souvent une invitation à découvrir ses curiosités les plus violentes et les plus tristes. À Buenos Aires, on m'a fait visiter avec fierté le musée du Crime de la ville : une pièce contenant des têtes décapitées conservées dans des bocaux en verre. Seuls les criminels les plus tristement célèbres ont le privilège de figurer dans cette sinistre galerie, et ils ont eu ce qu'ils méritaient, me disais-je, alors qu'ils m'observaient fixement de leurs yeux laiteux. À Salta, à la frontière entre l'Argentine et le Pérou, on m'a montré des momies vieilles de cinq cents ans : des enfants incas enterrés vivants pour plaire aux dieux. Il y a quelques années, à Londres, j'ai eu droit à un traitement de faveur dans une ancienne fosse de pestiférés, où l'on pouvait à peine faire un pas dans la boue sans marcher sur des ossements humains.

J'ai travaillé dans le Service du médecin légiste chef de Richmond, en Virginie, pendant six ans ; j'ai programmé des ordinateurs, compilé des statistiques et donné un coup de main à la morgue. J'ai transcrit les remarques des pathologistes, j'ai pesé des organes, dessiné des trajectoires de balles et noté des tailles de blessures, j'ai inventorié des listes de médicaments avalés par des personnes suicidées qui ne voulaient pas prendre leurs antidépresseurs, j'ai aidé à déshabiller des personnes atteintes de raideur cadavérique qui refusaient avec force qu'on leur ôte leurs vêtements, j'ai étiqueté des éprouvettes, essuyé du sang, vu, touché, senti et même goûté la mort, car sa puanteur reste accrochée au fond de votre gorge.

Je n'oublie pas les visages, ni les plus infimes détails des personnes qui ont été assassinées. J'en ai tellement vu ! Je ne pourrais pas les compter et j'aimerais pouvoir toutes les réunir dans une grande pièce avant que *ça* arrive et les supplier de fermer leurs portes à clé ou d'installer un système d'alarme – ou de prendre au moins un chien –, de ne pas se garer à cet endroit, de ne pas toucher à la drogue. Je sens la piqûre de la douleur chaque fois que je me représente la bombe aérosol de déodorant Brut, cabossée, dans la poche de l'adolescent qui veut frimer et décide de se tenir debout à l'arrière d'un pick-up : il n'avait pas remarqué que la camionnette allait passer sous un pont. Je n'arrive toujours pas à saisir l'aspect aléatoire de la mort de l'homme frappé par la foudre après qu'on lui avait donné un parapluie avec un bout métallique à sa descente d'avion.

Ma profonde curiosité à l'égard de la violence s'est durcie il y a longtemps pour se transformer en une armure clinique qui me protège, mais qui est si lourde que j'ai parfois du mal à marcher après avoir rendu visite aux morts. J'ai l'impression qu'ils veulent mon énergie et qu'ils essaient désespérément de se l'approprier, alors qu'ils gisent dans leur sang sur la chaussée ou sur une table en acier inoxydable. Les morts restent morts, et moi, je me retrouve vidée. Le meurtre n'est pas un mystère, et c'est ma mission que de le combattre avec mon stylo.

Cela aurait été trahir ce que je suis, cela aurait été une insulte envers Scotland Yard et tous les représentants de la loi de la chrétienté d'être « fatiguée » le jour où Linda Fairstein me proposait une visite guidée.

Je me repris donc :

– C'est très aimable de la part de Scotland Yard, lui dis-je. Je n'y suis jamais allée.

Le lendemain matin, je fis la connaissance du *Deputy Assistant Commissioner* John Grieve, un des enquêteurs les plus respectés en Grande-Bretagne, et aussi, découvris-je, un spécialiste des crimes de Jack l'Éventreur. Le légendaire tueur victorien m'intéressait très peu. Je n'avais jamais lu un seul livre sur l'Éventreur. Je ne connaissais rien de ses meurtres. J'ignorais que ses victimes étaient des prostituées et de quelle manière elles mouraient. Je posai quelques questions. Peut-être pourrais-je me servir de Scotland Yard dans mon prochain roman avec Scarpetta, pensais-je. Dans ce cas, j'aurais besoin de connaître quelques éléments factuels concernant les meurtres de l'Éventreur, et peut-être que Scarpetta aurait de nouvelles hypothèses à proposer.

John Grieve proposa alors de me faire faire une visite rétrospective des lieux où avaient été commis

les crimes ; ou du moins ce qu'il en reste cent treize
ans plus tard. J'annulai un voyage en Irlande pour
passer une matinée pluvieuse et glaciale en compagnie du célèbre M. Grieve et de l'inspecteur Howard
Gosling, à Whitechapel et Spitalfields, jusqu'à Mitre
Square et Miller's Court, où Mary Kelly fut écorchée
jusqu'aux os par ce tueur en série appelé l'Éventreur.

– Quelqu'un a-t-il déjà essayé d'utiliser la science
de la médecine légale moderne pour résoudre ces
crimes ? demandai-je.

– Non, répondit John Grieve, et il me donna la liste
de quelques vagues suspects. Il y a un autre type intéressant sur lequel vous pourriez vous renseigner, si
vous voulez vous plonger là-dedans. Un artiste
nommé Walter Sickert. Il a peint quelques scènes de
meurtres. Sur un de ses tableaux en particulier, un
homme habillé est assis au bord d'un lit, près du
cadavre de la prostituée qu'il vient d'assassiner. Ça
s'appelle *The Camden Town Murder* (Le Meurtre de
Camden Town). Je me suis toujours posé des questions sur cet homme.

Ce n'était pas la première fois qu'un lien était établi entre Sickert et les crimes de Jack l'Éventreur. La
plupart des gens ont toujours trouvé cette idée risible.

J'ai commencé à m'interroger au sujet de Sickert
en feuilletant un livre rassemblant ses œuvres. La première reproduction sur laquelle je tombai était un
tableau de 1887 représentant la célèbre chanteuse victorienne Ada Lundberg, au Marylebone Music Hall.
Elle est censée être en train de chanter, mais on dirait
qu'elle hurle, sous les regards des hommes concupiscents et menaçants. Je suis sûre qu'il existe des

explications artistiques pour toutes les œuvres de Sickert. Mais ce que je vois quand je les regarde, c'est la morbidité, la violence et la haine des femmes. Alors que je continuais à m'intéresser à Sickert et à l'Éventreur, je commençai à découvrir des parallèles troublants. Certains de ses tableaux offrent une ressemblance terrifiante avec les photos des victimes de Jack l'Éventreur prises à la morgue ou sur les lieux des crimes.

Je découvris des images sombres où des hommes habillés se reflètent dans des miroirs, dans des chambres lugubres, avec des femmes nues assises sur des châlits en fer. Je vis la violence et la mort imminentes. Je vis une victime qui n'avait aucune raison de craindre cet homme charmant et beau qui l'avait attirée par la ruse dans un lieu et une situation où elle était totalement vulnérable. Je vis un esprit diaboliquement créatif. Et je vis le mal. Je commençai alors à ajouter des couches de preuves circonstancielles aux preuves physiques découvertes par la science légale moderne et les cerveaux des spécialistes.

Depuis le début, les spécialistes de la médecine légale et moi n'avons cessé de compter sur l'ADN. Mais ce n'est qu'au bout d'un an, et après une centaine de tests, que nous commencerions à entrevoir les premiers résultats (décevants pour la plupart), provenant des preuves génétiques vieilles de soixante-quinze à cent quatorze ans que laissèrent Walter Sickert et Jack l'Éventreur en touchant et en léchant des timbres et des rabats d'enveloppes. S'il est exact (on ne peut pas en être certain) que Sickert et l'Éventreur ont laissé les séquences d'ADN que nous avons retrouvées, celles-ci proviennent de cellules à l'intérieur de leurs bouches, qui se sont répandues dans la salive et ont été emprisonnées dans la colle jusqu'à ce que des spécialistes de l'ADN s'emparent des marqueurs génétiques à l'aide de pinces, d'eau stérilisée et de tampons de coton.

Le meilleur résultat nous a été fourni par une lettre de l'Éventreur qui recelait une séquence d'ADN mitochondrique d'un unique donneur, assez spécifique pour désigner la personne qui avait touché et léché le dos adhésif de ce timbre, en éliminant 99 % de la population. Ces mêmes marqueurs d'ADN sont apparus dans l'échantillon prélevé sur une autre lettre de l'Éventreur et sur deux lettres écrites par Walter Sickert. À l'exception du timbre de l'Éventreur avec son donneur unique, les marqueurs d'ADN sont toujours mélangés à d'autres profils génétiques appartenant à d'autres personnes. (Ce qui n'est ni étonnant ni accablant.) Ces tests d'ADN sont les plus anciens jamais effectués dans le cadre d'une affaire criminelle et on ne peut en tirer aucune conclusion.

Mais nous n'en avons pas encore fini avec nos tests d'ADN et d'autres types d'analyses médico-légales. Celles-ci pourraient durer encore des années, à mesure que la technologie progresse sur un rythme exponentiel et que l'on découvre et analyse de nouveaux indices. Le test d'ADN achevé depuis la première publication de ce livre n'a pas seulement mis en évidence de nouveaux éléments génétiques correspondant aux lettres de Sickert et de l'Éventreur, il a surtout révélé un donneur unique pour la séquence d'ADN mitochondrique provenant d'une lettre écrite par celui dont on a affirmé qu'il était l'Éventreur : Montague John Druitt. La séquence d'ADN mitochondrique prélevée sur le timbre et le rabat de l'enveloppe de la lettre qu'il écrivit de l'université d'Oxford en 1876 ne possède aucun marqueur commun avec le profil du donneur unique de la lettre adressée à Openshaw et écrite par Jack l'Éventreur.

En supposant que ce soit l'ADN mitochondrique de Druitt qu'on ait retrouvé sur sa lettre, et que l'ADN mitochondrique du donneur unique retrouvé sur la lettre à Openshaw ait été laissé par l'Éventreur, on peut affirmer que Montague Druitt n'a pas, au minimum, écrit cette lettre importante de l'Éventreur (qui a été rédigée sur du papier possédant le même filigrane qu'un des nombreux types de papiers utilisés par Sickert). Étant donné qu'il n'y a jamais eu aucune preuve établissant un lien entre Druitt et les meurtres, et étant donné, comme je le montrerai dans ce livre, que d'autres meurtres ont été commis par l'Éventreur après le suicide de Druitt au début de l'hiver 1888, il me semble impossible de penser que l'avocat dépressif Montague Druitt ait été Jack l'Éventreur.

Il existe bien d'autres indices compromettants qui désignent Sickert. Des scientifiques et des spécialistes de l'art, des papiers et de l'écriture ont découvert les choses suivantes : une lettre de l'Éventreur écrite sur du papier d'artiste ; des filigranes sur du papier utilisé pour les lettres de l'Éventreur semblables à ceux du papier utilisé par Walter Sickert ; des lettres de l'Éventreur écrites avec une matière cireuse, semblable à du crayon et servant aux lithographies ; des lettres de l'Éventreur avec de la peinture ou de l'encre appliquée au pinceau. Un examen au microscope a révélé que le « sang séché » sur les lettres de l'Éventreur correspondait aux mélanges d'huile, de cire et de résine, ou eaux-fortes, utilisés par les imprimeurs d'art pour préparer les plaques servant à l'impression. D'après le spécialiste et historien du papier Peter Bower, l'eau-forte était généralement mélangée dans les ateliers. Sickert a commencé sa carrière artistique comme élève de James McNeill Whistler ; or, précise Bower, « Whistler utilisait toujours le mélange à l'ancienne composé de cire blanche, de poix de bitume et de résine ». Mais, ajoute Bower, « il n'était pas rare que les artistes élaborent leurs propres recettes, souvent inspirées de celles utilisées par leur maître ».

Détail annexe mais intéressant : une recherche de matière sanguine effectuée sur les traces d'eau-forte étalées et peintes sur les lettres de l'Éventreur n'a produit aucun résultat, ce qui est très inhabituel. J'ai d'abord cru que ce phénomène était dû à une réaction aux microscopiques particules de cuivre, car dans ce genre de tests le cuivre peut provoquer une absence de résultat ou un faux résultat positif. Mais un examen pratiqué avec un microscope électronique à balayage avec étude qualitative et quantitative a prouvé qu'il n'y avait aucune trace de cuivre ni d'aucune autre matière inorganique dans l'eau-forte prélevée sur les lettres de l'Éventreur, ce qui laisse ouverte une autre possibilité : cette absence de résultat pourrait indiquer la présence de sang.

Des spécialistes en art affirment que les dessins figurant sur les lettres de l'Éventreur sont l'œuvre d'un professionnel et correspondent au style et à la technique de Sickert.

Les fioritures d'écriture et la position de la main de l'Éventreur quand il écrivait ses lettres provocantes et violentes se cachent dans d'autres écrits déguisés de l'Éventreur. On retrouve les mêmes fioritures et positions de main dans l'écriture irrégulière de Sickert.

Le papier des lettres que l'Éventreur envoya à la Police métropolitaine correspond précisément à celui utilisé par Sickert pour sa propre correspondance, même si les écritures sont différentes. Il est évident que Sickert était droitier, mais des images filmées quand il avait environ soixante-dix ans montrent qu'il savait très bien se servir de sa main gauche. L'experte en graphologie, Sally Bower, pense que dans certaines lettres de l'Éventreur l'écriture est contrefaite par une personne droitière écrivant de la main gauche. Il est évident que le véritable Éventreur a écrit plus de lettres qu'on ne lui en a attribuées. En fait, je pense qu'il en a écrit la plupart. En fait, Walter Sickert en a écrit la plupart. Même quand sa main habile d'artiste altérait son écriture, son arrogance et son langage caractéristique s'exprimaient malgré tout.

Nul doute qu'il y aura toujours des sceptiques, des « éventrologues » et des admirateurs de Sickert qui refuseront de croire que celui-ci était Jack l'Éventreur, un individu dérangé et diabolique, mû par la mégalomanie, la haine et un besoin sexuel irrépressible de tuer et de mutiler. Il y aura toujours ceux pour qui toutes les preuves ne sont que des coïncidences.

Comme le dit le *profiler* du FBI, Ed Sulzbach : « Il n'existe pas beaucoup de coïncidences dans la vie. Et dire qu'une succession de coïncidences est une coïncidence, c'est de la bêtise, purement et simplement. »

Quinze mois après ma première rencontre avec John Grieve de Scotland Yard, je suis retournée le voir pour lui présenter mon dossier.

– Que feriez-vous si vous aviez su tout ça et si vous aviez mené l'enquête à l'époque ? lui ai-je demandé.

– Je placerais immédiatement Sickert sous surveillance pour essayer de savoir où se trouvent ses planques, et si on les trouvait, on réclamerait des mandats de perquisition, m'a-t-il répondu alors que nous buvions un café dans un restaurant indien de l'East End.

– Si nous n'avions que les preuves dont nous disposons maintenant, ajouta-t-il, nous nous ferions un plaisir de présenter l'affaire devant une cour d'assises.

CHAPITRE 3

LES MALHEUREUSES

Difficile d'imaginer que Walter Sickert n'ait pas participé aux réjouissances de Londres en ce jour férié, tant attendu, du 6 août. Un *penny* ouvrait les portes de toutes sortes de spectacles dans l'East End sordide à l'amateur d'art peu fortuné ; un *shilling* offrait à la personne plus aisée un coup d'œil sur les chefs-d'œuvre de Corot, Diaz et Rousseau dans les galeries chics de New Bond Street.

Les tramways étaient gratuits ; du moins ceux qui allaient à Whitechapel, ce quartier surpeuplé et misérable de Londres, où les vendeurs de quatre-saisons et les commerçants proposaient bruyamment leurs marchandises et leurs services sept jours par semaine, pendant que des enfants en haillons traînaient dans les rues fétides en quête de nourriture ou de la moindre occasion pour soutirer une pièce à un étranger. Whitechapel était le domaine du « peuple de la poubelle », ainsi que les bons victoriens surnommaient les pauvres diables qui vivaient là. Pour quelques *farthings*, un visiteur pouvait assister à des acrobaties de rue, des numéros de chiens savants et des défilés de monstres, ou bien se soûler. Ou alors, il pouvait s'offrir une des prostituées, une «malheureuse», présentes par milliers.

L'une d'elles se nommait Martha Tabran. Âgée d'une quarantaine d'années, elle était séparée d'un emballeur de meubles nommé Henry Samuel Tabran, qui l'avait plaquée car elle buvait trop. Il avait eu la décence, toutefois, de lui verser une pension hebdomadaire, jusqu'à ce qu'il apprenne qu'elle vivait avec un autre homme, un charpentier nommé Henry Turner. Mais Turner avait fini par en avoir assez, lui aussi, de l'alcoolisme de Martha, et il l'avait quittée deux ou trois semaines plus tôt. Il l'avait vue vivante pour la dernière fois deux soirs auparavant, le samedi 4 août ; le soir même où Sickert dessinait des croquis au music-hall Gatti, près du Strand. Turner avait donné à Martha quelques pièces, qu'elle avait dépensées pour boire.

Pendant des siècles, beaucoup de gens ont cru que les femmes se livraient à la prostitution parce qu'elles souffraient d'un défaut génétique qui leur faisait aimer le sexe pour le sexe. Il existait plusieurs types de femmes débauchées et immorales, certains pires que d'autres. Si les concubines, les maîtresses et les débauchées méritaient d'être critiquées, la putain, elle, représentait la plus grande pécheresse. Une putain était putain par choix, et rien ne pouvait la pousser à abandonner «son mode de vie dépravé et abominable», ainsi que le déplorait Thomas Heywoode dans son histoire des femmes en 1624 : «Je suis totalement découragé quand je repense à la mentalité d'une des femmes les plus connues de la profession, qui disait :

"Putain un jour, putain toujours, je sais de quoi je parle." »

Les activités sexuelles devaient se cantonner à l'institution du mariage, et elles avaient été dictées par Dieu dans l'unique but de perpétuer l'espèce. Le noyau de l'univers d'une femme était son utérus, et les cycles menstruels provoquaient de violentes tempêtes : luxure débridée, hystérie et folie. Les femmes appartenaient à une classe inférieure et étaient incapables d'avoir des pensées rationnelles et abstraites ; un point de vue partagé par Walter Sickert. Il était toujours prompt à affirmer que les femmes ne pouvaient pas comprendre l'art, elles ne s'y intéressaient que « lorsqu'il sert leur vanité » ou qu'il leur permet de s'élever « dans cette hiérarchie sociale qu'elles étudient avec tant d'anxiété ». Les femmes de génie, les rares qui existaient, « pouvaient être considérées comme des hommes », disait Sickert.

Ses convictions n'étaient pas inhabituelles à cette époque. Les femmes appartenaient à une « race » différente. La contraception était un blasphème contre Dieu et la société, et la pauvreté se répandait à mesure que les femmes enfantaient à un rythme alarmant. Les femmes pouvaient prendre plaisir à faire l'amour pour l'unique raison que, physiologiquement, un orgasme était nécessaire à l'apparition des sécrétions indispensables à la conception. Connaître le « frisson » sans être mariée, ou toute seule, était une perversion et une grave menace pour l'équilibre mental, le salut de l'âme et la santé. Quelques médecins du XIXᵉ siècle soignaient la masturbation en pratiquant une clitoridectomie. Le « frisson » pour le

« frisson », surtout chez les femmes, était une aberration sociale. C'était pervers. Barbare.

Les chrétiens, hommes et femmes, connaissaient toutes ces histoires. Il y a très longtemps, à l'époque d'Hérodote, les Égyptiennes étaient à ce point aberrantes et blasphématrices qu'elles osèrent se moquer de Dieu en s'abandonnant à la luxure débridée et en exhibant les plaisirs de la chair. En ces temps primitifs, satisfaire la luxure contre de l'argent était une chose tentante, nullement honteuse. Posséder un féroce appétit sexuel n'était pas synonyme d'infamie. Quand une jolie jeune femme mourait, il était normal que des hommes au sang chaud profitent de son corps jusqu'à ce qu'il soit un peu avancé, prêt à être embaumé. Évidemment, on ne racontait pas ces histoires en bonne compagnie, mais les familles honnêtes du XIXᵉ siècle, à l'époque de Sickert, savaient que la Bible n'était pas très tendre avec les femmes de petite vertu.

Le précepte qui voulait que seul celui qui n'a jamais péché lance la première pierre avait été oublié. Cela était particulièrement évident quand des foules se rassemblaient pour assister à une décapitation ou une pendaison publiques. Quelque part en chemin, la croyance qui voulait que les péchés du père rejaillissent sur les enfants s'était transformée en l'idée selon laquelle les péchés de la mère rejailliraient sur les enfants. Ainsi, Thomas Heywoode put écrire : « La vertu [d'une femme], une fois violée, apporte infamie et déshonneur. » Le poison du péché de la femme coupable, prédisait-il, s'étendra « jusqu'à la postérité qui naîtra d'une graine si corrompue, issue d'une copulation illicite et adultérine ».

Deux cent cinquante ans plus tard, la langue anglaise était un peu plus facile à comprendre, mais les croyances victoriennes concernant les femmes et l'immoralité n'avaient pas changé : les rapports sexuels avaient pour unique objectif la procréation, et le « frisson » était le catalyseur de la conception. Un charlatanisme perpétué par des médecins affirmait, comme une vérité médicale, que l'orgasme était essentiel pour qu'une femme soit enceinte. Si une femme violée tombait enceinte, cela voulait dire qu'elle avait connu un orgasme durant l'acte et, de ce fait, celui-ci n'avait pas pu se produire contre son gré. À l'inverse, si une femme violée ne se retrouvait pas enceinte, elle n'avait pas pu avoir d'orgasme et, dès lors, elle disait peut-être la vérité en affirmant avoir été violée.

Les hommes du XIXᵉ siècle se préoccupaient énormément de l'orgasme féminin. Le « frisson » avait une telle importance que l'on peut se demander combien de fois il était feint. C'était une bonne astuce à connaître, car ensuite la stérilité pouvait être rejetée sur le dos du mâle. Si une femme ne pouvait pas avoir d'orgasme et qu'elle l'avouait, son état pouvait être qualifié d'impuissance féminine. Un examen approfondi, effectué par un médecin, était alors nécessaire et un simple traitement à base de manipulation digitale du clitoris et des seins était généralement suffisant pour déterminer si, oui ou non, la patiente était impuissante. Si les mamelons durcissaient durant l'examen, le diagnostic était prometteur. Si la patiente connaissait le « frisson », le mari pouvait se réjouir d'apprendre que sa femme était en parfaite santé.

À Londres, les «malheureuses», ainsi que la presse, la police et le public appelaient les prostituées, ne déambulaient pas dans les rues froides, sales et obscures pour chercher le «frisson», en dépit de la croyance partagée par de nombreux victoriens selon laquelle les prostituées voulaient exercer cette profession à cause de leur appétit sexuel insatiable. Si elles renonçaient à leur conduite infamante pour se tourner vers Dieu, elles recevraient la bénédiction sous forme de pain et d'un toit. Dieu veillait sur Ses semblables, disait l'Armée du Salut, quand ses femmes bénévoles bravaient les taudis de l'East End pour distribuer des petits cakes et les promesses du Seigneur. Des «malheureuses» comme Martha Tabran prenaient le gâteau avec reconnaissance, puis retournaient dans les rues.

Sans un homme pour la soutenir financièrement, une femme n'avait pas beaucoup de moyens de subvenir à ses besoins et à ceux de ses enfants. Trouver un emploi – ce qui n'était pas facile pour une femme –, ça voulait dire travailler douze heures par jour, pendant six jours, à confectionner des vêtements dans des ateliers clandestins, pour l'équivalent de 25 *cents*. Si elle avait de la chance, elle gagnait 75 *cents* par semaine pour quatorze heures de travail par jour, pendant sept jours, en collant des boîtes d'allumettes. La majeure partie du salaire se retrouvait dans la poche de propriétaires de taudis cupides, et parfois la nourriture se limitait aux fruits et légumes pourris que la mère et les enfants pouvaient ramasser dans la rue.

Pas étonnant dans ces conditions que les marins

étrangers descendus des navires ancrés dans le port tout proche, les militaires et les messieurs de la bourgeoisie en virée clandestine poussent si facilement une femme désespérée à louer son corps pour quelques pièces, jusqu'à ce qu'il soit aussi délabré que les ruines infestées de vermine où vivaient les habitants de l'East End. La malnutrition, l'alcoolisme et les sévices réduisaient très vite une femme à l'état d'épave, et la «malheureuse» se situait au plus bas de l'ordre hiérarchique. Elle recherchait les rues, les escaliers et les cours les plus sombres et les plus reculés, généralement ivre morte, comme son client.

L'alcool était le moyen le plus simple de se retrouver ailleurs, et un nombre impressionnant d'habitants de «l'Abîme», ainsi que le romancier Jack London appelait l'East End, étaient alcooliques. Comme toutes les «malheureuses» certainement. Elles tombaient malades et vieillissaient bien avant l'âge, rejetées par leur mari et leurs enfants, incapables d'accepter la charité chrétienne, car celle-ci ne contenait pas d'alcool. Ces femmes pitoyables fréquentaient les pubs et demandaient aux hommes de leur offrir à boire. Généralement, le commerce suivait.

Qu'il pleuve ou qu'il vente, les «malheureuses» hantaient la nuit comme des animaux nocturnes, dans l'attente d'un homme, aussi brutal ou répugnant soit-il, qui pourrait se laisser convaincre de dépenser quelques *pennies* pour s'offrir du plaisir. De préférence, la chose se passait debout: la prostituée relevait toutes ses couches de vêtements en tournant le dos au client. Quand elle avait de la chance, celui-ci était trop ivre pour s'apercevoir que son pénis était glissé entre les cuisses et non pas dans un quelconque orifice.

Martha Tabran ne fut plus en mesure de payer son loyer après que Henry Tabran l'eut abandonnée. Difficile de savoir où elle alla ensuite, mais on peut supposer qu'elle passa d'un meublé sordide à un autre, et si elle devait choisir entre un lit et un verre, elle choisissait certainement le verre et dormait dans des embrasures de porte, dans les squares ou dans la rue, pourchassée en permanence par la police. Martha avait passé les nuits des 4 et 5 août dans un meublé de Dorset Street, tout près d'un music-hall de Commercial Street, une des quatre rues principales de l'East End.

À 11 heures du soir, en ce 6 août, jour férié, Martha fit la connaissance de Mary Ann Connolly qui se faisait appeler « Pearly Poll ». Le temps avait été exécrable toute la journée, gris et instable, et la température continuait à baisser, pour atteindre un dix degrés qui n'était pas de saison. Le brouillard de l'après-midi céda la place à une brume épaisse qui masquait la nouvelle lune et devait durer, d'après les prévisions, jusqu'à 7 heures le lendemain matin. Mais les deux femmes étaient habituées aux conditions climatiques désagréables, et si elles souffraient certainement de cet inconfort, elles étaient rarement sujettes à l'hypothermie. Les « malheureuses » avaient pour coutume de se promener avec tout ce qu'elles possédaient sur leur dos. Quand on n'avait pas de logement fixe, laisser quelques affaires dans un meublé, c'était à coup sûr les offrir à un voleur.

La nuit était animée et l'alcool coulait à flots, car

les Londoniens prolongeaient au maximum ce qui
restait de leur jour de congé. La plupart des pièces de
théâtre et les comédies musicales avaient débuté à
20 h 15 ; elles devaient être terminées maintenant. Les
spectateurs et autres aventuriers, dans des voitures à
cheval ou à pied, bravaient les rues envahies de brume
en quête de rafraîchissements ou de nouvelles distractions. La visibilité dans l'East End était toujours
déplorable, même dans les meilleures conditions. Les
becs de gaz étaient rares et donc très espacés : ils dis-
pensaient de faibles taches de lumière, et les ombres
demeuraient impénétrables. Tel était le monde des
« malheureuses » : un continuum de journées passées
à dormir, avant de se lever pour boire et s'aventurer
ensuite dans le froid mordant d'une nouvelle nuit
pour se livrer à une activité sordide et dangereuse.

Le *fog* ne changeait rien, sauf quand la pollution
était particulièrement forte et que l'air âcre piquait
les yeux et les poumons. Au moins, quand il y avait
du brouillard, on n'était pas obligé de remarquer si
un client était d'un physique agréable, ni même de
voir son visage. De toute façon, rien n'avait d'importance chez le client, excepté quand il était tenté
de s'intéresser au sort d'une « malheureuse » et de lui
offrir un toit et un repas. Dans ce cas, il prenait de
l'importance, mais quasiment aucun client n'était
important quand une prostituée n'était plus de la première jeunesse, quand elle était sale, habillée comme
une mendiante, couverte de cicatrices et édentée.
Martha Tabran préférait se fondre dans le brouillard
et faire ce qu'elle avait à faire, pour un *farthing*, un
autre verre, et peut-être un autre *farthing* et un lit.

Les faits ayant conduit à son assassinat sont connus et considérés comme fiables, à moins que l'on ait tendance à penser, comme moi, que les souvenirs d'une prostituée alcoolique nommée Pearly Poll peuvent manquer de précision et de véracité. Si elle ne mentit pas délibérément quand elle fut interrogée par la police, et quand elle témoigna ensuite à la demande du médecin légiste, le 23 août, sans doute était-elle perturbée et souffrait-elle d'amnésie due à l'alcool. Pearly Poll était terrorisée. Elle confia à la police qu'elle était dans tous ses états et ferait mieux de se jeter dans la Tamise.

Au cours de l'enquête, on dut rappeler plusieurs fois à Pearly Poll qu'elle était sous serment quand elle déclara que le 6 août, à 22 heures, Martha Tabran et elle avaient commencé à boire avec deux soldats à Whitechapel. Les couples étaient ensuite partis chacun de leur côté à 23 h 45. Pearly Poll raconta au *coroner* et aux jurés qu'elle s'était rendue à Angel Court avec le « caporal-chef », tandis que Martha avait pris la direction de George Yard avec le « soldat de première classe », et que les deux militaires portaient des bandes blanches autour de leur casquette. La dernière fois que Pearly Poll avait vu Martha et le soldat, ils marchaient vers l'immeuble en ruine du George Yard Buildings dans Commercial Street, au cœur sombre des taudis de l'East End. Pearly Poll affirma qu'il ne s'était rien passé d'inhabituel pendant qu'elle était avec Martha ce soir-là. Leur rencontre avec les soldats avait été assez agréable. Il n'y avait eu ni bagarre ni dispute, rien qui puisse provoquer le moindre sentiment d'inquiétude chez Pearly Poll ou chez Martha, qui avait sans doute déjà tout vu et avait survécu long-temps dans la rue, non sans raison.

Pearly Poll déclara ne rien savoir de ce qui était arrivé à Martha après 23 h 45, et aucun document n'indique ce que fit Pearly Poll elle-même après s'être éclipsée avec son caporal-chef «dans un but immoral». En apprenant que Martha avait été assassinée, Pearly Poll avait peut-être des raisons de craindre pour sa personne et préféra réfléchir à deux fois avant de livrer trop d'informations aux policiers. Sans doute croyait-elle que ces hommes en bleu étaient capables d'écouter son histoire et de l'envoyer ensuite en prison comme «bouc émissaire pour cinq mille de ses semblables». Pearly Poll était décidée à s'en tenir à son récit : elle avait fini à Angel Court, à plus d'un kilomètre de l'endroit où elle avait quitté Martha, à l'intérieur de la *City of London*. La City n'était pas placée sous la juridiction de la Police métropolitaine.

Pour une prostituée rusée qui connaît bien le monde de la rue, se placer hors de la portée juridique de la Police métropolitaine, c'était dissuader les agents de police et les inspecteurs de transformer l'affaire en une enquête complexe, compétitive et multijuridictionnelle. La City – communément appelée le «Square Mile» – est une bizarrerie dont on peut retrouver l'origine au Ier siècle de notre ère, quand les Romains fondèrent la ville sur les rives de la Tamise. La City demeure une ville en elle-même, avec ses propres services municipaux et son gouvernement, sa propre police, qui protège aujourd'hui une population fixe de quelque 6 000 personnes, un nombre qui grossit et dépasse les 250 000 durant les heures de bureau.

Historiquement, la City ne s'est jamais intéressée aux problèmes du «grand» Londres, sauf quand un de ces problèmes influe sur l'autonomie ou la qualité de vie de la City ; elle a toujours été une riche oasis, entêtée, au cœur d'une métropole de plus en plus étendue. L'existence de la City demeure inconnue pour de nombreux touristes. J'ignore si Pearly Poll a vraiment conduit son client dans la City déserte, ou si elle a rapidement fait son affaire et empoché sa maigre récompense, avant de se diriger vers le pub le plus proche ou de retourner dans Dorset Street pour y trouver un lit.

Deux heures et quinze minutes après que Pearly eut vu Martha pour la dernière fois, d'après ses dires, l'agent de police Barrett de la Police métropolitaine, Division H, matricule 226, effectuait sa ronde dans Wentworth Street, qui coupe Commercial Street et longe le côté nord de George Yard Buildings. À 2 heures du matin, Barrett repéra un soldat, seul dans la rue. Il semblait appartenir à un de ces régiments d'infanterie qui portaient des bandes blanches sur leurs casquettes. Barrett estima que ce soldat de première classe avait entre vingt-deux et vingt-six ans et mesurait environ 1,80 mètre. Le jeune homme dans son uniforme impeccable avait un teint pâle et une petite moustache châtain foncé en guidon de vélo ; il ne portait aucune médaille sur son uniforme, à l'exception d'un insigne de bonne conduite. Il expliqua à l'agent Barrett qu'il «attendait un pote qu'était parti avec une fille».

Au moment même où se déroulait ce bref échange, un certain M. Mahoney et son épouse, habitant George Yard Buildings, passaient devant le palier où l'on découvrirait plus tard le corps de Martha, sans entendre de bruit insolite ni apercevoir quiconque. Martha n'avait pas encore été assassinée. Peut-être se cachait-elle tout près de là dans l'obscurité, en attendant que l'agent de police reprenne sa ronde pour poursuivre son commerce avec le soldat. Peut-être que ce soldat n'avait rien à voir avec Martha et qu'il s'agit uniquement d'une source de confusion. Quoi qu'il en soit, il est évident que l'attention de l'agent Barrett fut attirée par un soldat seul dans la rue à 2 heures du matin, devant George Yard Buildings, et qu'il ait interrogé ou non ce soldat, celui-ci sentit le besoin d'expliquer ce qu'il faisait là.

Les identités de ce soldat et de tout autre soldat ayant été en contact avec Pearly Poll et Martha durant cette nuit du 6 août et au petit matin du 7 demeurent inconnues. Ni Pearly Poll, ni Barrett, ni les autres témoins ayant aperçu Martha dans la rue ne purent jamais identifier formellement aucun soldat du corps de garde de la Tour de Londres ou de la caserne de Wellington. Tous les hommes ressemblant plus ou moins au signalement avaient un alibi crédible. Une fouille menée parmi les affaires personnelles des soldats ne fournit aucune preuve, ni trace de sang. Or, le meurtrier de Martha Tabran aurait forcément été couvert de sang.

L'inspecteur chef de la brigade criminelle de Scotland Yard, Donald Swanson, reconnut dans son rapport que, si rien n'indiquait que Martha Tabran avait

eu un autre client que le soldat avec lequel elle était
partie avant minuit, cette hypothèse restait pourtant
valable, compte tenu du «laps de temps». Elle pouvait même avoir eu plusieurs autres clients. L'énigme
du «soldat de première classe» vu en compagnie de
Martha à 23 h 45 et du «soldat de première classe»
aperçu par Barrett à 2 heures du matin tourmenta longuement Scotland Yard, car cet homme se trouvait
tout près de l'endroit où Martha fut assassinée, et au
même moment. Peut-être l'a-t-il tuée. Peut-être était-
ce vraiment un soldat.

Ou peut-être était-ce un meurtrier déguisé en soldat. Quelle brillante ruse, dans ce cas! Il y avait
de nombreux soldats dans les rues en ce jour férié,
et la quête de prostituées n'était pas une activité inhabituelle chez les militaires. Imaginer que Jack
l'Éventreur ait enfilé un uniforme de soldat et mis
une fausse moustache pour commettre son premier
meurtre peut sembler exagéré. Pourtant, ce ne serait
pas la dernière fois qu'un mystérieux homme en uniforme serait lié à un meurtre commis dans le quartier
de l'East End à Londres.

Walter Sickert avait une bonne connaissance des
uniformes. Plus tard, au cours de la Première Guerre
mondiale, alors qu'il peignait des scènes de combat,
il avoua être particulièrement «enchanté» par les
uniformes français. «J'ai reçu mes uniformes belges
aujourd'hui, écrivit-il en 1914. Le calot d'artilleur,
avec son petit gland doré, est la chose la plus provo-
cante au monde.» Enfant, Sickert dessinait souvent
des hommes en uniforme et en armure. Dans la peau
de M. Nemo le comédien, il obtint son plus grand

succès critique en jouant un soldat français dans le *Henry V* de Shakespeare. Entre 1887 et 1889, il acheva un tableau qu'il intitula *It All Comes from Sticking to a Soldier* et qui montrait la célèbre artiste de music-hall Ada Lundberg en train de chanter, au milieu d'un groupe d'hommes aux regards concupiscents.

L'intérêt de Sickert pour la chose militaire n'a jamais faibli durant toute sa vie, et il avait pour habitude de demander à la Croix-Rouge les uniformes des soldats estropiés ou mourants. Dans le but d'habiller des modèles pour ses dessins et ses tableaux militaires, expliquait-il. À une époque, se souvint une de ses connaissances, l'atelier de Sickert était envahi d'uniformes et de fusils.

« Je peins le portrait d'un cher homme mort, un colonel », écrivit-il. Il demanda à un ami de l'aider à « emprunter des uniformes de soldats belges à l'hôpital. On éprouve une sorte de dégoût à utiliser le malheur pour atteindre ses propres objectifs ». Pas vraiment, dans son cas. Plus d'une fois, il reconnut « son approche purement égoïste de la vie ». Ainsi qu'il le déclara lui-même : « Je vis entièrement pour mon travail ou, comme le disent certains, pour moi. »

Il est étonnant de penser que l'hypothèse d'un Éventreur portant des déguisements n'ait jamais été évoquée plus sérieusement, ni explorée comme un scénario probable, qui aiderait à expliquer pourquoi il semblait se volatiliser une fois ses crimes commis. Un Éventreur déguisé expliquerait également la variété des signalements donnés par les témoins concernant les hommes aperçus avec les victimes peu de temps avant qu'elles meurent. L'utilisation de déguisements par des criminels violents n'est pas rare. Des hommes déguisés en policiers, en soldats, en employés de maintenance, en livreurs, en infirmiers et même en clowns ont été condamnés pour des séries de crimes violents, dont des meurtres sexuels. Un déguisement est un moyen simple et efficace d'approcher une victime et de l'attirer quelque part sans provoquer résistance ou soupçons, et de s'enfuir ensuite après le vol, le viol ou le meurtre. Les déguisements permettent également au coupable de revenir sur les lieux de son crime et d'assister à la dramaturgie de l'enquête ou à l'enterrement de la victime.

Un psychopathe décidé à tuer utilise n'importe quels moyens pour éliminer sa victime. Faire naître la confiance avant le meurtre fait partie de son scénario, et cela signifie jouer la comédie, peu importe que cette personne ait déjà mis les pieds sur une scène ou non. Quand on a vu les victimes d'un psychopathe, vivantes ou mortes, il est difficile d'appeler ce meurtrier une *personne*. Pour commencer à comprendre Jack l'Éventreur, il faut comprendre les psychopathes, et « comprendre » ne veut pas nécessairement dire accepter. Les actes de ces individus sont totalement étrangers aux fantasmes et aux sentiments que la plupart d'entre nous connaissent. Nous portons tous en nous la capacité de faire le mal, mais les psychopathes ne sont pas comme nous.

Au sein de la communauté psychiatrique, la psychopathie est reconnue comme un comportement antisocial, plus répandu chez les hommes que chez les femmes, et statistiquement cinq fois plus probable chez l'individu mâle né d'un père souffrant de ce désordre mental. D'après le *Diagnostic and Statistical Manual of Mental Disorders*, les symptômes de la psychopathie sont, entre autres choses, le vol, le mensonge, la consommation de stupéfiants, l'incapacité à affronter l'ennui, l'irresponsabilité financière, la cruauté, les fugues, la promiscuité sexuelle, l'agressivité et l'absence de remords.

Les psychopathes sont différents les uns des autres, de la même manière que les individus diffèrent les uns des autres. Un psychopathe peut être porté sur le sexe et menteur, mais financièrement responsable. Un autre psychopathe peut être bagarreur et porté sur le sexe, mais ne jamais voler ; il peut torturer des animaux, mais ne consommer ni alcool ni drogue ; il peut torturer des gens, mais pas des animaux. Un autre encore peut commettre de multiples meurtres, sans être porté sur le sexe. Les combinaisons de comportements déviants sont illimitées, mais la caractéristique la plus distinctive et la plus profonde de *tous* les psychopathes, c'est qu'ils n'éprouvent aucun remords. Le concept de culpabilité leur est étranger. Ils n'ont aucune conscience.

J'avais entendu parler et lu des choses sur un *serial killer* nommé John Royster plusieurs mois avant de le voir en chair et en os pendant son procès pour meurtres à New York, durant l'hiver 1997. Je fus stupéfaite de constater combien il paraissait poli et gentil. Son beau visage, sa tenue soignée, sa frêle carrure et son appareil dentaire me firent un sacré choc, tan-

dis qu'on lui ôtait ses menottes et qu'on le faisait
asseoir à la table de l'avocat de la défense. Si j'avais
croisé Royster à Central Park et s'il m'avait adressé
son sourire argenté au moment où je passais en faisant mon jogging, je n'aurais pas éprouvé la moindre
peur.

Entre le 4 et le 11 juin 1996, John Royster abré-
gea la vie de quatre femmes en leur sautant dessus
par-derrière et en les plaquant au sol pour leur
cogner la tête sur le bitume ou le pavé, plusieurs
fois, jusqu'à ce qu'il les croie mortes. Il était suffisamment détendu et prévoyant pour poser son sac à
dos et ôter son manteau avant chaque agression.
Alors que ses victimes gisaient sur le sol, dans leur
sang, défigurées par la violence des coups, il les violait s'il le pouvait. Puis il ramassait calmement ses
affaires et quittait les lieux. Réduire en bouillie la
tête d'une femme lui procurait une vive excitation
sexuelle, et il avoua à la police qu'il n'éprouvait
aucun remords.

À la fin des années 1880, ce type de comportements déviants et antisociaux – une expression insi-
pide – était qualifié de «démence morale», ce qui,
ironie du sort, est un système de défense qui, der-
nièrement, fut utilisé devant un tribunal. Dans son
manuel de criminologie de 1893, Arthur MacDonald
définissait ce qu'on appellerait un psychopathe
comme un «pur meurtrier». Ces gens sont «honnêtes», écrivait MacDonald, car ce ne sont pas
des voleurs «par nature» et nombre d'entre eux sont
«d'un tempérament chaste». Mais ils «n'ont pas

conscience » de ressentir « la moindre répulsion »
face à leurs actes violents. De manière générale, les
purs meurtriers commencent à montrer des « signes
de tendances meurtrières » dès l'enfance.

Les psychopathes peuvent être des hommes ou des
femmes, des enfants ou des adultes. Ils ne sont pas
toujours violents, mais ils sont toujours dangereux,
car ils ne respectent pas les règles et n'ont aucune
considération pour la vie, sauf la leur. Les psychopathes possèdent un facteur x inconnu de la plupart
d'entre nous, pour ne pas dire incompréhensible, et
au moment où j'écris ces lignes, nul ne peut affirmer
avec certitude si ce facteur x est génétique, patholo-
gique (la conséquence d'une blessure à la tête, par
exemple) ou provoqué par une dépravation mentale
qui dépasse notre compréhension limitée. Des
recherches effectuées sur le cerveau humain commencent à suggérer que la matière grise d'un psychopathe n'est pas nécessairement normale. Parmi la
population globale des meurtriers emprisonnés en
Amérique, il a été prouvé que plus de 80 % d'entre
eux avaient été victimes de sévices dans leur enfance,
et 50 % de ces criminels présentaient des anomalies
du lobe frontal.

Le lobe frontal est le principal centre de contrôle
du comportement humain civilisé et il se situe,
comme son nom l'indique, à l'avant du cerveau. Des
lésions, telles des tumeurs ou les conséquences d'un
coup reçu à la tête, peuvent transformer une personne
bien élevée en un inconnu incapable de se contrôler,
avec des tendances agressives ou violentes. Au milieu
des années 1900, les cas les plus graves de compor-

tement asocial étaient soignés grâce à la tristement célèbre lobotomie préfrontale, une méthode exécutée de manière chirurgicale ou en enfonçant un pic à glace dans la partie supérieure de l'orbite, afin de sectionner le « fil » reliant la partie frontale du cerveau au reste.

Toutefois, les traumatismes de l'enfance ou les lésions au cerveau ne peuvent à eux seuls expliquer le comportement du psychopathe. Des études utilisant les scanners PET (*Positron Emission Tomography*), qui montrent des images du cerveau au travail, révèlent que l'activité neurale est considérablement moindre dans le lobe frontal d'un psychopathe que chez une personne « normale ». Cela permet de penser que les inhibitions et les contraintes qui empêchent la plupart d'entre nous de commettre des actes de violence ou de donner libre cours à des pulsions meurtrières ne s'impriment pas dans le lobe frontal du cerveau du psychopathe. Des pensées et des situations qui donneraient à réfléchir à la plupart d'entre nous, qui provoqueraient notre angoisse ou notre peur, inhibant ainsi les pulsions cruelles, violentes ou illicites, ne s'impriment pas dans le cerveau du psychopathe. Celui-ci ne « comprend » pas qu'il ne faut pas voler, violer, agresser, mentir ou faire quoi que ce soit qui dégrade, trompe ou déshumanise les autres.

25 % de la population criminelle et 4 % de la population dans son ensemble sont psychopathes. L'Organisation mondiale de la santé (OMS) classe désormais les « comportements antisociaux » ou les troubles de la personnalité ou la « sociopathie » dans les maladies.

CHAPITRE 4

PAR UNE PERSONNE INCONNUE

Quand Martha Tabran conduisit son meurtrier sur ce palier sombre au premier étage du 37 George Yard Buildings, celui-ci lui abandonna le contrôle des événements et prit le risque, involontairement, de voir quelque chose contrecarrer son plan.

Cet endroit ne correspondait peut-être pas au décor qu'il avait imaginé. Ou peut-être se produisit-il une chose qu'il n'avait pas prévue, comme une insulte ou une raillerie, par exemple. Les prostituées, surtout quand elles étaient chevronnées et imbibées d'alcool, n'étaient pas du genre à faire du sentiment, et il aurait suffi que Martha glisse la main entre les cuisses de l'homme en disant : « Bah, alors, il est où, trésor ? » Sickert a utilisé l'expression « fureur impuissante » dans une lettre. Plus d'un siècle après les faits, je ne peux pas recréer ce qui s'est passé dans cet escalier sombre et fétide, toujours est-il que le meurtrier est devenu enragé. Il a perdu le contrôle de lui-même.

Poignarder une personne trente-neuf fois, c'est de l'acharnement, et ce genre d'acharnement forcené est généralement provoqué par un événement ou des paroles qui déclenchent de manière anticipée la réaction du meurtrier. Cette remarque ne cherche pas à suggérer que le meurtrier de Martha n'avait pas prémédité son geste et n'était pas déterminé à assassiner quelqu'un, que ce soit cette femme ou quiconque se trouvait là par hasard à ce moment-là, en pleine nuit ou au petit matin. En suivant Martha dans l'escalier, il avait déjà l'intention de la poignarder. Il avait apporté un couteau solide et aiguisé, ou un poignard, et il était reparti avec. Peut-être était-il déguisé en soldat. Il savait se déplacer sans se faire repérer et il était assez prudent pour ne laisser aucun indice flagrant : un bouton, une casquette, un crayon. Les deux formes de meurtre les plus personnelles sont l'agression à l'arme blanche et la strangulation. L'une comme l'autre obligent l'agresseur à avoir un contact physique avec sa victime. Les armes à feu sont plus impersonnelles. Tout comme le fait de fracasser la tête de quelqu'un sur le sol, surtout par-derrière.

Poignarder une personne des dizaines de fois est une chose extrêmement personnelle. Quand ce genre d'affaires se présente à la morgue, la police et le médecin légiste supposent automatiquement que la victime et son meurtrier se connaissaient. Il est peu probable que Martha ait connu son agresseur, mais elle a provoqué une réaction très personnelle en lui disant ou en faisant quelque chose qui ne correspondait pas au scénario qu'il avait imaginé. Peut-être lui a-t-elle résisté. Martha était connue pour piquer des colères et avoir mauvais caractère quand elle était ivre. Or, elle avait bu du rhum et de la bière un peu plus tôt avec Pearly Poll. Les habitants de George Yard Buildings déclarèrent par la suite

n'avoir «rien» entendu au moment où Martha se faisait assassiner, mais leurs témoignages n'ont guère
de valeur quand on songe à l'état d'épuisement et
d'ébriété avancée de ces pauvres gens habitués aux
comportements avinés, aux bagarres et aux violentes
scènes de ménage. Mieux valait ne pas s'en mêler.
On risquait de recevoir un mauvais coup ou d'avoir
des ennuis avec la police.

À 3 h 30 du matin, soit une heure et demie après
que l'agent Barrett eut aperçu le soldat qui traînait
devant le George Yard Buildings, un habitant de cet
endroit, un dénommé Alfred Crow, rentrait chez lui
après son travail. Il exerçait la profession de chauffeur de fiacre, et les jours fériés étaient toujours chargés, jusqu'à une heure avancée. Il devait être fatigué.
Peut-être même s'était-il détendu en buvant quelques
pintes après avoir déposé son dernier client. En passant devant le palier du premier étage, il remarqua sur
le sol «quelque chose» qui aurait pu être un corps,
mais il n'y prêta pas attention et alla se coucher.
Comme le disait l'économiste et réformatrice victorienne Beatrice Webb, le mot d'ordre de l'East End
était : «Ne vous occupez pas des affaires des voisins.»
Crow expliqua plus tard, dans son témoignage, qu'il
n'était pas rare de découvrir des ivrognes inconscients
dans l'East End. Nul doute qu'il en voyait souvent.

Apparemment, personne ne s'est aperçu que ce
«quelque chose» sur le palier était un cadavre avant
4 h 50, au moment où un employé du port nommé
John S. Reeves, qui sortait de chez lui, découvrit
une femme couchée sur le dos dans une mare de
sang. Elle était débraillée, comme si elle s'était bat-

tue. Reeves se souvenait de ce détail, mais il n'avait vu aucune trace de pas dans l'escalier et n'avait trouvé ni couteau ni aucune autre arme. Il affirma ne pas avoir touché au corps et avoir immédiatement alerté l'agent Barrett, qui envoya chercher le Dr T.R. Killeen. L'heure à laquelle arriva le médecin n'est pas indiquée, mais quand il examina le corps, la lumière ne devait pas être très bonne.

Sur place, il déduisit que la victime, dont l'identité demeurerait inconnue pendant plusieurs jours, était morte depuis environ trois heures. Elle était âgée de «36 ans», devina le médecin, et elle était «très bien nourrie», ce qui signifie qu'elle était grassouillette. Ce détail a son importance, car toutes les victimes de l'Éventreur, ainsi que d'autres femmes assassinées que la police n'a pas comptées à son actif, étaient soit maigres, soit grosses. Et à de rares exceptions près, elles avaient toutes un peu plus ou un peu moins de quarante ans.

Walter Sickert préférait les modèles d'atelier obèses ou au contraire très maigres, et plus elles étaient d'un niveau social inférieur, plus elles étaient laides, mieux c'était. Cela est évident à la fois dans ses nombreuses références aux femmes qualifiées de «squelettes» ou «d'une maigreur extrême, comme une petite anguille», et dans ces grosses femmes aux hanches larges et aux seins se balançant de manière grotesque qu'il a souvent représentées dans ses œuvres. Les autres hommes pouvaient bien garder les «danseuses», écrivit Sickert un jour, du moment qu'on lui laissait les «harpies».

Il n'éprouvait aucun intérêt artistique pour les

femmes aux corps attirants. Il faisait souvent remarquer qu'une femme qui n'était ni trop grosse ni trop maigre était ennuyeuse, et dans une lettre qu'il écrivit à ses amies américaines Ethel Sands et Nan Hudson, il exprima le ravissement que lui procuraient ses derniers modèles, et combien il était «enchanté» par «la somptueuse pauvreté de leur classe sociale». Il adorait leurs «vêtements sales, vieux et usés de tous les jours». Dans une autre lettre, il expliquait que, s'il avait vingt ans, «il ne regarderait aucune femme en dessous de quarante ans».

Martha Tabran était une femme d'un certain âge, petite, obèse et laide. Quand on l'avait assassinée, elle portait une jupe verte, un jupon marron, une longue veste noire, un bonnet assorti et des bottes avec des élastiques sur les côtés, et «tout cela était vieux», d'après la police. Martha correspondait aux goûts de Sickert, mais la victimologie est un indicateur, pas une science. Même si les victimes d'un même *serial killer* partagent souvent des traits communs importants aux yeux du meurtrier, cela ne signifie pas pour autant qu'un dangereux psychopathe est incapable de changer de cibles. Pourquoi Jack l'Éventreur a-t-il porté son choix sur Martha Tabran plutôt que sur une autre prostituée ayant les mêmes caractéristiques? On ne peut pas le savoir, à moins que l'explication soit l'occasion offerte, tout simplement.

Quels qu'aient été ses motifs, sans doute retira-t-il une précieuse leçon du meurtre sauvage de Martha Tabran : perdre le contrôle de soi et poignarder une victime trente-neuf fois, cela provoquait une vraie boucherie. Même s'il n'avait pas laissé de taches de sang sur le palier ni ailleurs – en supposant que les témoins aient donné une description exacte de la scène –, il devait avoir du sang sur les mains, sur ses vêtements, sur le bout de ses chaussures, ce qui compliquait sa fuite. En outre, pour un homme cultivé comme Sickert, qui savait que les maladies n'étaient pas causées par les miasmes, mais par les microbes, se faire asperger par le sang d'une prostituée devait être une chose répugnante.

La mort de Martha Tabran fut sans doute due à l'hémorragie provoquée par les multiples coups de couteau. Comme il n'existait pas de morgue adaptée dans l'East End, le Dr Killeen effectua l'autopsie dans un local quelconque des environs. Il estima qu'un unique coup de couteau dans le cœur avait été «suffisant pour causer la mort». Un coup de couteau dans le cœur qui n'entaille ou ne sectionne pas une artère peut certainement entraîner la mort si la blessure n'est pas opérée d'urgence. Mais on a connu des cas de gens ayant survécu après avoir été poignardés dans le cœur avec des couteaux, des pics à glace et autres instruments. Ce n'est pas la blessure en soi qui provoque l'arrêt des battements cardiaques, mais l'écoulement de sang qui remplit le péricarde, la membrane qui entoure le cœur.

Savoir si le péricarde de Martha était rempli de sang permettrait non seulement de satisfaire une curiosité médicale, mais également de savoir combien de temps elle a survécu, pendant que le sang s'écoulait de ses autres plaies. Chaque détail aide les morts à «parler», et la description du Dr Killeen nous dit si peu de chose qu'on ne sait même pas si l'arme était à simple ou double tranchant. Nous ignorons l'angle des coups, ce qui nous permettrait de placer le meurtrier par rapport à Martha au moment où il la poignardait. Était-elle debout ou allongée ? Certaines des plaies étaient-elles plus larges ou irrégulières, ce qui voudrait dire que la lame avait tourné au moment où on la retirait du corps, car la victime bougeait encore ? L'arme était-elle munie d'une garde ? Les gardes des couteaux laissent des contusions ou des éraflures sur la peau.

Reconstituer la manière dont une victime est morte et déterminer le type d'arme utilisée permet de commencer à tracer un portrait du meurtrier. Les détails fournissent des renseignements sur ses intentions, ses émotions, ses fantasmes et même ses préoccupations ou sa profession. On peut également estimer la taille du meurtrier. Martha mesurait 1,65 mètre. Si le meurtrier était plus grand qu'elle et s'ils étaient debout tous les deux quand il avait commencé à la poignarder, on peut s'attendre à ce que les premiers coups de couteau se situent en haut du corps et soient orientés vers le bas. S'ils étaient debout tous les deux, il aurait été difficile pour le meurtrier de la poignarder dans l'estomac ou les parties génitales, à moins qu'il soit très petit. Il est fort probable que ces blessures aient été infligées quand Martha était couchée sur le sol.

Le Dr Killeen estima que le meurtrier avait une grande force. L'adrénaline et la fureur sont incroyablement énergisantes et peuvent procurer une force énorme. Mais l'Éventreur n'avait pas besoin d'une force surhumaine. Si son arme était pointue, solide et tranchante, il n'était pas obligé de frapper très fort pour traverser la peau, les organes et même les os. Le Dr Killeen estima également, à tort, qu'une blessure ayant traversé le sternum, la cage thoracique, ne pouvait pas avoir été infligée avec un «couteau». De là, il enchaîna sur une autre conclusion : deux armes avaient été utilisées, sans doute un «poignard» et un «couteau», ce qui, dès le départ, fit naître la théorie selon laquelle le meurtrier pourrait être ambidextre.

Même si tel était le cas, la vision d'un homme poignardant simultanément Martha avec un poignard dans une main et un couteau dans l'autre, dans l'obscurité, est à la fois bizarre et absurde, et il y aurait eu de fortes chances pour qu'il se soit lui-même blessé à plusieurs reprises. Ce que l'on sait des indices médicaux n'évoque pas une agression commise par une personne ambidextre. Le poumon gauche de Martha était perforé en cinq endroits. Le cœur, situé sur le côté gauche, une seule fois. Une personne droitière munie d'un couteau frappera plus naturellement du côté gauche si la victime lui fait face.

Par ailleurs, la perforation du sternum ne mérite pas qu'on s'y attarde aussi longtemps que le Dr Killeen le fit. Un couteau pointu peut pénétrer dans les os, y compris le crâne. Dans une affaire survenue en Allemagne des décennies avant que l'Éventreur ne se lance dans son carnage, un homme avait tué sa femme en la poignardant à travers le sternum et avait avoué par la suite au médecin légiste que le «couteau de cuisine» était entré dans l'os comme dans du beurre. Les contours de la plaie indiquaient que le couteau de cuisine avait pénétré dans l'os de manière bien nette, avant de traverser le poumon droit, le péricarde et l'aorte.

Malgré cela, l'idée du Dr Killeen selon laquelle deux armes avaient été utilisées pour tuer Martha Tabran se trouva étayée par les différences de taille entre les plaies. Pourtant, ces différences peuvent s'expliquer si la lame était plus large à la base qu'à l'extrémité. La largeur des blessures provoquées par une arme blanche dépend du mouvement de la lame, de l'élasticité des tissus ou de la partie du corps qui reçoit le coup. Difficile de déterminer à quoi pensait le Dr Killeen en parlant de poignard ou de couteau, mais un couteau désigne généralement une lame à un seul tranchant, alors que celle du poignard est plus étroite, à double tranchant et pointue. Les mots «couteau» et «poignard» sont souvent utilisés comme des synonymes, de la même manière que les termes «revolver» et «pistolet».

Alors que j'effectuais des recherches sur les meurtres de l'Éventreur, je me suis intéressée aux types d'instruments tranchants et coupants qu'il pouvait avoir à sa disposition. L'éventail du choix et la facilité d'accès sont stupéfiants, pour ne pas dire déprimants. Les Britanniques qui se rendaient en Asie rapportaient chez eux toutes sortes de souvenirs, certains plus adaptés que d'autres pour poignarder ou découper. Ainsi, le *pesh habz* indien est l'exemple même d'une arme pouvant provoquer des blessures de plusieurs largeurs, en fonction de la profondeur. La solide lame en acier de ce «poignard», comme on l'appelait, pouvait infliger une variété de blessures capable de laisser perplexe n'importe quel légiste, aujourd'hui encore.

La lame incurvée mesure presque trois centimètres de large au niveau du manche en ivoire et, aux deux tiers, elle devient à double tranchant, à l'endroit où elle commence à s'affiner pour finir par ressembler à une aiguille. Celui que j'ai acheté à un antiquaire a été fabriqué en 1830 et il tenait aisément (y compris avec sa gaine) dans la ceinture d'un pantalon, une botte, les grandes poches d'un manteau ou dans une manche. La lame également incurvée du poignard oriental baptisé *jambya* (vers 1840) laisse elle aussi des plaies de largeurs différentes, même si toute la longueur est à double tranchant.

Les Anglais de l'époque victorienne disposaient d'une abondance de superbes armes destinées à tuer des êtres humains et collectionnées avec désinvolture durant des voyages à l'étranger ou achetées à bas prix dans les bazars. En une seule journée, je découvris les armes suivantes, datant de l'époque victorienne, dans des brocantes à Londres et chez deux antiquaires du Sussex : des poignards, des kriss, un poignard conçu pour ressembler à une branche d'arbre vernie, des poignards dissimulés dans des cannes, de minuscules revolvers à six coups destinés aux goussets des gilets des gentlemen ou aux réticules des dames, des coupe-choux, des couteaux de chasse, des épées, des fusils et des matraques superbement décorées. Quand Jack l'Éventreur se mettait en quête d'armes, il n'avait que l'embarras du choix.

Aucune arme n'a jamais été retrouvée dans l'affaire du meurtre de Martha Tabran, et étant donné que le rapport d'autopsie du Dr Killeen semble avoir disparu – comme un tas d'autres documents liés à Jack l'Éventreur –, je ne disposais que des détails succincts de l'enquête. Évidemment, je ne peux déterminer avec une certitude absolue quelle arme a servi à tuer Martha, mais je peux spéculer : à en juger par la violence de l'attaque et les blessures qui en ont résulté, il pouvait fort bien s'agir de ce que les victoriens appelaient un poignard, c'est-à-dire une arme dotée d'une lame solide avec une extrémité pointue et un manche assez important, conçu pour permettre à l'utilisateur de frapper sans lâcher prise et risquer de se couper lui-même. Les meilleurs manches étaient incurvés et sculptés dans l'ivoire ou la corne.

S'il est vrai qu'il n'y avait pas de blessures de défense, comme par exemple des entailles ou des hématomes sur les mains et les bras de Martha, cette absence suggère qu'elle ne s'est guère débattue, même si elle était « débraillée ». Sans plus de détails sur l'état de ses vêtements, je ne peux déterminer si elle avait commencé à se déshabiller quand on l'avait attaquée ; si le meurtrier avait arrangé, défait ou lacéré ses vêtements ; s'il l'avait fait avant ou après qu'elle fut morte. Dans les affaires criminelles de cette époque, les vêtements étaient importants surtout parce qu'ils permettaient d'identifier la victime. On ne les examinait pas systématiquement pour y chercher des déchirures, des entailles, du liquide séminal ou d'autres indices. Une fois la victime identifiée, ses vêtements étaient généralement jetés par la porte de la morgue, dans une ruelle. Alors que le nombre de victimes de l'Éventreur augmentait, certaines bonnes âmes estimèrent que ce serait une bonne idée de rassembler les vêtements des victimes pour en faire don aux pauvres.

En 1888, on savait peu de chose au sujet du sang. Il possède un tempérament qui lui est propre et un comportement qui se conforme scrupuleusement aux lois de la physique. Il ne ressemble à aucun autre liquide, et quand il coule, sous forte pression, dans les artères d'un individu, il ne goutte pas ou ne s'écoule pas lentement si une des artères est rompue. Sur le lieu du meurtre de Martha, dans l'escalier, la présence de violentes éclaboussures sur le mur indiquerait que la blessure dans le cou avait sectionné une artère, et cela alors que la victime était debout et que son pouls battait. Les projections artérielles variant d'intensité au rythme des battements cardiaques, elles indiquent également si la victime se trouvait au sol quand l'artère a été tranchée. L'examen de ces projections nous aide à établir la succession des faits durant une agression. Quand une artère principale est sectionnée, s'il n'y a pas de projection de sang, cela signifie, selon toute vraisemblance, que d'autres blessures ont déjà causé la mort de la victime, ou presque.

Les plaies infligées aux parties génitales de Martha indiquent que le crime possède une composante sexuelle. Toutefois, s'il est exact – comme cela semble être le cas pour tous les meurtres attribués à l'Éventreur – que rien ne permettait d'affirmer qu'il y ait eu « des rapports », comme on disait à l'époque pour parler des relations sexuelles, nous sommes là en présence d'un schéma qui aurait dû être pris très au sérieux et ne l'a pas été. Je ne sais pas trop comment on déterminait un « rapport ». Le problème dans le cas d'une prostituée, c'était qu'elle pouvait avoir eu plusieurs « rapports » en une nuit, et elle se lavait rarement, voire jamais, pour se débarrasser des nombreux niveaux de civilisation qu'elle portait en elle.

De plus, il n'était pas possible d'analyser les fluides corporels pour déterminer le groupe sanguin ou l'ADN, pas plus qu'on ne cherchait à établir la distinction entre sang humain et sang animal dans les enquêtes criminelles. Si l'on avait relevé des traces d'activité sexuelle récente, le liquide séminal n'aurait eu aucune valeur sur le plan de la médecine légale. En revanche, une absence constante de liquide séminal ou de traces de tentatives de relation sexuelle – comme c'est le cas dans tous les meurtres de l'Éventreur – suggère que le meurtrier ne se livrait à aucune activité sexuelle avec sa victime, avant ou après la mort. Ce schéma n'est pas inédit, mais il est rare chez les psychopathes violents qui peuvent violer pendant qu'ils tuent et atteindre l'orgasme au moment où leur victime succombe, ou bien se masturber au-dessus des cadavres. L'absence de liquide séminal dans les meurtres de l'Éventreur est cohérente avec l'hypothèse selon laquelle Sickert était impuissant.

D'après nos critères modernes, l'enquête sur le meurtre de Martha Tabran fut si inexistante que l'on peut à peine parler d'enquête. Son meurtre n'intéressait ni la police ni la presse. Son assassinat brutal ne fut évoqué publiquement que lors des premières auditions, le 10 août. Et à mesure que le temps passait, on donna peu de suite à l'affaire. Martha Tabran n'était pas importante – pour personne. On estimait simplement, comme on disait à l'époque où je travaillais à la morgue, qu'elle était morte de la même manière qu'elle avait vécu.

C'était un meurtre sauvage, mais nul n'y voyait la première agression commise par une force maléfique qui s'était introduite dans la Grande Métropole. Martha était une putain au bout du rouleau, sale, qui s'était délibérément mise en danger en choisissant cette vie. Elle exerçait de son plein gré un métier qui l'obligeait à éviter la police comme le faisait son meurtrier, soulignait-on dans la presse. Difficile d'éprouver de la pitié pour elle et ses semblables, et le sentiment du public n'était guère différent à cette époque de ce qu'il est aujourd'hui. C'est la victime qui est fautive. Les excuses qu'on entend dans les salles de tribunal modernes sont tout aussi décourageantes et horripilantes : si elle ne s'était pas habillée de cette façon ; si elle ne s'était pas rendue dans ce quartier ; si elle n'allait pas dans les bars pour chercher des hommes ; je lui avais bien dit de ne pas faire son jogging dans ce coin du parc ; comment s'étonner quand on laisse son enfant rentrer seul de l'arrêt de bus ? Comme le dit mon amie le Dr Marcella Fierro, médecin légiste chef : « Une femme a le droit de se promener nue sans se faire violer ou assassiner. » Martha Tabran avait le droit de vivre.

« L'enquête, résuma l'inspecteur chef Donald Swanson dans son rapport, se limita aux personnes appartenant au milieu social de la victime, dans l'East End, mais sans aucun succès. »

CHAPITRE 5

UN MERVEILLEUX GARÇON

Walter Richard Sickert est né le 31 mai 1860 à Munich, en Allemagne.

Un des artistes les plus importants d'Angleterre n'était pas anglais. Le « si parfaitement britannique » Walter, comme on l'appelait parfois, était le fils d'un artiste parfaitement danois nommé Oswald Adalbert Sickert et de la ravissante Irlandaise, pas très anglaise, Eleanor Louisa Moravia Henry. Enfant, Walter était parfaitement allemand.

La mère de Sickert était surnommée « Nelly » ; sa jeune sœur, Helena, était surnommée « Nellie », et la première épouse de Sickert, Ellen Cobden, était surnommée « Nelly ». Ellen Terry était surnommée « Nelly ». Pour des raisons de clarté, je n'utiliserai pas le prénom « Nelly », sauf pour parler de la mère de Sickert, et je résisterai à la tentation de faire appel à un psycho-charabia œdipien pour souligner que les quatre femmes les plus influentes de l'entourage de Sickert avaient le même surnom.

Walter était le premier-né de six enfants : cinq garçons et une fille. Chose étrange, aucun n'aurait jamais d'enfants, semble-t-il. Chacun d'eux, apparemment, était affligé d'une mauvaise alchimie ; sauf peut-être Oswald Valentine, un brillant représentant de commerce dont on ne sait quasiment rien de plus. Robert finirait sa vie en reclus, avant de succomber à ses blessures après avoir été renversé par un camion. Leonard semblait toujours étrangement détaché de la réalité et il mourrait après un long combat contre la drogue. Bernhard était un peintre raté, dépressif et alcoolique. Un petit poème écrit par leur père, Oswald, apparaît comme tragiquement prophétique :

> *Là où il y a la liberté, évidemment,*
> *le mal doit être libre, aussi, mais il meurt,*
> *car il porte en lui le germe de la destruction*
> *et il meurt de sa propre conséquence/logique.*

L'unique fille, Helena, possédait un cerveau brillant et un esprit fougueux, mais un corps qui ne cessa de la trahir toute sa vie. Elle était l'unique membre de la famille qui semblait s'intéresser aux causes humanitaires et aux autres gens. Elle expliqua dans son autobiographie que la souffrance, dès le plus jeune âge, l'avait rendue compatissante et sensible envers les autres. On l'envoya dans un pensionnat très rude où elle mangeait une nourriture effroyable et était humiliée par les autres filles, car elle était malade et maladroite. Les hommes de sa famille lui faisaient croire qu'elle était laide. Elle était inférieure, car ce n'était pas un garçon.

Walter incarnait la troisième génération d'artistes. Son grand-père, Johann Jurgen Sickert, était un peintre si talentueux qu'il obtint le parrainage du roi

Christian VIII du Danemark. Le père de Walter, Oswald, était un peintre et un graphiste doué, mais incapable de se faire un nom et de gagner sa vie. Une vieille photographie le montre avec une longue barbe hirsute et des yeux froids dans lesquels brille la colère. À l'image de presque toute la famille Sickert, les détails le concernant se sont effacés, tel un daguerréotype de mauvaise qualité. Des recherches ont fait apparaître une petite collection de ses écrits et de ses œuvres, conservés avec les papiers de son fils à la Islington Public Libraries. L'écriture manuscrite d'Oswald en haut germain dut être traduite en bas germain, puis en anglais, un travail qui dura environ six mois et ne donna naissance qu'à soixante morceaux de pages, car la majeure partie de ce qu'il écrivait était difficile à lire ou totalement indéchiffrable.

Mais ce qui était lisible me permit d'entrevoir un homme extraordinairement complexe et talentueux, avec une volonté de fer, qui écrivait de la musique, des pièces de théâtre et de la poésie. Le don d'Oswald pour manier les mots et son sens théâtral faisaient qu'il était très recherché pour prendre la parole durant les mariages, les fêtes et les événements mondains. Il s'engagea politiquement durant la guerre entre le Danemark et l'Allemagne et voyagea dans de nombreuses villes, encourageant les gens à se rassembler pour former une Allemagne unie.

« J'ai besoin de votre aide, déclara-t-il dans un discours non daté. Chacun de vous doit accomplir sa part… Et c'est à ceux d'entre vous qui côtoient les ouvriers, aux commerçants, aux patrons d'usine, c'est à vous qu'il revient de veiller sur l'honnête travailleur. » Oswald savait enflammer les esprits des opprimés. Il savait également composer de jolies musiques et des vers pleins de tendresse et d'amour. Il créait des œuvres d'art, proches de la bande dessinée, qui dévoilaient un sens de l'humour cruel et diabolique. Les pages de son journal intime montrent que, quand il n'était pas occupé à faire des croquis, Oswald aimait flâner ; une activité reprise par son fils aîné.

Oswald allait toujours par monts et par vaux, à tel point qu'on se demande à quel moment il travaillait. Ses promenades occupaient la majeure partie de ses journées, ou bien alors, il était quelque part, à bord d'un train et il ne rentrait que tard le soir. Un rapide survol de ses activités montre un homme qui ne tenait pas en place et faisait constamment ce qui lui plaisait. Les pages de son journal sont incomplètes et non datées, mais ses propres mots dressent le portrait d'un homme égocentrique, maussade et agité.

Au cours d'une seule semaine, Oswald Sickert se rendit en train d'Echkenförde à Schleswig et d'Echen. à Flensburg dans le nord de l'Allemagne. Le jeudi, il alla jeter un coup d'œil « à la nouvelle route qui longe la voie ferrée » et il marcha « le long du port jusqu'à la Norderthor [la porte Nord] » et traversa un champ « pour rentrer à la maison ». Il déjeuna et passa l'après-midi au « Notke's beergarden ». De là, il se rendit dans une ferme, puis rentra chez lui. Le vendredi : « Je suis parti tout seul » pour visiter Allenslob, Nobbe, Jantz, Stropatil et Moller. Il rencontra un groupe de personnes avec lesquelles il dîna et, à 22 heures, il rentra chez lui. Le samedi : « Je suis allé me promener tout seul en ville. »

Le dimanche, il s'absenta toute la journée, puis il dîna et, ensuite, il y eut de la musique et des chansons à la maison jusqu'à 22 heures. Le lundi, il marcha jusqu'à Gottorf, puis il revint « en traversant les propriétés et la tourbière… ». Le mardi, il se rendit à cheval chez Mugner, pêcha jusqu'à 15 heures et attrapa « trente perches ». Il rencontra des connaissances dans un pub. « Déjeuner arrosé ». Puis « retour à 23 heures ».

Les écrits d'Oswald indiquent clairement qu'il détestait l'autorité, particulièrement la police, et ses mots pleins de colère et de moquerie annoncent fort étrangement les provocations adressées à la police par Jack l'Éventreur : « Essayez donc de m'attraper ! » écrivit plusieurs fois le meurtrier.

« Hourra ! Le gardien dort ! écrivit le père de Walter Sickert. Quand vous le voyez comme ça, vous ne diriez pas que c'est un gardien. Dois-je lui donner un coup de coude, par bonté, et lui révéler ce que la cloche a annoncé (ou les ennuis qui l'attendent)… Oh, non, laissons-le dormir. Peut-être rêve-t-il qu'il m'a capturé, laissons-le se raccrocher à cette illusion. »

Nul doute que les sentiments d'Oswald envers l'autorité s'exprimaient à haute voix sous son toit, et Walter ne pouvait pas les ignorer. Pas plus que sa mère et lui ne pouvaient ignorer les fréquentes visites d'Oswald au pub, et le fait qu'il était « gavé de punch ».

« J'ai dilapidé l'argent dans l'alcool, écrivit-il. Je devais bien ça à mon estomac. Je dors durant mes heures de loisirs, et elles sont nombreuses. »

Quelles que soient les causes de ses promenades obsessionnelles, de ses voyages fréquents et de sa fréquentation assidue des pubs, cela coûtait de l'argent. Or, Oswald était incapable de gagner sa vie. N'eût été l'argent de son épouse, la famille serait morte de faim. Ce n'est peut-être pas une coïncidence si dans une petite histoire de « Punch et Judy » écrite par Oswald (sans doute au début des années 1860), la marionnette sadique du personnage de Punch, le mari, dilapide l'argent de la famille en buvant sans se soucier du sort de sa femme et de son jeune fils.

PUNCH apparaît :

… Ah oui, je crois que vous ne me connaissez pas… je m'appelle Punch. C'était également le nom de mon père, et de mon grand-père.

… J'aime les beaux vêtements. Au fait, je suis marié. J'ai une femme et un enfant. Mais ça ne compte pas…

L'ÉPOUSE (JUDY) :

Je n'en peux plus ! De bon matin déjà, cet homme affreux boit du brandy !

… Oh, comme je suis malheureuse ! Tout l'argent gagné disparaît dans l'alcool. Je n'ai pas de pain à donner aux enfants…

Si Walter Sickert avait hérité du caractère dispendieux et agité de son père, il devait son charme et sa beauté à sa mère. Peut-être lui devait-il également quelques-uns de ses attributs moins séduisants. L'histoire de l'enfance bizarre de M^rs. Sickert offre une ressemblance troublante avec l'œuvre de Charles Dickens *La Maison d'Âpre-vent*, le roman préféré de Walter. Dans ce livre, une orpheline prénommée Esther est envoyée mystérieusement dans la grande maison du gentil et riche M^r. Jarndyce, qui voudra l'épouser par la suite.

Née en 1830, Nelly était la fille illégitime d'une belle danseuse irlandaise qui n'avait aucun sens maternel. Elle négligeait Nelly, buvait énormément et, finalement, elle s'enfuit en Australie quand Nelly avait douze ans. C'est à cet instant crucial de sa vie que Nelly se retrouva brusquement sous la tutelle d'un riche célibataire anonyme qui l'envoya à l'école à Neuville- les-Dieppe, dans le nord de la France, au bord de la Manche. Au cours des six années suivantes, il lui écrivit des lettres affectueuses signées d'un énigmatique «R».

Quand Nelly atteignit ses dix-huit ans, elle fit enfin la connaissance de son tuteur ; il s'avéra qu'il s'agissait de Richard Sheepshanks, l'ancien prêtre devenu astronome renommé. C'était un homme plein d'esprit et fringant – tout ce dont pouvait rêver une jeune femme – et Nelly était intelligente et très jolie. Sheepshanks la gâtait et l'adorait encore plus qu'elle l'adorait. Il la présenta à des gens bien placés et l'introduisit dans les milieux appropriés. Très vite, Nelly fut invitée dans des soirées, au théâtre, à l'opéra et elle voyagea à l'étranger. Elle apprit plusieurs langues étrangères et devint une jeune femme cultivée, tout cela sous l'œil attentif de son généreux bienfaiteur de conte de fées, qui finit par lui avouer qu'il était son père biologique.

Sheepshanks fit promettre à Nelly de détruire toutes les lettres qu'il lui avait écrites : on ne peut donc pas dire si son amour paternel frôlait la passion de l'amant. Peut-être savait-elle fort bien ce qu'il éprouvait et choisit-elle de le nier, ou peut-être était-elle confiante et naïve. Toujours est-il que le choc dut être rude pour Sheepshanks quand Nelly lui annonça joyeusement, à Paris, qu'elle était amoureuse et fiancée à un étudiant aux beaux-arts nommé Oswald Sickert.

Son père réagit par un éclat de colère. Il l'accusa violemment d'être ingrate, malhonnête et infidèle, et exigea qu'elle rompe immédiatement ses fiançailles. Nelly refusa. Son père la priva alors de sa générosité et rentra en Angleterre. Il lui écrivit plusieurs lettres chargées d'amertume et mourut subitement à la suite d'une attaque. Nelly ne se remit jamais de la mort de son père, dont elle se jugeait responsable. Elle détruisit toutes ses lettres, à l'exception d'une seule, qu'elle avait cachée dans un vieux chronomètre appartenant à son père. « Aime-moi, Nelly, aime-moi tendrement, autant que je t'aime », avait-il écrit.

Richard Sheepshanks ne laissa rien à Nelly. Heureusement, sa brave sœur, Anne Sheepshanks, vint au secours de la jeune femme en lui versant une pension généreuse qui lui permit de faire vivre un mari et six enfants. L'enfance triste de Nelly, la trahison et l'abandon ultimes d'un père avaient sans doute laissé des cicatrices. Bien qu'aucun document ne soit là pour exprimer ses sentiments vis-à-vis de sa mère irresponsable et de cet amour apparemment incestueux d'un père qui n'avait été rien d'autre qu'un secret romantique durant toute sa jeunesse, on peut supposer que Nelly souffrait d'un profond chagrin, auquel se mêlaient la colère et la honte.

Si Helena Sickert n'était pas devenue une célèbre *suffragette* et une figure politique qui rédigea ses mémoires, on peut affirmer sans risque de se tromper que l'on saurait peu de chose sur la famille Sickert et l'enfant que fut Walter. Presque toutes les informations publiées concernant les premières années de la vie de Walter proviennent des mémoires d'Helena. Si un autre membre de la famille a laissé un témoignage, celui-ci n'existe plus, ou bien il est soigneusement enfermé quelque part.

La description que fait Helena de sa mère révèle une femme intelligente et complexe, qui savait parfois être drôle, charmante et indépendante, et qui, à d'autres moments, était absente, manipulatrice et soumise.

Le foyer que Nelly avait créé pour sa famille était fait d'incohérences : sévère et brutal, puis s'épanouissant soudain sous forme de jeux et de chansons. Le soir, il n'était pas rare que Nelly chante, accompagnée d'Oswald au piano. Elle chantait quand elle faisait ses travaux d'aiguille ou quand elle emmenait ses enfants se promener dans les bois ou nager. Elle leur apprenait de délicieuses chansons absurdes comme par exemple *The Mistletoe Bough* (La Branche de gui) et *She Wore a Wreath of Roses*

(Elle portait une couronne de roses), ou encore, la préférée des enfants :

> *Je suis Jack Jumper, l'avant-dernier de la famille*
> *Je sais faire des bibelots sur mon pouce...*

Très jeune, Walter se révéla un nageur intrépide, avec la tête remplie d'images et de musique. Il avait des yeux bleus, de longs cheveux blonds bouclés, et sa mère l'habillait «avec des costumes en velours à la Petit Lord Fauntleroy», se souvenait un ami de la famille. Helena, de quatre ans la cadette de Walter, se souvient dans ses mémoires que sa mère vantait sans cesse la «beauté» et le «comportement parfait» de son fils ; un avis qui ne reflétait pas tout à fait celui d'Helena. Walter avait peut-être un physique agréable, mais il était tout sauf gentil et tendre. Elle avait gardé le souvenir d'un petit garçon charmeur, plein d'énergie et querelleur qui se faisait des amis à la demande et qui s'en désintéressait une fois qu'ils avaient cessé de l'amuser ou de lui être utiles. Leur mère était souvent obligée, ensuite, de consoler ces camarades de jeux abandonnés et de trouver de piètres excuses pour expliquer la disparition soudaine de Walter de leurs vies.

La froideur et l'égocentrisme de Walter devinrent évidents dès son plus jeune âge, et l'on peut supposer que sa mère n'a jamais songé que ses relations avec lui pouvaient jouer un rôle non négligeable dans le développement de ce caractère de plus en plus sombre. Nelly adorait sans doute son fils à l'air angélique, mais pas nécessairement pour de saines raisons. Peut-être n'était-il simplement qu'une extension de son propre ego, et son comportement affectueux envers lui était la projection de ses désirs profondément enfouis et inassouvis. Elle le traitait de l'unique manière qu'elle connaissait, c'est-à-dire en rompant le lien émotionnel, comme sa mère l'avait fait avec elle, et en éprouvant pour son fils cette passion égoïste et déplacée qu'elle avait connue chez son père. Quand Walter était enfant, un artiste nommé Fuseli insista pour peindre le « merveilleux » petit garçon. Nelly conserva ce portrait grandeur nature au mur de son salon jusqu'au jour de sa mort, à l'âge de quatre-vingt-douze ans.

En se faisant passer pour le chef de famille, Oswald Sickert mentait, et Walter devait le savoir. Trop souvent, il était témoin de ce rituel : Maman suppliait son mari de lui donner de l'argent, et pendant qu'il glissait la main dans sa bourse, celui-ci demandait : « Combien dois-je te donner, femme dispendieuse ? – Quinze shillings seraient-ils une trop grosse somme ? » disait-elle après avoir énuméré tout ce dont ils avaient besoin pour la maison.

Magnanime, Oswald lui donnait alors l'argent qu'elle réclamait et qui était à elle au départ, car elle lui remettait régulièrement sa pension annuelle. La fausse générosité d'Oswald était récompensée par des baisers de son épouse et un air de ravissement. Leur petit numéro recréait, de manière étrange, les relations entre Nelly et son père omniprésent et dominateur, Richard Sheepshanks. Walter apprit par cœur la pièce dramatique de ses parents. Plus tard, il adopterait les pires traits de caractère de son père et

chercherait toujours des femmes pouvant satisfaire
sa mégalomanie et tous ses besoins.

Oswald Sickert travaillait comme illustrateur pour
le journal humoristique allemand *Die Fliegende Blät-*
ter, mais il n'avait rien de drôle quand il était chez lui.
Il n'avait aucune patience avec les enfants en général
et n'avait de liens affectifs avec aucun des siens. Sa
fille Helena se souvenait qu'il parlait uniquement à
Walter, qui prétendra plus tard se rappeler « tout » ce
que lui avait dit son père. D'ailleurs, Walter apprenait
et mémorisait rapidement quasiment tout. Quand il
était enfant, en Allemagne, il apprit seul à lire et à
écrire, et sa vie durant, ses amis et ses relations
s'émerveillèrent devant sa mémoire visuelle.

D'après la légende, Walter se promenait un jour
avec son père lorsqu'ils passèrent devant une église, et
Oswald attira l'attention de son jeune fils sur un
monument funéraire. « Voici un nom dont tu ne te
souviendras jamais », commenta Oswald, en conti-
nuant à avancer. Walter s'arrêta pour lire :

MAHARADJA MEERZARAM
GUAHAHAPAJE RAZ
PAREA MANERAMAPAM
MUCHER
L.C.S.K.

À l'âge de quatre-vingts ans, Walter Sickert se sou-
viendrait encore de cette inscription et il l'écrirait sans
aucune faute.

Oswald n'encouragea aucun de ses enfants à poursuivre une activité artistique, mais dès son plus jeune

âge, Walter ne put s'empêcher de dessiner, de peindre et de réaliser des figurines en cire. Sickert affirmerait par la suite que tout ce qu'il savait sur la théorie de l'art, il le tenait de son père, car celui-ci l'emmenait à la Royal Academy de Burlington House dans les années 1870 pour étudier les tableaux des grands maîtres. La lecture des archives de Sickert suggère qu'Oswald a pu jouer également un rôle dans le développement de dons de dessinateur de Walter. La bibliothèque d'Islington possède une collection d'esquisses qui ont été attribuées à Oswald, mais dont les historiens et les experts pensent qu'elle comporte certains dessins réalisés par le fils talentueux, Walter. Il est possible qu'Oswald ait porté un œil critique sur les premières créations artistiques de son fils.

La plupart de ces dessins sont de toute évidence l'œuvre d'une main encore hésitante, mais douée, qui apprend à représenter les scènes de rue, les immeubles et les personnages. Mais l'esprit créatif qui guide cette main est dérangé, violent et morbide ; c'est un esprit qui prend plaisir à faire apparaître un chaudron dans lequel on ébouillante des êtres vivants et des personnages démoniaques aux visages peints, avec de longues queues et des sourires maléfiques. Un de ses thèmes préférés est celui des soldats qui prennent d'assaut des châteaux et livrent combat. Un chevalier kidnappe une jeune femme plantureuse et s'enfuit avec elle sur son cheval, alors qu'elle le supplie de ne pas la violer ou la tuer, ou les deux. Sickert évoquait peut-être ses propres œuvres de jeunesse quand il décrivait un dessin réalisé par Karel du Jardin en 1652 : il s'agit, disait-il, d'une scène effroyable représentant un «cavalier», qui arrête son cheval pour contempler un «cadavre» «dénudé» et «tailladé», pendant que des troupes avec «des lances et des étendards» s'enfuient au loin.

Le dessin le plus violent et le plus amateur de cette collection représente une femme dotée d'une forte poitrine, vêtue d'une robe décolletée et assise sur une chaise, les mains attachées dans le dos, la tête rejetée en arrière, tandis qu'un homme, droitier, plonge un couteau dans son sternum. Elle a d'autres blessures sur le flanc gauche, ainsi que dans le cou – là où se trouve la carotide – et sans doute aussi sous l'œil gauche. L'unique trait distinctif de son meurtrier est un léger sourire, et il porte un costume. En face de ce dessin, sur la même feuille de papier rectangulaire, on peut voir un homme accroupi, à l'air effrayant, qui s'apprête à sauter sur une femme portant une longue jupe, un châle et un chapeau à brides.

Je n'ai rien trouvé qui puisse laisser penser qu'Oswald Sickert avait un comportement sexuel violent, mais ce pouvait être un homme malveillant, avec un cœur de pierre. Sa cible préférée était sa fille. La peur qu'il inspirait à Helena était telle qu'elle tremblait en sa présence. Il ne montra aucun signe de compassion à son égard lorsqu'elle resta alitée pendant deux ans à cause de rhumatismes articulaires aigus. Quand elle fut enfin rétablie, à l'âge de sept ans, elle demeura très faible et continua de se déplacer avec difficulté. Elle redoutait les moments où son père l'obligeait à venir se promener avec lui. Durant ces sorties, il ne disait pas un mot. Pour Helena, ces silences étaient encore plus effrayants que ses paroles brutales.

Quand elle courait maladroitement pour suivre le pas implacable de son père, ou si par malheur elle lui rentrait dedans, alors, écrivait Helena, « il me prenait par les épaules, sans dire un mot, et il me faisait repartir dans la direction opposée, où je risquais de rencontrer un mur ou un caniveau ». Sa mère n'intervenait jamais pour prendre sa défense. Nelly préférait ses « jolis petits gars », avec leurs cheveux blonds et leurs costumes marins, à sa fille rousse et banale.

Walter était de loin le plus mignon des petits gars blonds et le « plus intelligent ». Il parvenait toujours à ses fins, à coups de manipulation, de tromperie et de charme. C'était lui le chef, et les autres enfants faisaient généralement ce qu'il exigeait, même quand les « jeux » de Walter étaient injustes ou déplaisants. Quand il jouait aux échecs, par exemple, il n'hésitait pas à modifier les règles à son avantage. Quand Walter fut un peu plus âgé, après que sa famille fut partie s'installer en Angleterre, en 1868, il commença à recruter des amis et aussi ses frères et sœur pour interpréter des scènes de Shakespeare. Certaines de ses directions scéniques étaient obscènes et dégradantes. Dans un extrait non publié des mémoires d'Helena, on peut lire :

Je devais être enfant quand [Walter] nous ligota pour jouer les trois sorcières de son Macbeth, dans une carrière désaffectée près de Newquay, dont je croyais, innocemment, qu'elle s'appelait réellement « Le Puits d'Achéron ». Et là, il nous dirigea de manière très brutale. Je fus obligée (étant mince et rousse, comme il convenait) d'ôter ma robe, mes chaussures et mes

bas, afin de me pencher au-dessus du chaudron des
sorcières, ou de marcher tout autour, malgré les
épines et les pierres tranchantes, avec dans les yeux
la fumée âcre des algues qui brûlaient.

Ce récit et d'autres tout aussi édifiants furent atté-
nués ou carrément supprimés quand les mémoires
d'Helena furent publiés, et sans ces six pages manuscrites léguées au Victoria & Albert Museum, on saurait peu de chose des penchants juvéniles de Walter.
Je suppose que ces passages ont été censurés.

À l'époque victorienne et au début des années
1900, il n'était pas rare que l'on raconte absolument
tout, surtout au sujet de la famille. La reine Victoria
elle-même aurait pu faire brûler un de ses palais à
cause de l'incendie qu'elle provoqua en mettant le feu
à ses documents personnels. Quand Helena publia ses
mémoires, en 1935, Walter avait soixante-quinze ans
et c'était une idole des Britanniques, encensé par de
jeunes artistes qui le considéraient comme le roi.
Peut-être que sa sœur y réfléchit à deux fois avant de
le crucifier dans son livre. Elle était une des rares personnes qu'il n'ait pas réussi à dominer, et ils n'ont
jamais été très proches l'un de l'autre.

Il n'est même pas certain qu'elle ait su ce qu'il fallait penser de lui. Walter était « à la fois l'être le plus
inconstant et le plus déterminé… déraisonnable et
toujours en train de rationaliser. Négligeant totalement ses amis et ses relations en temps normal, mais
capable de la plus grande gentillesse, de la plus
grande générosité et ingéniosité dans les moments
difficiles. Rien ne l'ennuyait, sauf les gens… ».

Les professeurs de Sickert sont d'accord pour dire qu'il était «difficile». C'était un garçon «brillant», doté d'un «tempérament lunatique», et quand il avait trois ans, sa mère confia à un ami de la famille qu'il était «pervers et entêté»; garçon au physique robuste, sa «tendresse» pouvait facilement se transformer en «colère». C'était un maître de la manipulation et, comme son père, il méprisait la religion. Pour lui, l'autorité n'existait pas plus que Dieu. À l'école, Walter était plein d'énergie et d'une grande vivacité intellectuelle, mais il ne se pliait pas aux règles. Ceux qui ont écrit sur sa vie se montrent vagues et évasifs au sujet de ses «irrégularités», pour reprendre l'expression de son biographe, Denys Sutton.

À l'âge de dix ans, Sickert fut «retiré» d'un pensionnat de Reading où, confierait-il plus tard, il trouvait «l'horrible vieille maîtresse» insupportable. Il fut ensuite renvoyé de l'University College School de Londres pour des raisons inconnues. Vers 1870, il fréquenta la Bayswater Collegiate School et, pendant deux ans, il fut élève à la King's College School. En 1878, il fut reçu au baccalauréat avec la mention très bien, mais il n'entra pas à l'université.

L'arrogance de Sickert, son absence de sentiments et son extraordinaire pouvoir de manipulation sont typiques des psychopathes. Ce qui est moins flagrant – même si cela transparaît dans ses accès de colère et dans ses jeux sadiques –, c'est la rage qui bouillonnait sous la surface. Ajoutez cela au détachement émotionnel et à un manque total de compassion et de remords, et l'alchimie qui en découle transforme le Dr Jekyll en Mr Hyde. Le processus exact de cette transformation est un mélange entre le physique et le mental que nous ne parvenons pas à saisir complètement. Une anomalie du lobe frontal pousse-t-elle un individu à devenir un psychopathe ? Ou le lobe frontal se développe-t-il de manière anormale parce que cet individu est un psychopathe ? Nous ne savons toujours pas quelle est la cause.

En revanche, nous connaissons le comportement de ces individus et savons qu'ils agissent sans crainte des conséquences. Ils se moquent de la souffrance qui se répand dans le sillage de leurs ouragans de violence. Un psychopathe se fiche pas mal que l'assassinat d'un président puisse nuire à des nations entières, ou que sa folie meurtrière brise le cœur de femmes qui ont perdu leurs maris ou celui d'enfants qui ont perdu leurs pères. On rapporte que Sirhan Sirhan[1] se vantait dans sa prison d'être devenu aussi célèbre que John F. Kennedy. La tentative d'assassinat manquée visant le président Reagan a catapulté John Hinckley J[r], un être minable, grassouillet et mal-aimé, à la une de tous les magazines.

La seule peur palpable du psychopathe est celle de se faire prendre. Le violeur interrompt son agression sexuelle s'il entend quelqu'un ouvrir la porte d'entrée. À moins que sa violence franchisse un nouveau palier et qu'il tue sa victime et celui qui l'a dérangé. Il ne doit y avoir aucun témoin. Même si les psychopathes violents narguent la police, l'idée de se retrouver derrière des barreaux les terrorise et ils sont prêts à toutes les extrémités pour échapper à la prison. Il

---

1. Assassin de Robert Kennedy (*N.d.T.*).

est ironique de penser que des individus qui nourrissent un tel mépris pour la vie humaine s'accrochent à la leur avec tant d'acharnement. Ils continuent à jouir de leur comédie, même dans le couloir de la mort. Ils sont bien décidés à vivre et, jusqu'à la fin, ils sont persuadés de pouvoir échapper à l'injection mortelle ou tromper la chaise électrique.

Jack l'Éventreur était le plus grand joueur de tous les joueurs. Ses meurtres, ses indices et les provocations adressées à la presse et à la police, ses pitreries… tout cela était tellement amusant ! Sa plus grande déception fut sans doute de constater, très vite, que ses adversaires étaient des lourdauds inexpérimentés. On peut dire que Jack l'Éventreur jouait tout seul à son petit jeu. N'ayant pas d'adversaires à sa taille, il en rajoutait et faisait tout pour attirer l'attention, allant presque jusqu'à se dénoncer. L'Éventreur a adressé des centaines de lettres à la police et à la presse. Un des mots qui revenait le plus souvent était « idiots » ; un mot qu'affectionnait également Oswald Sickert. Les lettres de l'Éventreur contiennent des dizaines de *Ha ha !* – ce rire américain exaspérant de James McNeill Whistler que Sickert dut entendre pendant des heures et des heures quand il travaillait pour le grand Maître.

De 1888 jusqu'à aujourd'hui, les millions de gens qui ont associé Jack l'Éventreur à l'idée de mystère et de meurtre sont sans doute loin de s'imaginer que, plus que tout, ce meurtrier tristement célèbre était un individu moqueur, arrogant, méprisant et sarcastique, convaincu que tout le monde sur terre, ou presque, était un « idiot » ou un « imbécile ». L'Éventreur haïssait la police et il haïssait les « putains obscènes », et se montrait hystérique dans ses « drôles de petits » messages adressés à ceux qui essayaient désespérément de l'attraper.

Les railleries de l'Éventreur et sa totale indifférence vis-à-vis de la destruction de la vie humaine apparaissent de manière évidente dans ses lettres, qui ont commencé en 1888 et ont pris fin, d'après ce que l'on sait, en 1896. En lisant et relisant (je ne saurais dire combien de fois) les deux cent cinquante lettres environ qui ont survécu, conservées au Public Record Office et à la Corporation of London Records Office, j'ai commencé à me créer l'image effrayante d'un enfant rusé, enragé et méprisant qui contrôlait un adulte brillant et talentueux. Jack l'Éventreur se sentait détenteur d'un pouvoir seulement quand il massacrait des gens et harcelait les autorités, et il n'a jamais été « inquiété » pendant plus de cent quatorze ans.

Lorsque j'ai commencé à éplucher les lettres de l'Éventreur, j'étais d'accord avec ce que la police et la plupart des gens ont toujours pensé et continuent de penser, à savoir que la majorité de ces lettres étaient des canulars ou l'œuvre de personnes déséquilibrées. Toutefois, au cours de mes recherches poussées sur Sickert et la façon dont il s'exprimait, mon opinion a changé. Je crois maintenant que la plupart de ces lettres ont été écrites par le meurtrier. Parmi les taquineries enfantines et haineuses de l'Éventreur, les commentaires railleurs et les provocations contenus dans ses lettres, on trouve ceci :

« Ha Ha Ha »
« Essayez donc de m'attraper »

« *C'est une jolie rigolade* »

« *Quelle jolie danse je mène* »

« *Affectueusement, Jack l'Éventreur* »

« *Juste pour te donner un petit indice* »

« *Je lui ai dit que j'étais Jack l'Éventreur et j'ai ôté mon chapeau* »

« *Accrochez-vous bien, bande de flics rusés* »

« *Salut pour le moment, de la part de l'Éventreur et du roublard* »

« *Ce sera chouette cher vieux patron de retrouver le bon vieux temps* »

« *Tu te souviendras peut-être de moi si tu essaies de réfléchir un peu Ha Ha* »

« *J'ai énormément de plaisir à t'indiquer où je me trouve, dans l'intérêt des gars de Scotland Yard* »

« *La police se croit diaboliquement rusée* »

« *Bande d'ânes, triples idiots* »

« *Sois assez aimable de m'envoyer quelques-uns de tes policiers malins* »

« *La police passe près de moi chaque jour, et je passerai devant un policier pour poster ceci.* »

« *Ha! Ha!* »

« *Tu as commis une erreur, si tu crois que je t'ai pas vu…* »

« *Revoilà le bon vieux temps* »

« *J'avais très envie de te faire une petite farce, mais il ne me reste plus assez de temps pour te laisser jouer au chat et à la souris avec moi.* »

« *Au revoir, patron.* »

« *C'est un bon tour que je leur ai joué* »

« *ta ta* »

« *Juste un mot pour te dire que j'adore mon travail.* »

« Ils ont l'air si intelligents, ils disent qu'ils sont sur la bonne piste »

« P.S. Tu pourras pas retrouver ma trace avec cette lettre, c'est inutile »

« Je pense que vous dormez tous à Scotland Yard »

« Je suis Jack l'Éventreur, essayez donc de m'attraper »

« Je vais maintenant partir pour Paris, où je vais essayer mon petit jeu »

« Oh, quel boulot agréable, le dernier »

« Je vous embrasse »

« Je suis toujours en liberté... Ha, ha, ha ! »

« Qu'est-ce que je rigole »

« Je trouve que j'ai été très bon jusqu'à présent »

« Bien à toi, Mathematicus »

« Cher patron... je bavardais avec deux ou trois de tes hommes hier soir »

« Quels idiots, ces policiers »

« Mais ils n'ont pas fouillé là où j'étais, et moi j'observais les policiers pendant tout ce temps. »

« Je suis passé devant un policier hier, et il a même pas fait attention à moi. »

« La police pense maintenant que mon travail est une farce, tiens tiens, Jacky est un grand farceur, ha ha ha »

« Je m'amuse beaucoup »

« On me considère comme un très beau gentleman »

« Tu vois, je suis toujours dans les parages. Ha ha »

« Tu vas en baver pour m'attraper »

« Inutile d'essayer de m'attraper, tu y arriveras pas »

« Tu m'as jamais attrapé et tu y arriveras jamais Ha Ha »

Mon père, avocat, disait toujours qu'on apprend énormément de choses sur les gens en sachant ce qui les met en colère. L'examen des deux cent onze lettres de l'Éventreur conservées au Public Record Office de Kew révèle son arrogance intellectuelle. Même quand il contrefaisait son écriture pour paraître ignorant, illettré ou fou, il n'aimait pas entendre dire qu'il l'était. Il ne pouvait s'empêcher de rappeler aux gens qu'il était cultivé, en envoyant parfois une lettre écrite sans aucune faute, d'une jolie écriture, avec un vocabulaire choisi. Comme il l'affirma à plusieurs reprises dans ses messages, de plus en plus ignorés par la police et la presse, «J'suis pas un dingue comme vous le dites. J'suis foutrement trop malin pour vous» et «Si vous croyez que j'suis fou, vous faites une sacrée erreur».

Selon toute vraisemblance, un cockney illettré n'aurait jamais utilisé le mot *conundrum*, «énigme», et il n'aurait pas signé sa lettre «Mathematicus». Selon toute vraisemblance, un rustre inculte n'emploierait pas le terme de «victimes» au sujet des gens qu'il a assassinés, et à propos d'une femme qu'il a mutilée, il ne parlerait pas de «césarienne». L'Éventreur utilisait également des mots grossiers comme «chatte» et il se donnait du mal pour faire des fautes d'orthographe ou écrire de manière illisible. Après quoi, il postait ses lettres de pacotille à Whitechapel, comme pour laisser croire que Jack l'Éventreur était un misérable habitant des taudis. Rares étaient les pauvres de Whitechapel qui savaient lire et écrire ; une large proportion de la population était étrangère et ne parlait même pas anglais. Les gens qui font des fautes d'orthographe écrivent phonétiquement et toujours de la même manière ; or, dans certaines lettres, l'Éventreur écrit le même mot en faisant des fautes différentes.

Le mot « jeux », souvent répété, et les « ha ha ! » très abondants étaient très appréciés par James McNeill Whistler, né en Amérique, et dont le « caquetage », comme disait Sickert, était tristement célèbre et souvent décrit comme un rire redoutable qui faisait grincer les dents de l'Angleterre. Ce rire était capable d'interrompre une conversation dans un dîner, et il suffisait à annoncer la présence du Maître, ce qui pétrifiait ses ennemis ou les faisait se lever pour s'en aller. Ce « ha ha ! » était beaucoup plus américain qu'anglais, et on ne peut qu'imaginer combien de fois par jour Sickert entendait ce son exaspérant quand il se trouvait avec Whistler. On peut lire des centaines de lettres écrites par des victoriens sans y trouver un seul « ha ha », mais les lettres de l'Éventreur en regorgent.

Des générations ont cru à tort que les lettres de l'Éventreur étaient des farces, ou bien l'œuvre d'un journaliste désireux de créer une histoire sensationnelle, ou encore des délires de déséquilibrés, car c'était ce que pensaient la police et la presse. Les enquêteurs et la plupart de ceux qui ont étudié les crimes de l'Éventreur se sont plus intéressés à la graphologie qu'au langage. Or, il est facile de contrefaire une écriture, surtout quand on est un brillant artiste, mais l'utilisation unique et répétée de combinaisons linguistiques dans de multiples textes constitue l'empreinte digitale de l'esprit d'un individu.

Une des insultes préférées de Sickert était « idiots ». L'Éventreur aimait beaucoup ce mot, lui aussi. Aux yeux de l'Éventreur, tout le monde était idiot, sauf lui. Les psychopathes ont tendance à penser qu'ils sont plus malins et plus intelligents que tout le monde, et ils sont convaincus qu'ils peuvent déjouer les plans de ceux qui tentent de les arrêter. Les psychopathes adorent jouer, harceler et provoquer. Quel plaisir de déclencher un tel chaos et de s'asseoir tranquillement pour assister ensuite au spectacle ! Sickert n'était pas le premier psychopathe à s'amuser à ce jeu, à provoquer, à se moquer, à croire qu'il était le plus malin, et à tuer en toute impunité. Mais peut-être fut-il le meurtrier le plus original et le plus inventif de tous les temps.

Sickert était un homme cultivé qui possédait sans doute le Q.I. d'un génie. C'était un artiste talentueux, dont le travail est respecté, mais pas nécessairement apprécié. Son art n'exprime aucune fantaisie, aucune touche de tendresse, aucun rêve. Il n'a jamais fait mine de peindre la « beauté » et, en tant que dessinateur, il était plus doué que la plupart de ses pairs, y compris Whistler. Sickert « Mathematicus » était un technicien. « Toutes les lignes de la nature… se trouvent quelque part dans des radiants situés dans les 360 degrés de quatre angles droits, écrivit-il. Toutes les lignes droites… et toutes les courbes peuvent être considérées comme des tangentes de ces lignes. »

Il enseignait à ses étudiants que « la base du dessin est une sensibilité, hautement cultivée, à la direction des lignes… à l'intérieur des 180 degrés des angles droits ». Permettons-lui de simplifier : « On peut dire que l'art est… le coefficient individuel de l'erreur… dans la tentative [du dessinateur] pour atteindre l'expression de la forme.» Whistler et Degas ne définissaient pas leur art en de tels termes. Je ne suis pas sûre qu'ils auraient compris un traître mot de ce que disait Sickert.

La précision avec laquelle Sickert réfléchissait et calculait était évidente, non seulement dans ses descriptions, mais aussi dans la façon dont il exécutait son travail. En peinture, sa méthode consistait à «projeter au carré» ses esquisses, à les agrandir de manière géométrique pour préserver les perspectives et les proportions exactes. Dans certains de ses tableaux, le schéma de sa méthode mathématique transparaît derrière la peinture. Dans les jeux et les crimes violents de Jack l'Éventreur, le schéma de sa vraie personnalité transparaît derrière les machinations.

CHAPITRE 6

WALTER ET LES GARÇONS

À l'âge de cinq ans, Sickert dut subir trois horribles opérations pour une fistule.

Dans toutes les biographies de Sickert que j'ai lues, ces opérations sont mentionnées très brièvement et, à ma connaissance, personne n'a jamais pris la peine d'expliquer ce qu'était cette fistule, ni pourquoi il avait fallu réaliser trois opérations dangereuses pour la soigner. De plus, il n'existe pas à ce jour de livre objectif qui retrace en détail les quatre-vingt-une années que Sickert a passées sur cette terre.

Même si l'on apprend beaucoup de choses dans la biographie écrite par Denys Sutton en 1976, car l'auteur était un chercheur acharné qui s'est basé sur des conversations avec des personnes ayant connu le « vieux maître », Sutton était quelque peu « corrompu » en ce sens qu'il devait obtenir l'autorisation du Sickert Trust pour utiliser des documents protégés, comme les lettres par exemple. Les contraintes juridiques concernant la reproduction d'éléments signés Sickert, y compris ses œuvres, constituent des montagnes imposantes qu'il faut gravir pour avoir

une vue d'ensemble de la personnalité contradictoire et complexe de cet homme. Dans une note de
recherches, conservée parmi les archives de Sutton
à l'Université de Glasgow, il semble être fait allusion
à un « tableau de l'Éventreur » que Sickert aurait réalisé dans les années 1930. Si ce tableau existe, je n'en
ai trouvé mention nulle part ailleurs.

D'autres allusions au comportement étrange de
Sickert auraient dû éveiller la curiosité de quiconque étudiait de près ce personnage. Dans une
lettre envoyée de Paris, et datée du 16 novembre
1968, André Dunoyer de Segonzac, un artiste très
connu, lié au groupe de Bloomsbury, écrivit à Sutton qu'il avait connu Walter Sickert vers 1930. Il se
souvenait très bien de Sickert affirmant avoir
« vécu » à Whitechapel, dans la maison même où
avait vécu Jack l'Éventreur, et comment Sickert lui
avait parlé « avec fougue de la vie discrète et édi-
fiante de ce monstrueux assassin ».

Historienne d'art et spécialiste de Sickert, le
Dr Anna Gruetzner Robins de l'Université de Reading
avoue qu'elle ne voit pas comment il est possible
d'étudier en profondeur le personnage de Sickert sans
commencer à suspecter qu'il ait été Jack l'Éventreur.
Certaines des études qu'elle a publiées, consacrées à
l'œuvre de Sickert, renferment des observations qui
sont un peu trop perspicaces au goût de certains.
Apparemment, les vérités le concernant sont entou-
rées de brouillard, comme l'était Jack l'Éventreur, et
mettre en lumière des détails susceptibles de laisser
présager des choses ignobles le concernant constitue
un blasphème.

Au début de l'année 2002, Howard Smith, le conservateur de la Manchester City Art Gallery, me contacta pour me demander si je savais que, en 1908, Walter Sickert avait peint un tableau très sombre et lugubre intitulé *La Chambre de Jack l'Éventreur*. Ce tableau fut légué au musée en 1980, et le conservateur de l'époque contacta le Dr Wendy Baron – qui a rédigé sa thèse de doctorat sur Sickert et a écrit plus que n'importe qui sur cet artiste – pour lui faire part de sa remarquable découverte. «Nous venons de recevoir un legs de deux tableaux signés Sickert», écrivit le conservateur, Julian Treuherz, au Dr Baron le 2 septembre 1980. «L'un des deux, précisait-il, se nommait *La Chambre de Jack l'Éventreur*, une huile sur toile, de 50 cm × 42 cm.»

Le Dr Baron répondit à M. Treuherz le 12 octobre et vérifia que la chambre représentée sur le tableau était effectivement la chambre d'une maison de Camden Town (au 6 Mornington Crescent) dont Sickert loua les deux derniers étages quand il revint s'installer à Londres après son séjour en France en 1906. Le Dr Baron fit remarquer, par ailleurs, que cette maison de Camden Town était le lieu où «Sickert pensait que Jack l'Éventreur avait vécu» dans les années 1880. Bien que je n'aie trouvé personnellement aucune mention de cette adresse dans Mornington Crescent comme étant l'endroit où aurait vécu Jack l'Éventreur, il se peut que Sickert ait possédé à cet endroit un pied-à-terre secret durant la série de meurtres de 1888. En outre, l'Éventreur indiquait dans ses lettres qu'il emménageait dans une pension. Ce pouvait être le 6 Mornington Crescent, là où vivait Sickert en

1907, quand une autre prostituée eut la gorge tranchée, à un peu plus d'un kilomètre de sa pension.

Sickert aimait raconter à ses amis qu'il avait vécu autrefois dans une maison où, à en croire la propriétaire, Jack l'Éventreur avait vécu à l'époque de ses crimes. Et elle connaissait son identité : l'Éventreur était un étudiant de l'école vétérinaire, un fou qui fut finalement envoyé à l'asile. Elle confia même à Sickert le nom du détraqué *serial killer*, et Sickert le nota dans un exemplaire des *Mémoires de Casanova* qu'il lisait à ce moment-là. Mais, hélas, malgré son excellente mémoire visuelle, Sickert n'arrivait pas à s'en souvenir, et l'exemplaire du livre fut détruit durant la Seconde Guerre mondiale.

Le tableau intitulé *La Chambre de Jack l'Éventreur* demeura ignoré et stocké quelque part pendant vingt-deux ans. Apparemment, c'est une des rares œuvres de Sickert que le Dr Baron n'a pas commentées dans ses écrits. En tout cas, je n'en avais jamais entendu parler. Pas plus que le Dr Robins de la Tate Gallery, ni aucune des personnes que j'ai rencontrées au cours de mes recherches. Nul ne semble désireux de faire la publicité de ce tableau. L'idée selon laquelle Sickert était Jack l'Éventreur est «une sottise», a déclaré le neveu de l'artiste, John Lessore, qui n'est pas lié à Sickert par le sang, mais par le biais de la troisième femme de Sickert, Thérèse Lessore.

En écrivant ce livre, je n'ai eu aucun contact avec le Sickert Trust. Ni les gens qui le gèrent, ni personne d'autre ne m'a dissuadée de publier ce que j'estime être la vérité crue. Je me suis basée sur les souvenirs de personnes qui furent les contemporains de Walter Sickert – comme par exemple Whistler et les deux premières épouses de Sickert – et qui n'avaient aucune obligation légale envers le Sickert Trust.

J'ai évité les inexactitudes recyclées qui se sont propagées comme des métastases d'un livre à l'autre. Je suis arrivée à la conclusion que toutes les informations fournies depuis la mort de Sickert évitaient de dire des choses délibérément accablantes ou humiliantes sur sa vie ou sa personnalité. La fistule était considérée comme un détail sans importance, car, apparemment, ceux qui en ont parlé n'ont pas très bien compris de quoi il s'agissait, ni les répercussions désastreuses que cela pouvait avoir eu sur le psychisme de Sickert. Je dois avouer que je fus choquée, après avoir interrogé John Lessore au sujet de la fistule de son oncle, de l'entendre me répondre, comme si c'était une chose notoire, que cette fistule était en fait «un trou dans le pénis [de Sickert]».

Je pense que Lessore était loin de comprendre la signification de ce qu'il me disait, et je serais étonnée que Denys Sutton en ait su autant au sujet de cette fistule. Quand il fait allusion au problème, c'est simplement pour signaler que Sickert a subi deux opérations ayant échoué «pour une fistule, à Munich», et en 1865, alors que la famille Sickert se trouvait à Dieppe, sa grand-tante, Anne Sheepshanks, suggéra de tenter une troisième opération, réalisée par un éminent chirurgien de Londres.

Helena ne mentionne pas le problème médical de son frère aîné dans ses mémoires, mais on peut se demander ce qu'elle savait au juste. Il est peu probable, en effet, que l'appareil génital de son frère aîné ait été un sujet de conversation familiale. Helena était encore un bébé quand Sickert subit ces opérations, et on peut légitimement penser que, quand elle fut en âge de s'intéresser aux organes de reproduction, Sickert n'était guère enclin à se promener nu devant elle, ni devant qui que ce soit d'autre. Néanmoins, il faisait parfois allusion, de manière détournée, à sa fistule quand il plaisantait en disant qu'il se rendait à Londres pour se « faire circoncire ».

Au XIXᵉ siècle, les fistules anales, rectales et vaginales étaient si fréquentes que l'hôpital Saint-Mark à Londres s'en était fait une spécialité. Nulle part il n'est fait mention de fistules du pénis dans la littérature médicale que j'ai consultée, mais ce terme a peut-être été utilisé de manière impropre pour décrire les anomalies péniennes comme celle dont était atteint Sickert. Le mot « fistule » – signifiant roseau ou tuyau en latin – est généralement utilisé pour décrire une voie ou une cavité anormale pouvant provoquer des atrocités, comme par exemple une liaison entre le rectum et la vessie, ou avec l'urètre ou encore le vagin.

Une fistule peut être d'origine congénitale, mais elle est souvent provoquée par un abcès qui emprunte la voie la plus facile et creuse les tissus ou la surface de la peau, créant une nouvelle voie par où s'échappent l'urine, les excréments et le pus. Les fistules peuvent être extrêmement désagréables, gênantes et même fatales. Des revues médicales anciennes citent des cas angoissants d'intestins se déversant dans la vessie, d'intestins ou de vessies se déversant dans le vagin ou l'urètre, et de menstrues s'écoulant par le rectum.

Au milieu des années 1800, les médecins attribuaient les causes des fistules à toutes sortes de choses : s'asseoir sur des sièges humides ou dehors, dans les omnibus après un gros effort physique, le fait d'avaler de petits os ou des épingles, la « mauvaise » alimentation, l'alcool, un habillement inadapté, l'usage de coussins ou les habitudes sédentaires liées à certaines professions. Le D\u2009r Frederick Salmon, fondateur de l'hôpital Saint-Mark, soigna Charles Dickens pour une fistule, causée, disait-il, par le fait que le grand écrivain restait assis trop longtemps à son bureau.

L'hôpital Saint-Mark fut créé en 1835 pour soulager les pauvres des maladies rectales et de leurs « funestes variantes » ; il fut transféré dans City Road à Islington en 1864. L'année suivante, l'hôpital subit un désastre financier lorsque le secrétaire s'enfuit après avoir détourné 400 *livres sterling*, soit un quart des recettes annuelles de l'établissement. On proposa alors d'organiser, afin de récolter des fonds, un dîner de bienfaisance qui serait présidé par Charles Dickens débarrassé de sa fistule, mais l'écrivain déclina cet honneur. La même année, Walter Sickert arriva à Saint-Mark, à l'automne, pour se faire « soigner » par un chirurgien récemment nommé à ce poste, le D\u2009r Alfred Duff Cooper, qui épousera par la suite la fille du duc de Fife et sera fait chevalier par le roi Édouard VII.

Le D\u2009r Cooper était un médecin de vingt-sept ans, véritable étoile montante de sa profession. Il était spé-

cialisé dans le traitement des maladies rectales et
vénériennes, mais la lecture de ses publications, ou
d'autres documents, ne fait apparaître aucune allusion
au traitement de prétendues « fistules du pénis ». Les
explications concernant la fistule de Sickert vont du
convenable à l'épouvantable. Il se peut que la nature
l'ait affligé d'une malformation de l'appareil génital,
d'origine génétique, appelée hypospadias, dans
laquelle l'urètre s'arrête juste sous l'extrémité du
pénis. La littérature médicale allemande publiée à
l'époque de la naissance de Sickert indique qu'un cas
d'hypospadias simple était « une bagatelle », plus fréquente qu'on ne l'imaginait. « Une bagatelle », cela
signifie que la fistule n'empêchait pas la procréation
et ne méritait pas que l'on coure le risque d'une opération chirurgicale pouvant provoquer une infection,
voire la mort.

La malformation de Sickert ayant exigé trois
opérations, son problème ne devait pas être « une
bagatelle ». En 1864, le Dr Johann Ludwig Casper,
professeur de médecine légale à l'Université de
Berlin, publia une étude consacrée à un cas plus grave
d'hypospadias. Dans le cas de cette malformation,
il se produit une ouverture de l'urètre à la « racine »,
à la base, du pénis. Pire encore : l'epispadias, lorsque
l'urètre se sépare et coule comme « une gouttière », le
long d'un pénis rudimentaire ou mal développé. Dans
l'Allemagne du milieu du XIXe siècle, des cas tels que
celui-ci étaient considérés comme un type d'herma-
phrodisme ou de « sexe indéterminé ».

À sa naissance, le sexe de Sickert était peut-être
ambigu ; c'est-à-dire que son pénis était minuscule,

peut-être mal formé, et non perforé (sans urètre). La vessie devait être reliée à un canal qui s'ouvrait à la base du pénis, ou près de l'anus, et peut-être y avait-il dans le scrotum une fente qui ressemblait au clitoris, au vagin et aux lèvres du sexe féminin. Il est possible que le sexe de Sickert soit demeuré indéterminé jusqu'à ce qu'on découvre ses testicules dans les replis des prétendues lèvres et qu'on détermine qu'il n'avait pas d'utérus. Dans les cas d'appareils génitaux ambigus, quand l'enfant se révèle finalement être de sexe masculin, sa santé et sa virilité se développent normalement, en tous points, à l'exception de son pénis, qui peut fonctionner de manière acceptable, mais ne peut être qualifié de normal. Dans les premiers temps de la chirurgie, les tentatives pour réparer les appareils génitaux gravement déformés s'achevaient généralement par une mutilation.

En l'absence de dossier médical, je ne peux dire, précisément, quelle était l'anomalie de Sickert, mais si son problème était un simple hypospadias, pourquoi ses parents ont-ils pris le risque d'une opération chirurgicale ? Pourquoi sa mère et son père ont-ils attendu si longtemps avant d'essayer de corriger ce qui devait être une pénible affliction ? Sickert avait cinq ans quand il subit sa troisième opération, et on se demande combien de temps s'était écoulé depuis les deux précédentes. On sait que sa grand-tante était intervenue pour le faire venir à Londres, ce qui laisse supposer que son infirmité était grave, et que les deux opérations précédentes, sans doute récentes, avaient entraîné des complications. Si, effectivement, il avait déjà trois ou quatre ans quand débuta ce cauchemar médical, il est possible que ses parents aient retardé les procédures orthopédiques jusqu'à ce qu'ils soient sûrs de son sexe. J'ignore quand Sickert fut prénommé Walter Richard. À ce jour, aucun certificat de naissance ni de baptême n'est jamais apparu.

Dans ses mémoires, Helena écrit que lorsqu'elle était enfant, «on» disait toujours «Walter et les garçons» pour parler de Walter et de ses frères. Qui est ce «on»? Je doute que ses frères aient parlé d'eux-mêmes en disant *Walter et les garçons*, et je ne pense pas que la petite Helena ait pu trouver seule cette expression. J'ai tendance à suspecter que la référence à *Walter et les garçons* provenait d'un des parents ou des deux.

Compte tenu du portrait que dresse Helena d'un jeune Walter précoce et dominateur, ne connaissant ni foi ni loi, à tel point qu'il n'était pas classé dans la même catégorie que les autres fils, il se peut que l'expression *Walter et les garçons* soit une façon de reconnaître cette précocité. Mais peut-être était-il aussi physiquement différent de ses frères, et de tous les autres garçons. Si telle est l'explication, l'usage répété de cette expression pouvait être très humiliant et castrateur pour le jeune Walter.

La petite enfance de Sickert fut traumatisée par la violence médicale. Quand on subit une opération chirurgicale pour un hypospadias après l'âge de dix-huit mois, cela peut provoquer une peur de la castration. En outre, les opérations infligées à Sickert avaient certainement entraîné des sténoses et des cicatrices qui devaient rendre les érections doulou-reuses, voire impossibles. Peut-être même a-t-il subi une amputation partielle. Ses œuvres ne comportent pas de corps masculins nus, à l'exception de deux esquisses que j'ai découvertes et qui semblent avoir été réalisées quand il était adolescent ou étudiant aux beaux-arts. Sur chacune d'elles, le corps d'homme représenté est affublé d'un petit moignon de pénis tout à fait anormal.

Il est évident, d'après les lettres de Sickert, que durant toute sa vie il fut sujet à des infections urinaires, sans doute liées aux sténoses provoquées par des opérations à répétition. De fait, lorsque Sickert mourut, le 22 janvier 1942, son décès fut attribué à une urémie (insuffisance rénale) due à une néphrite chronique (fréquentes infections urinaires), avec un facteur aggravant de dégénérescence du myocarde, une maladie cardiaque qui accompagne parfois les problèmes rénaux.

Rien n'indique que Sickert ait jamais souffert d'infections ou d'autres complications au niveau des intestins, du rectum ou de l'anus, et dans une lettre adressée à l'artiste William Eden (vers 1901) Sickert indique combien il aimerait « retrouver une queue saine »… Dans une préface pour le catalogue d'une exposition des œuvres d'Eden (non datée, mais probablement au cours des années 1890), Sickert parle d'art et affirme qu'il n'est pas possible de modifier une « chose organique vivante », et, comme exemple, il évoque l'impossibilité d'améliorer la « la forme du nez d'un bébé après la naissance ». Comme toujours, Sickert est énigmatique, ses transitions littéraires sont opaques et ses explications sont rares. Je ne peux dire avec certitude si, lorsqu'il parlait de son pénis en mauvais état, il faisait référence à un dysfonctionnement temporaire dû à une nouvelle infection urinaire ou s'il faisait référence à une déformation permanente. De même, je ne peux dire avec certitude si, lorsqu'il évoque l'impossibilité de changer un trait physique après la naissance, il fait une allusion voilée à son propre défaut congénital.

Une des caractéristiques les plus frappantes des lettres de l'Éventreur est qu'un grand nombre d'entre elles ont été écrites avec des crayons à dessin et barbouillées de taches d'encre et de peintures aux couleurs vives. Ces lettres dénotent le savoir-faire d'un artiste aguerri ou professionnel. Plus d'une douzaine de lettres contiennent des dessins phalliques représentant des couteaux, des instruments assez longs, comme des poignards, à l'exception de deux étranges couteaux aux lames tronquées, dans des lettres d'une provocation effrontée. Une de ces lettres aux couteaux tronqués, postée le 22 juillet 1889, fut écrite à l'encre noire sur deux feuilles d'un papier de mauvaise qualité sans filigrane.

Londres Ouest

Cher patron
Me voilà de retour pour recommencer mes vieux tours. Vous aimeriez m'attraper ? Je pense que vous devriez venir voir ici – je quitte ma piaule – près de Conduit St ce soir vers 22 h 30 regardez bien Conduit St et aux alentours – ha-ha – je vous mets au défi 4 vies de plus quatre chattes à ajouter à ma petite collection et je me reposerai en paix Faites ce que vous voulez jamais

*vous vous reposerez... C'est pas une grande lame,
mais elle est aiguisée* [avait ajouté Jack l'Éventreur à
côté du dessin du couteau].

La signature est accompagnée d'un post-scriptum
qui s'achève par les lettres «R. St. w.», très nettes.
À première vue, cette abréviation peut ressembler à
une adresse, d'autant que «St» est utilisé à deux
reprises dans la lettre à la place de Street, et «W»
pourrait signifier West (l'ouest). Il n'existe pas à
Londres d'adresse correspondant à *R Street West,*
mais on pourrait interpréter le «R. St.» comme une
curieuse abréviation de Regent Street, qui donne dans
Conduit Street. Il est possible, toutefois, que ces initiales mystérieuses aient un double sens ; ce serait une
autre façon de dire : «Essayez donc de m'attraper.»
Elles pourraient faire allusion à l'identité du meurtrier et à l'endroit où il a passé un certain temps.

Sur quelques-uns de ses tableaux, dans ses
esquisses et ses dessins, Sickert signe d'un simple St.
Des années plus tard, il dérouta le monde de l'art en
décrétant qu'il n'était plus Walter mais Richard Sickert, et en signant ses œuvres R. S. ou R. St. Dans une
autre lettre envoyée par l'Éventreur à la police, le
30 septembre 1889, deux mois seulement après celle
que je viens de décrire, on trouve un autre dessin d'un
couteau à la lame tronquée de manière similaire et ce
qui ressemble à un scalpel ou à un rasoir, avec les initiales R (peut-être W) S légèrement gravées sur la
lame. À ma connaissance, nul n'a jamais remarqué
ces initiales discrètes dans ces deux lettres de 1889,
et cela a sans doute amusé Sickert. Il ne voulait pas

se faire prendre, mais il devait trouver exaltant de voir la police passer totalement à côté de ses indices codés.

Regent Street et New Bond Street étaient certainement des lieux bien connus de Walter Sickert. En 1881, il accompagna Ellen Terry dans les boutiques de Regent Street à la recherche de robes pour son rôle d'Ophélie au Lyceum. Et au 184 New Bond Street se trouvait la Fine Art Society, où les tableaux de James McNeill Whistler étaient exposés et vendus. Dans sa lettre de juillet 1889, l'Éventreur utilise le mot _diggings_ (piaule), un mot d'argot américain pour désigner une maison ou une demeure, et également un bureau. Parmi les endroits que fréquentait Sickert pour son métier devait figurer la Fine Art Society, qui se trouvait « aux alentours » de Conduit Street.

Les spéculations concernant la signification des lettres de l'Éventreur sont alléchantes. Toutefois, elles ne constituent en aucun cas un compte rendu fiable de ce qui se passait dans l'esprit de Sickert. Mais il y a de nombreuses raisons de penser que Sickert avait lu le _D^r Jekyll et Mr Hyde_ de Robert Louis Stevenson, publié en 1885. De même, Sickert n'avait pu manquer les représentations de l'adaptation théâtrale qui débutèrent durant l'été 1888. L'œuvre de Stevenson a peut-être aidé Sickert à définir sa propre dualité.

Il existe de nombreux parallèles entre Jack l'Éventreur et Mr Hyde : des disparitions inexplicables, des écritures différentes, le brouillard, les déguisements, des cachettes où étaient conservés des vêtements de rechange, une stature, une taille, une démarche contrefaites. À travers le symbolisme de son roman, Stevenson nous offre une description remarquable d'un psychopathe. Le Dr Jekyll, l'homme bon, est « l'esclave » du mystérieux Mr Hyde, qui est « un esprit à la malveillance tenace ». Après avoir commis un meurtre, Hyde s'enfuit dans les rues obscures, rendu euphorique par son geste sanglant. Il fantasme déjà sur le prochain.

Le côté maléfique du Dr Jekyll est « l'animal » qui vit en lui, qui ne connaît pas la peur et jouit du danger. C'est dans le « deuxième personnage » de Hyde que l'esprit du Dr Jekyll devient plus vif, que ses facultés sont « aiguisées comme un rasoir ». Quand le docteur bien-aimé se transforme en Hyde, il est submergé par la rage et le désir de torturer et d'assassiner celui ou celle qu'il rencontre et qu'il peut dominer. « Cet enfant de l'enfer n'avait rien d'humain », écrit Stevenson. Sickert non plus, quand son autre lui-même « sorti de l'enfer » remplaçait sa virilité défectueuse par un couteau.

Comme si les opérations chirurgicales subies par Sickert dans son enfance et les dysfonctionnements qui en résultèrent ne suffisaient pas à son malheur, il souffrait de ce qu'on appelait au XIXe siècle « un sang vicié ». Dans des lettres écrites ultérieurement, Sickert indique qu'il était régulièrement victime d'abcès et de furoncles qui l'obligeaient à rester alité. Mais il refusait d'aller voir un médecin. Un diagnostic exact de la déformation congénitale de Sickert et des autres problèmes de santé s'y rattachant ne pourra sans doute jamais être établi, mais, en 1899, il fait allusion à ses « organes de procréation » qui ont « souffert

toute sa vie» et à son «malheur physique». Il n'existe
pas à l'hôpital Saint-Mark d'archives médicales antérieures à 1900, et il semblerait que Sir Alfred Duff
Cooper n'ait conservé aucun document contenant des
informations sur l'opération chirurgicale subie par
Sickert en 1865. Les dossiers de Cooper ne sont pas
restés dans la famille, d'après son petit-fils, l'historien et auteur John Julius Norwich.

Au milieu des années 1800, une opération chirurgicale n'était pas une expérience agréable, surtout une
opération du pénis. Les anesthésiants – éther, pro-
toxyde d'azote (le gaz hilarant) et le chloroforme –
avaient été découverts une trentaine d'années plus tôt,
mais ce n'est qu'en 1847 que la Grande-Bretagne
commença à utiliser le chloroforme, qui n'a peut-être
pas beaucoup aidé le jeune Walter. Le Dr Salmon,
chef de l'hôpital Saint-Mark, ne croyait pas à l'anesthésie et il interdisait dans son hôpital l'usage du
chloroforme, car celui-ci avait tendance à provoquer
la mort quand il était mal dosé.

Walter fut-il chloroformé durant ses deux opérations chirurgicales en Allemagne? On l'ignore, même
s'il mentionne dans une lettre adressée à Jacques-
Émile Blanche qu'il se souvient d'avoir été chloroformé sous le regard de son père, Oswald. Difficile
de savoir exactement à quoi Sickert faisait allusion, à
quel moment ou combien de fois, et même s'il disait
la vérité. Sickert a peut-être été anesthésié à Londres
quand le Dr Cooper l'a opéré en 1865, mais pas forcément. Le plus stupéfiant, c'est que le petit garçon
ne soit pas mort.

Un an plus tôt seulement, en 1864, Louis Pasteur

en était arrivé à la conclusion que les microbes pouvaient provoquer des maladies. Trois ans plus tard, en 1867 donc, Joseph Lister affirmerait que les microbes pouvaient être combattus en utilisant du phénol en guise d'antiseptique. Les infections étaient une cause de décès si fréquente dans les hôpitaux qu'un grand nombre de personnes refusaient de se faire opérer, préférant courir le risque de vivre avec le cancer, la gangrène ou des infections provoquées par des brûlures ou des fractures, et d'autres maladies potentiellement mortelles. Walter, lui, survécut, mais il est probable qu'il n'aimait guère se remémorer son expérience à l'hôpital.

On ne peut qu'imaginer sa terreur quand, à l'âge de cinq ans, il fut conduit par son père dans cette ville étrangère de Londres. Le garçon laissait derrière lui sa mère, ses frères et sœur, pour se retrouver livré à un père qui n'était pas réputé pour sa compassion et sa chaleur humaine. Oswald Sickert n'était pas du genre à tenir la main du petit Walter et à lui offrir des paroles d'amour et de réconfort quand il aida son fils à monter dans la voiture à cheval qui devait les conduire à l'hôpital. Peut-être même son père ne dit-il pas un mot.

À l'hôpital, Walter et son petit sac contenant ses affaires furent remis à l'infirmière en chef, très certainement M^rs. Elizabeth Wilson, une veuve de soixante-douze ans qui prônait la propreté et la discipline. Elle lui aura attribué un lit, rangé ses affaires dans un casier, et après l'avoir épouillé et lui avoir donné un bain, elle lui aura lu le règlement de l'hôpital. À cette époque, M^rs. Wilson avait une seule aide-infirmière et il n'y avait pas d'infirmière de garde la nuit.

Combien de temps Walter resta-t-il à l'hôpital avant que le Dr Cooper effectue l'opération? Je l'ignore, et je ne peux affirmer avec certitude qu'il utilisa le chloroforme ou une injection à 5 % de cocaïne, ou tout autre anesthésiant ou antalgique. Étant donné que c'est seulement en 1882 que l'utilisation de l'anesthésie devint pratique courante à l'hôpital Saint-Mark, on peut craindre le pire.

À l'intérieur de la salle d'opération, un poêle à charbon était là pour chauffer la pièce et les fers servant à cautériser les plaies. Seuls les instruments en acier étaient stérilisés. Les peignoirs et les serviettes ne l'étaient pas. La plupart des chirurgiens portaient des sortes de redingotes noires qui n'étaient pas sans rappeler les tenues que portaient les bouchers dans les abattoirs. Plus cette blouse était tachée et durcie par le sang séché, plus elle clamait haut et fort l'expérience et le grade du chirurgien. La propreté était considérée comme une exigence pointilleuse et affectée, et pour un chirurgien des hôpitaux de Londres à cette époque, laver sa blouse, c'était comme si un bourreau se faisait manucurer les ongles avant de trancher la tête d'un condamné.

La table d'opération était un châlit, certainement en fer, dont on avait ôté la tête et le panneau de pied. Quelle impression effroyable pour un petit garçon de se retrouver étendu sur un lit en fer! Dans son pavillon, il était alité sur un châlit, et c'était sur le même châlit qu'on l'opérait. On peut comprendre qu'il ait associé dans son esprit ce type de lit à la ter-

membres qui s'agitaient et les hurlements si Walter
n'avait pas été anesthésié. S'il l'avait été, le visage de
l'infirmière était peut-être le dernier qu'il avait vu
alors que le chloroforme à l'odeur écœurante le mettait K.O. Peut-être fut-elle également la première personne qu'il vit en se réveillant, le corps assailli par la
douleur et les haut-le-cœur.

En 1841, Charles Dickens fut opéré sans anesthésie. « J'ai souffert le martyre, pendant qu'ils s'occupaient de moi, et je me suis fait violence pour
m'obliger à rester assis, écrivit-il dans une lettre à un
ami. C'était à peine supportable. » Une opération du
pénis devait être plus douloureuse encore qu'une
intervention au niveau du rectum ou de l'anus, surtout quand le patient était un enfant de cinq ans,
étranger, qui ne possédait pas la résistance nécessaire, les connaissances, ou simplement une assez
bonne maîtrise de l'anglais pour comprendre ce qui
lui arrivait quand M$^{rs.}$ Wilson changeait ses panse-
ments, lui administrait des médicaments ou apparaissait à son chevet avec un nouveau lot de sangsues
s'il souffrait d'une inflammation qu'on croyait due à
un excès de sang.

Peut-être M$^{rs.}$ Wilson était-elle une femme douce
qui savait rassurer les malades. Ou peut-être était-elle
sévère et dénuée d'humour. À cette époque, on
demandait généralement à une infirmière d'être célibataire ou veuve, afin qu'elle puisse consacrer tout
son temps à l'hôpital. Les infirmières étaient sous-
payées, elles effectuaient de longues et pénibles
heures de travail et étaient confrontées à des situations
et des risques incroyablement désagréables. Dès lors,

il n'était pas rare que des infirmières « se mettent
à boire » un peu trop ; elles rentraient chez elles en
courant pour boire un petit coup, puis elles revenaient
travailler, un peu plus détendues. Dans le cas de
M^rs. Wilson, je ne sais pas. Peut-être ne buvait-elle
jamais une goutte d'alcool.

Pour Walter, son séjour à l'hôpital dut ressembler
à une interminable succession de journées sinistres
et effrayantes, avec le petit déjeuner à 8 heures, puis le
lait et la soupe à 11 h 30, un repas en fin d'après-midi
et extinction des feux à 21 h 30. Il restait allongé, jour
après jour, en souffrant, sans personne la nuit pour
l'entendre pleurer ou le réconforter en lui parlant dans
sa langue maternelle, ou lui tenir la main. S'il avait
détesté en secret l'infirmière Wilson, personne ne
pourrait réellement lui en vouloir. S'il avait imaginé
que c'était elle qui avait abîmé son pénis et provoqué
en lui une telle angoisse, ce serait compréhensible.
S'il avait détesté sa mère, qui était loin de lui durant
cette épreuve, ce ne serait pas étonnant.

Au XIXe siècle, être un enfant illégitime ou être
l'enfant d'un parent illégitime était un grave stigmate.
Quand la grand-mère maternelle de Sickert eut une
aventure sexuelle en dehors du mariage, d'après les
critères victoriens elle y trouva plaisir, ce qui impli-
quait qu'elle souffrait de la même tare génétique que
les prostituées. Selon la croyance générale, ce défaut
congénital était héréditaire ; il s'agissait d'un « empoisonnement contagieux du sang », généralement décrit
dans les journaux comme « une maladie qui est la
malédiction de l'humanité depuis le début de l'histoire de la race, et qui laisse ses funestes traces dans la

descendance jusqu'à la troisième ou quatrième génération».

Il se peut que Sickert ait rejeté la responsabilité de ses souffrances enfantines, de ses humiliations et de sa virilité estropiée sur une tare génétique ou «un empoisonnement du sang» hérités de sa grand-mère immorale qui dansait dans les bals et de sa mère enfant illégitime. Les conséquences psychologiques de la malédiction physique du jeune Walter offrent un tableau tragique. Il n'en est pas sorti intact et son langage d'adulte révèle une préoccupation très révélatrice pour «les choses médicales», quand il s'exprimait sur des sujets sans aucun rapport.

Ses lettres et ses critiques d'art fourmillent de métaphores où il est question de tables d'opération, de diagnostics, de dissections, d'être couché nu, de chirurgiens, de médecins, de théâtre fatidique, de castration, d'éviscération, d'ablation de *tous* les organes, d'anesthésie, d'anatomie, d'ossification, de déformation, d'inoculation, de vaccination. Certaines de ces images sont très choquantes, voire révoltantes, quand elles surgissent brutalement au milieu d'un paragraphe consacré à l'art ou à la vie quotidienne, de la même manière que Sickert utilise les métaphores violentes pour frapper à l'improviste. Quand il parle d'art, on ne s'attend pas à tomber tout à coup sur : l'horreur morbide, la mort, les morts, les cœurs des femmes mortes, se couper en morceaux, terrifier, la peur, violent, la violence, proie, cannibalisme, cauchemar, mort-né, œuvre morte, dessins morts, sang, un rasoir sur la gorge, des cercueils qu'on cloue, putréfaction, rasoir, couteau, découper.

Dans un article de 1912 pour l'*English Review*, Sickert écrivit : « Il devrait y avoir dans toutes les écoles des beaux-arts des agrandissements de photos de cadavres déshabillés pour apprendre à dessiner le nu. »

CHAPITRE 7

LE GENTLEMAN DES TAUDIS

Les pluies les plus abondantes de l'année tombèrent au cours de la dernière semaine d'août 1888. En moyenne, le soleil ne parvint à traverser le brouillard que pendant une heure chaque jour.

Les températures demeurèrent très fraîches pour la saison et les feux de charbon qui brûlaient à l'intérieur des maisons ajoutaient encore à la pire pollution qu'ait connue la grande cité de Londres. À l'époque victorienne, il n'existait pas, bien évidemment, de mesures du taux de pollution et le mot *smog* n'avait pas encore été inventé. En revanche, les problèmes provoqués par le charbon n'étaient pas nouveaux.

On savait, depuis que l'Angleterre avait cessé d'utiliser le bois pour se chauffer, au cours du XVIIᵉ siècle, que la fumée qui se dégageait du charbon en train de brûler nuisait à la santé, ce qui n'empêchait pas les gens de continuer à l'utiliser. On estime qu'il y avait, dans les années 1700, environ 40 000 foyers et 360 000 cheminées dans la métropole. À la fin des années 1800, la consommation de charbon avait augmenté, surtout parmi les pauvres. Le visiteur qui se rendait à Londres sentait la ville plusieurs kilomètres avant de la voir.

Le ciel était plombé et humide, les rues pavées de suie ; les maisons en pierre et les constructions en fer étaient rongées. L'épais brouillard de pollution flottait plus longtemps et devenait de plus en plus dense, tandis qu'il prenait une teinte différente d'autrefois. Les cours d'eau qui dataient du temps des Romains étaient devenus si infects qu'ils furent comblés. Un rapport de santé publique rédigé en 1889 déclarait que, à la vitesse à laquelle la ville de Londres se polluait, les ingénieurs seraient bientôt obligés de combler également la Tamise, qui se remplissait des excréments de millions d'habitants à chaque marée. Les gens avaient de bonnes raisons de s'habiller en noir ; et, certains jours, l'air enfumé et étouffant était si épouvantable, l'odeur qui émanait des égouts si pestilentielle, que les Londoniens se promenaient avec les yeux rouges et les poumons en feu, un mouchoir plaqué sur le visage.

En 1890, l'Armée du Salut déclara que, sur une population d'environ 5,6 millions de personnes dans la Grande Métropole, 30 000 étaient des prostituées et 32 000 autres (hommes, femmes et enfants) étaient en prison. Un an plus tôt, en 1889, 160 000 personnes avaient été condamnées pour ivresse, 2 297 s'étaient suicidées et 2 157 avaient été retrouvées mortes dans les rues, les parcs et les taudis. Dans la Grande Métropole, presque un cinquième de la population vivait sans abri, ou dans des hospices, des asiles ou des hôpitaux, ravagé par la pauvreté, dans un état proche de la famine. Pour le fondateur de l'Armée du Salut,

le général William Booth, «l'océan déchaîné» de la
misère se trouvait dans l'East End, là où un prédateur
rusé comme Jack l'Éventreur pouvait aisément massacrer des prostituées ivres et sans abri.

À l'époque où l'Éventreur semait la terreur dans
l'East End, la population de son terrain de chasse était
estimée à un million de personnes environ. Si l'on y
ajoute les hameaux environnants surpeuplés, la population se trouve multipliée par deux. East London, qui
incluait le port de Londres et les quartiers délabrés de
Whitechapel, Spitalfields et Bethnal Green, était
bordé au sud par la Tamise, à l'ouest par la City, au
nord par Hackney et Shoreditch, avec la rivière Lea à
l'est. L'East End avait connu un développement mas-
sif, car la route qui conduisait d'Aldgate à Whitechapel et à Mile End était une artère principale qui
permettait de quitter la ville et, le sol étant plat, on
pouvait y construire facilement.

Le point d'ancrage de l'East End était le London
Hospital pour les pauvres, qui est toujours situé dans
Whitechapel Road, mais s'appelle aujourd'hui le
Royal London Hospital. Quand l'inspecteur John
Grieve de Scotland Yard m'emmenait faire une visite
rétrospective des vestiges des lieux où Jack l'Éventreur a commis ses crimes, nous nous donnions rendez-vous au Royal London Hospital, un bâtiment de
brique sinistre, datant de l'époque victorienne, qui ne
semble guère avoir été modernisé depuis. L'aspect
déprimant de ce lieu ne donne qu'une image atténuée
du pitoyable enfer que ce devait être à la fin des
années 1880, quand Joseph Carey Merrick – baptisé
à tort John Merrick par le forain qui le «possédait» –

était hébergé dans deux chambres de l'hôpital situées au premier étage, tout au fond.

Merrick – condamné à être connu sous le surnom d'«Elephant Man» – fut sauvé du supplice et d'une mort certaine par Sir Frederick Treves, un médecin courageux et bon. Le Dr Treves faisait partie du personnel du London Hospital en novembre 1884 quand Merrick était esclave du commerce forain, de l'autre côté de la rue, à l'intérieur de la boutique abandonnée d'un marchand de fruits et légumes. Devant était installée une immense toile qui promettait de dévoiler, en chair et en os, «une créature effrayante qui ne peut exister que dans un cauchemar», pour reprendre la description du Dr Treves des années plus tard, quand il serait devenu médecin-chef du roi Édouard VII.

Pour une pièce de 2 *pence*, on pouvait avoir accès à ce spectacle barbare. Enfants et adultes pénétraient en file indienne à l'intérieur de ce bâtiment vide et s'entassaient autour d'une nappe rouge pendue au plafond. Le forain tirait alors sur le rideau, sous les «Ooh!», les «Aaah!» et les cris d'effroi qui accompagnaient l'apparition de Merrick, recroquevillé sur un tabouret, vêtu simplement d'un pantalon trop grand, élimé et sale. Professeur d'anatomie, le Dr Treves avait vu presque tous les cas de difformités et d'obscénités, mais jamais encore il n'avait rencontré, ni senti, une créature aussi répugnante.

Merrick souffrait de la maladie de Recklinghausen, provoquée par des mutations dans les gènes qui favorisent et contrôlent le développement cellulaire. Entre autres aberrations physiques, sa déformation osseuse était si grotesque que sa tête mesurait

presque 1 mètre de diamètre, avec une « bosse » semblable à une miche de pain qui jaillissait de son front
et l'empêchait d'ouvrir un œil. Sa mâchoire supérieure ressemblait à une défense d'éléphant, avec la
lèvre rentrée à l'intérieur, ce qui faisait que Merrick
avait beaucoup de mal à parler. « Des masses de chair,
ressemblant à des sacs, recouvertes d'une effroyable
peau comme du chou-fleur » pendaient dans son dos,
de son bras droit et d'autres parties de son corps ; son
visage était figé en un masque inhumain, incapable
de transmettre une expression. Jusqu'à l'intervention
du Dr Treves, on pensait que Merrick était un individu
obtus et mentalement déficient. En vérité, c'était un
être humain extrêmement intelligent, imaginatif et
affectueux.

Le Dr Treves fit remarquer qu'on aurait pu s'attendre à ce que Merrick soit un homme amer et hai-
neux, à cause de la manière abominable dont on
l'avait traité toute sa vie. Comment pouvait-il être bon
et sensible, alors qu'il n'avait connu que les moque-
ries et les sévices ? Pouvait-on naître avec un plus
grand handicap ? Comme le souligna également le
Dr Treves, il eût mieux valu pour lui que Merrick soit
un être insensible, inconscient de son apparence
hideuse. Dans un monde qui idolâtre la beauté, peut-
il y avoir une plus grande souffrance que d'être affligé
d'une laideur repoussante ? Je pense que personne
n'oserait nier que la difformité de Merrick était bien
plus tragique que celle de Walter Sickert.

Il est fort possible que Sickert ait payé ses 2 *pence*
pour pouvoir voir Merrick. Sickert vivait à Londres
en 1884 et il était fiancé. Il travaillait comme apprenti

chez Whistler, qui connaissait le décor sordide des taudis de Shoreditch et de Petticoat Lane, et qui les dessinerait en 1887. Sickert allait partout où allait le Maître. Ils se promenaient ensemble. Parfois, Sickert errait seul dans les décors glauques. Le spectacle d'«Elephant Man» était exactement le genre d'exhibition cruelle et humiliante que Sickert aurait trouvée amusante, et peut-être que, l'espace d'un instant, Merrick et Sickert se trouvèrent face à face. Une scène chargée de symbolisme, car chacun était le reflet inversé de l'autre.

En 1888, Joseph Merrick et Walter Sickert vivaient simultanément une existence secrète dans l'East End. Merrick était un grand lecteur et un homme curieux ; nul doute qu'il était au courant des meurtres effroyables commis à l'extérieur des murs de son hôpital. Une rumeur commença à circuler, selon laquelle c'était Merrick qui sortait la nuit, avec sa grande cape noire, pour massacrer les «malheureuses». C'était le monstre Merrick qui massacrait les femmes, car elles ne voulaient pas de lui. Être privé de relations sexuelles pouvait rendre fou n'importe quel homme, surtout une bête comme cette créature de foire qui attendait la nuit pour s'aventurer dans les jardins de l'hôpital. Fort heureusement, aucune personne sensée ne prit au sérieux de telles sottises.

La tête de Merrick était si lourde qu'il pouvait à peine la bouger, et si jamais elle basculait à la renverse, il se briserait la nuque. Il ne connaissait pas la sensation de poser sa tête sur un oreiller la nuit et, dans ses fantasmes, il se voyait en train de s'allonger pour dormir, et il priait pour que le Seigneur lui accorde un jour, ne serait-ce qu'une seule fois, le bonheur de sentir les caresses et les baisers d'une femme, aveugle de préférence. Quelle ironie, songeait le Dr Treves, que les organes reproducteurs de Merrick ne soient pas semblables au reste de sa personne, car, hélas, il était parfaitement capable d'avoir des relations sexuelles qu'il ne connaîtrait jamais. Alors, il dormait assis, la tête penchée en avant, et il ne pouvait pas se déplacer sans l'aide d'une canne.

On ignore si les rumeurs sans fondement selon lesquelles il serait le tueur de Whitechapel atteignirent le sanctuaire de ses deux petites pièces envahies de photos dédicacées par des célébrités et des membres de la royauté, dont certains étaient venus lui rendre visite. Quel bel acte de charité et de tolérance que de venir voir les gens comme lui sans exprimer ouvertement un sentiment d'horreur. Et quelle histoire à raconter ensuite à ses amis, aux ducs et aux duchesses, aux *lords* et aux *ladies*, ou à la reine Victoria elle-même. Fascinée par les mystères et les curiosités de la vie, Sa Majesté aimait beaucoup Tom Pouce, un nain américain nommé Charles Sherwood Stratton qui ne mesurait que 88 centimètres. Il était plus facile de pénétrer dans le monde clos des mutants inoffensifs et distrayants que de s'aventurer dans «le puits sans fond de la vie en décomposition», ainsi que Beatrice Webb décrivait l'East End, où les loyers étaient élevés car la surpopulation donnait l'avantage aux propriétaires de taudis.

L'équivalent de un dollar ou un dollar et demi de loyer hebdomadaire représentait parfois un cinquième

du salaire d'un travailleur, et quand un de ces propriétaires, véritables Ebenezer Scrooge, décidait
d'augmenter le loyer, c'était parfois toute une famille
nombreuse qui se retrouvait à la rue, avec juste une
brouette pour transporter ses biens terrestres. Dix ans
plus tard, Jack London s'introduisit incognito dans
l'East End pour voir de ses propres yeux à quoi ressemblait ce quartier, et il en rapporta d'effroyables
récits de pauvreté et d'obscénités. Il décrivit une
vieille femme retrouvée morte dans une pièce à ce
point infestée par la vermine que ses vêtements
étaient « gris d'insectes ». Elle n'avait plus que la peau
sur les os, elle était couverte de plaies, ses cheveux,
véritable « nid de vermine », étaient emmêlés par la
crasse, écrivit London. Dans l'East End, expliqua-
t-il, toute tentative de propreté était une « énorme
farce », et quand il pleuvait, la pluie était « plus grasse
que de l'eau ».

Cette pluie grasse tomba sur l'East End sous forme
de crachin, de manière quasi ininterrompue, en ce
jeudi 30 août. Des voitures à cheval et des brouettes
projetaient des gerbes d'eau boueuse dans les rues
étroites, jonchées de détritus et surpeuplées, où les
mouches formaient des nuages bourdonnants et où
des gens étaient en quête de un *penny*. La plupart des
habitants de cette partie misérable de la Grande
Métropole n'avaient jamais connu le goût du café, du
thé ou du chocolat. Les fruits et la viande n'avaient
jamais franchi leurs lèvres, ou alors pourris et avariés.
Il n'y avait aucune librairie, ni même un café correct.
Il n'y avait pas d'hôtel, du moins pas du genre que
fréquentaient les gens civilisés. Une « malheureuse »

ne pouvait pas se mettre à l'abri et trouver un petit morceau à se mettre sous la dent, à moins qu'elle ne réussisse à persuader un homme de l'emmener avec lui ou de lui donner quelques pièces pour pouvoir louer un lit pour la nuit dans un de ces foyers pour sans-abri qu'on appelait des *doss-houses*.

Doss est un mot d'argot qui signifie « lit », et un *doss-house* typique était un logement épouvantable, misérable, où les hommes payaient 4 ou 5 *pence* pour dormir dans des pièces communes encombrées de petits châlits recouverts de couvertures grises. Les draps étaient prétendument lavés chaque semaine. Les pauvres s'asseyaient en rond dans ces dortoirs sur-peuplés pour fumer, repriser, bavarder parfois, et même plaisanter si le locataire était resté un optimiste, convaincu que la vie pouvait s'améliorer, ou bien raconter une histoire triste si la vie avait plongé ce miséreux dans un désespoir étouffant. Dans la cui-sine, les hommes et les femmes se rassemblaient pour faire cuire ce qu'ils avaient réussi à dénicher, ou à voler, durant la journée. Des ivrognes venaient tendre leurs mains estropiées, heureux de recevoir un os ou quelques restes qui parvenaient jusqu'à eux, charriés par les vents des rires cruels, sous les yeux des loca-taires qui les regardaient se jeter sur la nourriture et ronger les os comme des bêtes. Les enfants men-diaient et recevaient des coups quand ils s'appro-chaient trop près du feu.

À l'intérieur de ces établissements inhumains, il fallait se plier à des règles strictes et dégradantes, affi-chées sur les murs, et que faisait appliquer le concierge ou le gardien. Un écart de conduite était sanctionné par le renvoi dans les rues cruelles, et, le matin, les locataires étaient chassés dès la première heure s'ils ne payaient pas d'avance pour une autre nuit. Ces « asiles » appartenaient généralement à des gens plus aisés qui habitaient ailleurs, sans s'occuper de leurs biens, qu'ils n'avaient peut-être même jamais vus. Pour un petit capital, on pouvait s'offrir une partie d'un *doss-house*, sans savoir – par choix, peut-être – que cet investissement dans des prétendus « logements modèles » était une abomination gérée par des « gardiens » qui employaient parfois des moyens malhonnêtes et abusifs pour assurer leur domination sur leurs locataires désespérés.

La plupart de ces établissements accueillaient des éléments criminels, parmi lesquels les « malheureuses » qui, les bons soirs, avaient quelques *pennies* pour se loger. L'une d'elles pouvait convaincre un client de l'emmener au lit, ce qui était assurément mieux que de faire l'amour dans la rue quand on était épuisée, ivre et affamée. Une autre race de locataires était le « gentleman des taudis » qui, comme tous les amateurs de frissons, à toutes les époques, quittait son foyer respectable et sa famille pour pénétrer dans le monde interdit des pubs de bas étage, des music-halls et du sexe anonyme et bon marché. Certains messieurs de la bonne société s'adonnaient à ces distractions secrètes, et Walter Sickert en faisait partie.

Son leitmotiv artistique le plus connu est un châlit en fer, sur lequel se trouve une prostituée en compagnie d'un homme penché au-dessus d'elle dans une position agressive. Parfois, l'homme et la femme nue sont tous les deux assis, mais l'homme est toujours

habillé. Sickert avait pour habitude d'installer un châlit en fer dans tous ses ateliers, sur lequel il faisait
poser de nombreux modèles. À l'occasion, il posait
lui aussi sur le lit, avec un mannequin en bois ayant,
paraît-il, appartenu à une de ses idoles artistiques :
William Hogarth.

Sickert adorait choquer les personnes qu'il avait
invitées pour le thé, et un jour, peu de temps après le
meurtre d'une prostituée à Camden Town, en 1907,
ses invités arrivèrent dans son atelier faiblement
éclairé de Camden pour découvrir le mannequin en
bois couché dans une position obscène, avec Sickert
qui mimait le meurtre récent en plaisantant. Nul ne
semblait s'offusquer de ce genre de bizarreries. Après
tout, c'était Sickert. Aucun de ses contemporains et
fort peu de critiques et d'universitaires d'aujourd'hui
se sont demandé pourquoi il singeait ainsi la violence,
et d'où lui venait cette obsession pour les crimes
célèbres, notamment ceux de Jack l'Éventreur.

Sickert était dans une position supérieure et intou-
chable, s'il voulait assassiner des « malheureuses »
sans être inquiété. Il appartenait à une classe au-
dessus de tout soupçon, et son génie particulier lui
permettait d'incarner un tas de personnages différents, dans tous les sens du terme. Il était facile pour
lui, et excitant, de se déguiser en habitant de l'East
End ou en gentleman des taudis pour rôder comme
un voyeur dans les pubs et les *doss-houses* de Whitechapel et les bouges environnants. C'était un artiste
capable de changer d'écriture et de rédiger des lettres
provocatrices qui portent la marque d'un brillant
dessinateur. Mais personne n'a jamais remarqué

l'étonnante nature de ces documents, jusqu'à ce que le Dr Anna Gruetzner Robins, historienne d'art, et la conservatrice Anne Kennett examinent les originaux conservés au Public Record Office en juin 2002.

Ce que l'on avait toujours pris pour du sang, humain ou animal, sur les lettres de l'Éventreur se révèle être en fait de l'eau-forte brune et collante, ou peut-être un mélange d'encres ressemblant étonnamment à du sang séché. Ces taches, ces dégoulinades, ces éclaboussures «sanglantes» ont été appliquées à l'aide d'un pinceau, à moins qu'il ne s'agisse de marques laissées par des tissus ou des doigts. Certaines feuilles de papier utilisées par l'Éventreur sont du vélin ou un autre papier filigrané. Apparemment, au cours de l'enquête sur les meurtres commis par l'Éventreur, la police n'a jamais remarqué les très légères traces de coups de pinceau, ni le type de papier employé. Apparemment, personne n'a jamais prêté attention à la trentaine de filigranes différents de ces lettres que l'on prenait pour des canulars écrits par un farceur illettré à l'esprit dérangé. Apparemment, personne ne s'est jamais demandé si ce farceur pouvait posséder des crayons à dessin, des encres de couleur, de l'eau-forte, des peintures et du papier d'artiste peintre.

Si une partie de l'anatomie de Sickert symbolisait à elle seule tout son être, ce n'était pas son pénis déformé. C'étaient ses yeux. Il regardait. Regarder – espionner, suivre avec les yeux et les pieds – est un trait dominant chez les tueurs psychopathes, à l'inverse des assassins désorganisés qui obéissent à leurs pulsions ou à des messages venus de l'espace ou de

Dieu. Les psychopathes regardent les gens. Ils regardent de la pornographie, surtout de la pornographie violente. Ce sont des voyeurs très effrayants.

Grâce à la technologie moderne, ils peuvent se regarder en vidéo, en train de violer, de torturer et de tuer leurs victimes. Ils revivent encore et encore leurs crimes effroyables, et ils se masturbent. Pour certains psychopathes, le seul moyen d'atteindre l'orgasme, c'est de regarder, d'épier, de fantasmer et se repasser leurs derniers actes de violence. Comme l'explique l'ancien *profiler* du FBI Bill Hagmaier, Ted Bundy[1] étranglait et violait ses victimes par-derrière, et son excitation montait lorsque la langue et les yeux de la femme jaillissaient du visage. Il atteignait l'orgasme au moment où elle mourait.

Puis viennent les fantasmes, le tueur revit la scène, la tension érotico-violente devient intolérable et il frappe de nouveau. Le dénouement est le corps agonisant ou mort. La période d'apaisement qui suit est le havre de paix qui offre le soulagement et permet de revivre le crime. Puis les fantasmes reviennent. Et la tension monte de nouveau. Et le tueur trouve une autre victime. Il introduit une nouvelle scène dans son scénario pour ajouter du frisson et de l'excitation : « bondage », torture, mutilation, écartèlement, mise en scène grotesque du carnage et cannibalisme.

Ancien *profiler* et instructeur au centre de formation du FBI, Edward Sulzbach m'a répété pendant des années : « Le meurtre en soi est accessoire par rapport aux fantasmes. » La première fois que je l'ai entendu

---

1. Auteur de plusieurs dizaines de meurtres dans les années 1970 (*N.d.T.*).

dire ça, en 1984, j'étais stupéfaite et je ne l'ai pas cru. Dans ma naïveté, je pensais que le grand frisson, c'était de tuer. J'avais été journaliste criminel pour le *Charlotte Observer* en Caroline du Nord et je n'avais pas peur quand il fallait se précipiter sur le lieu d'un crime. Tout tournait autour de ce *fait* horrible, pensais-je. Sans ce *fait,* il n'y avait rien à raconter. Aujourd'hui, j'ai honte de constater combien j'étais naïve. Je croyais comprendre le mal, j'avais tort.

Je croyais être une spécialiste aguerrie de l'horreur, alors que je n'y connaissais rien. Je ne comprenais pas que les psychopathes suivent les mêmes schémas humains que les gens « normaux », mais le psychopathe violent s'égare dans des contrées qui ne figurent même pas dans le système de navigation des individus ordinaires. La plupart d'entre nous possèdent des fantasmes érotiques qui sont plus excitants que leur réalisation, et l'attente d'un événement nous procure souvent plus de plaisir que l'événement en soi. Il en va de même pour les psychopathes violents qui anticipent leurs crimes.

Sulzbach aime dire également : « Ne cherche jamais des licornes avant d'être à court de poneys. »

Les crimes violents sont souvent banals. Un amant/une maîtresse jaloux(se) tue un(e) rival(e) ou la/le partenaire qui l'a trahi(e). Une partie de cartes dégénère et quelqu'un est tué. Un délinquant veut de l'argent pour s'acheter de la drogue et il poignarde sa victime. Un dealer est abattu parce qu'il a vendu de la mauvaise drogue. Autant de poneys. Jack l'Éventreur n'était pas un poney. C'était une licorne. Dans les années 1880 et 1890, Sickert était encore trop

malin pour représenter des homicides dans ses
tableaux et distraire ses amis en rejouant un meurtre
qui avait été commis juste devant sa porte. Le comportement qui jette le soupçon sur lui aujourd'hui
n'était pas apparent en 1888, quand il était jeune, ren-
fermé, et qu'il craignait de se faire prendre. Seules les
lettres de l'Éventreur adressées aux journaux et à la
police apportaient des indices, mais elles étaient
reçues avec une sorte d'aveuglement, pour ne pas dire
avec indifférence, et peut-être même quelques rica-
nements.

Il y avait deux vices que Sickert ne supportait pas,
à en croire ce qu'il disait autour de lui. Le premier,
c'était le vol. Le second, c'était l'alcoolisme, une tare
présente dans sa famille. Rien ne permet de supposer que Sickert buvait, pas de manière excessive en
tout cas, avant les dernières années de sa vie. Au dire
de tout le monde, il ne touchait pas non plus à la
drogue, même pour des raisons thérapeutiques.
Quelles que soient ses fêlures ou ses bizarreries, Sickert était un individu lucide et calculateur. Il nourrissait une intense curiosité pour tout ce qui était
susceptible d'attirer son œil d'artiste ou d'apparaître
sur son radar détecteur de violence. Nul doute qu'il
fut servi dans la nuit du jeudi 30 août 1888, lorsqu'un
entrepôt de brandy du port de Londres prit feu vers
21 heures, illuminant tout le quartier de l'East End.

Des gens firent plusieurs kilomètres pour regarder,
à travers les grilles fermées, cet enfer qui défiait les
tonnes d'eau déversées par les brigades de pompiers.
Des «malheureuses» affluèrent vers le brasier, poussées par la curiosité et la perspective de profiter d'une

occasion inattendue pour se livrer au commerce du sexe. Dans les quartiers plus chics de Londres, d'autres spectacles illuminaient la nuit, tandis que le célèbre Richard Mansfield faisait frissonner les spectateurs de théâtre avec sa brillante interprétation du Dr *Jekyll et* Mr *Hyde* au Lyceum. La comédie *Oncles et Tantes* venait de débuter et elle avait obtenu une excellente critique dans *The Times*. Le rideau s'était levé vers 20 h 15, 20 h 30 ou 21 heures, et quand il retomba, l'incendie continuait à faire rage sur les quais. Les entrepôts et les bateaux qui se trouvaient dans le port étaient éclairés en ombres chinoises par une lumière orangée visible à des kilomètres. Que Sickert soit chez lui, dans un théâtre ou au music-hall, il est peu probable qu'il ait manqué le drame qui se déroulait sur les quais et qui attirait une foule importante et excitée.

Évidemment, affirmer que Sickert se rendit sur place pour regarder ce spectacle est pure spéculation. Peut-être n'était-il pas à Londres ce soir-là, même si aucun élément ne prouve qu'il ne s'y trouvait pas. Il n'existe aucune lettre, aucun document, aucun article de journal, aucune œuvre artistique qui laisse supposer que Sickert n'était pas à Londres. Deviner ce qu'il faisait à tel ou tel moment revient souvent à découvrir ce qu'il ne faisait pas.

Sickert n'aimait pas que les gens sachent où il se trouvait. Il avait la réputation de louer, sa vie durant, au moins trois «ateliers» secrets en même temps. Ces masures étaient dispersées dans des lieux si discrets et inattendus que sa femme, ses collègues et ses amis ignoraient où elles se trouvaient. Ses ateliers «connus», dont le nombre avoisina les vingt au cours de sa vie, étaient souvent des «petites pièces» mal entretenues, remplies d'un capharnaüm qui «l'inspirait». Sickert travaillait seul derrière des portes fermées. Il était rare qu'il reçoive quelqu'un, et quand cela arrivait, la visite dans un de ces trous à rats exigeait un télégramme au préalable ou un code secret pour frapper à la porte. Dans ses vieux jours, il fit installer de grandes grilles noires devant sa porte et il attacha un chien de garde à un des barreaux.

Comme tout bon acteur qui se respecte, Sickert savait ménager ses entrées et ses sorties. Il avait l'habitude de disparaître pendant des jours ou des semaines, sans dire à Ellen ou à sa deuxième ou troisième épouse, ou à ses amis, où il allait et pourquoi. Il lui arrivait d'inviter des amis et de ne pas être là. Il réapparaissait quand bon lui semblait, généralement sans offrir la moindre explication. Ses sorties se transformaient souvent en disparitions, car il aimait aller au théâtre et au music-hall seul, et errer ensuite dans la nuit, jusqu'aux petites heures brumeuses de l'aube.

Les itinéraires de Sickert étaient insolites et illogiques, surtout quand il rentrait chez lui en sortant des théâtres et des music-halls situés dans le centre de Londres, le long du Strand. Denys Sutton écrit que Sickert marchait souvent vers le nord, jusqu'à Hoxton, puis il rebroussait chemin pour finir à Shoreditch, à la limite ouest de Whitechapel. De là, il devait repartir vers l'ouest et le nord pour regagner le 54 Broadhurst Gardens où il vivait. Selon Sutton, ces étranges pérégrinations et détours dans un quartier

dangereux d'East London étaient motivés par le
besoin, chez Sickert, de faire «une longue promenade
silencieuse pour méditer sur ce qu'il venait de voir»,
au music-hall ou au théâtre. L'artiste qui réfléchit.
L'artiste qui observe un monde obscur et repoussant,
et les gens qui y vivent. L'artiste qui préférait les
femmes laides.

CHAPITRE 8

UN MORCEAU DE MIROIR BRISÉ

Mary Ann Nichols avait environ quarante-deux ans, et il lui manquait cinq dents.

Elle mesurait moins de 1,60 mètre, elle était grassouillette, avec un visage charnu et banal, des yeux marron et des cheveux châtains grisonnants. Au cours de son mariage avec un imprimeur nommé William Nichols, elle avait donné naissance à cinq enfants, dont le plus âgé avait vingt et un ans et le plus jeune huit ou neuf ans lorsqu'elle fut assassinée.

William et elle étaient séparés depuis sept ans environ, à cause de l'alcoolisme de Mary Ann et de son caractère belliqueux. William avait cessé de lui verser la pension de 5 *shillings* par semaine, expliqua-t-il par la suite à la police, quand il avait appris qu'elle menait la vie d'une prostituée. Mary Ann n'avait plus rien, pas même ses enfants. Elle en avait perdu la garde quelques années plus tôt, quand son ex-mari avait informé les tribunaux qu'elle vivait dans le péché avec un forgeron nommé Drew, qui l'avait rapidement quittée lui aussi. La dernière fois où son ex-mari avait vu Mary Ann vivante, c'était en juin 1886, à l'enterrement d'un de leurs fils qui était mort brûlé vif à cause de l'explosion d'une lampe à pétrole.

Durant sa période de malheur, Mary Ann avait logé dans de nombreux hospices, d'immenses bâtiments terrifiants, remplis parfois d'un millier d'hommes et de femmes qui n'avaient nulle part où aller. Les pauvres méprisaient ces hospices, et pourtant il y avait toujours de longues queues de nécessiteux qui attendaient, dans la froideur du matin, avec l'espoir d'y être admis. Quand l'hospice n'était pas plein, et lorsqu'une personne était autorisée à y entrer, on l'interrogeait soigneusement, avant de vérifier qu'elle n'avait pas d'argent. La découverte d'un seul *penny* provoquait le renvoi immédiat dans la rue. Le tabac était confisqué, les couteaux et les allumettes interdits. Chaque résident était déshabillé, puis lavé dans la même baignoire que les autres et séché avec des serviettes communes. On lui donnait ensuite une sorte d'uniforme, avant de le conduire dans des salles puantes et infestées de rats, où des lits de toile étaient tendus entre des poteaux comme des hamacs.

Le petit déjeuner, servi à 6 heures, se composait de pain et d'une bouillie appelée *skilly*, à base d'avoine ou de viande moisie. Puis le résident devait travailler; on lui faisait effectuer les mêmes tâches cruelles qui avaient servi pendant des centaines d'années à punir les criminels : casser des pierres, récurer, ramasser l'étoupe (en défaisant de vieilles cordes pour récupérer le chanvre), à moins qu'on l'envoie à l'infirmerie ou à la morgue pour nettoyer le pavillon des malades ou s'occuper des morts. On racontait parmi les résidents de l'hospice que les malades incurables de l'infirmerie étaient «liquidés» avec du poison. Le dîner était servi à 20 heures, et les résidents avaient droit aux restes des pensionnaires de l'infirmerie. Des doigts crasseux se jetaient sur des monticules de miettes, qu'ils fourraient dans leurs bouches affamées. Parfois, il y avait de la soupe à la graisse de rognons.

Les pensionnaires des hospices devaient rester au moins deux soirs et une journée, et un refus de travailler signifiait le retour immédiat dans la rue. Des descriptions moins sombres de ces lieux dégradants se retrouvent dans des textes édulcorés qui parlent seulement de «refuges» pour les pauvres, offrant des lits inconfortables, certes, mais propres, de la «bonne soupe avec de la viande» et du pain. Un tel degré de civilisation dans la charité n'existait pas dans l'East End, sauf dans les refuges de l'Armée du Salut, que fuyaient généralement les sans-abri devenus cyniques. Les dames de l'Armée du Salut se rendaient régulièrement dans les *doss-houses* pour prêcher la générosité de Dieu devant les pauvres qui savaient de quoi il en retournait. L'espoir, ce n'était pas pour une femme comme Mary Ann Nichols. La Bible ne pouvait pas la sauver.

Elle avait effectué plusieurs passages à l'hospice de Lambeth entre le Noël précédent et avril 1888. En mai, elle fit le vœu de changer de vie et trouva une place convoitée de domestique dans une famille respectable. Mais ses belles résolutions ne durèrent pas et, en juillet, elle partit la honte au front après avoir volé des vêtements d'une valeur estimée à 3,10 *livres sterling*. Dès lors, Mary Ann sombra de plus belle dans l'alcool et reprit l'existence d'une «malheureuse». Pendant quelque temps, elle partagea un lit avec une autre prostituée nommée Nelly Holland dans une *doss-house*, au milieu du dédale d'immeubles délabrés de Thrawl Street, qui couvrait plusieurs pâtés de maisons, d'est en ouest, entre Commercial Street et Brick Lane, à Whitechapel.

Finalement, Mary Ann s'installa à White House, dans Flower and Dean Street toute proche, où elle resta jusqu'à ce qu'elle n'ait plus d'argent et soit chassée, le 29 août. Le lendemain soir, elle arpentait les rues en portant sur elle tout ce qu'elle possédait : un épais pardessus marron avec de gros boutons en cuivre sur lesquels étaient gravés un homme et un cheval, une robe marron en lin et laine, deux jupons gris en laine marqués au pochoir du nom de l'hospice de Lambeth, deux corsets faits avec des os de baleine, des dessous en flanelle, des bas de laine noirs à grosses côtes, des bottes d'homme qu'on avait coupées en haut, au bout et au talon pour les adapter à son pied, et un bonnet de paille noir bordé de velours noir. Dans une poche, elle avait glissé un mouchoir blanc, un peigne et un bout de miroir brisé.

Mary Ann fut aperçue à plusieurs reprises entre 23 heures et 2 h 30 le lendemain, et chaque fois elle était seule. On la vit dans Whitechapel Road, puis au pub Frying Pan. Vers 1 h 40, elle était dans la cuisine de son ancien meublé, au 18 Thrawl Street, où elle annonça qu'elle n'avait plus un sou et demanda qu'on lui garde son lit malgré tout, en promettant de revenir rapidement avec de l'argent pour payer. Selon certains témoins, elle était ivre, et alors qu'elle se dirigeait vers la porte, en promettant de revenir vite, elle se vanta de son bonnet «rigolo», qu'elle semblait posséder depuis peu.

Mary Ann fut aperçue pour la dernière fois à 2 h 30, lorsque son amie Nelly Holland la croisa par hasard au coin d'Osborn Street et de Whitechapel Road, en face de l'église paroissiale. Mary Ann était ivre et elle titubait le long d'un mur. Elle expliqua à Nelly qu'elle avait gagné ce soir-là trois fois la somme dont elle avait besoin pour payer son lit à la pension, mais elle avait tout dépensé. Malgré les supplications de son amie qui insistait pour qu'elle rentre avec elle, Mary Ann voulut essayer de gagner encore quelques *pennies*. L'horloge de l'église se mit à sonner, tandis que Mary Ann repartait en titubant dans la direction de Whitechapel Road mal éclairée, pour disparaître dans l'obscurité.

Une heure et quart plus tard, approximativement, et à moins de un kilomètre de là, dans une rue baptisée Buck's Row qui bordait le cimetière juif de Whitechapel, Charles Cross, un chauffeur de tramway qui partait travailler, passa devant une silhouette sombre appuyée contre une porte, sur le trottoir, près d'une écurie. Il crut tout d'abord qu'il s'agissait d'une bâche, mais il s'aperçut que c'était en fait une femme couchée, immobile ; son bonnet était par terre, à sa droite, sa main gauche reposait contre la porte close. Alors que Cross se penchait pour essayer de savoir ce qui arrivait à cette femme, il entendit des bruits de pas et se retourna au moment où apparaissait un autre chauffeur de tramway nommé Robert Paul.

«Viens voir ! lui lança-t-il en touchant la main de la femme. Je crois qu'elle est morte !» Robert Paul s'accroupit et posa sa main sur la poitrine de la

femme. Il crut percevoir un léger mouvement et dit :
« Je crois qu'elle respire encore. »

Elle était débraillée et sa jupe était relevée au-
dessus de la taille ; les deux hommes en conclurent
qu'elle avait été « outragée », c'est-à-dire violée. Ils
la couvrirent pudiquement, sans remarquer le sang,
car il faisait trop sombre. Après quoi, Paul et Cross
partirent en courant à la recherche de l'agent de
police le plus proche et ils tombèrent sur G. Mizen,
de la 55ᵉ Division H, qui effectuait sa ronde au coin
de Hanbury et Old Montague, à l'ouest du cimetière
juif.

Quand Mizen et les deux hommes atteignirent
l'écurie dans Buck's Row, l'agent de police John Neil
avait découvert le corps à son tour et il alertait déjà
ses collègues qui se trouvaient dans le secteur, en
criant et en faisant des signaux avec sa lanterne. La
femme avait eu la gorge tranchée, et le Dʳ Rees Ralph
Llewellyn, qui habitait non loin de là, au 152 Whitechapel Road, fut immédiatement tiré du lit pour se
rendre sur les lieux. L'identité de Mary Ann Nichols
était encore inconnue à ce moment-là et, d'après le
Dʳ Llewellyn, elle était « tout à fait morte ». Ses poignets étaient froids, mais son corps et ses extrémités
inférieures étaient encore chauds. Il était persuadé
qu'elle était morte depuis moins d'une demi-heure et
qu'elle n'avait pas pu « s'auto-infliger » ses blessures.
Il remarqua également qu'il y avait fort peu de sang
autour du cou et sur le sol.

Il ordonna que le corps soit transporté à la morgue
de l'hospice de Whitechapel tout proche, un local destiné aux résidents de l'hospice, nullement conçu pour

effectuer un examen *post mortem* digne de ce nom. Llewellyn promit de s'y rendre rapidement pour étudier le corps de plus près, et l'agent Mizen chargea un homme d'aller chercher une ambulance au poste de police de Bethnal Green. Dans le Londres de l'époque victorienne, les hôpitaux ne possédaient pas d'ambulances et les équipes de secours d'urgence n'existaient pas.

Le moyen généralement utilisé pour transporter à l'hôpital une personne gravement malade ou blessée consistait à demander à des amis ou à un bon samaritain qui passait par là d'aider à prendre la personne par les bras et les jambes. Parfois, on entendait quelqu'un crier : « Allez chercher un volet ! », et le blessé était transporté sur un volet de fenêtre qui faisait office de civière. Les ambulances étaient utilisées par la police, et la plupart des postes de police étaient pourvus de ces charrettes à bras en bois peu maniables, avec un robuste fond en cuir noir muni d'épaisses sangles, en cuir elles aussi. On pouvait déplier une capote en cuir qui n'offrait sans doute qu'une protection partielle contre les regards des curieux et les intempéries.

Généralement, l'ambulance servait à évacuer un ivrogne évanoui dans un pub, mais, de temps à autre, la cargaison était une personne morte. Ce devait être une rude épreuve pour un agent de police que de pousser cette charrette dans les rues étroites et défoncées, en pleine nuit. Ces ambulances étaient extrêmement lourdes, même vides, et très difficiles à manier. À en juger par celle que j'ai découverte dans les entrepôts de la Police métropolitaine, je dirais que cette charrette pesait plusieurs centaines de kilos, et ce devait être affreusement pénible de lui faire gravir la moindre pente, à moins que l'agent de police qui la maniait ait une solide poigne.

Ce moyen de transport morbide est celui que Walter Sickert aurait vu s'il s'était caché dans l'obscurité pour regarder ses victimes qu'on emmenait. Ce devait être excitant d'espionner un agent de police qui peinait et haletait, tandis que la tête de Mary Ann Nichols, presque séparée du tronc, se balançait de droite à gauche, alors que les grosses roues de la charrette rebondissaient et que le sang aspergeait la chaussée.

Sickert a la réputation de n'avoir dessiné et peint que ce qu'il avait vu. Cela est exact, sans la moindre exception. Il a peint une charrette à bras quasiment identique à celle que j'ai vue dans l'entrepôt de la police. Son tableau n'est pas signé, pas daté, et il est intitulé *La Charrette à bras, Rue St Jean, Dieppe*. Dans certains catalogues, il figure sous le titre *The Basket Shop* (le Marchand de paniers) et le tableau représente une scène vue de l'arrière d'une charrette à bras dotée de ce qui ressemble beaucoup à une capote en cuir repliée. Devant une boutique, de l'autre côté d'une rue étroite et déserte, sont empilés des sortes de gros et longs paniers, semblables à ceux que les Français utilisaient en guise de civières pour les morts. Une silhouette à peine visible, sans doute un homme coiffé d'un chapeau quelconque, marche le long du trottoir en jetant un regard par-dessus son épaule pour voir ce qu'il y a dans la charrette. À ses pieds, on aperçoit la forme d'un carré noir inexplicable, qui pourrait être un bagage, mais qui pourrait

aussi faire partie du trottoir, comme une plaque
d'égout ouverte. Dans l'affaire du meurtre de Mary
Ann Nichols, les journaux signalèrent que la police
ne pensait pas que la «trappe» de la rue était ouverte,
ce qui voulait dire que le meurtrier ne s'était pas
échappé en empruntant le labyrinthe des égouts voûtés en brique qui couraient sous la Grande Métropole.

Une trappe désigne également une ouverture sur
une scène de théâtre qui permet à un comédien d'apparaître et de disparaître rapidement au milieu d'une
action, généralement à la grande surprise et pour le
plaisir des spectateurs. Dans la plupart des mises en
scène du *Hamlet* de Shakespeare, le spectre entre et
sort en utilisant une trappe. Sickert connaissait sans
doute beaucoup mieux les trappes de théâtre que les
plaques d'égout. En 1881, il incarna le spectre dans
le *Hamlet* monté par Henry Irving au Lyceum Theater. Cette forme sombre au pied du personnage dans
le tableau de Sickert pourrait être une trappe de
théâtre. Ou bien une plaque d'égout. Ou un détail
inventé par Sickert pour piquer la curiosité des gens.

Le corps de Mary Ann Nichols fut donc placé dans
une coque en bois qu'on sangla à l'intérieur de l'ambulance. Deux agents de police accompagnèrent le
corps jusqu'à la morgue, où il resta dans l'ambulance,
dehors dans la cour. Il était maintenant 4 h 30, et pendant que les agents de police attendaient l'arrivée de
l'inspecteur John Spratling, un garçon qui vivait dans
le George Yard Buildings aida la police à nettoyer le
lieu du crime. On jeta des seaux d'eau sur le sol et le
sang s'écoula dans le caniveau, ne laissant qu'une
trace entre les pierres.

L'agent de police John Phail déclara par la suite que, alors qu'il assistait au nettoyage du trottoir, il remarqua « une masse de sang coagulé » d'environ douze centimètres de diamètre qui se trouvait sous le corps. Il constata alors que, contrairement à ce qu'avait affirmé le Dr Llewellyn, le sang était abondant, et Phail avait l'impression qu'il s'était écoulé du cou de la victime, dans son dos jusqu'à la taille. Le Dr Llewellyn aurait pu remarquer les mêmes détails s'il avait retourné le corps.

L'inspecteur Spratling se rendit à la morgue et attendit avec impatience, dans le noir, que le gardien arrive à son tour avec les clés. Quand le corps de Mary Ann fut enfin transporté à l'intérieur, il devait être 5 heures du matin passées, et elle était morte depuis au moins deux heures. Son corps, toujours dans la coque, fut déposé sur un établi en bois typique de ceux utilisés dans les morgues. Parfois, ces établis ou ces tables étaient achetés d'occasion à des bouchers dans des abattoirs. L'inspecteur Spratling souleva la robe de Mary Ann pour l'examiner de plus près, dans la triste lueur de la lampe à pétrole, et il découvrit qu'elle avait été éventrée : ses intestins étaient à l'air. Le lendemain, samedi 1er septembre, le Dr Llewellyn effectua l'autopsie, et Wynne Edwin Baxter, le *coroner* de la division sud-est du Middlesex, ouvrit l'enquête sur la mort de Mary Ann Nichols.

Contrairement aux procédures judiciaires en vigueur aux États-Unis, qui sont interdites à tout le monde sauf aux personnes citées à comparaître, les enquêtes sur les homicides en Grande-Bretagne sont ouvertes au public. Un texte de 1854 consacré au rôle et aux devoirs des *coroners* indiquait qu'il était illégal de divulguer des preuves qui pouvaient être importantes durant le procès, ce qui n'empêchait pas ces informations d'être régulièrement publiées et de profiter au public. Les détails peuvent avoir un effet dissuasif, et en connaissant les faits – surtout quand il n'y a aucun suspect – le public devient partie intégrante de l'équipe qui mène l'enquête. En lisant le compte rendu de l'affaire, quelqu'un peut s'apercevoir qu'il détient des renseignements utiles.

Que ce raisonnement soit valide ou non, les enquêtes des *coroners* et même les procédures non contradictoires faisaient généralement les choux gras des journalistes en 1888, du moment qu'ils les reproduisaient de manière fidèle et équitable. Si cela peut sembler effrayant à quiconque n'est pas habitué à voir des preuves et des témoignages publiés avant le début du procès, sans cette politique de transparence de la Grande-Bretagne il n'existerait quasiment aucune trace détaillée de l'enquête sur les crimes de Jack l'Éventreur. À l'exception de quelques pages ici et là, les rapports d'autopsie n'ont pas survécu. La plupart ont été perdus durant la Seconde Guerre mondiale, et d'autres ont peut-être disparu dans un Triangle des Bermudes de paperasserie, ou de négligence ou de malhonnêteté.

Il est regrettable que tant de documents se soient volatilisés, car on pourrait apprendre beaucoup plus de choses en ayant accès aux rapports de police originaux, aux photographies, aux mémorandums et à tout ce qui a disparu. Mais je doute qu'il y ait eu

dissimulation. Il n'y a pas eu d'« Eventreurgate »
fomenté par les autorités policières et des politiciens
voulant cacher au public une vérité choquante. Pourtant, les sceptiques continuent à défendre leurs théories : Scotland Yard a toujours su qui était l'Éventreur,
mais il le protégeait ; Scotland Yard l'a laissé filer
accidentellement ou l'a enfermé dans un asile sans en
informer le public ; la famille royale était impliquée ;
Scotland Yard se fichait pas mal des prostituées assassinées et voulait cacher le peu d'empressement que
mettait la police à élucider ces homicides.

C'est faux. Même si la Police métropolitaine a
massacré l'enquête sur l'Éventreur, je n'ai jamais
pu trouver la moindre trace de mensonge ou de dés-
information délibérée. Le plus désolant, c'est que
presque toutes les erreurs commises sont dues à la
simple ignorance. Jack l'Éventreur était un tueur
moderne, né un siècle trop tôt pour être capturé. Au
fil des décennies, de nombreux dossiers, dont le rapport d'autopsie original de Mary Ann Nichols, ont
été perdus, égarés ou se sont volatilisés. Certains ont
fini entre les mains de collectionneurs. J'ai moi-
même acheté une lettre supposée de l'Éventreur pour
1 500 dollars.

Je soupçonne qu'il s'agit d'un document authentique, sans doute écrit par Sickert. Si l'on peut se procurer une lettre de l'Éventreur en 2001, par le biais
d'un marchand de documents rares, c'est que cette
lettre a disparu des dossiers officiels à un moment ou
à un autre. Combien d'autres ont subi le même sort ?
Des officiels de Scotland Yard m'ont expliqué que la
raison principale pour laquelle ils ont finalement

remis les dossiers concernant l'Éventreur au Public Record Office de Kew, c'est qu'une grande quantité de documents avaient disparu. Les autorités policières craignaient qu'il ne reste plus rien au bout d'un moment, à part des références de dossiers correspondant à des classeurs vides.

Le fait que le Home Office, le ministère de l'Intérieur britannique, ait scellé les dossiers pendant cent ans n'a fait que renforcer les soupçons des théoriciens du complot. Maggie Bird, la responsable du service de gestion des archives de Scotland Yard, offre une perspective historique sur le sujet. Elle explique que, à la fin du XIXe siècle, il était fréquent de détruire tous les dossiers personnels d'un enquêteur une fois que celui-ci atteignait les soixante et un ans, ce qui explique l'absence d'informations significatives sur les policiers impliqués dans les meurtres de l'Éventreur. Ainsi, les dossiers personnels de l'inspecteur Frederick Abberline, qui dirigeait l'enquête, et de son supérieur, l'inspecteur-chef Donald Swanson, ont disparu.

Aujourd'hui encore, précise Mrs. Bird, l'habitude veut que les dossiers des grosses affaires de meurtres soient scellés pendant vingt-cinq, cinquante ou soixante-quinze ans, en fonction de la nature du crime et pour d'éventuelles questions de protection de la vie privée des victimes ou de leur famille. Si les dossiers de Jack l'Éventreur n'avaient pas été scellés pendant un siècle, il n'en resterait peut-être plus rien. Il a suffi de deux ans après la réouverture des dossiers pour que «la moitié d'entre eux» disparaisse ou soit volée, d'après Mrs. Bird.

Aujourd'hui, tous les dossiers de Scotland Yard sont stockés dans d'immenses entrepôts ; les boîtes sont étiquetées, numérotées et enregistrées dans un système informatique. M^rs. Bird affirme, « la main sur le cœur », qu'il n'y a plus aucun dossier concernant l'Éventreur qui traîne quelque part ou oublié au fond d'une boîte. À sa connaissance, ils ont tous été remis au Public Record Office, et elle attribue les « trous » dans les dossiers « à la mauvaise manipulation, à la nature humaine, au vol et aux bombardements de la Seconde Guerre mondiale », quand le quartier général où étaient entreposées les archives fut partiellement détruit durant le *Blitz*.

Il était sans doute opportun d'empêcher la publication des détails visuels et des photographies de la morgue montrant des corps nus et mutilés, pendant un certain temps. Je devine, cependant, que la discrétion et la sensibilité n'étaient pas les deux seules motivations qui expliquent qu'on ait enfermé les dossiers et caché la clé. Il n'était pas bon de rappeler au monde que Scotland Yard n'a jamais réussi à attraper cet homme, et il était inutile de s'appesantir sur un chapitre horrible de l'histoire anglaise, à une époque où la Police métropolitaine était déshonorée par un des plus mauvais chefs qu'elle ait jamais connus.

Sa Majesté la reine devait souffrir d'une absence passagère le jour où elle décida d'aller chercher un général tyrannique en Afrique pour le nommer à la tête de la police dans une ville qui détestait déjà les *blue bottles* et les *coppers*, comme on les surnommait.

Charles Warren était un homme arrogant et brutal qui portait des uniformes sophistiqués. Quand les crimes de l'Éventreur débutèrent en 1888, Warren était déjà chef de la police depuis deux ans, et sa réponse à tous les problèmes était le subterfuge politique et la force, comme il l'avait prouvé l'année précédente lors du *Bloody Sunday,* en ce 13 novembre, quand il avait interdit une manifestation socialiste pacifique à Trafalgar Square. L'ordre de Warren étant illégal, les réformateurs socialistes tels qu'Annie Besant et le député Charles Bradlaugh décidèrent de l'ignorer. La manifestation pacifique se déroulerait comme prévu.

Obéissant aux ordres de Warren, la police attaqua les manifestants désarmés qui ne s'y attendaient pas. La police montée chargea, « renversant les hommes et les femmes comme des quilles », écrivit Annie Besant. Des soldats arrivèrent en renfort, prêts à ouvrir le feu et brandissant des matraques, et ces manifestants pacifistes, ces travailleurs respectueux des lois se retrouvèrent avec des membres brisés. Deux d'entre eux trouvèrent la mort, de nombreux autres furent blessés ; des gens furent emprisonnés sans être défendus par des avocats, et la Ligue de la justice et de la liberté fut créée pour défendre toutes les victimes des brutalités policières.

Pour ajouter encore à son abus de pouvoir, Warren décida, le jour de l'enterrement d'une des victimes, d'interdire au corbillard d'emprunter une des artères principales à l'ouest de Waterloo Bridge. L'impressionnante procession avança lentement dans Aldgate, en traversant Whitechapel, pour se retrouver au cimetière de Bow Road, parcourant cette zone de la Grande Métropole où, un an plus tard, l'Éventreur commen-

cerait à assassiner ces «malheureuses» qu'Annie
Besant, Charles Bradlaugh et d'autres essayaient d'aider. Le beau-frère de Sickert, T. Fisher Unwin, publia
l'autobiographie d'Annie Besant, et Sickert peignit
à deux reprises le portrait de Charles Bradlaugh. Il
ne s'agissait pas de coïncidences. Sickert connaissait
ces gens, car Ellen et sa famille étaient des militants
progressistes qui évoluaient dans cette sphère politique. Au début de la carrière de Sickert, Ellen l'aida
sur le plan professionnel en le présentant à des personnes en vue dont il pouvait réaliser le portrait.

Annie Besant et Charles Bradlaugh donnèrent leur
vie aux pauvres. Sickert, lui, prenait leur vie aux
pauvres, et il est navrant que certains journaux aient
pu laisser entendre que les crimes de l'Éventreur
constituaient une démonstration socialiste destinée à
faire apparaître de manière forte le revers du système
des classes et les sombres secrets de la plus grande
ville du monde. Sickert assassinait des prostituées
malades et misérables, vieilles bien avant l'âge. Il les
assassinait parce que c'était facile.

Il était motivé par son goût pervers pour la violence
sexuelle, sa haine et son besoin insatiable d'attirer
l'attention. Ses meurtres n'avaient rien à voir avec
l'affirmation d'idées socialistes. Il tuait pour assou-
vir ses besoins de violence. Nul doute qu'en voyant
les journaux et le public évoquer des motivations
sociales ou éthiques, Sickert devait éprouver un plaisir secret et une sensation de pouvoir. «Ha! ha! ha!»
écrivait l'Éventreur. «En vérité, vous devriez m'être
reconnaissants d'éliminer un tel tas de vermines, elles
sont dix fois pires que les hommes.»

CHAPITRE 9

LA LANTERNE OBSCURE

Sous le règne de George III, les voleurs faisaient la loi sur les routes et les chemins détournés, et la plupart des brigands, s'ils se faisaient prendre, pouvaient se tirer d'affaire grâce à la corruption.

La ville de Londres était protégée par des veilleurs de nuit armés de bâtons, de lanternes et de crécelles en bois qui produisaient un violent crépitement quand on les faisait tourner. C'est seulement en 1750 que les choses commencèrent à changer. Henry Fielding, plus connu comme écrivain que comme magistrat, rassembla sous son commandement un groupe d'agents de police loyaux. Grâce à une subvention de 400 *livres sterling* allouée par le gouvernement, Fielding forma ainsi le premier escadron de *thief takers* («ceux qui arrêtent les voleurs»).

Ils démantelaient les bandes et arrêtaient les brigands qui terrorisaient les Londoniens. Lorsque Henry Fielding décida de se consacrer à d'autres activités, ce fut son frère John qui lui succéda. Avec lui, on peut dire que la justice était véritablement aveugle. Sir John Fielding avait en effet perdu la vue et il était connu pour porter un bandeau sur les yeux quand il interrogeait les prisonniers. On disait qu'il reconnaissait les criminels à leur voix.

Sous la direction de Sir John Fielding, les *thief takers* établirent leur quartier général dans Bow Street et prirent le nom de Bow Street Patrol, puis de Bow Street Runners. À cette époque, le maintien de l'ordre était une activité plus ou moins privée, et un Bow Street Runner pouvait enquêter sur le cambriolage de la maison d'un particulier en échange d'une rétribution ou simplement retrouver le coupable et le persuader de conclure un arrangement à l'amiable avec sa victime. Curieusement, le droit pénal et le droit civil se trouvaient ainsi mélangés, car s'il était interdit par la loi de commettre des délits, un arrangement entre les deux parties permettait de restaurer l'ordre et d'éviter bien des tracas.

Mieux valait récupérer la moitié de ses biens volés que rien du tout. Mieux valait restituer la moitié de ce qu'on avait volé plutôt que de tout perdre et se retrouver en prison. Certains Bow Street Runners prirent leur retraite après être devenus riches. En revanche, on ne pouvait pas faire grand-chose contre les émeutes et les meurtres, qui proliféraient au même titre que d'autres crimes. On volait des chiens et on les tuait pour leur peau. On torturait du bétail, et la populace s'amusait à pourchasser les bêtes rendues folles par la douleur, jusqu'à ce qu'elles s'effondrent et meurent. De la fin des années 1700 jusqu'en 1868, les exécutions étaient publiques et elles attiraient des foules immenses.

Les jours de pendaison étaient fériés, et cet effroyable spectacle était considéré comme dissuasif. À l'époque des *thief takers* et des Bow Street Runners, les crimes punis de mort incluaient le vol de chevaux, la contrefaçon et le vol à l'étalage. En 1788, des milliers de personnes se rassemblèrent à Newgate pour voir Phoebe Harris, trente ans, brûler sur le bûcher pour avoir fabriqué de la fausse monnaie. Les bandits de grand chemin étaient des héros, et leurs admirateurs les applaudissaient pendant qu'ils se balançaient au bout de la corde, alors que les condamnés appartenant aux classes aisées étaient raillés, quel que soit leur crime.

Quand le gouverneur Joseph Wall fut pendu en 1802, les spectateurs se battirent pour récupérer la corde, vendue 1 *shilling* le centimètre. En 1807, une foule de 40 000 personnes se rassembla pour assister à l'exécution de deux meurtriers, et, dans la cohue, des hommes, des femmes et des enfants moururent piétinés. Tous les condamnés ne mouraient pas instantanément, ni de la manière prévue, et cela donnait lieu à d'épouvantables scènes d'agonie. Il arrivait que le nœud coulant glisse autour du cou ou qu'il ne serre pas assez bien et, au lieu de provoquer une compression de la carotide entraînant une perte de connaissance rapide, le prisonnier étranglé s'agitait violemment dans le vide, tandis que des hommes le saisissaient par les jambes et le tiraient vers le bas pour hâter sa fin. Généralement, le condamné perdait son pantalon et gesticulait nu devant la foule hurlante. À l'époque de la décapitation à la hache, le refus de glisser quelques pièces dans la main du bourreau pouvait se traduire par une erreur d'appréciation de la distance qui exigeait quelques coups de hache supplémentaires.

En 1829, Sir Robert Peel convainquit le gouvernement et le public qu'ils avaient le droit de dormir en sécurité à l'intérieur de leurs maisons et de se promener sans crainte dans les rues. C'est ainsi que fut créée la Police métropolitaine, basée au 4 Whitehall Place. La porte de derrière s'ouvrait sur Scotland Yard, où se dressait jadis un palais saxon qui avait servi de résidence aux rois d'Écosse en visite. À la fin du XIIe siècle, la majeure partie du palais était en ruine et elle fut démolie ; ce qui en restait servait de bureaux pour le gouvernement britannique. Un grand nombre d'individus célèbres ont servi la Couronne à Scotland Yard, parmi lesquels les architectes Inigo Jones et Christopher Wren, et le grand poète John Milton, qui fut pendant un temps secrétaire d'Oliver Cromwell. L'architecte et auteur comique Sir John Vanbrugh construisit sur l'emplacement de l'ancien palais une maison que Jonathan Swift comparait à « une tarte à la groseille ».

Peu de personnes savent que Scotland Yard a toujours été un lieu et non pas une force de police. Depuis 1829, « Scotland Yard » désigne le quartier général de la Police métropolitaine, et cela reste vrai aujourd'hui, même si le nom officiel est désormais « New Scotland Yard ». Je suppose que le public continuera à croire que Scotland Yard regroupe une bande de fins limiers à la Sherlock Holmes et qu'un agent de police en uniforme de Londres est un *bobby*. Peut-être y aura-t-il toujours des livres et des films dans lesquels des policiers de province, déroutés par un meurtre, prononceront cette délicieuse banalité : « Voilà une affaire pour Scotland Yard. »

Dès le début, Scotland Yard et ses sections en uniforme déclenchèrent un sentiment de rejet de la part du public. Le maintien de l'ordre était considéré comme un affront fait aux droits civiques des Anglais et associé à la loi martiale et aux méthodes d'inquisition et d'intimidation du gouvernement. Au moment de son instauration, la Police métropolitaine fit de son mieux pour éviter l'aspect militaire en portant des vestes et des manteaux bleus et en se coiffant d'un chapeau tuyau de poêle en peau de lapin, avec une coque en acier à l'intérieur au cas où un criminel appréhendé aurait l'idée d'assommer un agent. Ces chapeaux étaient également très pratiques comme marchepied pour escalader les clôtures et les murs ou entrer par les fenêtres.

Initialement, la Police métropolitaine ne comportait pas d'inspecteurs. C'était déjà assez désolant d'avoir des *bobbies* en bleu ; l'idée que des hommes vêtus comme tout le monde puissent rôder partout incognito pour arrêter des gens provoquait l'opposition violente de la population et des policiers en uniforme eux-mêmes, qui craignaient que les inspecteurs soient mieux payés et que le véritable objectif de ces agents en civil soit de surveiller et de dénoncer les policiers de base. La mise en place d'une solide brigade d'inspecteurs en 1842 et l'introduction des agents en civil au milieu des années 1840 provoquèrent des cafouillages, dont la décision malheureuse d'engager des *gentlemen* instruits, mais sans aucune formation policière. On ne peut qu'imaginer une de ces recrues interrogeant un ivrogne de l'East End qui vient de défoncer le crâne de sa femme avec un marteau ou de l'égorger avec un rasoir.

Le Criminel Investigation Department, la brigade criminelle, ne fut véritablement organisé qu'en 1878, soit dix ans seulement avant que Jack l'Éventreur commence à terroriser Londres. En 1888, le sentiment du public envers les inspecteurs n'avait guère changé. La méfiance à l'égard des policiers en civil qui arrêtent les gens en usant de subterfuges demeurait vivace. La police n'était pas là pour piéger les citoyens, pensait-on, et Scotland Yard établit une règle selon laquelle les policiers en civil pouvaient intervenir seulement quand il existait des preuves irréfutables que des crimes à répétition étaient commis dans tel ou tel secteur. Cette approche était de la répression, pas de la prévention. Elle retarda la décision de Scotland Yard d'entreprendre des actions d'infiltration quand l'Éventreur commença son massacre dans l'East End.

Scotland Yard n'était pas du tout préparé à affronter un *serial killer* comme l'Éventreur, et après le meurtre de Mary Ann Nichols, le public commença à surveiller la police avec encore plus d'attention et à critiquer, à rabaisser, à accuser. Les principaux journaux anglais couvrirent de manière obsessionnelle le meurtre de Mary Ann et les étapes de l'enquête. Cette affaire fit la une des tabloïds comme *The Illustrated Police News* et des collections économiques *Famous Crimes* (les Crimes célèbres), que l'on pouvait s'offrir pour 1 *penny*. Des artistes donnèrent des interprétations sensationnelles et salaces des homicides, mais personne – ni les officiels du Home Office, ni

les policiers, ni les inspecteurs de Scotland Yard, ni
même la reine Victoria – n'avait la moindre idée de
la nature du problème, ni de sa solution.

Quand l'Éventreur commença sa série de meurtres,
seuls quelques policiers patrouillaient dans les rues,
tous surmenés et sous-payés. Ils étaient dotés d'un sifflet, d'une matraque, d'une crécelle parfois et d'une
lanterne, surnommée une *lanterne obscure*, car en
vérité elle ne servait qu'à éclairer faiblement la personne qui la tenait. Cette lanterne était un instrument
dangereux et encombrant constitué d'un cylindre
métallique d'une vingtaine de centimètres de hauteur,
comportant un verre en forme de bonnet ruché ; la
lentille grossissante, taillée dans un verre épais et
rond, mesurait six centimètres de diamètre, et à l'intérieur de la lampe se trouvaient un petit réservoir à
huile et une mèche.

On contrôlait l'intensité de la flamme en tournant
le verre. Le tube en métal à l'intérieur pivotait et masquait plus ou moins la flamme, ce qui permettait au
policier d'envoyer des signaux, à un de ses collègues
par exemple. Je suppose que le terme « signaux » est
un peu exagéré quand on a vu une de ces lanternes
allumées. J'ai trouvé plusieurs modèles Hiatt & Co,
rouillés mais authentiques, fabriqués à Birmingham
au milieu des années 1800, semblables à ceux utilisés par les policiers à l'époque de l'enquête sur les
meurtres de l'Éventreur.

Une nuit, je suis sortie dans le patio et j'ai
enflammé le réservoir à huile. La lentille est devenue
un œil rouge orangé tremblotant. Mais la convexité
du verre faisait que la lumière disparaissait complè-

tement sous certains angles. J'ai placé ma main devant la lampe : à une distance de quinze centimètres environ, j'avais du mal à voir ma paume. De la fumée s'échappait et le cylindre devint chaud, assez chaud, d'après la légende policière, pour pouvoir infuser du thé. J'imaginai un pauvre agent de police faisant sa ronde et tenant cet objet par les anses en métal ou l'accrochant à sa ceinture en cuir. C'est un miracle qu'il n'ait pas pris feu.

Les citoyens de l'époque victorienne n'imaginaient sans doute pas l'inefficacité de ces lanternes. Les magazines et les tabloïds à 1 *penny* montraient des policiers braquant des faisceaux lumineux intenses dans les recoins et les ruelles les plus sombres, tandis que des suspects effrayés reculaient devant cette lueur aveuglante. À moins que ces descriptions de bande dessinée n'aient été délibérément exagérées, elles m'amènent à penser que la plupart des gens n'avaient jamais vu une de ces lanternes en action. Mais cela n'a rien de surprenant. Les policiers qui patrouillaient dans les quartiers sûrs, où les crimes étaient peu nombreux, n'avaient pas besoin, ou rarement, de leurs lanternes. C'était dans les endroits repoussants que ces lanternes allumaient leurs yeux injectés de sang pour tenter de scruter les alentours, et la plupart des Londoniens qui se déplaçaient à pied ou dans des voitures à cheval ne fréquentaient pas ces quartiers.

Walter Sickert, lui, était un homme de la nuit et des bas-fonds. Il aurait eu de bonnes raisons de savoir exactement à quoi ressemblait une lanterne de policier, car il avait pour habitude d'errer dans les lieux défendus après s'être rendu dans les music-halls. Durant sa période de Camden Town, lorsqu'il produisit certaines de ses œuvres les plus ouvertement violentes, il peignit des scènes de meurtre en s'éclairant à la lueur inquiétante d'une de ces lanternes. L'artiste Marjorie Lilly, qui partagea sa maison et un de ses ateliers, le vit travailler ainsi à plusieurs reprises et, plus tard, elle décrivit Sickert en parlant du « Dr Jekyll ! » endossant « le manteau de Mr Hyde ».

Les uniformes et les capes en laine bleu foncé que portaient les policiers ne pouvaient pas les protéger du froid ni de la pluie, et quand il faisait chaud, l'inconfort des agents de police devait être palpable. Il leur était interdit de desserrer leur ceinture et d'ôter leur casque d'allure militaire frappé de l'étincelante étoile de Brunswick. Et si leurs chaussures en cuir mal taillé leur estropiaient les pieds, ils pouvaient s'en acheter une autre paire avec leur paie ou souffrir en silence.

En 1887, un agent de la Police métropolitaine offrit au public un aperçu de ce qu'était la vie d'un simple policier. Dans un article anonyme publié dans *Police Review and Parade Gossip*, il raconta comment, avec sa femme et leur enfant de quatre ans à l'agonie, ils devaient vivre dans un deux-pièces meublé de Bow Street. Sur ses 24 *shillings* de salaire hebdomadaire, 10 servaient à payer le loyer. C'était une époque d'intense agitation civile, écrivait-il, et l'animosité envers la police était forte.

Armés simplement d'une petite matraque glissée dans une poche spéciale de leur pantalon, ces policiers patrouillaient jour après jour, nuit après nuit, «épuisés par notre contact permanent avec des pauvres diables excités, rendus fous par le besoin et la cupidité». Des citoyens furieux leur jetaient des insultes cinglantes et accusaient la police d'être «contre le peuple et les pauvres», pouvait-on lire dans cet article anonyme. D'autres Londoniens, plus aisés, attendaient parfois quatre à six heures avant de prévenir la police à la suite d'un vol ou d'un cambriolage, après quoi ils se plaignaient publiquement de ce que la police était incapable de livrer les coupables à la justice.

Faire la police n'était pas seulement un travail ingrat, c'était aussi une tâche impossible, alors que chaque jour un sixième des 15 000 agents étaient malades, en congé ou suspendus. Le chiffre annoncé de 1 policier pour 450 citoyens était trompeur. Le nombre d'hommes réellement présents dans les rues dépendait des équipes en service. Étant donné que le nombre de policiers en service doublait durant la nuit (de 22 heures à 6 heures), cela voulait dire que, durant la journée (de 6 à 14 heures) et en soirée (de 14 à 22 heures), il n'y avait que 2 000 agents en patrouille. Soit un policier pour 4 000 citoyens, ou un policier pour couvrir dix kilomètres de rues. Au mois d'août, le ratio s'aggravait encore lorsque 2 000 hommes partaient en vacances.

Au cours d'une patrouille de nuit, un agent de police était censé effectuer sa ronde dans un délai compris entre dix et quinze minutes, au rythme moyen de trois kilomètres/heure. À l'époque où l'Éventreur commença à commettre ses crimes, cette contrainte n'était plus en vigueur, mais les habitudes

étaient solidement ancrées. Les criminels, plus particulièrement, étaient capables d'anticiper sur le trajet
régulier d'un agent de police.

Le «Grand» Londres couvrait plus de mille kilomètres carrés, et même si les effectifs de police dou-
blaient aux petites heures du jour, l'Éventreur pouvait
rôder dans les passages, les ruelles et les cours de
l'East End sans jamais apercevoir une seule étoile de
Brunswick. Si un agent de police approchait, l'Éventreur était averti par sa démarche caractéristique.
Après avoir commis son meurtre, il pouvait se fondre
dans l'obscurité et attendre qu'on découvre le corps.
Il pouvait espionner les conversations enflammées des
témoins, du médecin, de la police. Jack l'Éventreur
pouvait voir bouger l'œil orange des lanternes sans
craindre d'être repéré.

Les psychopathes adorent assister aux drames
qu'ils écrivent. Il est fréquent que des *serial killers*
retournent sur le lieu de leur crime ou qu'ils s'im-
miscent dans l'enquête. D'ailleurs, les meurtriers
assistent si souvent à l'enterrement de leur victime
qu'il n'est pas rare, de nos jours, que des policiers en
civil se rendent eux aussi au cimetière pour filmer
clandestinement les personnes présentes. Les pyro-
manes adorent regarder brûler leurs incendies. Les
violeurs adorent travailler pour les services sociaux.
Ted Bundy, le tristement célèbre *serial killer* des
années 1970, était bénévole dans un centre d'assistance psychologique.

Quand Robert Chambers eut étranglé Jennifer
Levin à New York, dans Central Park, il alla ensuite
s'asseoir sur un mur, de l'autre côté de la rue, face à

sa mise en scène, et il attendit pendant deux heures que l'on découvre le corps, que la police arrive et que les employés de la morgue enferment le cadavre dans un sac pour le mettre dans l'ambulance. «Il trouvait ça amusant», se souvenait Linda Fairstein, le procureur qui envoya Chambers en prison.

Sickert était un amuseur. C'était aussi un psychopathe violent. Nul doute qu'il était obsédé par le spectacle des policiers et des médecins examinant les corps sur les lieux des crimes, et peut-être demeurait-il caché dans l'obscurité, le temps de voir la charrette à bras emporter sa victime. Peut-être la suivait-il de loin, dans l'espoir d'entr'apercevoir le corps avant qu'on l'enferme à l'intérieur de la morgue, et peut-être même assistait-il aux enterrements. Au début des années 1900, Sickert peignit un tableau représentant deux femmes qui regardent par la fenêtre, et bizarrement intitulé *A Passing Funeral* (Un enterrement passe). Plusieurs lettres de l'Éventreur comportent des allusions provocatrices, en laissant entendre qu'il observe les policiers sur les lieux des crimes ou qu'il assiste à l'enterrement de la victime.

«Je les vois et ils ne peuvent pas me voir», écrivit l'Éventreur.

Le chef de la Police métropolitaine, Sir Charles Warren, ne s'intéressait pas beaucoup au crime, et il n'y connaissait pas grand-chose non plus. C'était une cible facile pour un psychopathe possédant l'intelligence et l'imagination de Walter Sickert, qui dut prendre énormément de plaisir à ridiculiser Warren et à ruiner sa carrière. Finalement, l'incapacité de Warren à capturer l'Éventreur ajoutée à d'autres bévues provoquèrent sa démission le 8 novembre 1888.

Attirer l'attention du public sur les conditions de vie déplorables dans l'East End et débarrasser Londres de Warren sont peut-être les deux seules bonnes actions jamais commises par Jack l'Éventreur, même si ses motivations étaient loin d'être altruistes.

CHAPITRE 10

LA MÉDECINE DES TRIBUNAUX

Le Dr Llewellyn indiqua au cours de l'enquête sur le meurtre de Mary Ann Nichols que la victime présentait une légère lacération de la langue et un hématome à la mâchoire inférieure, du côté droit, provoqué par un coup de poing ou «la pression d'un pouce». Elle avait également, du côté gauche du visage, un hématome circulaire qui pouvait être dû, lui aussi, à la pression d'un doigt.

Son cou avait été tranché à deux endroits. Une entaille mesurait neuf centimètres de long et commençait à trois centimètres sous la mâchoire, à gauche, juste sous l'oreille. La deuxième entaille commençait elle aussi à gauche, mais trois centimètres sous la précédente, et un peu avant l'oreille. La deuxième entaille était «circulaire», précisait le Dr Llewellyn. J'ignore ce qu'il entendait par «circulaire», à moins qu'il ait voulu dire que l'incision était incurvée et non pas droite, ou simplement qu'elle faisait le tour du cou. D'une longueur de vingt centimètres, elle avait sectionné tous les vaisseaux sanguins, les chairs et le cartilage, et avait même entaillé les vertèbres, avant de s'arrêter à huit centimètres sous la mâchoire, du côté droit.

La description, par le Dr Llewellyn, des blessures infligées à l'abdomen de Mary Ann était aussi vague que le reste de ses commentaires. Sur le côté gauche se trouvait une entaille irrégulière, «vers la partie inférieure de l'abdomen», et «trois ou quatre» plaies semblables descendaient vers le bas, du côté droit de l'abdomen. Par ailleurs, on pouvait relever «plusieurs» coupures qui traversaient l'abdomen et des petits coups donnés dans ses «parties intimes». Dans sa conclusion, le Dr Llewellyn indiquait que les plaies à l'abdomen étaient suffisantes pour avoir entraîné la mort, et il pensait qu'elles avaient été infligées avant que la victime ait la gorge tranchée. Il basait ses conclusions sur l'absence de sang autour du cou sur le lieu du crime, mais il omit de dire au *coroner* ou aux jurés qu'il n'avait pas pris la peine de retourner le corps. Peut-être ignorait-il à ce moment-là qu'il avait négligé – ou n'avait pas remarqué – une grande quantité de sang et un caillot de douze centimètres de diamètre.

Toutes les entailles allaient de la gauche vers la droite, indiqua le Dr Llewellyn dans son témoignage, ce qui l'amenait à conclure que le meurtrier était gaucher. L'arme du crime – et il n'y en avait qu'une, affirma-t-il – était un long couteau «modérément» aiguisé, mais utilisé «avec une grande violence». Les hématomes sur la mâchoire et le visage, précisait-il, confirmaient la théorie d'un agresseur gaucher, et, selon lui, le meurtrier avait plaqué sa main droite sur la bouche de Mary Ann pour étouffer ses cris, tandis qu'avec son couteau il lui lacérait le ventre. Dans le scénario décrit par le Dr Llewellyn, le meurtrier se trouvait face à Mary Ann quand il l'avait soudain agressée. Soit ils étaient debout tous les deux, soit le meurtrier l'avait déjà couchée à terre, et il avait réussi, d'une manière ou d'une autre, à l'empêcher de hurler et de se débattre pendant qu'il lui retroussait ses vêtements et enfonçait son couteau dans la peau, le gras, jusqu'aux intestins.

Imaginer un tueur calculateur, logique et intelligent comme Jack l'Éventreur qui lacère d'abord le ventre de sa victime, lui offrant ainsi la possibilité de se débattre furieusement, folle de terreur et de douleur, cela n'a aucun sens. Si le *coroner* avait interrogé soigneusement le Dr Llewellyn sur les détails médicaux révélateurs, la reconstitution du meurtre de Mary Ann Nichols aurait pu prendre un tour tout à fait différent. Peut-être que le meurtrier ne l'avait pas abordée de front. Peut-être ne lui avait-il pas adressé la parole. Peut-être ne l'avait-elle même pas vu.

La théorie qui prévaut généralement est que Jack l'Éventreur abordait ses victimes et leur parlait, avant qu'ils s'éloignent ensemble dans un endroit isolé et sombre, où il les assassinait de manière soudaine et rapide. Pendant un long moment, j'ai supposé que tel était le mode opératoire de l'Éventreur dans tous les cas. Comme un grand nombre d'autres personnes, j'imaginais qu'il se servait de la ruse, en se faisant passer pour un client, afin de convaincre la femme de le suivre. Étant donné que dans les rapports sexuels avec les prostituées, la femme tournait généralement le dos à son client, c'était la situation idéale pour permettre à l'Éventreur de lui trancher la gorge avant même qu'elle comprenne ce qui lui arrivait.

Je ne rejette pas la possibilité que ce mode opératoire ait pu être utilisé par l'Éventreur, dans certains meurtres en tout cas. Jamais il ne m'était venu à l'idée qu'il pouvait ne pas correspondre à un de ces meurtres, jusqu'à ce que je sois frappée par cette illumination au cours des vacances de Noël 2001, alors que je me trouvais à Aspen avec ma famille. Je passais la soirée seule dans un appartement au pied du mont Ajax et, comme toujours, j'avais apporté plusieurs valises remplies de documents pour mes recherches. Je feuilletais pour la vingtième fois au moins un livre d'art consacré à Sickert, quand je tombai sur son célèbre tableau intitulé *Ennui*. Comme c'est étrange, songeai-je, que cette œuvre si particulière soit considérée comme extraordinaire au point que la reine Elizabeth, la reine mère en personne, en ait acheté une des cinq versions existantes pour l'accrocher à Clarence House. D'autres versions appartiennent à des particuliers ou sont accrochées dans des musées prestigieux tels que la Tate Gallery.

Dans les cinq versions d'*Ennui*, un homme d'un certain âge, à l'air las, est assis à une table, avec un cigare allumé et, devant lui, un grand verre contenant sans doute de la bière. Le regard dans le vide, il est plongé dans ses pensées, totalement indifférent à la femme qui se trouve derrière lui, appuyée contre une commode, la tête posée au creux de la main et contemplant d'un air morose des colombes empaillées sous une cloche en verre. L'élément central du tableau est le tableau d'une femme, une diva, accroché au mur derrière les têtes du couple qui s'ennuie. Ayant vu plusieurs versions d'*Ennui*, je savais que la diva avait une apparence légèrement différente sur chacun des tableaux.

Sur trois d'entre eux, elle porte, enroulé autour de ses épaules nues, ce qui ressemble à un épais boa en plumes. Mais sur les versions plus tardives, celles de la reine mère et de la Tate Gallery, il n'y a plus de boa, uniquement une forme marron-rouge indéfinissable qui enveloppe son épaule gauche et tombe sur son bras et son sein gauches. C'est seulement en éprouvant moi aussi de l'ennui, dans cet appartement d'Aspen, que je remarquai un croissant vertical, blanchâtre, au-dessus de l'épaule gauche de la diva. Cette forme blanche, comme de la peau, semble dotée, sur le côté gauche, d'une légère bosse qui ressemble beaucoup à une oreille.

Quand on l'examine de plus près, la forme devient un visage d'homme à moitié dissimulé dans l'obscurité. Il approche dans le dos de la femme. Celle-ci a la tête légèrement tournée, comme si elle avait senti sa présence. Sous le léger grossissement d'une loupe, le visage à moitié caché de l'homme est plus visible, et celui de la femme commence à ressembler à un crâne. Mais sous un grossissement plus puissant, le tableau se dissout dans les coups de pinceau de Sickert. Je me suis rendue à Londres pour examiner le tableau original à la Tate Gallery, et je n'ai pas changé d'avis. J'ai envoyé une diapositive du tableau à l'Institut de science médico-légale de Virginie pour voir si la technologie pouvait nous offrir un regard plus aiguisé.

L'agrandissement par ordinateur permet de détecter des centaines de nuances de gris que l'œil humain

ne peut percevoir et de rendre visible ou discernable
une photo floue ou une écriture effacée. Mais si ce
procédé fonctionne avec des bandes vidéo de surveillance ou de mauvaises photos, ça ne marche pas
avec les tableaux. Tous nos efforts accomplis sur
Ennui n'ont permis que d'isoler les coups de pinceau
de Sickert, jusqu'à ce que l'on obtienne l'inverse de
ce qu'il avait fait en peignant. Je me voyais rappeler,
comme cela arriverait souvent dans le cas de l'Éventreur, que la science médico-légale ne remplacera
jamais le travail d'enquête, la déduction, l'expérience
humaine, le bon sens et le travail acharné.

L'*Ennui* de Sickert fut mentionné dans le cadre de
l'enquête sur l'Éventreur bien avant que je m'intéresse à la question, mais d'une manière très différente
de celle que je viens de décrire. Dans une des versions
du tableau, la diva au boa a une tache blanche sur
l'épaule, qui rappelle légèrement une des colombes
empaillées sous la cloche en verre posée sur la commode. Certains passionnés de l'Éventreur affirment
que « l'oiseau » est un *sea gull* (une mouette) et que
Sickert a habilement introduit cette *gull* dans son
tableau pour indiquer que Jack l'Éventreur était
Sir William Gull, le médecin de la reine Victoria. Les
partisans de cette interprétation souscrivent généralement à la théorie du prétendu complot royal impliquant le Dr Gull et le duc de Clarence dans cinq des
meurtres commis par l'Éventreur.

Cette théorie fut avancée dans les années 1970
et j'affirme catégoriquement que Jack l'Éventreur
n'était pas le Dr Gull, ni le duc de Clarence. En 1888,
le Dr Gull avait soixante et onze ans et il avait déjà été

victime d'une crise cardiaque. Quant au duc de Clarence, il ne savait pas se servir d'une arme blanche et n'était pas lui-même une épée. Eddy, comme on l'appelait, était né deux mois avant terme, après que sa mère était allée voir son mari jouer au hockey sur glace et avait passé trop de temps, apparemment, à «tournoyer» sur une luge. Comme elle ne se sentait pas bien, on la ramena à Frogmore, où il n'y avait que le médecin du coin pour s'occuper de la naissance imprévue d'Eddy.

Ses problèmes de développement étaient sans doute moins dus à sa naissance prématurée qu'au pool restreint de gènes royaux dont il était issu. Eddy était adorable, mais obtus. C'était un garçon sensible et doux, mais un effroyable élève. Il savait à peine monter à cheval et, durant son service militaire, il fit piètre figure ; mais, surtout, il aimait beaucoup trop les vêtements. Le seul remède qu'avaient pu trouver son père frustré, le prince de Galles, et sa grand-mère, la reine, consistait à expédier de temps à autre Eddy dans des terres lointaines pour de longs voyages.

Les rumeurs et les indiscrétions concernant ses mœurs sexuelles continuent aujourd'hui encore. Peut-être eut-il quelques aventures homosexuelles, comme l'affirment certains livres, mais il s'intéressa également aux femmes. Peut-être Eddy était-il sexuellement immature et tenta-t-il des expériences avec les deux sexes. Il n'aurait pas été le premier membre d'une famille royale à jouer dans les deux camps. L'affection d'Eddy allait vers les femmes, et particulièrement sa jolie et affectueuse mère, qui ne semblait pas trop inquiète de voir qu'il s'intéressait plus aux vêtements qu'à la couronne.

Le 12 juillet 1884, le père d'Eddy, prince de Galles et futur roi, écrivit au précepteur allemand de son fils : « C'est avec un profond regret que nous apprenons, par vous, que notre fils traînasse de si épouvantable façon le matin… Il sera obligé de rattraper le temps perdu en étudiant davantage. » Dans cette triste missive de sept pages que le père écrivit de Marlborough House, c'est avec insistance – pour ne pas dire désespoir – qu'il explique que son fils, héritier direct du trône, doit « s'atteler à la tâche ».

Eddy n'avait ni l'énergie ni l'envie d'aller faire la chasse aux prostituées, et suggérer le contraire est grotesque. Les soirs où furent commis au moins trois des meurtres, il n'était pas à Londres, ni même dans les environs, pense-t-on (bien qu'il n'ait pas besoin d'alibi), et les meurtres se poursuivirent après sa mort prématurée, le 14 janvier 1892. Et même si le médecin de la famille royale, le Dr Gull, n'était pas un homme âgé et infirme, il était bien trop accaparé par la santé de la reine Victoria et celle du fragile Eddy pour avoir l'envie, ou le temps, de sillonner Whitechapel à bord d'un attelage royal à toute heure de la nuit pour découper en morceaux des prostituées qui faisaient chanter Eddy à cause du scandale de son « mariage secret » avec l'une d'elles. Ou quelque chose comme ça.

Il est vrai, cependant, qu'Eddy avait déjà été victime d'un chantage, comme le prouvent deux lettres qu'il écrivit à George Lewis, le formidable avocat qui défendrait plus tard Whistler dans un procès impliquant Walter Sickert. Eddy écrivit à Lewis en 1890 et en 1891, car il s'était mis dans une situation compromettante avec deux dames des classes inférieures, dont une certaine Miss Richardson. Il essayait de se sortir de ce piège en payant pour récupérer les lettres qu'il avait écrites imprudemment à cette dame et à une autre amie.

«Je suis ravi d'apprendre que vous êtes sur le point de trouver un arrangement avec Miss Richardson», écrit Eddy à Lewis au mois de novembre 1890, «même si 200 *livres sterling*, c'est beaucoup pour des lettres». Il continue en disant qu'il a eu des nouvelles de Miss Richardson «l'autre jour» et qu'elle exige encore 100 livres. Eddy promet qu'il fera «tout ce que je peux pour récupérer» également les lettres qu'il a écrites à «l'autre dame».

Deux mois plus tard, Eddy écrit en «novembre» (le mot est rayé), en «décembre» 1891, de son «Quartier de Cavalrie» *(sic)* et il envoie un cadeau à Lewis «en remerciement de la bonté que vous m'avez témoignée l'autre jour en me tirant de ce pétrin dans lequel j'ai été assez bête pour me fourrer». Mais, apparemment, «l'autre dame» ne se laissait pas amadouer si facilement, car Eddy explique à Lewis qu'il a dû envoyer un ami la voir «pour lui demander de rendre les deux ou trois lettres que je lui avais écrites… mais vous pouvez être certain qu'à l'avenir je prendrai soin d'éviter ce genre d'ennuis».

On ignore ce que contenaient les lettres que le duc de Clarence écrivit à Miss Richardson et à «l'autre dame», mais on peut supposer qu'il avait agi d'une manière susceptible de causer des tracas à la famille royale. Il savait bien que l'opinion publique et sa grand-mère surtout auraient fort mal réagi en apprenant qu'il fréquentait ce genre de femmes capables de le faire chanter. Ce que prouve cette tentative d'extorsion, c'est que, confronté à ce type de situations, Eddy n'était pas du genre à réagir en assassinant et en mutilant les parties adverses, mais plutôt en payant.

Bien que mon intention dans ce livre ne soit pas de chercher à savoir qui *n*'était *pas* l'Éventreur, je dois parler de James Maybrick, un marchand de coton ayant, dit-on, écrit le tristement célèbre *Journal de Jack l'Éventreur* qui apparut au grand jour en 1992 (et dont on sait maintenant qu'il s'agit d'un faux). Maybrick n'était pas Jack l'Éventreur. Entre autres raisons qui me poussent à l'affirmer, son prétendu mobile pour commettre les meurtres de l'Éventreur ne tient pas debout et repose sur un raisonnement fondé sur une chronologie inexacte.

Maybrick était un drogué à l'arsenic qui vivait à Liverpool, et bien avant 1888 il rendait visite à son pharmacien cinq fois par jour pour se procurer ses doses potentiellement mortelles. Au printemps 1888, Maybrick était victime de migraines et de paralysie des membres dues à la consommation d'arsenic et d'autres drogues, comme la strychnine. Je trouve qu'il est ridicule de supposer qu'un homme dont l'esprit était embrumé et la santé altérée par une consommation intensive de drogues aussi fortes ait pu commettre les crimes de l'Éventreur – sans jamais se faire prendre, qui plus est. Mais surtout, le prétendu mobile de Maybrick pour se rendre à Londres afin d'y tuer des prostituées serait l'infidélité de son épouse Florence – «Florie», comme il l'appelait –, ce qui faisait d'elle une putain aux yeux de son mari. Par esprit de vengeance, supposa-t-on, il avait décidé de massacrer les putains de Whitechapel.

En effectuant ces recherches, j'ai fait l'acquisition d'un lot de lettres originales écrites par Florie au *Chief Justice* d'Angleterre, Sir Charles Russell, et d'un grand nombre d'autres correspondances avec des avocats, des politiciens et avec sa mère, la baronne Caroline de Roques. Ces lettres ont été écrites pendant que Florie était en prison après avoir été reconnue coupable du meurtre de son mari par empoisonnement à l'arsenic en avril 1889 et condamnée à mort. Ces documents font peser un doute immense sur le prétendu mobile de James Maybrick. En effet, celui-ci n'a découvert la liaison de son épouse avec le jeune courtier en coton Alfred Brierly qu'en décembre 1888, c'est-à-dire après le sinistre carnage perpétré par l'Éventreur dans l'East End. Ce n'est qu'en mai 1889 que l'infidélité de Florie devint flagrante, peut-être voulait-elle punir Maybrick pour sa cruauté et son propre adultère. Sa condamnation provoqua un tollé des deux côtés de l'Atlantique. Il n'était pas surprenant de découvrir un niveau élevé d'arsenic dans le sang de son défunt mari. L'infâme erreur judiciaire survenue dans l'affaire Florie Maybrick est parfaitement résumée dans la lettre qu'un pharmacien de soixante-dix ans, James Adams, écrivit à Sir Charles Russell le 24 mars 1891 : «Jamais de toute ma vie je n'ai entendu parler d'un procès aussi inéquitable et d'un verdict aussi injuste. » De l'avis général, Florie aurait dû être jugée, au maximum, pour tentative de meurtre.

Dans une lettre très claire et élégante que Florie écrivit à Lord Russell le 29 mai 1895, après six années d'emprisonnement, d'isolement et de santé défaillante, elle dit : « … J'ai connu tant de déceptions de la part des représentants de Sa Majesté que je n'ai presque plus le courage de faire d'autres efforts en vue de ma libération. Si ce n'était pour mes chers enfants et ma chère mère, dont l'état de santé se dégrade considérablement sous l'effet des espoirs déçus, je n'aurais pas l'audace de me rappeler à votre souvenir… En tant que prisonnière, je suis impuissante à plaider ma cause. » La reine Victoria faisait rarement preuve de compassion envers les détenus, mais dans ce cas précis elle finit par céder à l'opinion publique et gracia Florie en la condamnant à quinze ans d'emprisonnement. Florie Maybrick fut libérée en 1904, elle changea de nom, partit s'installer en Amérique (où elle était née), devint gouvernante et mourut en recluse.

On peut se demander si le faux journal de l'Éventreur, dont on pensait tout d'abord qu'il s'agissait des authentiques confessions de James Maybrick, aurait vu le jour sans l'indignation internationale provoquée par la condamnation de Florie Maybrick pour un crime qu'elle n'avait pas commis. Car, sans cela, qui à la fin du XXe siècle aurait jamais entendu parler de James Maybrick ou pris la peine de rédiger un faux journal intime prétendument écrit par cet homme ?

La tragique histoire de Florie Maybrick est bien plus importante que la triste notoriété ultérieure de son mari. La parodie de procès (qualifié de scandale et de farce, et présidé par un juge mentalement incompétent) et les préjudices infligés à toute femme immorale constituent une parfaite illustration de la mentalité du Londres victorien. Si les crimes de l'Éventreur n'avaient pas été aussi brutaux, aussi nombreux et dramatisés par ses provocations écrites adressées à la police et à la presse, il est possible que les meurtres des «malheureuses» de l'East End n'aient pas provoqué un tel émoi à l'époque.

Mais Walter Sickert n'était pas du genre à laisser ses crimes astucieux et sanglants passer inaperçus, au début du moins, lorsqu'il créa le personnage de Jack l'Éventreur. Bien après que les crimes de l'Éventreur eurent cessé d'être une réalité pour le public et la police, Sickert poursuivit ses taquineries diaboliques, mais de façon beaucoup plus discrète.

La longue vie de Sickert fut riche en allusions. Ses œuvres contiennent des «indices» sur ce qu'il éprouvait et faisait, sur ce qu'il voyait, et la manière dont tout cela était filtré par une imagination parfois enfantine et à d'autres moments sauvage. Dans la plupart de ses œuvres, son point de vue indique qu'il regardait les gens par-derrière. Il les voyait, mais eux ne le voyaient pas. Il voyait ses victimes, mais elles ne le voyaient pas. Il avait pu observer Mary Ann Nichols pendant un certain temps avant de frapper. Il aurait alors déterminé son taux d'ivresse et élaboré la meilleure approche possible.

Peut-être s'est-il approché d'elle dans le noir et lui a-t-il montré une pièce de monnaie, accompagnée d'une phrase, avant de se placer dans son dos. Ou peut-être est-il sorti de l'obscurité humide pour se jeter sur elle brusquement. Ses blessures, si elles ont été correctement décrites, indiquent que le meurtrier l'a saisie par-derrière et a tiré sa tête en arrière, alors qu'il tranchait d'un coup de couteau sa gorge offerte. Peut-être s'est-elle mordu la langue à ce moment-là, ce qui expliquerait l'écorchure remarquée par le Dr Llewellyn. Si elle a essayé de se dégager, cela expliquerait pourquoi la première entaille était inachevée; il s'agissait d'une tentative ratée. Les hématomes à la mâchoire et sur le visage ont pu survenir au moment où le meurtrier resserrait l'étau de ses mains, avant de lui trancher la gorge une seconde fois, avec une telle violence qu'il faillit la décapiter d'un seul coup.

En étant derrière elle, il évitait d'être éclaboussé par le sang artériel qui devait forcément jaillir de la carotide gauche tranchée. Rares sont les meurtriers qui choisiraient d'avoir le visage maculé de sang, surtout le sang d'une victime probablement porteuse de maladies, sexuellement transmissibles tout au moins. Quand Mary Ann se retrouva sur le dos, son meurtrier glissa vers la partie inférieure du corps pour retrousser ses vêtements. Elle ne pouvait pas hurler. Peut-être n'émit-elle aucun son, à l'exception des râles de suffocation humides et des gargouillis d'air mélangé au sang que rejetait et aspirait sa trachée artère sectionnée. Peut-être a-t-elle avalé son sang et s'y est-elle noyée, alors que son corps se vidait. Tout cela ne prend que quelques minutes.

Les rapports des médecins légistes, y compris celui du Dr Llewellyn à l'époque, ont tendance à nous assu-

rer que la personne « est morte instantanément ». Cela
n'existe pas. On peut être tué instantanément par une
balle dans la tête, mais il faut plusieurs minutes pour
qu'une personne se vide de son sang, suffoque, se
noie ou pour que s'arrêtent toutes les fonctions vitales
à la suite d'une crise cardiaque. Il est possible que
Mary Ann ait été toujours consciente de ce qui lui
arrivait quand le meurtrier commença à lui ouvrir le
ventre. Peut-être même était-elle encore vivante
quand il abandonna son corps dans la cour.

Pensionnaire à l'Hospice de Whitechapel, Robert
Mann était responsable de la morgue le matin où l'on
amena le cadavre de Mary Ann. Durant l'enquête préliminaire, le 17 septembre, Mann déclara qu'un peu
après 4 heures du matin, les policiers se présentèrent
à l'hospice et le tirèrent du lit. Ils lui annoncèrent
qu'un corps attendait dehors devant la morgue et qu'il
devait se dépêcher ; alors il les accompagna jusqu'à
l'ambulance garée dans la cour. Ils transportèrent le
corps à l'intérieur de la morgue, après quoi l'inspecteur Spratling et le Dr Llewellyn firent une brève
apparition pour jeter un coup d'œil au cadavre. Puis
la police repartit. Mann se souvenait qu'il devait être
environ 5 heures du matin quand il referma la porte
de la morgue et alla prendre son petit déjeuner.

Une heure plus tard environ, Mann et un autre pensionnaire de l'hospice, un nommé James Hatfield,
retournèrent à la morgue où ils commencèrent à
déshabiller le corps, sans que la police ni quiconque
ne soient présents. Mann jura devant Baxter, le *coroner*, que personne ne lui avait dit de ne pas toucher au
corps, et il était certain que la police n'était pas là.

Vous en êtes absolument sûr? Oui… enfin, peut-être.
Il pouvait se tromper. Il ne se souvenait plus. Si la
police disait qu'elle était là, peut-être que c'était vrai.
Au cours de son interrogatoire, Mann devint de plus
en plus confus, il fut «victime de crises… son témoignage n'est guère crédible», écrivit *The Times*.

Wynne Baxter était un avocat et un médecin légiste
expérimenté qui dirigerait l'enquête sur la mort de
Joseph Merrick deux ans plus tard. Baxter ne tolérait
pas le mensonge dans sa salle de tribunal, ni la violation de la procédure dans une affaire. Il était plus
qu'agacé d'apprendre que des pensionnaires de l'hospice avaient ôté les vêtements de Mary Ann Nichols.
Il interrogea avec sévérité le dénommé Mann, désorienté et nerveux, qui maintint contre vents et marées
que les vêtements n'étaient ni déchirés ni entaillés
quand le corps était arrivé. Hatfield et lui s'étaient
contentés de déshabiller la morte et de la laver avant
l'arrivée du médecin pour qu'il ne perde pas de temps
à le faire.

Pour accélérer la manœuvre et se faciliter la tâche,
ils avaient découpé et arraché les vêtements. La victime en portait plusieurs couches, dont certaines
étaient durcies par le sang séché, et c'était très difficile de les faire glisser sur des membres aussi raides
que ceux d'une statue. Quand Hatfield vint témoigner
à son tour, il confirma tout ce qu'avait dit Mann. Les
deux pensionnaires avaient rouvert les portes de la
morgue après le petit déjeuner. Ils étaient seuls quand
ils avaient coupé et déchiré les vêtements de la
défunte.

Ils étaient toujours seuls quand ils l'avaient lavée

ensuite, et ils n'avaient aucune raison de penser qu'ils faisaient quelque chose de mal. Les comptes rendus de leurs témoignages donnent l'impression que les deux hommes étaient effrayés et stupéfaits, car ils ne pensaient pas avoir commis un crime. En vérité, ils ne comprenaient pas la cause de toute cette agitation. La morgue de l'hospice n'était pas censée s'occuper d'affaires de police, d'abord. Ce n'était qu'un arrêt facultatif pour les pensionnaires décédés, avant la fosse commune.

Le mot anglais *forensic* (médecine légale) vient du latin *forum*, un lieu public où les avocats et les orateurs romains présentaient leurs dossiers devant les juges. La médecine légale est donc la médecine des tribunaux, et en 1888 elle n'existait quasiment pas dans la pratique. La triste vérité, c'était qu'il y avait peu d'indices matériels à utiliser, ou à détruire, dans le cas du meurtre de Mary Ann. Mais ne pas savoir avec certitude si les vêtements de la victime étaient déjà déchirés ou lacérés quand on avait apporté son corps à la morgue, c'était un problème majeur. Tous les gestes du meurtrier nous en apprennent un peu plus sur lui et sur ses émotions au moment des meurtres.

D'après les descriptions du corps de Mary Ann sur le lieu du crime, je soupçonne que ses vêtements étaient en désordre, mais ni déchirés ni lacérés. Au petit matin du 31 août, l'Éventreur passa à un niveau de violence supérieur. Il retroussa le gros pardessus de sa victime, ses jupons en laine, ses sous-vêtements en flanelle et ses jupes. Il donna un grand coup de couteau, irrégulier, puis il fit «trois ou quatre» petites entailles vers le bas et «plusieurs» en travers, presque comme un quadrillage. Encore quelques petits coups dans les parties génitales et c'était fini, il disparut dans l'obscurité.

Sans consulter des schémas ou des photos d'autopsie, il est très difficile de reconstituer des blessures et de recréer les gestes du meurtrier, et de savoir ce qu'il ressentait à ce moment-là. Les blessures peuvent être violentes ou hésitantes. Elles peuvent trahir l'hésitation ou la fureur. Trois ou quatre petites entailles sur un poignet en plus de l'entaille profonde qui a tranché les veines racontent une histoire différente sur le suicide de cette personne qu'une seule entaille décisive.

Les psychiatres interprètent les états mentaux et les désirs émotionnels d'un patient à travers son comportement et les aveux de ses sentiments et de ses actes. Les médecins des morts, eux, doivent faire ces mêmes interprétations en utilisant le braille des blessures, anciennes et récentes, les résidus présents sur le corps, la manière dont une personne est habillée et où elle est morte. Écouter parler les morts est un don unique, et cela nécessite une formation hautement spécialisée. Le langage du silence est dur à interpréter, mais les morts ne mentent pas. Il est parfois difficile de les comprendre, et on peut les comprendre de travers, ou ne pas les retrouver avant qu'ils aient cessé de parler. Mais s'ils ont encore des choses à dire, la véracité de leurs affirmations est implacable. Parfois, ils continuent à parler longtemps après avoir été réduits à l'état de squelette.

Si des gens boivent beaucoup et prennent leur voiture ou déclenchent une bagarre, leurs cadavres le confessent à travers le taux d'alcoolémie. Si un homme était drogué à la cocaïne ou à l'héroïne, son corps présente des traces de piqûres, et les métabolites de morphine et benzoylecgonine apparaissent dans l'urine, l'humeur vitrée de l'œil et le sang. Si un individu pratiquait fréquemment les rapports anaux, s'il était un adepte des tatouages génitaux ou du piercing, si une femme se rasait le pubis parce que son amant nourrissait le fantasme de faire l'amour avec une fillette… tous ces gens parlent sans retenue une fois morts. Si un adolescent, vêtu de cuir, a tenté d'obtenir un orgasme plus intense en se masturbant tout en comprimant les veines de son cou avec un nœud coulant – sans avoir l'intention de glisser de la chaise sur laquelle il était monté – et s'il meurt pendu, il avouera lui aussi. La honte et les mensonges sont réservés à ceux qui restent.

C'est étonnant tout ce que les morts ont à dire. Cela ne cesse de m'étonner et de me faire mal. Un jeune homme était tellement décidé à en finir avec la vie qu'après s'être tiré dans la poitrine avec son arbalète, sans se tuer, il avait ôté la flèche et tiré de nouveau. La colère. Le désespoir. Pas question de faire marche arrière. J'ai envie de mourir, mais je vais continuer comme si de rien n'était : je vais prévoir les vacances et régler les détails de mon enterrement pour ne pas embêter ma famille. J'ai envie de mourir, mais je veux rester présentable, alors je vais me maquiller, me coiffer et me tirer une balle dans le cœur plutôt que dans la tête, pour ne pas abîmer mon maquillage, se dit l'épouse dont le mari est parti avec une femme plus jeune.

Je vais te tirer une balle dans la bouche, salope, parce que j'en ai marre de t'entendre gueuler. Je vais balancer ton corps dans la baignoire et t'asperger d'acide, connasse. Ça t'apprendra à me tromper ! Je vais te crever les yeux avec un couteau parce que je ne supporte plus que tu me regardes. Je vais te vider de ton sang et je le boirai, parce que des extraterrestres me pompent tout le mien. Je vais te découper en morceaux et les faire bouillir pour pouvoir te balancer dans les chiottes et personne n'en saura rien. Vas-y, monte derrière moi sur ma Harley, petite pute, je vais t'emmener dans un motel et te lacérer le corps de centaines de coups de rasoir avant de te regarder crever lentement, car c'est l'épreuve initiatique que je dois passer pour être admis dans le gang.

Les blessures de Mary Ann Nichols nous apprennent que l'Éventreur ne voulait pas qu'elle puisse se débattre ou hurler, et il était prêt à passer à l'étape suivante qui consistait à détruire son corps nu. Mais il n'était pas encore maître de ses mouvements et il ne put aller jusqu'au bout. Il n'ôta pas les intestins ni les organes. Les plaies n'étaient pas très profondes. Il n'emporta avec lui aucune partie du corps en guise de trophée ou de talisman, générateurs de fantasmes sexuels et d'émerveillement quand il se retrouverait seul dans une de ses cachettes. Pour la première fois, je pense, l'Éventreur venait d'éventrer, et il avait besoin de réfléchir à son geste, à ce qu'il ressentait, pour savoir s'il en voulait davantage.

« J'aime ce travail, encore du sang », écrivit l'Éventreur le 5 octobre.

« Il m'en faut plus », écrivit-il le 2 novembre.

C'est moins d'une semaine plus tard que Jack l'Éventreur s'attribua publiquement ce surnom diabolique. C'est peut-être logique. Avant le meurtre de Mary Ann Nichols, il n'avait encore éventré personne. Sickert avait inventé le nom de scène de « M. Nemo » pour une raison précise, qui n'était pas motivée par la modestie. Il avait pu choisir le nom de « Jack l'Éventreur » pour une bonne raison également. On ne put que deviner laquelle.

Jack était un mot d'argot de la rue pour désigner un marin, ou un homme en général, et *ripper* désigne celui qui *rip*, qui déchire, qui arrache. Mais Walter Sickert n'a jamais été un être prévisible. J'ai consulté une dizaine de dictionnaires et d'encyclopédies datant de 1755 à 1906 pour vérifier les définitions. Sickert avait pu trouver le nom de « Jack the Ripper » en lisant Shakespeare. Comme l'a écrit Helena Sickert dans ses mémoires, quand ses frères et elle étaient enfants, ils étaient tous « fous de Shakespeare », et Sickert avait la réputation de citer de longs passages de Shakespeare quand il était comédien. Durant toute sa vie, il aima se lever de table au cours des dîners pour réciter des monologues shakespeariens. Le mot *Jack* se trouve dans *Coriolan*, *Le Marchand de Venise* et *Cymbeline*. Shakespeare n'utilise pas le mot *ripper*, mais on en trouve des variantes dans *Le Roi Jean* et *Macbeth*.

Parmi les définitions du mot *Jack*, on trouve : des chaussures ; le diminutif de John utilisé de manière méprisante pour désigner un individu grivois ; un grand cri ; un homme, en argot américain c'est un étranger et aussi un imbécile, ou bien un gars rusé capable de faire n'importe quoi, comme dans l'expression *Jack of all trades* (un touche-à-tout). Quant au mot *ripper*, il peut désigner : celui qui arrache, celui qui déchire, celui qui coupe, ou bien un individu qui s'habille bien, un cheval rapide, une bonne pièce ou un bon rôle.

«Jack the Ripper» était donc l'étranger, le gars rusé qui peut tout faire. Il a «le ventre rempli de bagarre». C'était «un mâle que nul ne put égaler». Il a déchiré «le ventre de votre chère mère l'Angleterre». Dans les fissures profondes de son psychisme, Sickert avait peut-être l'impression qu'il avait été «arraché» du propre ventre de sa mère. Quelle que soit cette chose qui s'était passée dans ce ventre, c'était injuste et il n'y était pour rien. Il se vengerait.

CHAPITRE 11

NUIT D'ÉTÉ

Mary Ann Nichols avait les yeux grands ouverts quand son corps fut découvert sur la chaussée. Elle regardait fixement l'obscurité, son visage était d'un jaune blafard dans la faible flamme de la lanterne.

Dans l'*Expression des émotions* de Charles Darwin, les yeux écarquillés sont le signe de «l'horreur», que Darwin associe à «l'extrême terreur» ou à «l'horrible souffrance de la torture». C'est une idée fausse, vieille de plusieurs siècles, de croire qu'une personne meurt en conservant sa dernière émotion figée sur son visage. Mais, symboliquement, l'expression de Mary Ann semblait avoir saisi la dernière chose qu'elle avait vue dans sa vie : la silhouette sombre de son meurtrier en train de la lacérer à coups de couteau. Le fait que les policiers aient signalé dans leurs rapports ces yeux écarquillés et fixes reflète peut-être ce que les «hommes en bleu» qui patrouillaient dans les rues commençaient à ressentir au sujet du meurtrier de Whitechapel : c'était un monstre, un fantôme qui, pour reprendre l'expression de l'inspecteur Abberline, ne laissait jamais «le moindre indice».

L'image d'une femme avec la gorge tranchée et les yeux écarquillés, couchée sur le pavé et regardant fixement devant elle devait rester gravée dans la mémoire de ceux qui la voyaient. Sickert ne l'avait pas oubliée, en tout cas. Plus que n'importe qui, il devait se souvenir de ce regard au moment où cette femme sentait la vie l'abandonner. En 1903, si l'on peut se fier aux dates qu'il donne, Sickert dessina une femme aux yeux grands ouverts et figés. Elle semble morte et l'on remarque un trait noir inexplicable autour de sa gorge. Ce dessin est intitulé, de manière assez inoffensive, *Two Studies of a Venetian Woman's Head* (Deux études d'une tête de Vénitienne). Trois ans plus tard, il récidiva avec un tableau représentant une femme nue étendue de façon grotesque sur un châlit en fer, qu'il baptisa *Nuit d'été*. On se souvient que Mary Ann Nichols fut justement assassinée une nuit d'été. La femme du dessin et celle du tableau se ressemblent. Leurs visages ressemblent à celui de Mary Ann Nichols, à en juger par une photo prise quand elle était à l'intérieur de sa coque en bois à la morgue, après qu'elle avait déjà été «nettoyée» par les deux pensionnaires de l'hospice, Mann et Hatfield.

Les photos de la morgue étaient réalisées avec un gros appareil photo en bois qui ne pouvait photographier que ce qui se trouvait dans son axe. Il fallait donc relever et appuyer contre un mur les corps que la police voulait photographier, car l'appareil photo ne pouvait pas être incliné. Parfois, le cadavre nu était accroché au mur avec un crochet ou un clou planté dans le bas de la nuque. En examinant de près la photographie d'une victime ultérieure, Catherine Eddows, on remarque que son corps nu est comme suspendu en l'air, un de ses pieds touche à peine le sol.

Ces clichés sinistres et dégradants servaient à des fins d'identification et n'étaient donc pas destinés au public. La seule façon pour une personne de savoir à quoi ressemblait le cadavre de Mary Ann Nichols, c'était de l'avoir vu à la morgue ou sur le lieu même du drame, ou de convaincre un inspecteur de police de lui montrer les photos. Cela ne signifie pas que Sickert n'ait pas incité quelqu'un de Scotland Yard à le faire, surtout s'il était déguisé et s'il avait rusé en laissant croire qu'il pourrait peut-être identifier la victime. Mais il existe une autre possibilité. En 1899, Alexandre Lacassagne, un professeur de médecine légale à la faculté de Lyon, publia *Vacher l'Éventreur et les Crimes sadiques* (Lyon, A. Storck). Il y a dans ce livre deux photographies de victimes de l'Éventreur : Mary Kelly sur le lieu même du crime et un cliché pris à la morgue (de mauvaise qualité) de Catherine Eddows, après son autopsie, cliché sur lequel les incisions *post mortem* et les plaies à l'abdomen et au cou n'étaient pas visibles, car elles avaient été recousues. S'il est possible que Sickert se soit procuré l'ouvrage de Lacassagne contenant ces deux photos, le livre consacré aux crimes sadiques ne comporte aucune photo des autres victimes de l'Éventreur, comme Mary Ann Nichols, Annie Chapman ou Martha Tabran. Pas plus qu'il ne contient la photographie la plus parlante de Catherine Eddows, celle qui fut prise avant l'autopsie, avec la tête qui pend en arrière et la plaie béante au cou exhibée de manière grotesque.

Si le dessin de cette prétendue Vénitienne, réalisé par Sickert, est effectivement la représentation du visage de Mary Ann Nichols figé par la mort, alors c'est qu'il se trouvait sur place ou qu'il avait mis la main, d'une manière ou d'une autre, sur les rapports de police, à moins que ce détail ne figure dans un article de journal qui m'ait échappé. Même si Sickert avait vu Mary Ann à la morgue, ses yeux auraient été fermés à ce moment-là, comme sur les photos. Quand elle fut photographiée et vue par ceux qui étaient susceptibles de l'identifier, ses plaies avaient été recousues, et son corps était couvert jusqu'au menton pour masquer la gorge béante.

Malheureusement, il existe peu de photos représentant les victimes de l'Éventreur, et celles conservées au Public Record Office sont petites et floues, un défaut encore aggravé par les agrandissements. Le traitement informatique arrange un peu les choses, mais pas tellement. D'autres victimes qui n'ont jamais été rattachées aux crimes de l'Éventreur, ni à l'époque ni depuis, n'ont peut-être même pas été photographiées du tout. Ou alors, ces photos semblent avoir disparu. On photographiait les corps des victimes sur les lieux du crime seulement quand le drame s'était déroulé à l'intérieur. À l'époque déjà, cette affaire devait être suffisamment inhabituelle pour que la police aille chercher son énorme appareil photo.

De nos jours, les corps des victimes sont photographiés un grand nombre de fois, sous tous les angles, avec divers équipements photographiques, mais à l'époque du carnage meurtrier de l'Éventreur, il était rare qu'on utilise un appareil photo. Il était encore plus rare qu'une morgue en possède un. En outre, la technologie n'était pas assez évoluée pour permettre de prendre des photos de nuit. Toutes ces limites expliquent pourquoi il existe si peu de témoignages visuels des crimes de Jack l'Éventreur, à moins de parcourir un livre d'art consacré à Walter Sickert ou de regarder ses tableaux « de meurtre » et ses nus, accrochés dans les grands musées et les riches collections privées. Toute analyse artistique et savante mise à part, la plupart des femmes nues et étendues de Sickert semblent mutilées et mortes.

Un grand nombre de nus et d'autres sujets féminins ont le cou dénudé, avec des traits noirs tout autour, comme pour suggérer un égorgement ou une décapitation. Certaines zones plus sombres autour de la gorge d'un personnage sont là pour symboliser des ombres, mais ces traits noirs et nets auxquels je fais allusion sont déroutants. Ce ne sont pas des bijoux. Alors si Sickert dessinait et peignait uniquement ce qu'il voyait, que représentent ces traits ? Le mystère s'épaissit avec un tableau intitulé *Patrol* (Patrouille), daté de 1921, représentant une femme agent de police aux yeux exorbités, et dont la tunique ouverte au col laisse voir un trait noir autour de la gorge.

Ce qu'on sait au sujet de *Patrol* reste vague. Sickert l'a sans doute peint à partir de la photo d'une femme policier, probablement Dorothy Peto de la police de Birmingham. Apparemment, elle fit l'ac-

quisition du tableau et partit vivre à Londres, où elle
s'engagea dans la Police métropolitaine, à laquelle
elle fit don finalement de son portrait grandeur nature
réalisé par Sickert. L'avis d'au moins un des archivistes de la Police métropolitaine est que ce tableau a
sans doute de la valeur, mais les gens ne l'aiment pas,
surtout les femmes. Quand j'ai vu *Patrol*, il était
accroché derrière une porte fermée à clé et enchaîné
à un mur. On dirait que personne ne sait trop quoi en
faire. Je suppose que c'est encore un des « ha ha » de
l'Éventreur – involontaire celui-là : Scotland Yard possède un tableau du meurtrier le plus tristement célèbre
que le Yard n'a jamais réussi à attraper.

Patrol n'est pas véritablement un hommage rendu
aux femmes, ni à la police, et il ne semble pas que,
dans l'esprit de Sickert, ce tableau ait été autre chose
qu'un de ses fantasmes cachés et effrayants. L'expression de terreur de cette femme policier contredit le
pouvoir de sa profession et, de manière typique chez
Sickert, le tableau dégage le parfum de la morbidité et
le sentiment qu'une chose terrible est sur le point
de se produire. Cette toile d'environ 2 m × 1,25 m,
dans son cadre en bois, est comme un miroir sombre
dans les galeries illuminées du monde de l'art, et il
n'est pas facile de trouver des références à ce tableau,
ou des reproductions.

Certaines des œuvres de Sickert semblent aussi
secrètes que ses nombreuses cachettes, mais la décision de les dissimuler n'a peut-être pas été prise uniquement par leurs propriétaires. Sickert lui-même
estimait avoir son mot à dire concernant ses œuvres
qui devaient être montrées. Même s'il faisait cadeau

d'un tableau à un ami – comme dans le cas de *La Chambre de Jack l'Éventreur* –, il pouvait demander à cette personne de le prêter pour diverses expositions, ou au contraire lui ordonner de le cacher. Certaines de ses œuvres faisaient certainement partie de ce petit jeu du : « Essayez donc de m'attraper. » Il était assez effronté pour peindre ou dessiner des scènes évoquant l'Éventreur, mais pas toujours assez téméraire pour les montrer. Et ces œuvres inconvenantes continuent de refaire surface, maintenant que les recherches sont lancées.

Très récemment, on a découvert un dessin de Sickert, qui n'est recensé dans aucun catalogue, et qui semble être un retour en arrière sur sa période music-hall de 1888. Sickert a réalisé ce dessin en 1920 ; il représente un homme barbu en train de discuter avec une prostituée. L'homme nous tourne partiellement le dos, mais nous avons l'impression que son pénis est sorti de son pantalon et qu'il tient un couteau dans la main droite. En bas du dessin, on croit discerner une sorte de femme éventrée, à qui on a également coupé les bras, comme si Sickert nous montrait « l'avant » et « l'après » d'un de ses meurtres. Le Dr Robins, historienne d'art, pense que ce dessin est passé inaperçu car, autrefois, les gens comme elle, ou les conservateurs d'archives ou les spécialistes de Sickert ne pensaient pas à rechercher ce type de violence dans les œuvres de cet artiste.

Mais quand on travaille avec acharnement et qu'on commence à savoir ce qu'on cherche, les éléments insolites surgissent, y compris dans les articles de journaux. La plupart des gens qui s'intéressent aux récits des meurtres de Jack l'Éventreur se contentent de fac-similés provenant d'archives publiques ou de microfilms. En me lançant dans cette enquête, j'ai choisi *The Times* comme journal de référence et j'ai eu la chance de découvrir des exemplaires des numéros originaux de 1888 à 1891. À cette époque, le papier était si riche en fibres de coton que je pourrais fort bien repasser, coudre et relier, comme neufs, les numéros de *The Times* que je possède.

Je n'ai cessé d'être surprise par le nombre de publications qui ont survécu pendant plus de cent ans et sont restées, aujourd'hui encore, assez souples pour qu'on tourne les pages sans crainte. Ayant débuté ma carrière comme journaliste, je sais fort bien qu'il y a toujours plusieurs histoires autour d'une seule histoire, et qu'à moins de consulter tous les articles et les reportages que je peux trouver, je ne peux espérer approcher de la vérité. Les sujets consacrés à l'Éventreur ne sont pas rares dans les grands journaux de l'époque, mais ce qu'on néglige souvent, ce sont les témoignages discrets des publications moins connues, comme par exemple le *Sunday Dispatch*.

Un jour, mon marchand de livres anciens de Chelsea, à Londres, m'appela pour m'annoncer qu'il avait trouvé dans une vente aux enchères un classeur contenant, très certainement, tous les articles du *Sunday Dispatch* consacrés aux meurtres de Jack l'Éventreur et tout ce qui pouvait s'y rattacher. Les articles, découpés de manière un peu négligée et collés de travers dans le classeur, étaient datés du 12 août 1888 au 29 septembre 1889. L'histoire de ce recueil continue à me laisser perplexe. Des dizaines de pages, lacérées à coups de rasoir, piquèrent ma curiosité au vif. Les coupures de presse s'accompagnent d'annotations fascinantes écrites à l'encre bleue ou noire, ou bien avec des crayons de couleur gris, bleu et violet. Qui s'est donné tout ce mal, et pourquoi ? Où était caché ce classeur pendant plus d'un siècle ?

Ces annotations laissent supposer qu'elles ont été écrites par une personne qui connaissait bien ces crimes et était très intéressée par la manière dont la police enquêtait. Dans les premiers temps où je fis l'acquisition de ce recueil, je me pris à imaginer qu'il avait appartenu à Jack l'Éventreur lui-même. Il semblerait que celui qui a découpé ces articles était focalisé sur les comptes rendus de la police et, dans ses notes, il exprime son accord ou son désaccord avec les enquêteurs. Certains détails sont barrés et qualifiés d'inexacts. Des commentaires du genre : « Oui ! Croyez-moi » ou « Insatisfaisant – très » ou « Important. Trouver la femme » et le plus étrange de tous, « 7 femmes, 4 hommes », sont griffonnés en regard des détails figurant dans certains articles. Des phrases sont soulignées, surtout quand elles concernent les signalements, fournis par des témoins, des hommes en compagnie de qui les victimes ont été vues pour la dernière fois.

Je doute de savoir un jour si ce recueil a été constitué par un détective amateur, par un policier ou un journaliste, mais l'écriture ne correspond pas à celles des principaux responsables de Scotland Yard comme Abberline, Swanson et d'autres agents dont j'ai lu les rapports. L'écriture qui figure dans ce recueil est petite et très négligée, surtout à une époque où l'écriture était toujours soignée, voire élégante. La plupart des policiers, par exemple, avaient une écriture très appliquée et parfois même très belle. À vrai dire, celle qu'on trouve dans le recueil me rappelle l'écriture sauvage et parfois totalement illisible de Walter Sickert. Son écriture était ostensiblement différente de celle de l'Anglais moyen. Le jeune et précoce Sickert ayant appris à lire et à écrire tout seul, il n'avait pas subi l'apprentissage de la calligraphie classique, même si sa sœur Helena affirme qu'il pouvait avoir une «jolie écriture» quand ça l'arrangeait.

Ce classeur avait-il appartenu à Sickert ? Probablement pas. J'ignore qui a constitué ce recueil, mais les articles du *Dispatch* ajoutent une dimension supplémentaire à la description de cette époque. Le journaliste qui a couvert les crimes pour le *Dispatch* est anonyme (en ce temps-là, les articles signés par leur auteur étaient aussi rares que les femmes journalistes), mais il possède un œil aiguisé et un esprit curieux. Ses déductions, ses questions et sa perception des choses apportent un nouvel éclairage sur des affaires comme le meurtre de Mary Ann Nichols. D'après le *Dispatch,* la police estimait qu'elle avait été victime d'un gang. À Londres, en ce temps-là, des meutes errantes de jeunes gens violents choisissaient pour cibles les faibles et les pauvres. Ces voyous se montraient hargneux quand ils détroussaient une «malheureuse» qui n'avait pas un sou.

La police maintenait, par ailleurs, que Mary Ann n'avait pas été tuée à l'endroit où l'on avait retrouvé son corps, pas plus que Martha Tabran. Les deux femmes massacrées avaient été abandonnées dans «le caniveau aux petites heures du jour » et personne n'avait entendu de cris. Elles avaient donc été assassinées ailleurs, pensait-on, sans doute par une bande, et jetées là. Le journaliste anonyme du *Dispatch* avait certainement demandé au Dr Llewellyn s'il était possible que le meurtrier ait attaqué Mary Ann Nichols par-derrière, et non par-devant, auquel cas le meurtrier serait droitier, et non gaucher, comme l'affirmait le Dr Llewellyn.

Si le meurtrier se tenait derrière sa victime pour lui trancher la gorge, explique le journaliste, et si les plaies étaient plus profondes du côté gauche, ce qui était le cas, alors le meurtrier tenait le couteau dans la main droite. Le Dr Llewellyn avait fait une mauvaise déduction. Celle du journaliste était excellente. La main dominante de Walter Sickert était la droite. Sur un de ses autoportraits, il semble tenir un pinceau dans la main gauche, mais c'est une illusion d'optique due au fait qu'il a peint son reflet dans un miroir.

Le Dr Llewellyn n'avait que faire, sans doute, du point de vue d'un journaliste, mais peut-être aurait-il dû y prêter attention. Si le journaliste du *Dispatch* couvrait les affaires criminelles, il avait certainement vu plus de gorges tranchées que le Dr Llewellyn. Il n'était pas rare de tuer quelqu'un en l'égorgeant, surtout dans les cas de violences conjugales. C'était également une forme de suicide assez répandue, mais les gens qui se tranchaient la gorge utilisaient pour ce faire des rasoirs, rarement des couteaux, et il était rare qu'ils s'entaillent le cou jusqu'aux vertèbres.

Le Royal London Hospital a conservé ses registres d'admissions et de sorties du XIXe siècle, et en examinant la liste des admissions, on a un aperçu des maladies et des blessures typiques des années 1880 et 1890. Il ne faut pas perdre de vue que les patients étaient présumés vivants quand ils arrivaient dans cet hôpital, qui ne couvrait que l'East End. Les personnes qui se tranchaient la gorge, en supposant qu'elles aient sectionné une artère, allaient directement à la morgue. Elles ne figuraient donc pas dans le registre des admissions et des sorties de l'hôpital.

Un seul des homicides recensés durant la période 1884-1890 fut finalement considéré comme un des meurtres probables de l'Éventreur : il s'agit de l'assassinat d'Emma Smith, quarante-cinq ans, vivant dans Thrawl Street. Le 2 avril 1888, elle fut attaquée par ce qu'elle décrivit comme une bande de jeunes gens qui la rouèrent de coups, faillirent lui arracher une oreille et lui enfoncèrent un objet, sans doute un bâton, dans le vagin. Bien qu'étant ivre au moment des faits, elle parvint à rentrer chez elle, et des amis la conduisirent au London Hospital, où elle mourut deux jours plus tard, d'une péritonite.

Dans le domaine de « l'Éventreurologie », il existe d'innombrables spéculations concernant le moment où Jack l'Éventreur commença à tuer et le moment où il s'arrêta. Son terrain de chasse préféré étant, semble-t-il, l'East End, les archives du London Hospital sont importantes, non pas parce que les victimes de l'Éventreur mortes sur les lieux du crime pourraient y figurer, mais parce qu'il est très instructif de voir comment et pourquoi les gens se blessaient ou blessaient les autres. Je craignais que des « égorgements » aient été considérés à tort comme des suicides, alors qu'il s'agissait en réalité de nouveaux meurtres commis par l'Éventreur.

Hélas, les registres de l'hôpital ne contiennent pas beaucoup de détails, hormis le nom, l'âge et l'adresse du patient, et parfois sa profession, la nature de la maladie ou de la blessure, et sa date de sortie, s'il est sorti. En épluchant les archives du London Hospital, un autre de mes objectifs était de voir s'il y avait un changement dans les statistiques concernant le nombre et la nature des morts violentes avant, pendant et après le carnage de l'Éventreur à la fin de 1888. La réponse est : pas vraiment. Toutefois, ces registres révèlent quelque chose sur cette période : les conditions de vie déplorables dans l'East End, la misère écrasante et le désespoir de ces gens qui vivaient là et y mouraient de causes non naturelles.

Pendant plusieurs années, l'empoisonnement fut la forme de suicide la plus prisée, et le choix de substances toxiques, toutes facilement accessibles, était abondant. Parmi celles le plus fréquemment utilisées par les habitants et les habitantes de l'East End entre 1884 et 1890, on trouve l'acide oxalique, le laudanum, l'opium, l'acide chlorhydrique, la belladone, le carbonate d'ammoniac, l'acide nitrique, le phénol, le plomb, l'alcool, la térébenthine, le chloroforme camphré, le zinc et la strychnine. Les gens essayaient également de se suicider avec une arme à feu, en se noyant, en se pendant ou en sautant par la fenêtre. Toutefois, les sauts dans le vide étaient parfois des morts accidentelles provoquées par un incendie dans un immeuble ou dans un meublé.

Il est impossible de savoir combien de décès ou de presque décès ont fait l'objet d'enquêtes bâclées, ou d'aucune enquête. Je soupçonne également que certaines morts considérées comme des suicides étaient en fait des meurtres. Le 12 septembre 1886, Esther Goldstein, vingt-trois ans, habitant à Mulberry Street, dans Whitechapel, fut admise au London Hospital avec la gorge tranchée et classée dans la catégorie « suicide ». La cause de cette classification est inconnue, mais on a du mal à imaginer qu'elle ait pu se trancher le cou en traversant le « cartilage de la thyroïde ». Une artère sectionnée à travers une fine épaisseur de peau suffit largement à provoquer la mort ; le sectionnement des muscles et du cartilage du cou caractérise davantage les homicides, en raison de la force nécessaire.

Mais si Esther Goldstein a été assassinée, cela ne veut pas dire pour autant qu'elle soit une victime de Jack l'Éventreur, et je doute que ce soit le cas. Il est peu probable, en effet, qu'il ait tué une ou deux femmes de l'East End de temps à autre. Le jour où il commença à tuer, il effectua une entrée dramatique et il poursuivit sa représentation pendant de nombreuses années. Il voulait que le monde entier connaisse l'existence de ses crimes. Mais je ne peux pas dire avec certitude quand il a tué pour la première fois.

L'année où débutèrent les crimes de l'Éventreur, en 1888, quatre autres femmes de l'East End moururent avec la gorge tranchée – autant de suicides supposés. En parcourant pour la première fois les vieilles pages moisies des registres du Royal London Hospital, et en notant le nombre important de femmes admises avec la gorge tranchée, je crus tout d'abord qu'il s'agissait de meurtres commis par l'Éventreur et considérés à tort comme des suicides. Mais des recherches plus poussées ont révélé que cette façon de mettre fin à ses jours était fréquente à une époque où la plupart des gens miséreux n'avaient pas accès aux armes à feu.

CHAPITRE 12

JEUNE ET BEAU

Les habitants de l'East End étaient définitivement débarrassés de leurs malheurs par les infections et les maladies comme la tuberculose, la pleurésie, l'emphysème et la pneumoconiose. Des hommes, des femmes et des enfants étaient brûlés ou ébouillantés à mort lors d'accidents qui survenaient à la maison ou au travail.

La famine tuait, tout comme le choléra, la coqueluche et le cancer. Parents et enfants, affaiblis par la malnutrition et vivant au milieu de la crasse et de la vermine, n'avaient pas un système immunitaire suffisant pour lutter contre les maladies non mortelles. Les rhumes et les refroidissements se transformaient en bronchites, puis en pneumonies, et se terminaient par la mort. Nombreux étaient les nouveau-nés qui ne restaient pas longtemps sur terre dans l'East End, et les gens qui vivaient et souffraient dans cet endroit détestaient le London Hospital, où ils évitaient de se rendre quand ils le pouvaient. Car aller à l'hôpital, cela voulait dire aller encore plus mal. Se laisser toucher par un médecin, c'était synonyme de mort, pensaient-ils. Et c'était souvent le cas. Un orteil infecté qui nécessitait une amputation pouvait provoquer une ostéomyélite (infection des os) et la mort. Une plaie nécessitant des points de suture pouvait entraîner une staphylococcie et la mort.

L'examen des admissions à l'hôpital pour des suicides supposés montre que, en 1884, cinq hommes ont tenté de se tuer en se tranchant la gorge, alors que quatre femmes se sont tranché la gorge et deux autres les poignets. En 1885, cinq femmes figurent dans la catégorie des suicides ou tentatives de suicide par empoisonnement, et une par noyade. Huit hommes se sont tranché la gorge, un autre a utilisé une arme à feu et un autre un nœud coulant. L'année suivante, cinq femmes ont tenté de se suicider en se tranchant la gorge. Douze femmes et sept hommes ont tenté de se suicider avec du poison, et douze hommes se sont tranché la gorge, poignardés ou tiré dessus.

Il n'est pas possible de faire le tri entre ceux qui se sont réellement suicidés et ceux qui ont pu être assassinés. Quand la victime vivait dans la poubelle de l'East End, s'il y avait des témoins du décès, ou de la tentative de mort, la police avait tendance à prendre pour argent comptant les déclarations des témoins. Quand un mari violent et ivre lançait deux lampes à pétrole sur son épouse qui prenait feu, celle-ci racontait à la police, dans son dernier souffle, qu'elle était entièrement fautive. Son mari n'était pas inculpé. Sa mort entrait dans la catégorie des accidents.

Sauf dans les cas les plus évidents, rien ne permettait d'affirmer que les circonstances de la mort, ni même les causes, étaient exactes. Quand une femme était retrouvée avec la gorge tranchée, à l'intérieur, et si l'arme se trouvait à proximité, la police en déduisait qu'elle s'était suicidée. De telles déductions, y compris celles faites par le Dr Llewellyn, bien intentionné, envoyaient la police sur une fausse piste, quand elle prenait la peine de mener une enquête. Mais les erreurs de diagnostic et les mauvaises interprétations des blessures et de la cause de la mort pouvaient également détruire un dossier devant le tribunal. À l'époque du Dr Llewellyn, la médecine légale n'était guère sophistiquée, et c'est cela, plus que la négligence, qui peut expliquer ses conclusions hâtives et sans fondements.

S'il avait examiné le trottoir après qu'on eut enlevé le corps de Mary Ann, il aurait remarqué le sang et le caillot qu'avait observés l'agent Phail. Il aurait pu voir du sang ou une substance sanguine s'écouler dans le caniveau. Comme il faisait sombre, peut-être aurait-il pensé à prélever un peu de cette substance pour déterminer en premier lieu si c'était bien du sang, et ensuite si le sérum avait commencé à se séparer du sang, un phénomène dû à la coagulation et qui aurait fourni un indice supplémentaire sur l'heure de la mort.

Même s'il n'était pas encore de mise dans les enquêtes criminelles de relever la température ambiante sur le lieu du crime et celle du corps, le Dr Llewellyn aurait dû remarquer l'état de raideur cadavérique, qui survient quand le corps ne produit plus l'adénosine triphosphate (ATP) nécessaire à la contraction des muscles. Le Dr Llewellyn aurait dû vérifier la *livor mortis*, qui se produit quand le sang ne circule plus et s'accumule dans certaines parties du corps sous l'effet de la gravité. Dans le cas d'une pendaison, par exemple, la partie inférieure du corps vire au violet si la victime reste suspendue par le cou, ne serait-ce qu'une demi-heure. La *livor mortis* se stabilise après environ huit heures. Elle aurait pu non seulement donner une idée de l'heure du décès de Mary Ann, mais également indiquer au Dr Llewellyn si le corps avait été déplacé après le meurtre.

Je me souviens d'un cas, il y a quelques années, où, en arrivant sur les lieux, la police découvrit un corps raide comme une planche à repasser, appuyé contre un fauteuil. Les gens de la maison ne voulaient pas que l'on sache que cet homme était mort dans son lit en pleine nuit ; ils avaient donc essayé de l'asseoir dans ce fauteuil. La raideur cadavérique criait : « Mensonge ! » Dans un autre cas, datant de mes débuts dans le service de médecine légale, la morgue reçut le corps d'un homme tout habillé, prétendument retrouvé mort par terre. La *livor mortis* répondait : « Mensonge ! » Le sang s'était accumulé dans la partie inférieure du corps, et les fesses avaient conservé la forme parfaite du siège des toilettes sur lequel l'homme était resté assis pendant des heures, à la suite d'un problème d'arythmie cardiaque.

Déterminer l'heure de la mort à partir d'un seul facteur *post mortem*, c'est comme diagnostiquer une maladie à partir d'un seul symptôme. L'heure de la mort est une symphonie de détails, dont chacun influe sur les autres. La raideur cadavérique est accélérée par la masse musculaire de la victime, la température de l'air, la perte de sang et même l'activité précédant la mort. Le corps nu d'une femme mince qui s'est vidée de son sang dehors, par une température de dix degrés, refroidira plus vite et se raidira plus lentement que la même femme habillée, dans une pièce chauffée, et morte étranglée.

La température ambiante, la corpulence du corps, les vêtements, l'emplacement, la cause de la mort et un tas d'autres détails *post mortem* peuvent devenir de sales petits rapporteurs qui tromperont même un spécialiste et l'éloigneront de ce qui s'est réellement passé. La *livor mortis*, surtout à l'époque du Dr Llewellyn, peut être confondue avec des hématomes récents. Un objet qui appuie contre le corps, comme par exemple une chaise renversée et coincée sous le poignet de la victime, laissera une tache pâle – une décoloration – qui aura la forme de cet objet. Si cette marque est interprétée à tort comme « marque de pression », une simple mort naturelle peut prendre un aspect criminel.

Impossible de savoir combien d'éléments ont été ainsi dénaturés à tout jamais dans les enquêtes sur les meurtres de l'Éventreur et quels indices ont été perdus, mais on peut être sûr d'une chose : le meurtrier a laissé des traces de son identité et de sa vie quotidienne. Elles seront restées marquées dans le sang, sur le corps et sur le sol. Il aura également emporté des indices, comme des cheveux, des fibres et le sang de la victime. En 1888, la police et les médecins n'avaient pas pour habitude de rechercher les cheveux, les fibres et autres détails minuscules qui auraient exigé un examen microscopique. Les empreintes digitales s'appelaient « des traces de doigt », et cela voulait simplement dire qu'un être humain avait touché un objet, comme par exemple une vitre. Même quand on découvrait une empreinte bien nette, peu importait. Ce n'est qu'en 1901 que Scotland Yard créera son premier Bureau central des empreintes.

Cinq ans plus tôt, en 1896, deux empreintes digitales flagrantes, à l'encre rouge, figuraient sur une lettre de l'Éventreur reçue par la police le 14 octobre. La lettre est écrite à l'encre rouge, et les empreintes semblent avoir été laissées par l'index et le majeur de la main gauche. Les courbes sont assez nettes pour permettre une comparaison. Ces empreintes ont peut-être été laissées là délibérément – Sickert était du genre à se tenir au courant des dernières nouveautés en matière d'enquête criminelle –, auquel cas ces empreintes constituaient un nouveau «ha ha».

La police n'aurait pas pu établir de lien avec lui. Elle ne prêtait jamais attention aux empreintes, à ma connaissance, et, soixante ans après sa mort, il est peu probable qu'une comparaison entre ces empreintes et celles de Sickert soit effectuée un jour. À l'heure actuelle, nous ne possédons pas ses empreintes, mais j'ai du mal à croire qu'il n'a pas laissé une ou plusieurs empreintes dans de la peinture ou de l'encre sur une de ses œuvres. Je me suis servie d'une lampe inoffensive, utilisée par la police scientifique, pour examiner des dizaines de tableaux de ma collection personnelle, sans aucun résultat jusqu'à présent. J'ai simplement réussi à relever une empreinte à peine visible dans de l'encre à l'arrière d'une de ses plaques à eau-forte en cuivre. Cette empreinte n'a pas encore révélé suffisamment de détails pour permettre une comparaison, et il faut envisager la possibilité que ce ne soit pas l'empreinte de Sickert, mais celle d'un graveur.

Par ailleurs, une empreinte partielle (sans doute dans l'encre) a été découverte sur une gravure de Sickert conservée au British Museum et sur une autre à la Tate Archive, et nous sommes en train d'utiliser un procédé d'optimisation des images pour affiner d'éventuelles caractéristiques permettant d'établir une comparaison avec les empreintes figurant sur au moins deux lettres de l'Éventreur. (Il faut noter que chacune des dix empreintes digitales d'un individu est différente des autres et unique, cela signifie qu'une empreinte de pouce gauche, par exemple, prélevée sur une lettre de l'Éventreur, devrait être comparée avec celle du pouce gauche de Sickert.)

Les empreintes digitales étaient connues bien avant que l'Éventreur commence sa série de meurtres. Les sillons qui parcourent les extrémités des doigts nous offrent une meilleure préhension et sont différentes d'un individu à l'autre, même chez deux authentiques jumeaux. On pense que les Chinois utilisaient déjà les empreintes digitales il y a quelque trois mille ans pour « signer » des documents officiels, mais on ignore si c'était un geste cérémonial ou s'il servait de moyen d'identification. En Inde, les empreintes digitales servaient à « signer des contrats » dès 1870. Sept ans plus tard, un savant américain, spécialiste du microscope, publia dans une revue un article où il proposait d'utiliser les empreintes digitales pour les identifications, et cette idée fut reprise en 1880 par un médecin écossais qui travaillait dans un hôpital au Japon. Mais comme pour toutes les grandes découvertes scientifiques – y compris l'ADN –, le principe des empreintes digitales ne fut pas immédiatement compris, utilisé et accepté devant les tribunaux.

À l'époque victorienne, la première méthode pour identifier une personne et établir un lien avec son crime était une « science » baptisée anthropométrie, développée en 1879 par le criminologue français Alphonse Bertillon. Celui-ci pensait qu'il était possible d'identifier et de classer les gens grâce à une description détaillée des caractéristiques de leur visage, accompagnée d'une série de onze mesures corporelles, parmi lesquelles la taille, l'allonge, le tour de tête et la longueur du pied gauche. Bertillon affirmait par ailleurs que les squelettes étaient hautement spécifiques, et l'anthropométrie continua à être utilisée pour classer les criminels et les suspects jusqu'au début du XXe siècle.

L'anthropométrie n'avait pas seulement des défauts, elle était dangereuse. Elle reposait sur des qualités physiques qui ne sont pas aussi spécifiques qu'on le croyait. Cette pseudo-science attachait beaucoup trop d'importance à l'aspect d'une personne et elle incitait la police à accepter comme des vérités, inconsciemment ou pas, les superstitions d'une autre pseudo-science : la physiognomonie, qui affirme que la criminalité, la moralité et l'intelligence se reflètent dans le corps et le visage d'une personne. Ainsi, les voleurs sont généralement « frêles », alors que les hommes violents sont plutôt « forts » et « en bonne santé ». Tous les criminels possèdent « une envergure de main supérieure», et presque toutes les femmes délinquantes sont «laides, voire repoussantes». Les violeurs sont souvent «blonds» et les pédophiles généralement «fragiles», avec un air «enfantin».

Si les hommes et les femmes du XXIe siècle ont du mal à accepter qu'un tueur psychopathe puisse être séduisant, aimable et intelligent, imaginez un peu combien cela devait être difficile à l'époque victorienne, quand figuraient dans les ouvrages de criminologie de longues descriptions de l'anthropométrie et de la physiognomonie. La police victorienne était programmée pour identifier les suspects d'après la structure de leur squelette et les traits de leur visage, avec l'idée qu'une certaine «apparence» était liée à un certain type de comportement.

Walter Sickert n'aurait jamais été qualifié de suspect à l'époque des meurtres de l'Éventreur. Le «jeune et beau Sickert» avec «son charme bien connu», comme le décrivit un jour Degas, était bien incapable d'égorger une femme et de lui ouvrir le ventre. J'ai même entendu dire, il n'y a pas si longtemps, que, si un artiste tel que Sickert avait eu des penchants violents, il les aurait sublimés à travers son œuvre créatrice, sans avoir besoin de passer à l'acte.

Dans sa recherche de Jack l'Éventreur, la police attacha une grande importance aux témoignages qui donnaient le signalement des derniers hommes à avoir été aperçus avec les victimes. Les rapports d'enquête indiquent qu'une attention toute particulière était apportée à la couleur des cheveux, à la couleur de la peau et à la taille, sans tenir compte du fait que toutes ces caractéristiques pouvaient facilement être modifiées. La taille, par exemple, ne varie pas seulement en fonction de la posture d'un individu, de ses chaussures ou d'un éventuel couvre-chef ; on peut également la modifier par la « ruse ». Les acteurs portent de grands chapeaux ou des semelles spéciales dans leurs chaussures. Ils peuvent marcher voûtés ou fléchir légèrement les genoux sous un manteau ou une cape amples ; ils peuvent porter des casquettes enfoncées sur les yeux, tout cela pour paraître plus grands ou plus petits de quelques centimètres.

Des publications anciennes ayant trait à la philosophie générale de la médecine et à la médecine légale révèlent que les connaissances étaient bien plus étendues que celles utilisées dans les affaires criminelles. Mais, en 1888, les enquêtes continuaient à reposer sur les descriptions des témoins et non pas sur les preuves physiques. Même si la police possédait quelques connaissances dans le domaine médico-légal, il n'y avait aucun moyen matériel d'analyser les indices. Le Home Office – dont dépend Scotland Yard – ne possédait pas alors de laboratoire criminel.

Un médecin comme le Dr Llewellyn n'avait sans doute même jamais touché à un microscope de sa vie ; peut-être ignorait-il que l'on pouvait identifier des cheveux, des os et du sang comme appartenant à tel être humain. Robert Hooke avait écrit des textes sur les propriétés microscopiques des cheveux, des fibres et même les débris de légume ou les piqûres de guêpe, plus de deux cents ans auparavant, mais pour les enquêteurs criminels et le médecin moyen, la microscopie devait paraître aussi lointaine que l'astronautique ou l'astronomie.

Le Dr Llewellyn avait fait ses études à l'école de médecine du London Hospital et il était diplômé depuis treize ans. Son cabinet était situé à moins de trois cents mètres de l'endroit où fut assassinée Mary Ann Nichols. Il exerçait dans le secteur privé. Même si la police le connaissait suffisamment bien pour le réclamer personnellement quand fut découvert le corps de Mary Ann Nichols, rien ne permet de supposer que Llewellyn était médecin rattaché à Scotland Yard ; c'est-à-dire qu'il n'offrait pas simplement ses services à temps partiel, pour telle ou telle division, en l'occurrence la Division H qui couvrait le secteur de Whitechapel.

Un médecin de division avait pour tâche de soigner les troupes. Les soins gratuits étaient d'ailleurs un des avantages de la Police métropolitaine, et un médecin de la police devait être disponible quand il fallait examiner des prisonniers ou se rendre à la prison locale pour déterminer si un individu était ivre, malade ou s'il souffrait d'un excès d'« humeur animale », une expression qui fait référence, je suppose, à l'excitation ou à l'hystérie. À la fin des années 1880, le médecin de division se rendait également sur les lieux où des personnes étaient mortes, et il recevait 1 *livre* et 1 *shilling* par cas ; s'il effectuait l'autopsie, il touchait 2 *livres* et 2 *shillings*. Mais nul ne s'attendait à ce qu'il connaisse l'usage du microscope, ni les nuances entre les différents types de blessures ou de poisons, ou tout ce que peut révéler un corps après la mort.

Le Dr Llewellyn était très certainement un médecin de quartier auquel la police aimait faire appel, et il se peut qu'il ait habité à Whitechapel pour des raisons humanitaires. Membre de la British Gynecological Society, il devait avoir l'habitude d'être appelé en pleine nuit. Quand la police vint frapper à sa porte le 31 août, dans la fraîcheur et la grisaille du petit matin, il se rendit sans doute sur place le plus vite possible. Même si sa formation se limitait à vérifier que la victime était réellement morte et à offrir à la police une estimation concernant l'heure du décès.

À moins que le corps ne commence à virer au vert dans la région de l'abdomen, ce qui indique les premiers stades de la décomposition, il était de coutume, dans les premiers temps des enquêtes criminelles, d'attendre au moins vingt-quatre heures avant d'effectuer l'autopsie, au cas, peu probable, où la personne serait toujours vivante et « reviendrait à elle » au moment où on la découpait. Pendant des siècles, les gens vécurent dans la terreur d'être considérés comme morts à tort et enterrés vivants. Des histoires bizarres de personnes essayant brusquement de se redresser dans leur cercueil circulaient, incitant ceux qui nourrissaient de telles angoisses à faire équiper leur tombe d'une clochette attachée à une ficelle qui descendait dans la terre, jusqu'au cercueil. Certaines de ces histoires étaient peut-être des allusions voilées à des affaires de nécrophilie. Dans un des cas cités, une femme mise en bière n'était pas réellement morte lorsqu'un homme avait voulu copuler avec elle. Il s'avéra qu'elle était paralysée, mais suffisamment consciente pour céder à la faiblesse de la chair.

Les rapports de police concernant le meurtre de Mary Ann Nichols montrent clairement que le Dr Lle-

wellyn ne s'intéressait pas particulièrement aux vêtements de la victime, surtout les haillons sales d'une
prostituée. Les vêtements n'étaient pas une source
d'indices, mais un moyen d'identification. Il était possible que quelqu'un reconnaisse une victime à ce
qu'elle portait. À la fin des années 1880, les gens
n'avaient pas sur eux de moyens d'identification, sauf
peut-être un passeport ou un visa. Mais cela était très
rare. Ni l'un ni l'autre n'était obligatoire pour les Britanniques qui se rendaient sur le Continent. Un corps
était considéré comme non identifié quand il était
ramassé dans la rue et conduit à la morgue sans avoir
été reconnu par les habitants du coin ou par la police.

Je me suis souvent demandé combien de pauvres
gens avaient été ainsi enterrés sous un faux nom ou
anonymement. Ce ne devait pas être difficile d'assassiner quelqu'un et de dissimuler ensuite son identité, ou de faire croire à sa propre mort. Au cours de
l'enquête sur les meurtres de l'Éventreur, nul n'essaya jamais de faire la distinction entre le sang
humain et celui des oiseaux, des poissons ou des
mammifères. Sauf quand le sang se trouvait sur le
corps ou juste à côté, sur une arme retrouvée sur
place, la police ne pouvait pas dire si ce sang était lié
au crime ou s'il provenait d'un cheval, d'un mouton
ou d'une vache. À la fin des années 1880, les rues de
Whitechapel, près des abattoirs, étaient infestées de
sang et d'entrailles, et les gens se promenaient avec
du sang sur leurs vêtements et sur les mains.

Le Dr Llewellyn interpréta de manière erronée
presque tous les détails du meurtre de Mary Ann
Nichols. Mais sans doute fit-il de son mieux en fonc-

tion de sa formation limitée et des ressources dont il disposait à l'époque. Il est intéressant d'imaginer de quelle façon serait menée aujourd'hui l'enquête sur ce meurtre. Je situerais la scène en Virginie, non pas parce que c'est là que j'ai travaillé autrefois et que j'ai continué à être formée, mais parce que la Virginie possède un des meilleurs systèmes de médecine légale de tous les États-Unis.

Chacune des quatre circonscriptions possède ses propres légistes pathologistes, des médecins ayant suivi une formation spécialisée qui comporte dix années d'études supérieures, sans compter trois années supplémentaires si le pathologiste souhaite acquérir un diplôme de droit. Les pathologistes effectuent les autopsies, mais c'est le médecin légiste (un médecin ayant fait une spécialité quelconque qui assiste à mi-temps le pathologiste et la police) que l'on appelle sur les lieux en cas de mort soudaine ou violente.

Si le Dr Rees Ralph Llewellyn exerçait en Virginie, il aurait un cabinet privé et travaillerait à mi-temps en tant que médecin légiste pour une des quatre circonscriptions, en fonction de son lieu de résidence. Si Mary Ann Nichols était assassinée au moment où j'écris ces lignes, la police convoquerait le Dr Llewellyn sur le lieu du crime, dont l'accès serait interdit au public et qui serait protégé des intempéries. En cas de besoin, on dresserait une tente, et toute la zone serait éclairée par de puissants projecteurs et des balises. Des agents de police seraient chargés d'éloigner les curieux et de détourner la circulation.

Le Dr Llewellyn se servirait d'un thermomètre stérilisé qu'il introduirait dans le rectum de la victime (à condition qu'il n'y ait pas de blessure à cet endroit) pour prendre sa température, puis il relèverait la température de l'air. Un rapide calcul lui donnerait une vague idée de l'heure à laquelle Mary Ann a été tuée, car dans des conditions relativement normales, par une température ambiante de vingt degrés environ, un corps refroidit d'un degré et demi Fahrenheit par heure durant les douze premières heures. Le Dr Llewellyn étudierait ensuite les stades de *livor mortis* et de raideur cadavérique et il effectuerait un minutieux examen externe du corps, de tout ce qui se trouve autour et dessous. Il prendrait des photos et collecterait sur le corps tous les indices qui risquent d'être déplacés ou contaminés durant le transport. Il poserait de nombreuses questions aux policiers et prendrait des notes. Il expédierait ensuite le corps dans les locaux de l'institut médico-légal ou à la morgue, et là, un pathologiste effectuerait l'autopsie. Tous les indices prélevés sur le lieu du crime et les photos seraient remis aux inspecteurs ou à une brigade de la police scientifique.

Fondamentalement, ce n'est pas très différent de la façon dont on gère un homicide en Angleterre de nos jours, si ce n'est que le tribunal du *coroner* ouvrirait une «enquête» juridique après l'examen des lieux et du corps. Renseignements et témoins seraient rassemblés devant le *coroner* et un jury, et un verdict serait rendu pour définir si la mort était naturelle, accidentelle, due à un suicide ou à un meurtre. En Virginie, la nature de la mort serait l'unique décision rendue par le pathologiste qui a pratiqué l'autopsie.

En Angleterre, cette décision dépendrait d'un groupe de jurés, ce qui peut se révéler fâcheux si une majorité d'entre eux ne comprend pas les données médico-légales de l'affaire en question, principalement si ces données sont confuses.

Toutefois, les jurés peuvent aller plus loin que le pathologiste et envoyer devant un tribunal une affaire jugée «indéterminée». Je pense à ce cas d'une femme morte «noyée», dont le mari venait de souscrire une grosse assurance-vie à son nom. L'expert médical n'a pas pour fonction de faire des déductions, quelles que soient ses opinions personnelles. Mais les jurés en ont le droit. Ils peuvent se réunir à huis clos et soupçonner que la femme a été assassinée par le mari cupide, et envoyer l'affaire devant la justice.

La méthode d'enquête américaine a été importée d'Angleterre. Mais au fil des décennies, les États, les comtés et les villes se sont peu à peu éloignés de la notion de *coroner*, qui désigne généralement une personne extérieure au milieu médical, élue, et investie du pouvoir de décider comment un individu est mort et si un crime a été commis. Quand j'ai commencé à travailler pour le Bureau du médecin légiste chef de Richmond, je supposais que d'autres juridictions possédaient le même système que la Virginie. Je fus déçue d'apprendre que tel n'était pas le cas. Dans d'autres États, de nombreux *coroners* élus étaient des directeurs d'entreprises de pompes funèbres, ce qui constitue, pour le moins, un conflit d'intérêts. Dans le pire des cas, c'est la porte ouverte à l'incompétence médico-légale et à un abus financier envers les personnes endeuillées.

Les États-Unis n'ont jamais eu de méthode standard en matière d'enquêtes criminelles, et nous en sommes loin. Certaines villes et certains États ont conservé des *coroners* élus qui se rendent sur les lieux des crimes mais ne pratiquent pas les autopsies, car ce ne sont pas des pathologistes, ni même des médecins. À côté de ça, il existe des services, comme à Los Angeles, où le médecin légiste chef porte le nom de *coroner*, alors qu'il n'est pas élu et qu'il est aussi pathologiste.

Et puis, il y a des États qui ont des médecins légistes dans certaines villes et des *coroners* dans d'autres. Certains endroits n'ont ni l'un ni l'autre, et le gouvernement local verse à contrecœur de maigres honoraires à ce que j'appelle «un pathologiste légiste itinérant» qui se déplace spécialement pour traiter les affaires médico-légales, généralement dans un lieu inadapté, et parfois repoussant, comme un salon funéraire. Le pire endroit dont je me souvienne était en Pennsylvanie. L'autopsie fut pratiquée dans une «morgue» d'hôpital qui servait de lieu de stockage temporaire pour les bébés mort-nés et les parties de corps amputées.

CHAPITRE 13

DES GRANDS CRIS

Le système anglais d'enquête sur les décès date d'il y a quelque huit cents ans, à l'époque du règne de Richard Ier, lorsqu'il fut décrété que, dans chaque comté du royaume de Sa Majesté, des officiers assureraient «les exigences de la couronne». Ces hommes étaient appelés des *crowners*, du mot *crown* signifiant «couronne», et qui devint par la suite *coroner*.

Les *coroners* étaient élus par les propriétaires fonciers du comté et ils devaient être chevaliers, pour garantir de leur indépendance financière, de leur bonne réputation et, évidemment, de leur objectivité et de leur honnêteté dans la collecte des revenus dus à la couronne. Une mort soudaine constituait une source de revenus potentielle pour le roi si l'on constatait un méfait dans le décès, ou même en cas de réaction inappropriée de la part de celui qui découvrait le corps, comme l'absence totale de réaction ou le fait de détourner le regard.

Il est naturel pour un être humain de pousser des grands cris quand il découvre un corps, mais à l'époque médiévale, ne pas réagir de cette façon, c'était risquer un châtiment et une amende. Quand une personne décédait de manière brutale, il fallait prévenir le *coroner* immédiatement. Celui-ci réagissait le plus vite possible et rassemblait un jury en vue de ce qu'on appellerait plus tard une enquête. Il est effrayant de songer au nombre de décès qui ont été attribués à des actes répréhensibles, alors que, en vérité, la pauvre victime s'était simplement étouffée en mangeant du mouton, avait succombé à une crise cardiaque ou était morte subitement, en pleine jeunesse, à cause d'une malformation cardiaque héréditaire ou d'une rupture d'anévrisme. Le suicide et le meurtre étaient des péchés contre Dieu et le roi. Quand une personne se tuait ou était tuée par une autre personne, le *coroner* et le jury déterminaient le méfait commis par le défunt ou le meurtrier, et tous les biens du coupable pouvaient se retrouver dans les coffres de la couronne. Cela plaçait le *coroner* dans une position alléchante en l'incitant, peut-être, à marchander légèrement et à faire preuve d'un peu de compassion, avant de repartir les poches pleines de pièces sonnantes et trébuchantes.

Au bout d'un certain temps, le pouvoir du *coroner* le plaça dans un rôle de juge, et il devint un représentant de la loi. Le suspect qui cherchait refuge dans l'église se retrouvait bien vite face au *coroner*, qui exigeait une confession et organisait la saisie des biens de cet individu au nom de la couronne. En outre, les *coroners* se trouvèrent impliqués dans la sinistre pratique de l'ordalie, qui exigeait d'une personne qu'elle prouve son innocence en ne montrant aucune douleur, ni aucune blessure, après avoir mis sa main dans le feu ou enduré d'autres tortures, sous le regard sombre du *coroner* assis à proximité. Avant l'époque des autopsies et des enquêtes de police professionnelles, la mort d'une femme provoquée par une chute dans l'escalier de son château pouvait passer pour un meurtre si son mari se révélait incapable de supporter de terribles tortures et de s'en sortir indemne.

Les *coroners* de jadis étaient l'équivalent des pathologistes légistes d'aujourd'hui, mais sans connaissances médicales ; ils conduisaient le fourgon de la morgue sur le lieu du crime, jetaient un rapide coup d'œil au corps, écoutaient les témoins, estimaient ce que valait la personne décédée, avant de décider qu'une mort subite due à une piqûre de guêpe était en fait un empoisonnement criminel et de tester l'innocence de l'épouse en lui enfonçant la tête sous l'eau. Si elle ne se noyait pas au bout de cinq à dix minutes, il concluait à son innocence. En revanche, si elle mourait noyée, il rendait un verdict de culpabilité, et les biens de la famille étaient confisqués au profit de la reine ou du président des États-Unis, en fonction de l'endroit où la mort était survenue. Dans cet ancien système, les jurés pouvaient se laisser corrompre. Et les *coroners* pouvaient accroître leur richesse. Des innocents pouvaient perdre tout ce qu'ils possédaient ou se retrouver pendus. Il était préférable de ne pas mourir de manière subite, si possible.

Avec le temps, les choses ont changé, en bien. Au xvie siècle, le rôle du *coroner* se resserra autour des enquêtes concernant les morts soudaines et se détacha du maintien de l'ordre et des ordalies. En 1860 – année où naquit Walter Sickert –, une commission recommanda que l'élection d'un *coroner* soit traitée avec le même sérieux que celle des députés au Parlement. Une prise de conscience grandissante de l'importance des examens *post mortem* et de l'utilisation des indices ajouta du poids et du prestige à la fonction de *coroner*. Et en 1888 – année où débutèrent les meurtres de l'Éventreur –, une loi gouvernementale instaura que les conclusions des *coroners* dans les enquêtes sur les décès ne seraient plus synonymes de bénéfices financiers pour la couronne.

Ces mesures législatives importantes sont rarement mentionnées quand il est question des meurtres de l'Éventreur. L'enquête objective devint une priorité, et la possibilité d'un gain matériel pour la couronne fut supprimée. Ce changement de loi signifiait un changement de mentalité qui autorisait et incitait le *coroner* à se concentrer sur la justice et non sur les pressions insidieuses de la royauté. La couronne n'avait rien à gagner en intervenant dans les enquêtes sur la mort de Martha Tabran, Mary Ann Nichols ou les autres victimes de l'Éventreur, même dans le cas où ces femmes auraient été des personnes de la haute société avec de l'influence et de l'argent. De son côté, le *coroner* n'avait rien à gagner, et beaucoup à perdre, si la presse sans-gêne le présentait comme un imbécile incompétent, un menteur ou un tyran cupide. Des hommes tels que Wynne Baxter subvenaient à leurs besoins en exerçant une activité médicale respectable. Ils ne gonflaient pas leurs revenus en présidant des enquêtes, mais, en revanche, ils risquaient leur gagne-pain si leur intégrité et leur savoir-faire étaient contestés.

L'évolution du système de *coroner* avait atteint un nouveau stade d'objectivité et de sérieux en 1888, ce qui renforce ma conviction selon laquelle il n'a jamais existé de complot policier ou politique pour « couvrir » quelque infâme secret durant les meurtres de l'Éventreur, ou après qu'on les eut crus terminés. Il y eut, bien évidemment, les habituelles tentatives bureaucratiques pour éviter de nouveaux embarras en décourageant la publication de mémoires de policiers et en classant « top secret » des mémorandums qui n'avaient jamais été destinés à être rendus publics. La discrétion et le secret ne sont peut-être pas bien vus, mais ils ne cachent pas toujours un scandale. Les gens honnêtes aussi effacent leurs e-mails personnels et utilisent des broyeurs de documents. Mais j'ai eu beau essayer, très longtemps, je n'ai pas pu trouver d'explication au silence du discret inspecteur Abberline. On dit tant de choses sur lui. On en sait si peu. Il semble si absent de l'enquête sur l'Éventreur, qu'il a dirigée.

Frederick George Abberline était un homme modeste et courtois, doté d'un grand sens moral, aussi fiable et méthodique que les pendules qu'il réparait avant de s'engager dans la Police métropolitaine, en 1863. Au cours de ses trente années de service, il obtint quatre-vingt-quatre citations et récompenses, remises par des juges, des magistrats et le chef de la police. Comme le faisait remarquer Abberline lui-même, en toute simplicité : « Je crois que j'étais considéré comme quelqu'un de très exceptionnel. »

Il était admiré, pour ne pas dire idolâtré, par ses collègues et le public qu'il servait, et il ne me paraît pas du genre à faire de l'ombre volontairement à quelqu'un, mais il tirait une grande fierté du travail effectué. Je trouve très significatif qu'il n'existe pas une seule photo de lui, d'après ce qu'on sait, et je ne pense pas que ce soit parce qu'elles ont toutes « disparu » des archives de Scotland Yard. Des photos volées auraient circulé pendant des années, leur prix grimpant à chaque revente. Il me semble également que toute photo existante aurait été publiée au moins une fois.

S'il n'existe même qu'une seule photo d'Abberline, je ne la connais pas. Pour se faire une idée de son physique, on doit se contenter de quelques dessins publiés dans des magazines qui n'orthographient pas toujours son nom correctement. Les représentations artistiques du légendaire inspecteur montrent un homme banal avec des favoris, de petites oreilles, un nez droit et un large front. En 1885, il perdait déjà ses cheveux, semble-t-il. Peut-être était-il légèrement voûté et il ne me paraît pas très grand. À l'instar du monstre mythique de l'East End qu'Abberline traqua sans jamais l'arrêter, l'inspecteur était capable de disparaître à volonté et de se fondre dans la foule.

Son amour des mécanismes d'horlogerie et du jardinage en dit long sur lui. Ce sont des occupations solitaires et calmes qui exigent patience, concentration, ténacité, méticulosité, du doigté et un amour de la vie et de la manière dont fonctionnent les choses. Je ne peux imaginer de meilleures qualités pour un détective, sauf, évidemment, l'honnêteté, et je suis persuadée que Frederick Abberline était d'une très grande droiture. Bien qu'il n'ait jamais écrit son autobiographie, ni laissé à quiconque le soin de raconter sa vie, il tenait une sorte de journal, un album de coupures de presse d'une centaine de pages consacrées aux crimes dont il s'est occupé, accompagnées de commentaires rédigés d'une écriture gracieuse et ample.

À en juger par la façon dont il a assemblé ces coupures de presse, je dirais qu'il ne s'est attelé à cette tâche qu'après avoir pris sa retraite. À sa mort, en 1929, cette collection d'articles, vestiges de sa brillante carrière, demeura entre les mains de ses descendants, qui finirent par en faire don à une ou plusieurs personnes inconnues. Je n'ai découvert son existence qu'au début de l'année 2002. Alors que j'effectuais de nouvelles recherches à Londres, un fonctionnaire de Scotland Yard me montra cet album noir au format 18 × 24. J'ignore s'il avait été légué ou s'il a réapparu tout à coup. Je ne sais pas non plus s'il appartient à Scotland Yard ou à quelqu'un qui y travaille. Où se trouvait cet album peu connu depuis qu'Abberline l'avait assemblé et quand s'est-il retrouvé au Yard ? Voilà des questions auxquelles je ne peux pas répondre. Fidèle à lui-même, Abberline demeure mystérieux et offre peu de réponses, aujourd'hui encore.

Son journal n'est pas une confession et il n'est pas rempli de détails sur sa vie privée, mais il révèle sa personnalité à travers la manière dont il a mené ses enquêtes et les commentaires qu'il a ajoutés. C'était un homme courageux et intelligent, fidèle à sa parole, et qui suivait les règles, ce qui voulait dire ne pas divulguer d'informations sur le genre d'affaires que je pensais et espérais trouver cachées sous la couverture de cet album. Le journal d'Abberline s'interrompt brutalement sur une affaire d'octobre 1887, qu'il qualifie de «combustion spontanée», et il ne reprend qu'en mars 1891 avec une affaire de trafic de bébés.

Il n'y a pas une seule allusion à Jack l'Éventreur. On ne trouve rien non plus concernant le scandale du bordel pour hommes de Cleveland Street, en 1889, qui dut pourtant être épineux pour Abberline, car parmi les accusés figuraient des hommes proches du trône. En lisant le journal d'Abberline, on peut se dire que les meurtres de l'Éventreur et le scandale de Cleveland Street n'ont jamais existé, et je n'ai aucune raison de soupçonner qu'on ait retiré de l'album les pages consacrées à ces affaires. Apparemment, Abberline a choisi de ne pas y inclure les renseignements dont il savait qu'ils seraient les plus recherchés et controversés de sa carrière d'enquêteur.

Aux pages 44 et 45 de son journal, il explique ainsi son silence:

> «J'estime qu'il est bon de noter ici la raison pour laquelle, outre les diverses coupures de presse, comme pour les nombreuses autres affaires sur lesquelles j'ai été amené à enquêter, cela n'a jamais été rendu public… il doit sembler que je pourrais écrire bien des choses qui seraient intéressantes à lire.
> À l'époque où j'ai quitté la police, les autorités étaient farouchement opposées à ce que les agents en retraite écrivent des articles pour la presse, car certains de leurs prédécesseurs s'étaient montrés trop indiscrets dans ce qu'ils avaient fait publier, et à ma connaissance, ils avaient dû expliquer leur conduite,

et on les avait même menacés de poursuites judiciaires pour diffamation.

En outre, il ne fait aucun doute qu'en décrivant la
manière dont vous avez élucidé certains crimes, vous
incitez les criminels à plus de vigilance et, dans
quelques cas, vous pouvez même leur indiquer comment commettre un crime.

En guise d'exemple, en ce qui concerne le relevé des
empreintes digitales, on trouve maintenant des
voleurs chevronnés qui portent des gants. »

Les menaces pesant sur les anciens policiers qui
écrivaient leurs mémoires ne découragèrent personne,
qu'il s'agisse des hommes de Scotland Yard ou de la
police de la City. J'ai trois exemples sur mon bureau :
Days of My Years, de Sir Melville Macnaghten, *From
Constable to Commissioner* de Sir Henry Smith, et
Lost London : The Memoirs of an East End Detective
de Benjamin Leeson. Ces trois ouvrages contiennent
des anecdotes et des analyses concernant Jack
l'Éventreur dont le monde pourrait aisément se passer. Il est triste de constater que des hommes dont les
vies et les carrières ont été influencées par l'affaire
de l'Éventreur puissent débiter des théories presque
aussi farfelues que celles proposées par des personnes
qui n'étaient même pas nées à l'époque de ces crimes.

Henry Smith était le chef par intérim de la police
de la City à l'époque des meurtres de 1888, et en
toute modestie il écrit : « Il n'y a pas sur terre quelqu'un qui en sache autant que moi sur ces meurtres. »
Il affirme que, après le « deuxième crime » – il pourrait s'agir du meurtre de Mary Ann Nichols, qui ne

s'est pas déroulé dans la juridiction de Smith –, il «découvrit» un suspect, dont il était convaincu qu'il s'agissait du meurtrier. Smith le décrit comme un étudiant en médecine qui avait fait un séjour dans un asile d'aliénés et passait «tout son temps» avec des prostituées, qu'il roulait en les payant avec des *farthings* astiqués pour qu'ils ressemblent à des souverains.

Smith transmit ces renseignements à Sir Charles Warren, qui ne trouva pas le suspect, d'après Smith. Et c'était aussi bien. Il s'avéra que l'ancien fou n'était pas le bon coupable. Je me sens obligée d'ajouter qu'un souverain aurait été la marque d'une générosité inhabituelle pour une «malheureuse» qui accordait généralement ses faveurs contre quelques *farthings*. Smith causa des dégâts durant l'enquête en perpétuant l'idée que l'Éventreur était un médecin ou un étudiant en médecine ou une personne liée au milieu médical.

J'ignore pourquoi Smith émit une telle hypothèse dès le «deuxième cas», alors qu'aucune victime n'avait encore été éventrée ni aucun organe prélevé. Rien ne permettait de supposer que l'arme utilisée était un scalpel ou que le meurtrier possédait les moindres connaissances en chirurgie. À moins que Smith ne se soit trompé dans la chronologie de ses souvenirs, la police n'avait aucune raison de suspecter un individu ayant une formation médicale à ce stade de l'enquête.

L'intervention de Smith auprès de Charles Warren ne provoqua aucune réaction apparemment, et Smith décida donc de son propre chef de mettre «presque un tiers » de ses effectifs en civil, avec pour instructions de « faire tout ce qu'un agent de police ne devrait pas faire en temps normal », écrit-il dans ses mémoires. Ces activités clandestines consistaient, entre autres, à s'asseoir sur les pas de porte des maisons en fumant la pipe et à traîner dans les pubs pour bavarder avec les gens du coin. De son côté, Smith ne resta pas inactif. Il se rendit dans « toutes les boucheries de la ville », et je trouve presque comique d'imaginer le chef de la police – déguisé ou en costume-cravate – débarquant dans les abattoirs pour demander aux bouchers s'il n'y avait pas dans leur profession des individus louches qui s'amusaient à découper des femmes. Je suis certaine que la Police métropolitaine n'aurait guère apprécié cet enthousiasme et cette violation de prérogatives.

Quant à Sir Melville Macnaghten, il a sans doute détourné, pour ne pas dire égaré, l'enquête sur l'Éventreur, de manière durable, avec ses certitudes qui n'étaient basées sur aucune information de première main ni sur les déductions sans préjugés et expérimentées d'un Abberline. En 1889, Macnaghten entra dans la Police métropolitaine comme chef adjoint du CID, la brigade criminelle. Il n'avait aucune recommandation pour ce poste, à part douze ans de travail sur la plantation de thé familiale au Bengale, où il partait chaque matin chasser les chats sauvages, les renards, les alligators et peut-être s'essayer aussi à la chasse au sanglier.

Quand ses mémoires furent publiés en 1914, quatre ans après que Smith eut publié ses souvenirs, Macnaghten réussit à se retenir jusqu'à la page 55, où il

commença à se lancer dans une chasse au sanglier littéraire, suivie d'un travail de détective amateur et
d'un étalage de prétentions. Il faisait allusion à Henry
Smith accusé d'être «sur la pointe des pieds de l'attente» et d'avoir «une âme prophétique», car il s'était
lancé à la poursuite du meurtrier plusieurs semaines
avant que le premier meurtre soit commis, d'après
Macnaghten. Smith considérait, en effet, que le
meurtre de Martha Tabran, le 7 août, marquait les
débuts de l'Éventreur, alors que Macnaghten, lui, était
convaincu que le premier meurtre était celui de Mary
Ann Nichols, le 31 août.

Macnaghten continue en évoquant ces effroyables
nuits de brouillard et les «cris bruyants» des vendeurs
de journaux annonçant: «Un nouveau meurtre horrible…!» Le décor qu'il installe devient de plus en
plus dramatique à chaque page, à tel point qu'on ne
peut s'empêcher d'être agacés, et on en vient à regret-
ter que son autobiographie n'ait pas été censurée par
le Home Office. Il est possible que Macnaghten ait
entendu ces «cris bruyants» et connu ces nuits de
brouillard fatales, mais je doute qu'il ait mis les pieds
dans l'East End.

Il venait juste de rentrer d'Inde et il travaillait
encore pour sa famille. Quand il rejoignit Scotland
Yard, les meurtres de l'Éventreur étaient considérés
comme terminés depuis huit mois, et ils n'étaient plus
la préoccupation principale des enquêteurs, mais cela
n'empêcha pas Macnaghten de déterminer quelle était
sans doute l'identité de l'Éventreur, et de conclure
qu'il était mort, après avoir assassiné cinq victimes
«et cinq seulement»: Mary Ann Nichols, Annie

Chapman, Elizabeth Stride, Catherine Eddows et Mary Kelly. D'après la «théorie rationnelle» de Melville Macnaghten, après le «cinquième» meurtre, commis le 9 novembre 1888, le «cerveau de l'Éventreur céda totalement» et il s'est certainement suicidé.

Quand le jeune avocat Montague John Druitt, dépressif, se jeta dans la Tamise vers la fin de l'année 1888, il devint sans le vouloir un des trois suspects nommés par Macnaghten dans le drame sanglant de Jack l'Éventreur. Les deux autres, qui figuraient en moins bonne place sur la liste de Macnaghten, étaient un juif polonais nommé Aaron Kosminski, «un fou» qui possédait «une haine immense des femmes», et Michael Ostrog, un médecin russe envoyé dans un «asile d'aliénés».

Pour une raison inconnue, Macnaghten pensait que Montague Druitt était médecin. Cette supposition erronée s'est propagée pendant longtemps, et je suppose que, aujourd'hui encore, certaines personnes sont convaincues que Druitt était médecin. J'ignore d'où Macnaghten tirait ses informations, mais peut-être a-t-il fait une confusion parce que l'oncle de Montague, Robert Druitt, était un médecin éminent et un auteur scientifique, et le père de Montague, William, était chirurgien. J'ai peur que Montague, «Monty», reste éternellement un personnage flou, car il semble y avoir peu d'informations à son sujet.

En 1876, quand il était un jeune homme de dix-neuf ans brun, beau et athlétique, Druitt entra au New College d'Oxford University et, cinq ans plus tard, il fut admis au Inner Temple de Londres pour entamer une carrière juridique. Bon étudiant et joueur de cricket exceptionnel, il travaillait à mi-temps comme assistant à la Valentine's School, un pensionnat de garçons à Blackheath. L'homosexualité ou la pédophilie sont les raisons avancées pour expliquer le renvoi de Druitt à l'automne 1888, il avait alors trente et un ans. Dans son livre, Macnaghten affirmait que Druitt était « sexuellement dérangé », ce qui, à l'époque victorienne, pouvait faire référence à l'homosexualité. Mais pour soutenir son accusation, Macnaghten n'a rien d'autre que des informations prétendues fiables, qu'il aurait dit-on détruites.

Les maladies mentales étaient une tare héréditaire chez les Druitt. Sa mère avait été envoyée à l'asile durant l'été 1888 et elle avait tenté de se suicider au moins une fois. Une des sœurs de Druitt s'était suicidée pour de bon, plus tard. Quand Druitt se noya dans la Tamise au début de l'hiver 1888, il laissa un mot dans lequel il expliquait qu'il craignait de finir comme sa mère, et il estimait préférable de se suicider. Les archives familiales, conservées dans les archives du Dorset et du West Sussex, n'ont permis d'exhumer qu'une seule lettre de sa main, adressée à son oncle Robert, en septembre 1876. Bien que l'écriture et le langage de Druitt ne ressemblent à rien de ce qu'on trouve dans les lettres attribuées à l'Éventreur, le simple fait d'envisager de porter un jugement basé sur cet élément n'est ni probant ni juste. En 1876, Druitt n'avait pas encore vingt ans. L'écriture et la façon de s'exprimer ne peuvent pas seulement être contrefaites, elles ont également tendance à changer avec l'âge.

Druitt devint suspect dans l'affaire des meurtres de

l'Éventreur pour la simple raison, bien pratique, qu'il s'était suicidé peu de temps après ce que Macnaghten considère comme la dernière agression de l'Éventreur, le 9 novembre 1888. Le jeune avocat n'était sans doute coupable que d'une maladie mentale héréditaire, et ce qui avait fait pencher la balance de manière fatale était peut-être une profonde détresse provoquée par ce qui avait prétendument motivé son renvoi de la Valentine's School. On ne peut savoir quels étaient ses sentiments et son état d'esprit à ce moment de sa vie, mais son désespoir était suffisant pour l'inciter à mettre des pierres dans les poches de son pardessus et à sauter dans l'eau glaciale et polluée de la Tamise. Son corps fut repêché le dernier jour de 1888 et l'on supposa, à en juger par son état de décomposition, qu'il était mort depuis environ un mois. À l'issue de l'enquête, à Chiswick, le jury rendit un verdict de « suicide dû à un déséquilibre mental ».

Les médecins et les fous semblent avoir été des suspects très appréciés. Benjamin Leeson, agent de police à l'époque des meurtres de l'Éventreur, écrit dans ses mémoires que, au début de sa carrière, la formation de policier se limitait à dix jours dans un poste de police et à « quelques heures d'apprentissage » avec un supérieur. Le reste, il fallait l'apprendre sur le tas. Leeson écrivit : « Je crains de ne pouvoir jeter aucun éclairage nouveau sur l'identité de l'Éventreur. » Toutefois, ajouta-t-il, il y avait ce médecin qui ne se trouvait jamais loin des endroits où étaient commis les meurtres. Je suppose que Leeson n'était jamais très loin, lui non plus, car, sinon, comment aurait-il pu remarquer la présence de ce médecin ?

Peut-être Frederick Abberline s'interdit-il d'écrire sur l'Éventreur parce qu'il était suffisamment intelligent pour ne pas divulguer ce qu'il ne savait pas. Dans son recueil de coupures de presse, toutes les affaires évoquées sont celles sur lesquelles il a personnellement enquêté et qu'il a élucidées. Les articles qu'il a collés et soulignés (de manière précise, d'un trait bien net) et ses commentaires ne sont pas abondants ni particulièrement enthousiastes. Il fait remarquer qu'il a travaillé avec acharnement, sans être toujours satisfait du résultat. Le 24 janvier 1885, quand une bombe fit sauter la Tour de Londres, par exemple, il se retrouva «particulièrement débordé, car le ministre de l'Intérieur de l'époque, Sir Harcourt, exigeait d'être tenu informé chaque matin des progrès de l'enquête, et après avoir travaillé dur toute la journée, je restais souvent debout jusqu'à 4 ou 5 heures du matin pour rédiger des rapports».

Si Abberline fut obligé de se démener ainsi dans l'affaire de l'explosion de la Tour de Londres, on peut être sûr que, à l'époque des meurtres de l'Éventreur, il passait souvent des nuits blanches, avant de se retrouver dans le bureau du ministre de l'Intérieur à la première heure pour faire son rapport. Dans l'affaire de la Tour de Londres, Abberline arriva «immédiatement après l'explosion» et il ordonna que toutes les personnes présentes restassent sur place pour être interrogées par la police. Abberline mena lui-même la plupart de ces interrogatoires, et c'est ainsi qu'il put «découvrir» un des auteurs de l'attentat, grâce «à ses réponses hésitantes et à son comportement général». La presse couvrit largement cette explosion et l'excellent travail d'enquête d'Abberline, et si, quatre ans plus tard, sa présence sembla moins marquée, cela était sans doute dû à son statut de surveillant et à sa discrétion. C'était un homme qui travaillait sans relâche, sans tambour ni trompette ; l'horloger tranquille qui ne voulait pas attirer l'attention, mais qui était bien décidé à réparer ce qui ne marchait pas.

Je suppose que les meurtres de l'Éventreur le plongèrent dans l'angoisse et qu'il passait de longues heures à marcher dans les rues, la nuit, à spéculer, à raisonner, pour essayer de dénicher des pistes dans cette atmosphère embrumée et sale. Quand ses collègues, ses amis, sa famille et les commerçants de l'East End organisèrent un repas pour son départ à la retraite, en 1892, ils lui offrirent un service à thé en argent et rendirent hommage à son travail extraordinaire dans le domaine des enquêtes criminelles. D'après le récit de la soirée, publié dans l'*East London Observer*, le superintendant Arnold, de la Division H, confia à ceux qui étaient rassemblés pour célébrer la carrière d'Abberline que, à l'époque des meurtres de l'Éventreur, « Abberline s'était installé dans l'East End et avait consacré tout son temps à un seul objectif : faire surgir la vérité sur ces crimes. Hélas, les circonstances étaient telles que le projet était voué à l'échec ».

Abberline devait être partagé entre la douleur et la fureur quand il fut obligé d'admettre devant la presse, à l'automne 1888 : « Il est impossible d'obtenir pour l'instant le moindre indice. » Il était habitué à se montrer plus malin que les criminels. Il travailla si dur pour résoudre l'énigme de l'Éventreur, dit-on, «qu'il faillit craquer sous la pression». Il lui arrivait souvent de ne pas se coucher pendant plusieurs jours. Et il n'était pas rare qu'il enfilât des vêtements civils pour se mêler aux «personnes louches» dans les asiles de nuit, jusqu'au petit matin. Mais où que se rende Abberline, le «scélérat» n'était jamais là. Je ne peux m'empêcher de me demander si son chemin croisa un jour celui de Walter Sickert. Je ne serais pas étonnée d'apprendre que les deux hommes se sont parlé, à un moment ou à un autre, et que Sickert a fait quelques suggestions au policier. Ce qui devait être «très amusant».

«Les théories!» s'exclamerait Abberline plus tard, quand quelqu'un évoquerait les meurtres de l'Éventreur. «On était quasiment noyés sous les théories; il y en avait tellement.» De toute évidence, il n'aimait pas voir aborder ce sujet au cours des années suivantes, alors qu'il était passé à d'autres affaires. Mieux valait le faire parler de l'amélioration des conditions du système sanitaire de l'East End ou de la manière dont il avait résolu une longue série de vols de titres boursiers en suivant des indices qui l'avaient conduit jusqu'à un carton à chapeau abandonné dans une gare.

Malgré son expérience et son talent, Abberline ne parvint jamais à résoudre la plus grande affaire criminelle de sa vie. Si cet échec lui a procuré des souffrances et des regrets, ne serait-ce qu'un instant, alors qu'il travaillait dans son jardin durant ses années de retraite, c'est bien triste. Frederick Abberline a été enterré sans savoir contre qui il s'était battu. Walter Sickert n'était pas un meurtrier comme les autres.

CHAPITRE 14

DES OUVRAGES AU CROCHET
ET DES FLEURS

Le corps de Mary Ann Nichols resta à la morgue de Whitechapel jusqu'au jeudi 6 septembre, lorsque sa chair en décomposition eut enfin droit à l'intimité et au repos.

Elle fut enfermée dans un cercueil en bois « à l'aspect robuste » et chargée à bord d'un corbillard tiré par des chevaux, qui la conduisit au cimetière d'Ilford, à une dizaine de kilomètres de là, où elle fut enterrée. Le soleil ne brilla que cinq minutes au cours de cette journée brumeuse et pluvieuse.

Le lendemain, vendredi, au cours de sa cinquante-huitième réunion annuelle, la British Association aborda des sujets importants, comme la nécessité d'installer et d'entretenir des paratonnerres, les caprices des éclairs et les dégâts qu'ils provoquaient, au même titre que les oies sauvages sur les fils télégraphiques. On évoqua les qualités hygiéniques de l'éclairage électrique ; un physicien et un ingénieur débattirent pour savoir si l'électricité était une forme de matière ou d'énergie. On annonça que la pauvreté et la misère pouvaient être éliminées à condition

« d'empêcher la faiblesse, la maladie, la paresse et la bêtise ». La bonne nouvelle, c'était que Thomas Edison venait de bâtir une usine qui produirait 18 000 phonographes par an, au prix de 20 à 25 *livres sterling* pièce.

Le temps était encore pire que la veille, le soleil ne se montra même pas, et des bourrasques soufflaient du nord en rugissant. Une pluie violente mêlée de neige fondue s'abattait sur les Londoniens qui allaient et venaient dans un brouillard glacial, pour se rendre à leur travail et plus tard au théâtre. *Dr Jekyll and Mr Hyde* attirait encore de nombreux spectateurs au Lyceum, et une parodie intitulée *Hide and Seekyll* venait de débuter au Royalty Theater. Dans le journal du jour, la pièce *She* (Elle), qui offrait aux spectateurs du Gaiety un meurtre et des cannibales, était qualifiée de « formidable expérience de dramatisation ». À l'Alhambra, un des music-halls préférés de Walter Sickert, les portes s'ouvrirent à 22 h 30 avec une troupe de danseuses et le Capitaine Clives et son « chien extraordinaire ». La date écrite de la main même de Sickert sur un dessin de music-hall qu'il exécuta le soir précédent, le 5 août, prouve qu'il se trouvait à Londres à ce moment-là. Certainement errait-il dans les rues dans la nuit du 5 au 6, étant donné que les spectacles de music-hall ne se terminaient pas avant minuit et demi.

Le 5 août, Annie Chapman cuvait son dernier verre d'alcool, tandis que la vie nocturne londonienne commençait à s'animer. Elle avait connu une semaine affreuse, pire que d'habitude. Annie avait quarante-sept ans et il lui manquait deux dents sur le devant.

Elle mesurait 1,60 mètre, elle était grassouillette, avec des yeux bleus et des cheveux châtains courts et ondulés. Comme l'indiqua la police par la suite, «elle avait connu des jours meilleurs». Dans les rues, on la surnommait *« Dark Annie »* (Annie la Sombre). Selon certains récits, son mari, dont elle était séparée, était un chirurgien vétérinaire mais, généralement, il était décrit comme un cocher employé par un gentleman qui vivait dans le Royal Borough de Windsor.

Annie et son mari n'avaient plus aucun contact depuis qu'ils s'étaient séparés et elle ne chercha pas à savoir ce qu'il faisait de sa vie, jusqu'à ce que sa pension hebdomadaire de 10 *shillings* se tarisse brusquement à la fin de 1886. Un jour, une femme à l'air miséreux, ressemblant à une clocharde, se présenta au pub des Joyeuses Commères de Windsor pour demander où était Chapman. Elle avait parcouru trente kilomètres à pied depuis Londres, expliqua-t-elle, en logeant dans une pension en chemin, et elle voulait savoir si son mari était malade ou s'il se servait de cette excuse pour ne pas lui envoyer d'argent. La femme à la porte du pub informa cette clocharde que M. Chapman était mort le jour de Noël. Il ne léguait à Annie que deux enfants qui ne voulaient pas entendre parler d'elle : un garçon qui logeait dans un foyer et une fille instruite qui vivait en France.

Annie s'installa un temps avec un vannier, et quand celui-ci la quitta, elle emprunta de petites sommes d'argent à son frère, qui finit par lui couper les vivres. Elle n'avait aucun contact avec les autres membres de sa famille, et quand sa santé le lui permettait, elle gagnait quelques *pennies* en vendant des ouvrages au crochet et des fleurs. Ses relations la qualifiaient de fille «astucieuse», dotée d'un tempérament travailleur, mais plus l'alcool resserrait son emprise sur son existence, moins Annie se souciait de la façon dont elle assurait sa subsistance.

Au cours des quatre mois qui précédèrent sa mort, Annie effectua plusieurs passages par le dispensaire. Elle passait ses nuits dans des *doss-houses* de Spitalfields, le dernier étant situé au 35 Dorset Street, une rue qui reliait Commercial Street et Crispin Street comme le barreau d'une échelle. On estimait qu'il y avait environ 5 000 places de foyer dans cette tanière infernale de Spitalfields, et *The Times* souligna plus tard qu'au cours de l'enquête sur la mort d'Annie «cet aperçu des conditions de vie… était suffisant pour donner aux jurés le sentiment qu'il n'y avait pas grand-chose dans la civilisation du XIXe siècle dont ils pouvaient être fiers». Dans le monde où vivait Annie Chapman, les pauvres étaient «considérés comme du bétail» et ils vivaient «dans un état proche de la famine». La violence couvait jour et nuit, alimentée par la misère, l'alcool et la fureur.

Quatre soirs avant de mourir, Annie eut une altercation avec une autre locataire du foyer nommée Eliza Cooper, qui l'attaqua de front dans la cuisine, en exigeant qu'elle lui rende le bout de savon qu'Annie avait emprunté. Celle-ci lança rageusement un demi-*penny* sur la table en lui disant d'aller l'acheter elle-même. Les deux femmes commencèrent à se disputer et transportèrent leur querelle jusqu'au pub voisin, le Ringer, où Annie gifla Eliza, qui à son tour frappa Annie à l'œil gauche et dans la poitrine.

Les bleus d'Annie étaient encore visibles le samedi 8 septembre, au matin, quand John Donovan, le gérant de l'asile de nuit de Dorset Street, exigea qu'elle lui verse 8 *pennies* pour le lit si elle avait l'intention de rester. Annie lui répondit : « Je les ai pas. Je suis faible et malade, je suis allée au dispensaire. » Donovan lui rappela qu'elle connaissait les règles. Elle lui dit alors qu'elle allait sortir chercher l'argent, mais, surtout, qu'il ne donne pas son lit à quelqu'un d'autre, par pitié. Plus tard, Donovan expliquera à la police qu'Annie était « sous l'emprise de la boisson » quand le veilleur de nuit l'escorta pour la mettre dehors.

Annie tourna dans la première rue à droite, Little Paternoster Row, et quand le veilleur de nuit la vit pour la dernière fois, elle était dans Brushfield Street. Si elle avait continué vers le nord, dans Commercial Street, elle serait arrivée à Shoreditch, où se trouvaient plusieurs music-halls (le Shoreditch Olympia, le Harwood's et le Griffin's). Un peu plus au nord, il y avait Hoxton, ou l'itinéraire qu'empruntait parfois Walter Sickert quand il rentrait chez lui au 54 Broadhurst Gardens après une soirée au music-hall, au théâtre, ou quels que soient les autres endroits qu'il parcourait lors de ses errances obsessionnelles en pleine nuit ou au petit jour.

À 2 heures du matin, quand Annie émergea dans les rues de l'East End, il faisait dix degrés et l'air était humide. Elle portait une jupe noire, une longue veste noire qui se fermait autour du cou, un tablier, des bas en laine et des bottes. Autour de son cou était nouée une petite écharpe en laine noire et, en dessous, elle portait un mouchoir qu'elle avait récemment acheté à une autre locataire de la pension. À l'annulaire de sa main gauche, elle portait trois anneaux en métal brillant. Dans une poche, à l'intérieur de sa jupe, se trouvaient un petit étui à peigne, un bout de mousseline et une enveloppe déchirée qu'on l'avait vue ramasser sur le sol de la pension, avant d'y glisser deux pilules qu'on lui avait données au dispensaire. L'enveloppe portait un cachet postal rouge.

Si quelqu'un vit Annie vivante au cours des trois heures et demie qui suivirent, nul ne se présenta jamais pour témoigner. À 5 heures moins le quart, John Richardson, trente-sept ans, porteur au marché de Spitalfields, marchait vers le 29 Hanbury Street, un meublé pour les pauvres, qui comme de nombreux autres bâtiments délabrés de Spitalfields avait été autrefois un grand atelier où les tisserands trimaient sur des métiers à main, jusqu'à ce que la machine à vapeur les réduise au chômage. La mère de Richardson louait la maison et sous-louait la moitié des pièces à dix-sept personnes. En bon fils obéissant, il s'y était arrêté, comme il le faisait chaque fois qu'il se levait tôt, pour inspecter la cave. Deux mois plus tôt, quelqu'un s'y était introduit par effraction et avait volé deux scies et deux marteaux. Sa mère dirigeait également une entreprise d'emballage, et deux outils volés, ce n'était pas une mince affaire.

Constatant que la cave était soigneusement verrouillée, Richardson emprunta un passage qui menait à la cour de derrière et s'assit sur les marches pour découper un morceau de cuir qui le gênait dans sa chaussure. Son couteau était «un vieux couteau de table », expliqua-t-il par la suite lors de l'enquête, « d'une dizaine de centimètres de long », dont il s'était servi précédemment pour couper « un morceau de carotte », puis il avait rangé négligemment le couteau dans sa poche. Il estimait être resté assis sur les marches à peine une poignée de minutes, les pieds posés sur une dalle qui se trouvait à quelques centimètres seulement de l'endroit où on retrouverait le corps mutilé d'Annie Chapman. Il ne vit et n'entendit rien. Richardson laça sa chaussure réparée et prit la direction du marché au moment où le soleil se levait.

Albert Cadosch vivait juste à côté, au 25 Hanbury ; son jardin était séparé du 29 par une petite clôture provisoire en bois d'environ 1,50 mètre de haut. Plus tard, il expliquerait à la police qu'il était entré dans sa cour à 5 h 25 et avait entendu une voix dire « non » de l'autre côté de la clôture. Quelques minutes plus tard, quelque chose de lourd avait heurté la palissade. Il n'avait pas cherché à savoir ce qui avait provoqué ce bruit, ni qui avait prononcé ce « non ».

Cinq minutes plus tard, à 5 h 30, Elisabeth Long marchait dans Hanbury Street, en direction du marché de Spitalfields, quand elle remarqua un homme qui parlait avec une femme, à quelques mètres de la clôture qui entourait la cour du numéro 29, là où on retrouverait le corps d'Annie Chapman, de l'autre côté, moins d'une demi-heure plus tard. Lors de l'enquête, M^rs. Long déclara qu'elle était certaine que cette femme était Annie Chapman. Annie et l'homme discutaient bruyamment, mais ils semblaient bien s'entendre, se souvenait M^rs. Long. Le seul fragment de conversation qu'elle entendit en s'éloignant dans

la rue, ce fut l'homme qui demandait : « D'accord ? »
et la femme identifiée comme étant Annie qui répondait : « Oui. »

De toute évidence, les heures fournies par les
témoins sont contradictoires et, lors de l'enquête, ils
n'ont jamais précisé de quelle manière ils avaient su
quelle heure il était exactement lorsqu'ils étaient passés devant des gens ou tombés sur un corps. À cette
époque, la plupart des gens devinaient l'heure en
fonction de leur routine, de la position du soleil dans
le ciel ou des cloches de l'église qui sonnaient toutes
les heures et les demi-heures. Harriet Hardiman, habitant au 29 Hanbury, affirma avec certitude qu'il était
6 heures du matin lorsqu'elle fut réveillée par un chahut devant sa fenêtre. C'était une vendeuse de viande
pour chats, dont la boutique se trouvait à l'intérieur
même de la pension ; elle gagnait sa vie en se promenant avec une brouette remplie de poisson puant ou
de restes des abattoirs qu'elle vendait aux propriétaires de chats, suivie en chemin par de longues files
de félins.

Harriet dormait à poings fermés au rez-de-chaussée quand des éclats de voix la réveillèrent en sursaut.
Craignant que la maison soit en feu, elle réveilla son
fils et lui ordonna d'aller jeter un coup d'œil dehors.
Quand il revint, il lui annonça qu'une femme avait été
assassinée dans la cour. La mère et le fils avaient
dormi profondément toute la nuit, et Harriet Hardiman expliqua dans son témoignage qu'elle entendait
souvent des gens dans l'escalier et dans le passage qui
conduisait à la cour, mais, cette nuit-là, tout avait été
calme. La mère de John Richardson, Amelia, était res-

tée éveillée la moitié de la nuit, et sans doute aurait-elle entendu quelqu'un se disputer ou crier. Or, elle affirma n'avoir rien entendu, elle non plus.

Les habitants du 29 Hanbury n'arrêtaient pas d'entrer et de sortir ; les portes de devant et de derrière n'étaient donc jamais verrouillées, pas plus que la porte du passage qui s'ouvrait sur la cour close à l'arrière de la maison. N'importe qui pouvait soulever le loquet de la porte et entrer dans la cour, comme avait dû le faire Annie Chapman juste avant d'être assassinée. À 5 h 55, John Davis, un porteur qui vivait dans le meublé, sortit pour se rendre au marché, et ce fut lui qui eut la malchance de découvrir le corps d'Annie Chapman, dans la cour, entre la maison et la clôture, tout près de l'endroit où Richardson s'était assis sur les marches de pierre pour découper sa chaussure, une heure plus tôt environ.

Elle était allongée sur le dos, sa main gauche sur son sein gauche, le bras droit le long du corps, les jambes repliées. Ses vêtements en désordre étaient relevés jusqu'aux genoux et sa gorge était tranchée si profondément que sa tête était à peine attachée à son corps. Le meurtrier lui avait ouvert l'abdomen et retiré les intestins et un morceau de la peau du ventre. Ils gisaient dans une mare de sang, sur le sol, au-dessus de son épaule gauche, disposés de manière peut-être symbolique, mais pas forcément.

Selon toute vraisemblance, la disposition des organes et des chairs était surtout d'ordre pratique : ils ne devaient pas gêner l'Éventreur. Très vite, il deviendrait évident que le meurtrier cherchait les reins, l'utérus et le vagin, mais on ne peut pas s'empêcher de supposer qu'il cherchait aussi à choquer les gens. C'était réussi. John Davis remonta en courant dans sa chambre pour avaler un verre de brandy. Puis il se précipita dans son atelier pour chercher une bâche destinée à couvrir le corps, après quoi il fila au poste de police le plus proche.

Quelques instants plus tard, l'inspecteur Joseph Chandler, du poste de police de Commercial Street, arriva sur les lieux. En voyant de quoi il s'agissait, il envoya quérir le Dr George Phillips, un médecin de la division. Une foule s'était déjà rassemblée et des cris fusaient : « Une autre femme a été assassinée ! » Après avoir jeté un simple coup d'œil, le Dr Phillips conclut que la victime avait eu la gorge tranchée avant que son « estomac » soit mutilé, et qu'elle était morte depuis environ deux heures. Il nota que son visage semblait boursouflé et que sa langue dépassait entre ses dents. Elle avait été étranglée, commenta le Dr Phillips, ou du moins rendue inconsciente avant que le meurtrier lui tranche la gorge. La raideur cadavérique commençait à s'installer, et le médecin remarqua « six taches » de sang sur le mur du fond, à une trentaine de centimètres au-dessus de la tête d'Annie.

Les gouttes de sang atteignaient parfois la taille d'une pièce de 6 *pence* et les éclaboussures étaient regroupées. En outre, il y avait des « traces » de sang sur la clôture tout au fond. Aux pieds d'Annie étaient soigneusement disposés un morceau de mousseline, un peigne et un bout d'enveloppe déchirée et ensanglantée, portant le blason du régiment du Sussex et le cachet postal de Londres, daté du 20 août 1888. À côté se trouvaient deux pilules. Ses bagues en toc avaient disparu, et des écorchures autour de son doigt indiquaient qu'on les lui avait arrachées de force. Plus tard, sur une carte postale non datée et non signée, adressée à la police de la City, par Jack l'Éventreur pensait-on, l'expéditeur avait dessiné avec talent un personnage égorgé. Il avait écrit «pauvre Annie» et affirmait que les bagues étaient «en ma possession».

Les vêtements d'Annie n'étaient pas déchirés, elle portait encore ses bottes, son manteau noir était encore boutonné. Le col était maculé de sang, à l'intérieur et à l'extérieur. Le Dr Phillips remarqua également des gouttes de sang sur ses bas et sur la manche gauche. Cela ne fut pas mentionné dans les journaux, ni dans les rapports de police, mais le Dr Phillips ramassa certainement les intestins et les autres parties du corps pour les remettre à l'intérieur de la cavité abdominale, avant de couvrir le corps avec une toile à sac. Les policiers l'aidèrent à déposer Annie dans la même coque en bois qui la veille encore contenait le corps de Mary Ann Nichols, lorsqu'on l'avait enfin conduite au cimetière. La police transporta le corps d'Annie Chapman à la morgue de Whitechapel, dans une ambulance à bras.

Le jour s'était levé. Des centaines de personnes excitées se précipitaient vers la cour du 29 Hanbury. Les voisins dont les logements flanquaient la pension commencèrent à réclamer un droit d'entrée pour permettre aux curieux de mieux voir la zone ensanglantée, là où Annie avait été assassinée.

AVEZ-VOUS VU LE « DIABLE » ?

si vous ne l'avez pas vu,
payez un penny et entrez.

écrivit Jack l'Éventreur le 10 octobre.

Sur la même carte postale, l'Éventreur ajouta :
« J'attends les flics tous les matins à Hampstead
Heath », un vaste espace vert célèbre pour ses sources
bienfaitrices, ses étangs où l'on se baignait et l'at-
trait qu'il exerçait depuis longtemps sur les écrivains,
les poètes et les peintres, parmi lesquels Dickens,
Shelley, Pope, Keats et Constable. Les jours fériés,
pas moins de 100 000 personnes se promenaient,
disait-on, au milieu de ce paysage vallonné et des
taillis touffus. La maison de Walter Sickert, à South
Hampstead, se trouvait à vingt minutes de marche
de Hampstead Heath.

Les lettres attribuées à l'Éventreur ne se contentent
pas de distiller des indices (comme ce « Avez-vous vu
le "Diable" ? », qui pourrait être une allusion aux
habitants de l'East End qui réclamaient de l'argent
pour permettre aux curieux d'entrevoir les lieux des
crimes de l'Éventreur), elles esquissent un profil géo-
graphique. Un grand nombre des lieux cités – plusieurs fois pour certains – sont des endroits et des
quartiers bien connus de Walter Sickert : le Bedford
Music Hall à Camden Town, qu'il a peint plusieurs
fois ; sa maison du 54 Broadhurst Gardens, et tous
les quartiers artistiques et commerciaux de Londres
qu'il devait fréquenter.

Parmi les cachets postaux et les endroits cités à

proximité du Bedford Music Hall, on trouve : Hampstead Road, King's Cross, Tottenham Court, Somers Town, Albany Street, St. Pancras Church.

Parmi les lieux situés à proximité du 54 Broadhurst Gardens, on trouve : Kilbrun, Palmertson Road (à quelques rues du domicile de Sickert), Princess Road, Kentish Town, Alma Street, Finchley Road (qui débute dans Broadhurst Gardens).

Les cachets postaux et les endroits situés à proximité des théâtres, des music-halls, des galeries d'art et des lieux susceptibles de posséder un intérêt professionnel ou personnel aux yeux de Sickert sont, parmi d'autres : Piccadilly Circus, Haymarket, Charing Cross, Battersea (près de l'atelier de Whistler), Regent Street North, Mayfair, Paddington (là où se trouve la gare de Paddington), York Street (près de Paddington), Islington (là où se trouve l'hôpital Saint-Mark), Worcester (un endroit très apprécié des peintres), Greenwich, Gipsy Hill (près du Crystal Palace), Portman Square (pas très loin de la Fine Art Society, et aussi emplacement de la Heinz Gallery, avec sa collection de dessins d'architecture), Conduit Street (près de la Fine Art Society et, à l'époque victorienne, siège de la 19th Century Art Society et du Royal Institute of British Architects).

Les esquisses de Sickert sont remarquables par leurs détails ; son crayon enregistrait ce que voyaient ses yeux pour qu'il puisse peindre son tableau par la suite. Sa formule mathématique destinée à agrandir les peintures, l'utilisation d'une formule géométrique pour agrandir ses dessins sans perdre les proportions ni la perspective sont révélatrices d'un esprit organisé et scientifique. Sickert a peint de nombreux édifices complexes au cours de sa carrière, ce sont des tableaux d'une précision inhabituelle représentant des églises à Dieppe et à Venise. On peut supposer qu'il s'intéressait à l'architecture et qu'il a peut-être visité la Heinz Gallery, qui possède la plus grande collection de dessins d'architecture au monde.

Mais la première carrière de Sickert, c'était celle de comédien, dont on pense qu'il l'a commencée en 1879. Dans une de ses premières lettres, adressée à l'historien et biographe T.E. Pemberton, en 1880, il décrivit son interprétation d'un « vieil homme » dans *Henri V*, alors qu'il était en tournée à Birmingham. « C'est le rôle que je préfère entre tous », écrivit-il. En dépit des histoires recyclées selon lesquelles Sickert renonça au métier d'acteur parce que sa véritable ambition était de devenir peintre, des lettres rassemblées par Denys Sutton révèlent une explication différente. « Walter était impatient de se lancer dans une carrière d'acteur », peut-on lire dans une de ces lettres. Hélas, écrivait une autre relation de Sickert : « N'ayant guère de succès, il se lança dans la peinture. »

Âgé d'une vingtaine d'années, Sickert était encore comédien et il effectuait des tournées avec la compagnie d'Henry Irving. Il fréquentait le célèbre architecte Edward S. Godwin, amoureux du théâtre, costumier et ami intime de Whistler. Godwin vivait avec Ellen Terry à l'époque où Sickert débuta sa carrière d'acteur, et il avait construit la maison de Whistler, la Maison Blanche située dans Tite Street à Chelsea. La veuve de Godwin, Beatrice, venait d'épouser Whistler, le 11 août 1888. Bien que je ne puisse pas prouver que de tels détails biographiques et géographiques soient liés à la psychologie de Sickert au moment où les lettres de l'Éventreur étaient postées et prétendument écrites dans les endroits de Londres susmentionnés, je peux supposer que ces quartiers de la métropole lui étaient au moins familiers. Ce n'étaient pas des endroits où des «fous meurtriers» et des «pauvres misérables» de l'East End risquaient de s'attarder.

S'il est vrai que de nombreuses lettres de l'Éventreur ont été postées dans l'East End, il est vrai également que beaucoup d'autres ne l'ont pas été. Mais Sickert passait énormément de temps dans l'East End et sans doute connaissait-il cette partie délabrée de Londres bien mieux que la police. En outre, le règlement de l'époque interdisait aux agents de la Police métropolitaine d'entrer dans les pubs et de se mêler aux habitants. Les policiers en patrouille devaient suivre leur itinéraire ; pénétrer dans une pension ou un pub sans raison, ou simplement s'éloigner de son trajet imposé dans la zone assignée, c'était encourir des réprimandes ou une suspension. Sickert, lui, pouvait se mêler à la population à sa guise. Aucun endroit ne lui était interdit.

La police semblait être atteinte de myopie et d'une obsession pour l'East End. L'Éventreur avait beau essayer de la manipuler pour la pousser à enquêter dans d'autres lieux qu'il fréquentait peut-être, on ne l'écoutait pas. Aucun document n'indique que la police se soit intéressée de près aux cachets de la poste et aux endroits, autres que l'East

End, où avaient été postées des lettres de l'Éventreur, ni qu'elle ait réfléchi aux autres lettres prétendument écrites ou expédiées d'autres villes de Grande-Bretagne. Toutes les enveloppes n'ont pas survécu, et en l'absence de traces d'oblitération, on ne possède que le lieu indiqué par l'Éventreur. Peut-être se trouvait-il à cet endroit à ce moment-là, mais pas forcément.

D'après les cachets de la poste, parmi tous les endroits où l'Éventreur se serait trouvé, ou aurait prétendu se trouver, figurent : Birmingham, Liverpool, Manchester, Leeds, Bradford, Dublin, Belfast, Limerick, Édimbourg, Plymouth, Leicester, Bristol, Clapham, Woolwich, Nottingham, Portsmouth, Croydon, Folkestone, Gloucester, Leith, Lille (en France), Lisbonne (au Portugal) et Philadelphie (aux États-Unis).

Certains de ces endroits semblent hautement improbables, surtout le Portugal et les États-Unis. D'après ce que tout le monde pense savoir, Walter Sickert ne s'est jamais rendu dans ces deux pays. D'autres lettres et leurs dates prétendues font qu'il est quasiment impossible de croire qu'il ait pu, par exemple, poster ou écrire des lettres à Londres, Lille, Birmingham et Dublin durant la seule journée du 8 octobre. Mais, une fois de plus, la question qui demeure, cent quatorze ans après les faits, alors que tant d'enveloppes et leurs cachets ont disparu, alors que les pistes ont refroidi et que les témoins sont morts, c'est de savoir si des lettres ont réellement été écrites à une date précise et où elles l'ont été. Seuls les cachets de la poste et les témoins oculaires pourraient l'affirmer.

Évidemment, toutes les lettres signées de l'Éventreur n'ont pas été écrites par Sickert, mais il était capable, bien mieux qu'une personne ordinaire, de contrefaire son écriture, et aucun document n'a encore réapparu pour prouver qu'il n'était pas dans une ville précise à un moment précis. Le mois d'octobre de l'année 1888 fut une période d'intense activité pour l'Éventreur sur le plan épistolaire. Il existe aujourd'hui environ quatre-vingts lettres écrites durant ce seul mois, et on peut logiquement penser que le meurtrier était en fuite après ses multiples meurtres si rapprochés. Comme l'a écrit l'Éventreur lui-même dans plusieurs lettres, Whitechapel devenait trop chaud pour lui et il cherchait le repos et la tranquillité dans des ports lointains.

Nous savons, grâce aux affaires criminelles modernes, que les *serial killers* ont tendance à se déplacer. Certains vivent quasiment dans leur voiture. Le mois d'octobre était un moment propice pour que Sickert disparaisse de Londres. Son épouse, Ellen, était membre d'une délégation de gauche partie organiser des meetings en Irlande, afin de soutenir le Home Rule et le Free Trade. Elle resta absente durant presque tout le mois d'octobre. Si Sickert et elle eurent des contacts durant cette séparation, aucune lettre ni aucun télégramme ne semblent avoir survécu.

Sickert adorait écrire des lettres; il lui arrivait même de demander à ses amis de l'excuser d'écrire si souvent. Il envoyait fréquemment des lettres aux journaux. Il avait un tel chic pour dénicher des nouvelles que le nombre de lettres et d'articles qu'il écrivait pouvait s'élever à six cents en une seule année.

C'est très impressionnant de parcourir les archives de Sickert à la bibliothèque d'Islington et de voir cette accumulation de coupures de presse. Il commença à les rassembler lui-même au début du siècle et fit appel ensuite à un service spécialisé pour absorber ce flot apparemment incessant de publicité. Pourtant, durant toute sa vie, il eut la réputation de refuser les interviews. Il parvint à créer le mythe d'un homme « timide » qui détestait la publicité.

Cette manie d'écrire aux rédacteurs en chef des journaux devint une source d'embarras pour certains d'entre eux. Ils étaient gênés quand ils recevaient encore une lettre de Sickert sur l'art ou les qualités esthétiques des poteaux téléphoniques, ou expliquant pourquoi tous les Anglais devraient porter des kilts, ou les désavantages de l'eau javellisée. La plupart des rédacteurs en chef ne voulaient pas insulter l'artiste éminent en ignorant sa prose ou en la reléguant dans un coin perdu du journal.

Entre le 25 janvier et le 25 mai 1924, Sickert fit une série de conférences et écrivit des articles qui furent publiés dans le *Southport Visiter*, à Southport, au nord de Liverpool, sur la côte. Bien que l'ensemble de ces articles dépasse les 130 000 mots, ce n'était pas suffisant à ses yeux. Les 6, 12, 15, 19 et 22 mai, Sickert écrivit ou télégraphia à W.H. Stephenson du *Visiter* : « Je me demande si le *Visiter* pourrait accueillir encore un article… auquel cas, vous devriez l'avoir rapidement » et « ravi d'écrire », « veuillez demander à l'imprimeur de m'en envoyer en express six exemplaires très vite » et « permettez que je vous envoie encore un article » et « si vous entendez parler d'un journal de province qui souhaite publier une série d'articles durant l'été, dites-le-moi».

Durant toute sa vie, la prolixité littéraire de Sickert fut étonnante. Son recueil de coupures de presse conservé à la bibliothèque d'Islington contient plus de 12 000 articles le concernant, dont la plupart ont été écrits entre 1911 et la fin des années 1930. Il a publié quelque 400 conférences et articles, et j'estime que ces écrits répertoriés ne représentent pas la totalité de sa production littéraire. Sickert était un écrivain obsessionnel qui prenait plaisir à convaincre, manipuler et impressionner les gens avec des mots. Il avait besoin d'avoir un public. Il avait besoin de voir son nom imprimé. C'était tout à fait dans sa nature d'écrire un nombre impressionnant des lettres de l'Éventreur, y compris certaines envoyées du bout du monde.

Peut-être en a-t-il écrit bien plus que ne veulent le croire certains experts, car dans le cas de Walter Sickert, on commet une erreur en se fiant aux critères habituels de comparaison entre des écritures. Sickert était un artiste aux multiples talents, doté d'une mémoire stupéfiante. En outre, il était polyglotte. Il dévorait les livres et possédait des dons d'imitateur. Un certain nombre d'ouvrages consacrés à la graphologie étaient disponibles à cette époque, et dans de nombreuses lettres de l'Éventreur, l'écriture est semblable aux exemples de styles d'écriture que les graphologues victoriens associaient à diverses professions et personnalités. Sickert avait pu ouvrir n'importe lequel de ces ouvrages pour imiter les styles qui y étaient représentés. Il devait s'amuser en pensant aux graphologues en train d'étudier les lettres de l'Éventreur.

Utiliser des produits chimiques et des instruments extrêmement sensibles pour analyser l'encre, la peinture et le papier, c'est scientifique. Comparer deux écritures, ce ne l'est pas. Il s'agit d'un outil d'investigation qui peut se révéler puissant et convaincant, surtout pour détecter les faussaires. Mais si un suspect est assez doué pour contrefaire son écriture, la comparaison peut être frustrante ou impossible. Les policiers qui ont enquêté sur les crimes de l'Éventreur étaient si désireux de trouver des similitudes dans l'écriture qu'ils n'ont pas envisagé que le meurtrier pouvait utiliser plusieurs styles différents. D'autres pistes, comme celle des villes mentionnées par l'Éventreur et les cachets de la poste sur les enveloppes, n'ont pas été explorées. Si elles l'avaient été, peut-être aurait-on découvert que la plupart de ces villes lointaines partageaient des points communs, parmi lesquels les théâtres et les champs de courses. Un grand nombre de ces endroits apparaîtraient sur la carte des voyages de Sickert.

Commençons par Manchester. Sickert avait au moins trois raisons de se rendre dans cette ville et de bien la connaître. La famille de son épouse, les Cobden, possédait une propriété à Manchester. La sœur de Sickert, Helena, y vivait. Sickert avait des amis et des relations professionnelles à Manchester. Plusieurs lettres de l'Éventreur mentionnent cette ville. L'une d'elles, que l'Éventreur prétend avoir écrite de Manchester le 22 novembre 1888, laisse voir un filigrane partiel du papetier A Pirie & Sons. Une autre lettre, que l'Éventreur prétend avoir écrite à Londres, également le 22 novembre, possède un filigrane partiel A Pirie & Sons. Le papier à lettres que Walter et Ellen Sickert commencèrent à utiliser après leur mariage, le 10 juin 1885, possède le filigrane de chez A Pirie & Sons.

Le Dr Paul Ferrara, directeur de l'Institut de science médico-légale de Virginie, fut le premier à établir le lien entre les filigranes, alors que nous examinions les lettres originales de l'Éventreur et de Sickert, à Londres et à Glasgow. Des diapositives des lettres et de leurs filigranes furent envoyées à l'Institut, et quand le filigrane partiel de l'Éventreur et celui de Sickert, complet, furent scannés et introduits dans un ordinateur de traitement d'images, puis superposés sur un écran vidéo, ils étaient parfaitement identiques.

En septembre 2001, l'Institut de science médico-légale reçut du gouvernement britannique l'autorisation d'effectuer des analyses, sans endommager les documents, sur les lettres originales de l'Éventreur, conservées au Public Record Office de Kew. Le Dr Ferrara, Lisa Schiermeier, spécialiste de l'ADN, Chuck Pruitt, expert en traitement de l'image, et d'autres personnes se rendirent à Londres, et tous ensemble nous examinâmes les lettres de l'Éventreur. Certaines des enveloppes qui semblaient les plus prometteuses, celles dont le rabat et le timbre étaient restés intacts, furent humidifiées et laborieusement « épluchées » pour en prélever un échantillon. On prit des photos et on compara les écritures.

Quittant Londres, nous nous intéressâmes ensuite à d'autres archives ; nous examinâmes le papier et prélevâmes des échantillons d'ADN sur les lettres, les enveloppes et les timbres utilisés par Walter Richard Sickert, sa première épouse Ellen Cobden Sickert, James McNeill Whistler et Montague John Druitt, soupçonné d'être l'Éventreur. Bien évidemment, ni Ellen Sickert ni Whistler n'ont jamais été considérés comme suspects, mais Walter Sickert travaillait dans l'atelier de Whistler. Il postait des lettres de sa part et était en contact physique avec le Maître et ses affaires. Il est possible que l'ADN de Whistler et celui d'Ellen, assurément, aient contaminé les indices laissés par Sickert.

Nous prélevâmes des échantillons sur les enveloppes et les timbres de Whistler à l'université de Glasgow, là où sont conservées ses colossales archives. Nous renouvelâmes l'opération au West Sussex Record Office, où se trouvent les archives de la famille d'Ellen Cobden Sickert (et, coïncidence, certaines des archives de la famille de Montague John Druitt). Le seul échantillon disponible concernant Druitt était la lettre qu'il avait écrite en 1876, quand il était étudiant à Oxford. Les prélèvements d'ADN mitochondrique provenant de l'enveloppe ont livré le profil d'un donneur unique.

Parmi les documents n'ayant pas encore été analysés figurent deux enveloppes dont j'ai de bonnes raisons de penser qu'elles ont été écrites et scellées par le duc de Clarence lui-même (et non par une secrétaire, par exemple). Je suis persuadée que ni Druitt ni aucun de ces prétendus suspects n'ont à voir avec ces meurtres et ces mutilations, et si l'occasion m'en est offerte, j'aimerais laver leur réputation. Les tests d'ADN se poursuivront jusqu'à ce que tous les moyens pratiques soient épuisés. L'enjeu va bien au-delà de l'enquête sur l'Éventreur.

Il ne reste plus personne à inculper et à condamner. Jack l'Éventreur et tous ceux qui le connaissaient sont morts depuis des dizaines d'années. Mais il n'y a pas de prescription pour les meurtres, et les victimes de l'Éventreur ont droit à la justice. Et tout ce qui est susceptible d'accroître nos connaissances dans le domaine de la science médico-légale mérite tous les efforts et les frais investis. Je n'espérais pas trouver une correspondance d'ADN, mais je fus surprise, et dépitée, lorsque la première série de tests ne fit apparaître aucune trace de vie humaine parmi les cinquante-cinq échantillons prélevés. Je décidai alors de recommencer, en prélevant les échantillons sur d'autres parties des mêmes enveloppes et des mêmes timbres.

Toujours rien. Il existe un certain nombre de raisons possibles pour expliquer ces résultats décevants : le milliardième de gramme de cellules contenues dans la salive humaine qui aurait pu être déposé sur un timbre ou un rabat d'enveloppe n'a pas survécu aux années ; la chaleur utilisée pour plastifier les lettres de l'Éventreur afin de les conserver a détruit l'ADN nucléaire ; les médiocres conditions de conservation pendant une centaine d'années ont entraîné la dégradation et la destruction de l'ADN, ou peut-être que les coupables sont les colles.

La «solution glutineuse», comme on appelait ces colles au milieu du XIXe siècle, était un dérivé d'extraits de plante, telle l'écorce d'acacia. À l'époque victorienne, le système postal connut une révolution industrielle, d'abord avec le premier timbre Penny Black, posté le 2 mai 1840, de la ville de Bath. La machine à plier les enveloppes fut brevetée en 1845. De nombreuses personnes qui ne voulaient pas lécher les enveloppes et les timbres pour des raisons d'« hygiène » utilisaient une éponge. S'ajoutait aux facteurs scientifiques qui jouaient en notre défaveur quand nous avons prélevé des échantillons sur les enveloppes et les timbres le fait que nous n'avions aucun moyen de savoir qui avait léché les enveloppes et qui ne l'avait pas fait. L'ultime option génétique à notre disposition consistait à effectuer une troisième batterie de tests, pour rechercher l'ADN mitochondrique cette fois.

Quand on entend parler des tests d'ADN utilisés dans les affaires criminelles ou les recherches en paternité modernes, il est généralement fait référence à l'ADN nucléaire présent dans quasiment toutes les cellules du corps et transmis par les deux parents. L'ADN mitochondrique, lui, se trouve à l'extérieur du noyau de la cellule. Imaginez un œuf : l'ADN nucléaire se trouve dans le jaune, si l'on peut dire, alors que l'ADN mitochondrique se trouve dans le blanc. Et il se transmet uniquement par la mère. Alors que la zone mitochondrique d'une cellule renferme mille fois plus d'« exemplaires » d'ADN que le noyau, l'examen de l'ADN mitochondrique est à la fois très complexe et très coûteux, et les résultats peuvent être limités, car l'ADN n'est transmis que par un seul des deux parents.

Les extraits de tous les échantillons d'ADN furent

envoyés au Bode Technology Group, un laboratoire d'analyses privé, de renommée internationale, surtout connu pour avoir aidé l'Institut de pathologie des forces armées à analyser l'ADN mitochondrique, afin de déterminer l'identité des soldats américains morts au Viêt-nam. Plus récemment, Bode a utilisé cette même technique pour identifier les victimes de l'attaque terroriste du 11 septembre 2001 contre le World Trade Center. Contrairement à une dent ou un os, les dos des enveloppes et des timbres sont des surfaces sur lesquelles il est difficile de rechercher de l'ADN mitochondrique, car on ne peut pas détacher les polluants superficiels du papier et des collants. Ces polluants peuvent «masquer le donneur original», explique Mitch Holland de chez Bode, et tel fut le défi auquel nous fûmes confrontés en analysant une centaine d'échantillons provenant du dossier de Jack l'Éventreur.

Alors que j'effectuais la navette avec l'Angleterre durant les premiers mois de cette enquête, j'attendis avec impatience ce coup de téléphone, et je me trouvais au Public Record Office de Londres avec des spécialistes en art et en papier lorsque je le reçus enfin. Le Dr Paul Ferrara m'annonça que le laboratoire Bode avait terminé les analyses des cinquante-sept premiers échantillons (trois provenant des trois personnes présentes durant le prélèvement, dont moi, à des fins d'exclusion). Nous avions de l'ADN mitochondrique sur presque tous nos échantillons, mais les résultats étaient à la fois frustrants et intrigants.

La plupart des profils génétiques sont un salmigondis d'individus, sans doute inutilisable. Mais sept échantillons possèdent la même séquence d'ADN mitochondrique que celle trouvée sur l'enveloppe adressée au Dr Openshaw. Avant d'exposer nos découvertes, je dois préciser que le mélange, la mauvaise qualité des échantillons, le manque de point de comparaison avec les individus en question (comme l'ADN de Walter Sickert) affaiblissent ces données et les rendent «discutables», comme l'explique Mitch Holland dans son rapport. Néanmoins, ces résultats méritent d'être mentionnés, car ils n'excluent pas que Walter Sickert ait été Jack l'Éventreur ou, du moins, qu'il ait envoyé les lettres de l'Éventreur à la police et à la presse.

Les «marqueurs» génétiques sont des emplacements; on pourrait les comparer à des points sur une carte, certains étant plus caractéristiques et inhabituels que d'autres. Dans les tests Éventreur/Sickert, les marqueurs sont les endroits où sont situées les positions de base de l'ADN sur la boucle D de l'ADN mitochondrique. De toute évidence, aider le public à comprendre ce qu'est l'ADN et ce que signifient les résultats de ces tests constitue un défi colossal pour les spécialistes. Dans les tribunaux, des affiches montrant des empreintes digitales concordantes provoquent chez les jurés une avalanche de hochements de tête et de «Ah! oui, je comprends». Mais l'analyse du sang humain – au-delà de sa présence flagrante, écarlate et fraîche ou sombre et sèche, sur des vêtements ou une arme – a toujours provoqué des réactions de catatonie avec des pupilles rétrécies dans des yeux affolés.

Jadis, la classification sanguine en groupes A, B et O suffisait déjà à semer la confusion. L'ADN fait disjoncter les transformateurs mentaux, et l'explication rebattue comme quoi l'«empreinte digitale» ou le profil ADN ressemble à un code-barres sur une boîte de soupe à l'épicerie n'offre aucune aide. Je n'arrive pas à me représenter ma chair et mes os sous la forme d'un milliard de codes-barres que l'on peut scanner dans un laboratoire pour se retrouver avec moi à l'arrivée. Voilà pourquoi j'utilise souvent des analogies, et une fois encore celle d'une carte tracée au pastel (qui s'étale) me semble bonne. Si l'on imagine qu'on regarde notre carte et qu'on découvre seulement trois signes distinctifs (le Mall, la Maison-Blanche et le Muséum d'histoire naturelle), on sait alors que trois signes distinctifs constituent un profil (une séquence) de donneur unique, ou venant de la même ville. Pour poursuivre l'analogie, si on empile d'autres cartes au pastel avec d'autres signes distinctifs provenant d'autres villes sur notre carte, et si des traces crayeuses des caractéristiques de ces autres villes se retrouvent imprimées sur notre carte, ce qui était un donneur unique devient un mélange.

Les échantillons prélevés dans l'affaire de Jack l'Éventreur n'ont livré que trois résultats de donneur unique, ce n'est pas un mélange (un «salmigondis», comme je dis) et chacun possède une séquence de chiffres (des marqueurs) provenant d'une seule et unique personne. Hélas, le reste des échantillons testés jusqu'à présent possède peut-être les mêmes marqueurs, mais ce sont des mélanges provenant de personnes différentes. Cela ne veut pas dire que les marqueurs n'ont pas été laissés par ces mêmes personnes qui ont laissé des séquences de donneur unique, mais il en résulte un mélange difficile à interpréter.

Les trois échantillons de donneur unique proviennent de lettres écrites par James McNeill Whistler et Montague John Druitt, et d'une lettre signée Jack l'Éventreur. Le profil de donneur unique de l'Éventreur provenait d'un bout de timbre postal sur une lettre que l'Éventreur avait écrite au Dr Thomas Openshaw, le conservateur du London Hospital Museum. La séquence de donneur unique retrouvée sur la lettre de Whistler est 16311 T-C 93 A-G ; la séquence retrouvée sur la lettre de Druitt est 16223 C-T 16278 C-T 73 A-G 263 A-G, et la séquence retrouvée sur la lettre à Openshaw est 16294 C-T 73 A-G 263 A-G.

Les trois composantes (marqueurs) de la séquence Openshaw se retrouvent dans cinq autres échantillons qui ne proviennent pas de donneurs uniques, autant que l'on puisse en juger à ce stade, et ils font apparaître un mélange d'autres positions ou « emplacements » dans la zone mitochondrique. Cela peut signifier que l'échantillon a été contaminé par l'ADN d'autres personnes. Comme je continuerai à le souligner, un des inconvénients de nos tests vient du fait que l'insaisissable Walter Sickert ne nous a toujours pas livré son profil génétique. Le jour où il fut incinéré, notre meilleure preuve est partie en fumée. À moins de découvrir un jour un échantillon *pre mortem* de sang, de peau, de cheveux, de dent ou d'os, nous ne pourrons jamais ressusciter Walter Richard Sickert dans un laboratoire. Mais nous avons peut-être retrouvé des morceaux de lui.

La séquence du donneur unique retrouvée sur le reste de timbre de l'enveloppe adressée à Openshaw constitue notre meilleure base de comparaison. Sa séquence (16294 C-T 73 A-G 263 A-G) représente les marqueurs ou les emplacements initiaux dans la région mitochondrique.

Pour l'instant, sept échantillons possèdent les mêmes composants de la séquence de donneur unique de la lettre à Openshaw : le timbre de l'enveloppe adressée à Openshaw, trois autres enveloppes de l'Éventreur, le rabat d'une enveloppe de Walter Sickert, un timbre sur une enveloppe de Walter Sickert et une enveloppe provenant d'une lettre écrite par la première épouse de Sickert, Ellen.

Et, pour l'instant, six échantillons offrent des mélanges de composants de la séquence de la lettre à Openshaw : deux enveloppes de lettres de Sickert, deux enveloppes de lettres de l'Éventreur et deux enveloppes d'Ellen Sickert.

Les résultats concernant Ellen Sickert sont intéressants. Peut-être ne veulent-ils rien dire, mais à supposer que les composants aient une signification et qu'ils proviennent de Sickert, cela pourrait s'expliquer si Ellen a humidifié l'enveloppe et le timbre avec la même éponge qu'utilisait son mari. À moins que Sickert ait touché ou léché la colle sur le rabat ou le timbre, peut-être parce qu'il a envoyé la lettre à la place de son épouse. Ou bien, en disant que ce profil de la lettre à Openshaw est le profil de Sickert, il y a toujours la possibilité que sa première épouse (Ellen) ait possédé la même séquence d'ADN mitochondrique que lui. Nous n'avons obtenu de profil de donneur unique sur aucun des échantillons (enveloppes) d'Ellen Sickert.

Sans une étude généalogique de la famille Sickert, qui ne pourrait être obtenue qu'en exhumant sa mère ou un de ses frères et sœurs, nous ne pourrons jamais établir avec certitude le profil mitochondrique de Walter Sickert, pas plus que je ne peux dire quel était celui de Montague Druitt, du duc de Clarence, de Whistler ou d'Ellen, l'épouse de Sickert, car nous manquons de points de comparaison. Les données sont inclusives, mais certainement pas concluantes.

Même si de nos jours l'ADN est un outil de médecine légale plus éclatant qu'une supernova, ce n'est pas l'unique preuve scientifique capable de confondre ou d'innocenter un suspect. Cette réalité semble être négligée, voire totalement oubliée, quand on analyse certaines affaires criminelles. Concernant les meurtres de Jack l'Éventreur, les preuves scientifiques les plus convaincantes ne proviennent pas de l'ADN, mais de la comparaison entre les papiers.

La lettre au Dr Openshaw qui livra les résultats de l'ADN mitochondrique du donneur unique fut écrite sur du papier à lettres A Pirie & Sons. Postée à Londres, elle porte un cachet du 29 octobre 1888, et on peut y lire :

ENVELOPPE : Dr Openshaw
London Hospital
White chapel

LETTRE : *Tu avait raizon, vieux patron*
c'était le rain gauche que j'allais
opérer encor près de ton
haupital juste quand j'allait

> *planté mon coutau dans sa*
> *gorje, ces maudis flics ont tout*
> *gâché, mais je vai bientaut*
> *remaitre ça et je t'envérai un autre*
> *bou d'entraille.*
>
> Jack l'Éventreur

> *Tu as vu le diable*
> *avec son microskop et son skalpel*
> *pour regarder un Rein*
> *avec un appareil bousillé*

Une des raisons pour lesquelles je pense que cette lettre est authentique, c'est qu'elle fait trop artificielle. La mauvaise écriture semble contrefaite et, surtout, elle offre une contradiction flagrante avec l'écriture d'une personne disposant d'une plume et d'encre et d'un papier à lettres de qualité. L'adresse qui figure sur l'enveloppe est parfaitement écrite, à mille lieues de la lettre qu'elle contient avec ses fautes d'orthographe inconsistantes, comme « rain » et « rein ». Stewart P. Evans et Keith Skinner soulignent dans leur ouvrage extrêmement utile, *Jack l'Éventreur : lettres de l'Enfer,* que le post-scriptum de la lettre adressée au Dr Openshaw fait référence à un couplet d'un récit folklorique des Cornouailles datant de 1871 :

> *Voilà pour le diable,*
> *Avec son bâton et sa pelle,*
> *Déterrant des boîtes en fer*
> *Avec sa queue bousillée !*

Une référence à un récit folklorique de Cornouailles ne tient pas debout si nous sommes censés croire que cette lettre a été écrite par un fou meurtrier illettré qui a arraché un rein à sa victime et l'a envoyé par la poste. Walter Sickert a visité la Cornouailles quand il était enfant. Il y a peint quand il était l'élève de Whistler. Sickert connaissait la Cornouailles et ses habitants. Homme cultivé, il avait une bonne connaissance des chants populaires et des chansons de music-hall. Il est peu probable, en revanche, qu'un pauvre Londonien inculte se soit rendu en Cornouailles ou ait passé son temps dans un taudis à lire des légendes de cette région.

On pourra faire remarquer – et il faut le faire – qu'en l'absence de source de référence fiable, l'ADN de Walter Sickert en l'occurrence, nous supposons, sans avoir les preuves scientifiques convaincantes, que la séquence de l'unique donneur prélevée sur la lettre adressée à Openshaw fut déposée là par Walter Sickert, *alias* Jack l'Éventreur. On ne peut pas simplement supposer une telle chose.

Bien que, statistiquement, la séquence du donneur unique exclue 99 % de la population, pour reprendre les mots du Dr Ferrara : « Les séquences concordantes pourraient être une coïncidence. Ou peut-être pas. » Au mieux, nous avons « un indicateur prudent » selon lequel les séquences d'ADN mitochondrique de Sickert et de l'Éventreur pourraient provenir de la même personne.

CHAPITRE 15

UNE LETTRE PEINTE

Walter Sickert était le pire ennemi de tout expert médico-légal. Il ressemblait à une tornade traversant un laboratoire.

Il provoqua le chaos dans l'enquête avec sa stupéfiante variété de papiers, de plumes, de peintures, de cachets de la poste et d'écritures contrefaites, et en se déplaçant en permanence, sans laisser la moindre trace dans des journaux intimes ou des agendas, ni de dates sur la plupart de ses lettres et de ses œuvres. Il trompa tout le monde. Mais aujourd'hui certains de ses actes lui vaudraient de sérieux ennuis. Je pense que ses lettres causeraient sa perte.

Une lettre de l'Éventreur, reçue par la police le 18 octobre 1889, est écrite sur une feuille de papier ministre azuré de onze pouces sur quatorze, et les lettres ont d'abord été tracées au crayon, avant d'être joliment repeintes en rouge vif. Apparemment, nul n'a trouvé étrange qu'un fou ou un illettré, ou même un plaisantin, se donne la peine de peindre une lettre où l'on peut lire :

Cher monsieur,
Je serai à Whitechapel le 20 de ce mois. Et je commencerai un travail très délicat aux environs de minuit, dans la rue où j'ai accompli mon troisième examen du corps humain.

À vous jusqu'à la mort,
Jack l'Éventreur.

Essayez donc de m'attraper.

PS [post-scriptum en haut de la feuille]. *J'espère que vous pourrez lire ce que j'ai écrit et que vous publierez tout dans le journal, sans en oublier la moitié. Si vous avez du mal à voir les lettres, dites-le-moi, je les ferai plus grosses.*

Il fait une faute d'orthographe en écrivant *biger* au lieu de *bigger* («plus grosses»), comme le ferait un illettré, et je ne pense pas que cette faute aussi flagrante dans une lettre comme celle-ci soit un accident. Sickert jouait encore à un de ses petits jeux et montrait à la police que c'étaient tous des «idiots». Un enquêteur alerte se serait certainement demandé pourquoi quelqu'un écrivait correctement des mots comme *delicate*, *executed* et *examination*, et faisait une faute en écrivant *bigger*. Mais ces détails nous paraissent évidents aujourd'hui car nous bénéficions du recul et de l'analyse des experts en art. À l'époque, le seul artiste qui regardait ces lettres était celui qui les créait, et un grand nombre d'entre elles sont avant tout des recherches professionnelles et des œuvres d'art qui mériteraient d'être encadrées et accrochées dans des galeries.

Aujourd'hui, comme il y a cent ans, la science ne peut résoudre des crimes sans les éléments humains que sont les talents de déduction, le travail d'équipe, une enquête acharnée et une instruction judiciaire intelligente. Si nous obtenions une correspondance parfaite au niveau de l'ADN entre Sickert et une lettre de l'Éventreur, n'importe quel avocat de la défense soulignerait que le fait que Sickert a écrit une lettre, ou deux, ou même une douzaine ne prouve pas qu'il ait assassiné quelqu'un. Peut-être avait-il simplement écrit un certain nombre de lettres de l'Éventreur parce qu'il possédait un sens de l'humour détraqué et pervers.

Un bon procureur répliquerait que si Sickert avait écrit une seule de ces lettres, il était dans de sales draps car elles constituaient des aveux. L'Éventreur y affirme avoir assassiné et mutilé des gens qu'il appelle par leurs noms, et il menace de tuer des membres du gouvernement et de la police. Contrairement aux individus dérangés qui font de faux aveux aux enquêteurs, ceux de l'Éventreur ne changent pas en fonction des derniers détails dispensés aux informations. Au contraire, l'Éventreur ridiculise les nouvelles quand elles sont fausses, d'après lui, et parfois il rectifie certains détails, comme les descriptions physiques ou le statut social supposé de l'Éventreur lui-même.

Si de nos jours un inspecteur tiquait en voyant Sickert faire étalage de ses talents artistiques dans les lettres de l'Éventreur, on peut être certain que les indices de papier laissés derrière lui par Sickert seraient jugés extrêmement importants. À vrai dire, si Sickert était suspect aujourd'hui, à supposer que la police soit versée dans la science de la médecine légale moderne, sa piste de papier conduirait jusqu'à lui.

À cette date, trois lettres de l'Éventreur et huit lettres de Sickert possèdent le filigrane du papetier A Pirie & Sons. Il semblerait qu'entre 1885 et 1887 le papier à lettres utilisé par les Sickert au 54 Broadhurst Gardens ait été du A Pirie, plié en deux au milieu comme une carte de vœux. Le dessus était bordé d'un liséré bleu pâle, de la même couleur que l'adresse gaufrée. Le filigrane A Pirie & Sons se trouve au centre de la pliure. Dans les trois lettres de l'Éventreur, le papier a été déchiré le long de la pliure et il ne reste que la moitié du filigrane.

À moins que Jack l'Éventreur n'ait été d'une bêtise incroyable, il a forcément retiré la partie où se trouvait l'adresse. Ce qui ne veut pas dire que des criminels ne commettent jamais de gaffes monumentales, comme oublier un permis de conduire sur le lieu d'un crime, par exemple, ou écrire sur un bulletin de versement d'argent sur lequel figurent l'adresse du braqueur de banque et son numéro de Sécurité sociale. Mais Jack l'Éventreur ne commit aucune erreur fatale de son vivant.

En outre, il était persuadé qu'il ne se ferait jamais prendre. Sickert ne se souciait sans doute pas du filigrane partiellement visible sur les lettres de l'Éventreur qu'il écrivait. Peut-être s'agissait-il d'une provocation supplémentaire, dans le style : «Essayez donc de m'attraper !» Plus vraisemblablement, il était trop arrogant pour attacher de l'importance à du papier ou à de vulgaires dessins, et il avait raison. Les filigranes A Pirie & Sons que l'on trouve sur le papier à lettres de Sickert comportent une date de fabrication, et les trois dates partielles sur les lettres de l'Éventreur possédant le filigrane A Pirie & Sons sont : 18, 18 et 87. Le 87 correspond de toute évidence à 1887.

Des voyages répétés aux archives ont fait apparaître d'autres concordances de filigranes. Des lettres que Sickert a adressées à Jacques-Émile Blanche en 1887 sont écrites sur des feuilles portant l'adresse gaufrée en noir, avec le filigrane Joynson Superfine. Des recherches dans la correspondance entre Blanche et Sickert, conservée à la bibliothèque de l'Institut de France à Paris, montrent qu'à la fin de l'été et durant l'automne 1888, et au printemps 1889, Sickert se servait toujours du papier à lettres Joynson Superfine portant l'adresse du 54 Broadhurst Gardens, soit gaufrée sans couleur ou en rouge vif avec un liséré de la même teinte.

Des lettres adressées par Ellen à Blanche, jusqu'en 1893, portant l'adresse du 10 Glebe Place à Chelsea, ont été écrites sur du papier avec le filigrane de Joynson Superfine, et il semblerait que Sickert se servait de ce papier à lettres en même temps qu'il utilisait le papier A Pirie & Sons.

Dans la collection de Sir William Rothenstein, conservée au département des manuscrits de la bibliothèque de l'université Harvard, j'ai découvert deux autres lettres de Sickert possédant le filigrane Joynson Superfine. Rothenstein était un artiste et un écrivain, suffisamment proche de Sickert pour que celui-ci n'hésite pas à lui demander de mentir sous serment. À la fin des années 1890, Sickert était devenu ami avec une certaine Mme Villain, une poissonnière de Dieppe, qu'il appelait « Titine ». Pour 5 *livres* par trimestre, il louait dans la petite maison de cette femme un coin qui lui servait de chambre et d'atelier. Quelle que soit la nature de leur relation, celle-ci aurait pu être utilisée contre lui devant un tribunal si jamais il avait voulu s'opposer à la demande de divorce d'Ellen, ce qu'il ne fit pas. « Si tu es cité à comparaître, écrivit-il à Rothenstein en 1899, pendant le divorce, il serait bon que tu ignores le véritable nom de Titine. Tu pourrais dire que je l'appelle toujours "madame". » Rothenstein n'ignorait pas l'existence de Titine. Il savait très bien qui elle était.

Les deux lettres que Sickert a écrites à Rothenstein sur du papier Joynson Superfine ne sont pas datées. L'une d'elles, curieusement rédigée en allemand et en italien, l'a été sur du papier qui devait appartenir à la mère de Sickert, car c'est son adresse qui y figure. La seconde lettre envoyée à Rothenstein, avec le filigrane Joynson Superfine, sur laquelle figurent des gribouillis mathématiques, un visage de personnage de bande dessinée et le mot « beurk », porte l'adresse du 10 Glebe Place à Chelsea, comme sur la lettre adressée par Ellen Sickert à Blanche en 1893. Dans une autre lettre à Rothenstein, Sickert dessine des visages ronds, enfantins, ressemblant au visage de bande dessinée figurant sur une carte que l'Éventreur envoya à James Fraser, de la police de la City (datant sans doute de l'automne 1888 car la carte postale se moque de la police à propos de la « Pauvre Annie », le meurtre d'Annie Chapman).

Une lettre de l'Éventreur adressée au Public Record Office permet d'apercevoir un bout de filigrane Joynson. Il semblerait que Sickert ait utilisé du papier à lettres Joynson Superfine à partir de la fin des années 1880, et ce jusqu'à la fin des années 1890. Je n'ai trouvé aucune lettre écrite sur ce papier ultérieure à son divorce, en 1899, quand il partit pour l'Europe continentale.

À mesure que ces filigranes continuaient de faire surface, la Tate Britain me suggéra de consulter Peter Bower, un des experts et historiens du papier les plus réputés au monde, sans doute plus connu pour son travail sur les papiers utilisés par des artistes aussi divers que Michel-Ange, J. M. W. Turner, Constable et d'autres, et pour avoir prouvé que le célèbre *Journal de Jack l'Éventreur* était un faux. Bower souligne que des filigranes identiques ne signifient pas toujours que le papier provient du même lot.

Lorsqu'il recherche des caractéristiques pour essayer d'établir des comparaisons, il utilise une lentille grossissante (trente fois) afin de comparer les dimensions, les fibres et les écarts de la trame. Quand le papier est fabriqué à la machine, comme c'est le cas des feuilles A Pirie & Sons et Joynson Superfine, et qu'il provient d'un seul lot, cela signifie que chaque feuille provient du même rouleau. Un autre lot possédant le même filigrane et des fibres relativement semblables peut présenter malgré tout de très légères différences au niveau des dimensions des feuilles, en fonction de la vitesse de séchage ou de la manière dont la machine les coupe.

Ces caractéristiques – les dimensions et l'espace entre les fils de la trame – constituent le profil Y du papier, et des profils Y concordants signifient que le papier provient du même lot.

Toujours d'après Bower, il n'est pas rare qu'une personne possède du papier à lettres provenant de plusieurs lots différents, et même quand le papier est commandé à la papeterie, il se peut que divers lots se mélangent, alors que les filigranes et le texte gaufré ou gravé sont identiques. Les différences entre les lettres de Sickert et de l'Éventreur portent sur les dimensions.

Par exemple, la lettre «Cher Openshaw» avec le filigrane A Pirie provient du même lot que la lettre que l'Éventreur a expédiée de Londres le 22 novembre, mais pas du même lot qu'une autre du 22 novembre, prétendument envoyée de Manchester. De toute évidence, l'Éventreur avait en sa possession plusieurs lots de feuilles A Pirie & Sons quand il a écrit ses lettres du 22 novembre, à moins qu'on ne souhaite essayer de démontrer que deux personnes différentes ont écrit par hasard des lettres de Jack l'Éventreur sur du papier A Pirie & Sons du même type et de la même couleur le même jour.

Dans certains cas, les différences de dimensions peuvent être dues à la conservation. Quand on chauffe le papier en y appliquant une membrane protectrice, par exemple, il rétrécit légèrement. Mais, plus vraisemblablement, ces différences de dimensions peuvent s'expliquer par des commandes de réapprovisionnement auprès de la papeterie. À la fin des années 1880, le papier à lettres personnalisé se commandait généralement par « main », soit vingt-cinq feuilles, dont des feuilles « annexes » vierges. Une nouvelle commande du même papier à lettres personnalisé, avec le même filigrane, pouvait provenir d'un lot différent. Ou peut-être que la papeterie utilisait une taille standard différente, comme le *Post Quarto*, le *Commercial Note* ou l'*Octavo Note*.

Un exemple de ces différences dans les dimensions des feuilles nous est fourni par une lettre de l'Éventreur, sur du papier portant le filigrane Joynson Superfine, envoyée à la police de la City. La partie déchirée de la feuille pliée mesure 6,15 pouces sur 9,10. Une autre lettre de l'Éventreur, écrite sur le même type de papier, avec le même filigrane, fut envoyée à la Police métropolitaine, et il s'agit d'un papier à lettres de type *Commercial Note*, de 8 pouces sur 5. Une lettre de Sickert, écrite sur du Monckton's Superfine, que nous avons examinée à Glasgow, mesure 7 pouces et un huitième sur 9 pouces, alors qu'une lettre de l'Éventreur envoyée à la police de la City, sur le même type de papier, avec un filigrane Monckton's Superfine identique, mesure 7 pouces et un huitième sur 8 pouces et neuf dixièmes. Cela indique très probablement que le papier à lettres Monckton's Superfine provenait de différents lots, mais cela ne signifie nullement qu'il s'agissait de différentes personnes écrivant des lettres de l'Éventreur.

Si j'insiste sur ces divers lots de papier, c'est uniquement parce qu'un avocat de la défense le ferait. En fait, la présence de papiers du même type, avec le même filigrane mais provenant de lots différents, ne constitue pas nécessairement un démenti dans une affaire et, comme l'a souligné Bower, après avoir étudié les papiers utilisés par d'autres artistes, il pouvait « s'attendre à trouver de telles variations ».

Mais Bower a également découvert dans les lettres de l'Éventreur du papier qui ne présentait aucune différence, et comme il n'avait pas non plus de filigrane, personne n'a vraiment remarqué ces lettres. Deux lettres de l'Éventreur adressées à la Police métropolitaine et une autre adressée à la police de la City ont été écrites sur le même papier bleu ciel de mauvaise qualité – et si trois lettres proviennent du même lot de papier, cela permet de penser que c'est la même personne qui les a écrites ; tout comme il est difficile de considérer que des filigranes identiques, surtout trois types de concordances différentes, sont de simples coïncidences.

De même, il est presque impossible d'ignorer les découvertes faites par Bower après la première publication de ce livre. Le Dr Anna Robins dénicha un petit nombre de lettres de Sickert au Getty Research Institute à Santa Monica, en Californie, et je suis allée les voir. J'ai mesuré les feuilles, j'ai décrit les filigranes et le papier et envoyé ces informations à Bower. Il fut suffisamment excité par ce qu'il vit pour faire le voyage depuis Londres afin d'examiner les originaux.

Sa stupéfiante découverte est la suivante : trois lettres de Sickert, écrites sur le papier de sa mère, et deux lettres de l'Éventreur proviennent d'un lot de vingt-quatre feuilles frappées du filigrane Gurney Ivory Laid.

Bower expliqua que le fabricant de Gurney Ivory Laid « faisait relativement peu de papier à lettres, dont les feuilles étaient grossièrement découpées, puis pliées et divisées en mains de vingt-quatre feuilles. Les mains avaient ensuite droit à un ultime coup de massicot. Chaque coup de massicot produisait des bords légèrement différents. Les concordances entre les petits bords des quatre feuilles identifiées montrent qu'elles proviennent de la même main… [ou] groupe de vingt-quatre feuilles ».

Quelques mois plus tard, Bower découvrit une troisième lettre de Sickert à la British Library, écrite (vers 1890) à une femme nommée Mlle E. Case, qui avait invité Sickert et son épouse, Ellen, à une réunion entre amis. Sickert lui répond, sur une feuille de papier Gurney Ivory Laid, qu'Ellen est « toujours à la campagne » et il ajoute : « Je ne suis jamais capable de sortir durant le jour. » Là encore, la feuille de papier provient du même lot que les deux autres lettres de Sickert et les deux lettres de l'Éventreur écrites sur du papier Gurney Ivory Laid.

À mesure que Bower poursuivait son enquête sur ce papier, il découvrit d'autres indices prouvant que Sickert avait écrit un grand nombre de lettres de l'Éventreur.

Quatre lettres classées sous la rubrique « Meurtres de Whitechapel » à la Corporation of London Records Office ont été écrites sur du papier Joynson Superfine et signées « Nemo ». Les dates sont les suivantes : 8 octobre 1888, 16 octobre 1888, 29 janvier 1889 et 16 février 1889. La première fois où j'ai vu ces lettres, je me suis méfiée, car le nom de scène de Sickert était

«Nemo», et après des mois de recherches j'en étais venue à penser que Jack l'Éventreur ne signait pas toujours ses lettres avec les diverses variations autour du nom de l'Éventreur («l'Éventreur», «Jack l'Éventreur», «Jack l'Effronté», etc.). Dans certaines lettres, la signature semble dépendre du contenu et du destinataire. Un certain nombre d'entre elles non signées «Jack l'Éventreur» – adressées pour la plupart à la police de la City – sont censées aider l'enquête, mais elles empestent la moquerie et tentent d'inciter la police à suivre leurs suggestions, tandis que, à n'en point douter, l'Éventreur observe en coulisse et rigole.

Voici un bref résumé des nouvelles preuves relatives aux correspondances certaines et probables concernant le papier des lettres de Sickert et de l'Éventreur, d'après Peter Bower :

– deux lettres signées «Nemo», correspondant probablement à une lettre écrite par Sickert sur du papier Joynson Superfine au marchand d'art D. C. Thompson (vers 1890, Getty Research Institute) ;

– une lettre signée «Nemo» qui correspond certainement à deux autres lettres écrites par Sickert sur du papier Joynson Superfine à D. C. Thompson (Getty Research Institute) ;

– une lettre signée «Nemo» correspondant certainement à une lettre sur papier Joynson Superfine que Sickert écrivit à son ami William Rothenstein (Harvard) ;

– un dessin de music-hall sur papier avec filigrane partiel Brookleigh Fine (1888, Walker Art Gallery) correspondant probablement à deux lettres de l'Éventreur (Public Record Office) ;

– une lettre de Sickert avec le filigrane Mockton N. B. (Archives Sickert) correspondant probablement à une lettre de l'Éventreur (Corporation of London Records Office);

– la lettre avec le filigrane Gurney Ivory Laid que Sickert écrivit à Mlle E. Case (vers 1890, British Library) et qui correspond certainement à une lettre de l'Éventreur (Corporation of London Records Office).

Qualifier une correspondance de «probable», c'est du langage de témoin expert. À l'instar d'autres experts qui témoignent au tribunal, Bower explique *grosso modo*, officiellement, qu'une conclusion «correspond» à une autre, ce qui signifie en réalité que ces conclusions sont assez proches pour que le jury prenne très au sérieux ces *correspondances*. Celles établies par Bower, «probables» ou «certaines», doivent être prises très au sérieux.

Les annuaires professionnels de l'époque recensent presque mille deux cents filigranes différents en usage à la fin des années 1880, certains fabricants de papier produisant plus de cent variétés. Quand on prend en compte le grand nombre de papiers filigranés disponibles à Londres et le petit nombre de papiers (Gurney Ivory Laid, Joynson Superfine, Monkton's Superfine, A Pirie & Sons et Brookleigh Fine, dont deux au moins provenant du même petit fournisseur: Lepard & Smiths) que l'on retrouve en permanence dans les lettres de Sickert et de l'Éventreur, il ne s'agit pas de simples coïncidences. Un fabricant, explique Bower, pouvait proposer jusqu'à cent filigranes différents disponibles chez un papetier. «Les gens choisissent ce qu'ils connaissent et apprécient», ajoute-t-il, et quand on tombe sur une correspondance, ou une correspondance probable, entre deux filigranes identiques, provenant du même lot, et que l'on découvre ensuite deux ou trois filigranes identiques provenant du même lot, puis encore d'autres filigranes identiques provenant du même lot, les probabilités statistiques pour que deux personnes différentes, ou plus, aient envoyé ces lettres deviennent sidérantes.

Le 4 octobre 1888 (soit quatre jours avant que la première lettre de «Nemo» soit envoyée à la police de la City et en plein battage lié à l'enquête en cours concernant Elizabeth Stride), le *Times* publia une lettre adressée au rédacteur en chef et signée «Nemo». L'auteur y parlait de «mutilations, ablation du nez et des oreilles, lacération du corps et découpage de certains organes». Il est curieux que «Nemo» ait mentionné l'ablation d'un cœur dans cette lettre. D'après ce qu'on sait, l'Éventreur n'avait encore jamais arraché le cœur de ses victimes. Mais quand on découvrit le cadavre mutilé de Mary Kelly le 9 novembre, son cœur avait disparu.

Dans cette même lettre adressée au *Times,* l'auteur ajoutait :

… À moins d'être pris en flagrant délit, un homme tel que lui semble parfaitement inoffensif dans la vie courante, il a des manières polies, pour ne pas dire obséquieuses, et il est sans doute la dernière personne que soupçonnera un policier britannique.
Mais quand le scélérat est sous l'emprise de l'opium,

de l'excitation ou du gin, quand il est motivé par son goût du massacre et du sang, il peut détruire sa victime sans défense avec la férocité et la ruse du tigre, et ses succès et son impunité passés n'ont fait que le rendre plus téméraire et impatient.

Votre fidèle serviteur

Le 2 octobre
NEMO

Dans la cinquantaine de lettres conservées à la Corporation of London Records Office, d'autres signatures insolites évoquent de manière suspecte celles qui accompagnent certaines lettres de l'Éventreur : «Justitia», «Révélation», «Éventreur», «Némésis», «Un penseur», «May-bee», «Un ami», «Un complice» et «Celui à qui on a ouvert les yeux». Certaines de ces cinquante lettres ont été écrites en octobre 1888 et elles contiennent des dessins et des commentaires semblables à ceux que l'on trouve dans les lettres de l'Éventreur conservées au Public Record Office. Par exemple, dans une lettre adressée au rédacteur en chef du *Daily News*, le 1er octobre 1888, l'Éventreur dit : «J'ai demandé à quelqu'un d'écrire cette lettre pour moi.» Dans une autre lettre non datée, l'expéditeur anonyme écrit : «J'ai demandé à quelqu'un d'écrire cette lettre pour moi.»

Parmi les autres lettres du dossier «Meurtres de Whitechapel» figure une carte postale datée du 3 octobre, dans laquelle l'expéditeur anonyme reprend un grand nombre des menaces, mots et expressions que l'on trouve dans les lettres de l'Éventreur conservées au Public Record Office : « Je vous enverrai les oreilles de mes victimes », « Ça m'amuse que vous me preniez pour un fou », « Cette petite carte pour vous dire… », « Je vous récrirai bientôt » et « Je suis à court d'encre de sang ». Le 6 octobre 1888, le dénommé « Anonyme » suggère que le meurtrier pourrait « réduire ses victimes au silence en exerçant une pression sur certains nerfs du cou », et il ajoute qu'un des avantages supplémentaires qu'il y a à maîtriser sa victime, c'est que le meurtrier peut « relativement protéger sa personne et ses habits des taches ». En octobre 1888, une lettre anonyme écrite à l'encre rouge utilise les termes « fessée sur le cul » et « Jacky l'Effronté », et promet d'« envoyer les prochaines oreilles que je tranche à Charly Warren ».

Une lettre non datée est accompagnée d'un bout de journal attaché par un trombone rouillé. Quand ma collaboratrice, Irene Shulgin, a ôté la coupure de presse pour la retourner, elle a découvert ces mots : « auteur d'œuvres d'art ». Dans une lettre datée du 7 octobre 1888, l'expéditeur a signé *Homo Sum*, qui signifie « Je suis un homme » en latin. Le 9 octobre 1888, l'expéditeur anonyme s'offusque, une fois de plus, d'être considéré comme fou : « Ne vous reposez pas sur la lubie de la folie. » Une autre lettre anonyme adresse un tuyau à la police en encourageant les agents à se déguiser en femmes et à porter des « cottes de mailles » ou des « cols en acier léger » sous leurs vêtements. Une lettre anonyme datée du

20 octobre 1888 affirme que « le mobile de ces crimes est la haine et le mépris envers les autorités de Scotland Yard, dont l'un des membres est désigné comme victime ».

Dans une lettre de juillet 1889, l'auteur signe *Qui Vir*, qui signifie en latin « Quel homme ? ». Dans une lettre que Sickert a écrite à Whistler en 1897, il fait allusion, de manière assez sarcastique, à son ancien « maître espiègle » en l'appelant *Ecce Homo*, « Voici l'homme ». Dans la lettre « Qui Vir », conservée à la Corporation of London Records Office, l'auteur indique que le meurtrier peut « choisir le moment pour commettre le *meurtre & retourner ensuite dans sa cachette* ». Le 11 septembre 1889, un auteur anonyme provoque la police en disant qu'il voyage toujours en « troisième classe » et « je porte une barbe noire sur tout le visage ». Environ 20 % des lettres de la Corporation of London Records Office possèdent des filigranes, y compris, comme je l'ai dit, celui du papetier Joynson Superfine. J'ai également découvert un filigrane Monckton's Superfine sur une lettre signée « une personne du public ». Une lettre écrite par Sickert à Whistler entre le milieu et la fin des années 1880 possède le même filigrane Monckton's Superfine.

Certes, je n'oserais pas affirmer que ces lettres ont été écrites par Sickert, ni même par Jack l'Éventreur, mais cette correspondance anonyme est conforme au profil d'un psychopathe violent qui provoque la police et tente de s'immiscer dans l'enquête. Si l'on met de côté les filigranes et le langage, il reste le problème de l'écriture. La stupéfiante variété d'écritures que l'on trouve dans les lettres de l'Éventreur fut à l'origine d'un débat enflammé. De nombreuses personnes, dont des spécialistes de l'analyse scientifique de documents, ont affirmé qu'il n'était pas possible qu'une seule personne écrive de tant de manières différentes.

Ce n'est pas nécessairement vrai, répond Peter Bower. Il affirme qu'il a vu de «bons calligraphes» capables d'adopter un nombre incroyable d'écritures différentes, mais cela nécessite un «talent extraordinaire». Son épouse, Sally Bower, est une éminente «lettreuse», c'est-à-dire une personne qui crée et invente des caractères. Bien qu'elle ne soit pas experte en graphologie, elle possède une approche différente, car elle sait comment une personne forme les caractères et les attache entre eux pour faire des mots. En examinant avec son mari les lettres de l'Éventreur, elle a immédiatement fait le lien entre un certain nombre d'entre elles, grâce à des fioritures et à la façon de tracer les lettres. Je suis absolument convaincue que Sickert possédait un incroyable don pour écrire de nombreuses façons différentes.

Dans une lettre qu'il écrivit à l'artiste Sir William Eden, Sickert raya un paragraphe dans lequel il est question d'une femme nommée Janon qui n'était pas capable de lire l'écriture de Sickert. «J'ai encore écrit en belle ronde», écrivait-il. Assurément, Sickert l'artiste était capable d'adopter divers styles d'écriture et même d'écrire à l'envers, comme cela est évident sur certaines de ses eaux-fortes. Quand les tirages d'une eau-forte sortent de la presse, les images sont inversées, ce qui signifie que le nom de l'artiste (s'il a été gravé sur la plaque) sera lui aussi inversé. Sur de nombreuses eaux-fortes de Sickert, on voit bien qu'il a gravé son nom à l'envers sur la plaque. Sa signature, en écriture cursive parfois (mais pas toujours), est différente de sa signature normale.

Mais Sickert n'avait pas besoin d'écrire à l'envers pour modifier son écriture. Conformément à ses personnalités et à ses déguisements multiples, son écriture dans sa correspondance est incohérente et parfois méconnaissable, y compris sa signature. Pas étonnant, dès lors, que Sickert ait confondu tant de graphologues. Dans certains cas, ses *t*, ses *s* et ses *w* sont tracés de manières si différentes qu'on a du mal à croire qu'ils sont de la même main. Toutefois, plus on étudie les lettres originales de l'Éventreur, plus on remarque des similitudes entre l'écriture de l'Éventreur et celle de Sickert, et aussi des dissemblances constantes.

Sickert ne craignait pas que la police remarque ou s'interroge sur la touche artistique présente dans ses lettres provocantes, violentes et obscènes. Ou peut-être supposait-il que, même si un enquêteur rusé comme Abberline relevait l'originalité de ces lettres, la piste ne conduirait jamais jusqu'au 54 Broadhurst Gardens. Après tout, les policiers étaient des « idiots ». La plupart des gens étaient stupides et ennuyeux, Sickert le répétait assez souvent. « Je pense que l'avenir, mon Billy, nous appartient. Personne d'autre n'a la moindre intelligence », écrivit-il à Rothenstein (vers la fin des années 1890).

Peu de gens sur terre étaient aussi brillants, intelligents, rusés ou fascinants que Walter Sickert, pas même Whistler ou Oscar Wilde, avec lesquels il n'aimait pas rivaliser publiquement dans les dîners ou autres rassemblements. S'il savait qu'il ne serait pas le pôle d'attraction, Sickert risquait fort de ne pas se montrer. Il n'hésitait pas à avouer qu'il était « snob » et il divisait le monde en deux catégories d'individus : ceux qui l'intéressaient et ceux qui ne l'intéressaient pas. Comme toujours chez les psychopathes, Sickert estimait qu'aucun enquêteur ne pouvait rivaliser avec lui, et comme c'est le cas de tous ces personnages effrayants, dénués de remords, son délire le conduisit à laisser sur son chemin bien plus d'indices compromettants qu'il ne l'avait sans doute jamais imaginé.

Les endroits lointains associés à certaines lettres de l'Éventreur n'ont fait que renforcer l'idée selon laquelle ces lettres étaient des canulars. La police n'avait aucune raison de penser que ce meurtrier de l'East End pouvait se trouver dans une ville un jour et dans une autre le lendemain. Personne ne semble avoir réfléchi au fait que l'Éventreur pouvait se déplacer et qu'il existait peut-être un lien entre toutes ces villes.

Un grand nombre d'entre elles se trouvaient sur le trajet de la compagnie théâtrale de Henry Irving, qui était publié dans les journaux quotidiennement. Au printemps et à l'automne, la compagnie d'Irving effectuait une tournée dans des grandes villes comme Glasgow, Édimbourg, Manchester, Liverpool, Bradford, Leeds, Nottingham, Newcastle et Plymouth, pour n'en citer que quelques-unes. Souvent, Ellen Terry participait à ces voyages épuisants. « Je vais me rendre en train de Newcastle à Leeds », écrit-elle de manière lugubre dans une lettre rédigée durant une de ces tournées, et son épuisement est presque palpable.

La plupart de ces villes possédaient également d'importants champs de courses, et plusieurs lettres de l'Éventreur mentionnent les réunions hippiques en offrant des tuyaux à la police. Sickert a peint des courses de chevaux et il connaissait bien le sport en général. Dans le numéro du 19 mars 1914 du journal littéraire *New Age*, il publia un article intitulé « A Stone Ginger », une expression utilisée dans l'argot des courses pour évoquer un « coup sûr », et, pour faire bonne mesure, il ajoutait quelques autres exemples de jargon hippique. Les champs de courses étaient des lieux où Sickert pouvait se fondre dans la foule, surtout s'il portait un de ses déguisements, et si les courses se déroulaient dans une ville où il ne risquait pas de rencontrer une personne de sa connaissance. Enfin, les prostituées étaient nombreuses sur les hippodromes.

Les courses de chevaux, le jeu au casino et la boxe étaient des centres d'intérêt pour Sickert, même si l'on y fait rarement allusion dans les livres et les articles que j'ai lus. Quand l'Éventreur utilise le terme « jeter l'éponge » dans une lettre dont les critiques d'art pensent qu'elle a été écrite par Sickert, s'agit-il d'un aperçu de la personnalité de Sickert ou utilise-t-il simplement un cliché, de manière irréfléchie ? Faut-il chercher une signification dans cet autoportrait sombre que Sickert a peint en 1908 et qui le montre dans un atelier, debout derrière ce qui voudrait être un torse de boxeur en plâtre, mais qui ressemble davantage à une femme décapitée aux membres arrachés ? Quel sens donner à cette référence, que l'on trouve dans une autre lettre de l'Éventreur, à « Bangor Street », une adresse qui n'existe pas à Londres, alors que Bangor est un endroit du pays de Galles où se déroulent des courses hippiques ?

Si je ne possède aucune preuve indiquant que Sickert misait sur les courses de chevaux, je n'ai aucun élément permettant d'affirmer le contraire. Le jeu était peut-être un vice caché. En tout cas, voilà qui expliquerait comment il parvenait à dilapider si rapidement son argent. Quand Sickert et la parcimonieuse Ellen divorcèrent, elle était dans une situation financière dramatique dont elle ne parviendrait jamais à se sortir. Le cerveau si bien organisé de Sickert semblait le trahir quand il s'agissait des finances. Il distribuait ses tableaux par brassées, parfois à des inconnus, ou bien il laissait les toiles pourrir dans ses ateliers. Il n'a jamais gagné beaucoup d'argent, mais il avait accès à celui d'Ellen, même après leur divorce, et à celui des autres femmes qui prirent soin de lui, dont ses deux épouses suivantes.

Sickert se montrait généreux envers son frère Bernhard, un artiste raté. Il louait plusieurs logements en même temps, il achetait des fournitures pour peindre, il lisait un grand nombre de journaux quotidiennement, il devait posséder une importante garde-robe pour ses multiples déguisements, il était passionné par le théâtre et le music-hall, et il voyageait souvent. Mais la plupart des choses qu'il achetait ou louait étaient de mauvaise qualité, et il n'était pas du genre à réserver les meilleures places au spectacle ni à voyager en première classe. J'ignore quelle somme d'argent il dilapida mais, après leur divorce, Ellen écrivit : « Lui donner de l'argent, c'est comme le donner à un enfant pour qu'il allume un feu avec. »

Elle le jugeait tellement irresponsable sur le plan pécuniaire – pour des raisons qu'elle n'a jamais évoquées – qu'après leur divorce elle conspira avec Jacques-Émile Blanche pour acheter les tableaux de Sickert. Blanche les achetait et Ellen les lui remboursait en cachette. Sickert ne devait « jamais suspecter que ça vient de moi », écrivit-elle à Blanche. « Je n'en parlerai à personne » – pas même à sa sœur Janie, à qui elle s'était pourtant toujours confiée. Ellen savait ce que Janie pensait de Sickert et de son comportement d'exploiteur. Elle savait aussi qu'aider son mari, ce n'était pas vraiment l'aider. Quoi qu'on lui donne, ce ne serait jamais assez. Mais on aurait dit que c'était plus fort qu'elle, il fallait qu'elle l'aide.

« Je pense à lui jour et nuit, écrivit Ellen à Blanche en 1899. Vous le connaissez : c'est un enfant dès qu'il s'agit d'argent. Serez-vous encore assez gentils, comme vous l'avez été, pour acheter un des tableaux de Walter, au moment où cela lui sera plus utile ? Et n'oubliez pas que tout cela ne servira à rien si vous n'insistez pas pour vérifier de quelle façon cet argent est dépensé. Il a emprunté 600 *livres sterling* à son beau-frère (qui est pauvre) et il devrait lui verser des intérêts sur cette somme. *Mais je ne peux pas.* »

La drogue et l'alcool étaient des fléaux héréditaires dans la famille Sickert. Sans doute avait-il des prédispositions à la dépendance, ce qui permettrait d'expliquer pourquoi il évita l'alcool durant sa jeunesse, avant d'en abuser plus tard. Il serait risqué d'affirmer que Sickert avait un problème avec le jeu. Mais l'argent semblait se volatiliser dès qu'il y touchait, et même si les allusions aux courses de chevaux et aux villes où se déroulaient ces courses, dans les lettres de l'Éventreur, ne constituent pas des «preuves», ces détails piquent notre curiosité.

Sickert pouvait sans doute faire tout ce qui lui plaisait. Sa profession ne l'obligeait pas à avoir des horaires réguliers. Il n'avait de comptes à rendre à personne, surtout maintenant qu'il avait fini son apprentissage auprès de Whistler et qu'il n'était plus tenu de faire ce que le Maître exigeait. À l'automne 1888, le Maître était en voyage de noces; il ignorait ce que Sickert faisait de ses journées, et il s'en fichait. Ellen et Janie étaient en Irlande, bien qu'il ne soit pas nécessaire qu'Ellen soit absente pour que Sickert décide de disparaître pendant une nuit ou une semaine. Disparaître en Grande-Bretagne était une chose relativement facile, tant que les trains circulaient. Par ailleurs, ce n'était pas bien sorcier de traverser la Manche au matin pour dîner en France le soir même.

CHAPITRE 16

TÉNÈBRES INSONDABLES

Cinq heures après que le corps d'Annie Chapman eut été transporté à l'intérieur de la morgue de White-chapel, le Dr George Phillips arriva sur place et découvrit qu'elle avait été déshabillée et lavée. Furieux, il exigea une explication.

Robert Mann, le responsable de la morgue qui avait déjà causé un tas de problèmes lors du meurtre de Mary Ann Nichols, répondit que la direction de l'hospice avait ordonné à deux infirmières de déshabiller et de nettoyer le corps. Aucun policier ni aucun médecin n'avait assisté à l'opération et, en balayant les lieux d'un regard furieux, le Dr Phillips aperçut les vêtements d'Annie empilés dans un coin, par terre. Ses précédentes remontrances, comme quoi ni les pensionnaires, ni les infirmières, ni personne d'autre ne devaient toucher au corps, sauf ordre de la police, avaient eu peu d'effet sur Mann. Il avait déjà entendu ça.

La morgue n'était en fait qu'un local exigu, sale et puant, avec une table en bois éraflée et noircie par du sang ancien. En été, la chaleur était étouffante, et en hiver il y faisait si froid que Mann avait du mal à plier les doigts. Quel sale boulot ! avait-il dû penser. Le médecin aurait dû être content que deux infirmières lui aient évité de faire ça. De plus, pas besoin d'être médecin pour voir comment était morte la pauvre femme. Sa tête n'était presque plus reliée à son cou et on l'avait étripée comme un porc suspendu dans une boucherie. Mann n'écoutait déjà plus le Dr Phillips qui continuait à exprimer son dégoût, en se plaignant que ces conditions de travail n'étaient pas seulement inadaptées, mais également dangereuses pour sa santé.

Le médecin aurait l'occasion d'enfoncer le clou durant l'enquête. Le *coroner* Wynne Baxter déclara devant les jurés et la presse que l'absence d'une véritable morgue dans l'East End était un scandale. Si un endroit de la Grande Métropole avait besoin d'un lieu adapté pour accueillir les morts, c'était assurément le quartier déshérité de l'East End, où à Wapping, tout près de là, les corps qu'on repêchait dans la Tamise devaient être «mis dans des caisses», car il n'y avait aucun endroit où les emmener, dit Baxter.

Il y avait eu une morgue à Whitechapel, mais elle avait été détruite pour faire place à une nouvelle route. Pour une raison quelconque, les autorités de Londres n'avaient pas encore décidé de construire de nouvelles installations pour s'occuper des morts, et la question n'était pas à l'ordre du jour. Comme on disait à l'époque où je travaillais pour les services du médecin légiste : «Les morts ne votent pas et ils ne paient pas d'impôts.» Les morts pauvres ne font pas pression sur les politiciens pour avoir des crédits.

Même si la mort remet tout le monde à égalité, tous les morts ne sont pas égaux.

Le Dr Phillips commença l'examen du corps d'Annie Chapman. Il était maintenant dans un état de raideur cadavérique avancé, même si le phénomène avait sans doute été ralenti par la température très basse. L'estimation du Dr Phillips selon laquelle Annie était morte depuis deux ou trois heures quand on avait découvert son corps devait être relativement correcte. En revanche, il était loin du compte quand il conclut que la faible quantité de nourriture contenue dans son estomac et l'absence de liquide signifiaient qu'elle était à jeun au moment de sa mort.

Les fluides corporels comme le sang, l'urine et l'humeur vitreuse de l'œil étaient rarement examinés pour y trouver des traces d'alcool ou de drogue. Si cet examen avait été pratiqué, le médecin aurait certainement découvert qu'Annie était sous l'influence de l'alcool quand on l'avait assassinée. Plus elle était ivre, mieux c'était pour le meurtrier.

Les entailles dans le cou d'Annie se situaient du « côté gauche de la colonne vertébrale »; elles étaient parallèles et séparées d'environ un centimètre. Le meurtrier avait tenté de détacher les os du cou, ce qui laissait deviner qu'il avait voulu la décapiter. Étant donné que les plaies étaient plus profondes du côté gauche et qu'elles s'atténuaient vers la droite, le meurtrier était sans doute droitier, en supposant qu'il l'avait attaquée par-derrière. Les poumons et le cerveau montraient des signes de maladie avancée, et malgré son obésité, elle souffrait de malnutrition.

Lors de l'enquête, le Dr Phillips donna son avis sur la succession d'événements ayant entraîné la mort d'Annie Chapman : sa respiration avait été entravée, puis son cœur s'était arrêté à la suite d'une hémorragie. La mort, disait-il, était due à une « syncope », une chute brutale de la tension. Si le médecin légiste chef de Virginie, Marcella Fierro, avait été présente, je peux imaginer ce qu'elle aurait dit. Une chute de tension était un mécanisme et non pas la cause de la mort d'Annie Chapman. La tension chute quand quelqu'un est en train de mourir, et quand une personne est morte, il n'y a plus de tension.

La respiration s'arrête, le cœur s'arrête, la digestion s'arrête, les ondes cérébrales retombent quand une personne meurt. Dire qu'une personne est morte d'un arrêt cardiaque ou respiratoire, ou d'une syncope, c'est comme dire que la cécité d'une personne est due au fait qu'elle ne peut pas voir. Ce que le Dr Phillips aurait dû dire au jury, c'était que la mort était consécutive à une hémorragie provoquée par les blessures infligées dans le cou. Je n'ai jamais compris le raisonnement d'un médecin qui remplit un certificat de décès en indiquant un arrêt cardiaque ou respiratoire comme cause de la mort, qu'importe si la pauvre personne a été tuée d'une balle, poignardée, battue à mort, noyée, renversée par une voiture ou écrasée par un train.

Au cours de l'audition sur la mort d'Annie Chapman, un juré interrompit le Dr Phillips pour lui demander s'il avait photographié les yeux d'Annie, au cas où sa rétine aurait saisi l'image du meurtrier. Le Dr Phillips répondit que non. Il conclut brutalement son témoignage en disant au *coroner* Baxter que les informations fournies suffisaient à expliquer la mort de la victime. Entrer plus avant dans les détails serait « douloureux pour les sentiments du jury et du public ». Évidemment, ajouta le Dr Phillips, « je me plierai à votre décision ».

Baxter ne partageait pas cet avis. « Aussi douloureux que cela puisse être, répondit-il, il est nécessaire dans l'intérêt de la justice » que les détails concernant le meurtre d'Annie Chapman soient exposés. Le Dr Phillips répliqua : « Si j'en viens à parler des blessures infligées à la partie inférieure du corps, je dois répéter que, selon moi, il est fort peu judicieux de rendre publics les résultats de mon examen. Ces détails ne sont destinés qu'à vous, monsieur, et au jury. Les rendre publics serait tout bonnement dégoûtant. » Le *coroner* Baxter demanda aux femmes et aux jeunes garçons présents de quitter la salle bondée. Et il ajouta qu'il n'avait « jamais entendu dire qu'on réclamât de cacher des indices ».

Mais le Dr Phillips maintint son objection avec la même conviction et il demanda à nouveau au *coroner* d'épargner les détails supplémentaires au public. Sa demande fut rejetée et il n'eut d'autre choix que de révéler tout ce qu'il savait sur les mutilations du corps d'Annie Chapman et les organes dérobés par le meurtrier. Il expliqua donc que, s'il avait été le meurtrier, il n'aurait pas pu infliger de telles blessures en moins d'un quart d'heure. En tant que médecin, s'il avait commis de tels dommages, de manière délibérée et experte, il estimait qu'il lui aurait fallu « presque une heure ».

Plus le Dr Phillips était obligé de fournir des détails, plus il s'égarait. Non seulement il renforça cette idée illogique selon laquelle le ventre de Mary Ann Nichols avait été lacéré avant sa gorge, mais il continua en affirmant que le meurtre d'Annie Chapman avait été commis pour voler «les morceaux de corps». Il ajouta que le meurtrier devait posséder des connaissances en anatomie et était sans doute proche d'une profession qui le mettait en contact avec la dissection ou la chirurgie.

C'est alors qu'on suggéra d'utiliser des chiens policiers, et le Dr Phillips fit remarquer que cela ne serait pas forcément utile, étant donné que le sang appartenait à la victime et non au meurtrier. Il ne lui vint pas à l'idée, et à personne d'autre sans doute, que les limiers ne sont pas uniquement capables de flairer l'odeur du sang.

Les contradictions entre les déclarations des témoins ne furent pas élucidées durant l'enquête, et ne l'ont jamais été. Si Annie n'a pas été assassinée avant 5 h 30, comme pourraient le laisser croire les indications fournies à la police, alors, d'après le relevé astronomique de cette journée, elle a été attaquée peu de temps avant le lever du soleil. Il serait incroyablement risqué de sauter sur sa victime dans une zone fréquentée, de lui trancher la gorge et de l'éventrer juste avant le lever du soleil, surtout un jour de marché quand les gens sortent tôt.

Un scénario plausible a été suggéré par le premier juré du jury du *coroner*. Quand John Richardson était assis sur les marches pour arranger sa chaussure, la porte de derrière était ouverte et masquait le corps d'Annie à moins d'un mètre de l'endroit où il était assis, car la porte s'ouvrait sur la gauche, là où se trouvait le corps. Richardson était plus ou moins d'accord avec la théorie du premier juré, en reconnaissant que, puisqu'il n'était pas allé dans la cour, il ne pouvait affirmer avec certitude que le corps ne s'y trouvait pas pendant qu'il arrangeait sa chaussure. Il ne le pensait pas. Mais il faisait encore nuit quand il s'était arrêté chez sa mère, et il s'intéressait à la porte de la cave et à sa chaussure, pas à l'espace entre l'arrière de la maison et la clôture.

Les déclarations d'Elisabeth Long sont plus problématiques. Elle affirma avoir vu une femme bavarder avec un homme à 5 h 30 et dit être certaine que cette femme était Annie Chapman. Si cela est exact, alors Annie avait été assassinée et mutilée à l'aube, et elle était morte depuis moins d'une demi-heure quand son corps fut découvert. Elisabeth n'avait pas bien regardé l'homme et elle dit à la police qu'elle ne pourrait pas le reconnaître si elle le revoyait. Elle ajouta qu'il portait un chapeau à oreillettes marron et peut-être un manteau sombre, et il était «un peu» plus grand qu'Annie, ce qui voulait dire qu'il était très petit étant donné qu'Annie mesurait seulement 1,60 mètre. Il ressemblait à un «étranger», il avait une apparence «misérable et distinguée» et plus de quarante ans.

Elisabeth avait donc remarqué un grand nombre de détails en passant devant ces deux inconnus dans l'obscurité du petit jour. Le quartier était fréquenté par des prostituées et leurs clients, et il était plus que probable qu'Elisabeth Long avait appris à se mêler de ses affaires, aussi ne s'était-elle pas arrêtée pour observer ces deux personnes. De plus, si elle pensait que la conversation entre l'homme et la femme était amicale, elle n'avait aucune raison d'y prêter attention. La vérité, c'est qu'on ne connaît pas la vérité. On ignore si ces «témoins» étaient fiables. C'était un petit matin froid et brumeux. La ville de Londres était polluée. Le soleil ne s'était pas encore levé. Elisabeth avait-elle une bonne vue? Richardson voyait-il bien? Les lunettes étaient un luxe chez les pauvres.

De plus, il n'est pas rare que, dans les enquêtes de police, les gens se laissent emporter parce qu'ils ont été témoins de *quelque chose* et sont désireux d'aider. Très souvent, plus on questionne un témoin, plus il se remémore des détails, tout comme une personne suspecte invente des mensonges de plus en plus enjolivés et contradictoires, à force d'être interrogée.

Concernant le meurtre d'Annie Chapman, je peux juste affirmer avec certitude deux ou trois choses: elle n'a pas perdu connaissance après avoir été «étouffée» ou étranglée, car, dans ce cas, elle aurait eu des hématomes visibles dans le cou; elle portait encore son mouchoir quand elle est morte, et si on lui avait serré le cou, le mouchoir aurait très certainement laissé une marque de frottement; si son visage a pu sembler «gonflé», c'est parce qu'elle était charnue et bouffie. Si elle est morte la bouche ouverte, sa langue a pu sortir à travers l'orifice causé par l'absence de dents de devant.

Le *coroner* Baxter a conclu l'enquête en exposant sa conviction: «Nous sommes confrontés à un meurtrier d'une nature qui sort de l'ordinaire, et dont les crimes sont motivés non pas par la jalousie, la vengeance, le vol, mais par des motifs moins acceptables que tous ceux qui continuent de faire honte à notre civilisation, à gâter notre progrès et à souiller les pages de notre chrétienté. » Le jury rendit un verdict de « meurtre délibéré visant une ou plusieurs personnes inconnues ».

Trois jours plus tard, le mardi après-midi, une petite fille remarqua d'étranges « marques » dans la cour derrière le 25 Hanbury Street, à deux mètres de l'endroit où avait été tuée Annie Chapman. La fillette alla aussitôt chercher un policier. Les marques étaient du sang séché formant une traînée de presque deux mètres qui conduisait vers la porte de derrière d'une autre maison délabrée et surpeuplée. La police en conclut que l'Éventreur avait laissé ces traces de sang en traversant ou en escaladant la palissade qui séparait les cours et, en voulant nettoyer du sang sur son manteau, il l'avait ôté et cogné contre le mur du fond du numéro 25, ce qui expliquerait une tache de sang et « l'arrosage ». La police découvrit par la suite une boule de papier froissée et couverte de sang, avec laquelle l'Éventreur s'était essuyé les mains, pensaient-ils. Jack l'Éventreur, conclut la police, avait quitté le lieu du crime de la même façon qu'il était arrivé.

Cette conclusion tient debout. Dans les crimes prémédités, le meurtrier prévoit soigneusement son entrée et sa sortie, et une personne aussi prudente et méticuleuse que Sickert aurait pris soin de préparer sa fuite. Je doute qu'il ait quitté les lieux en escaladant la palissade branlante et irrégulière qui séparait les cours. Car, dans ce cas, sans doute aurait-il laissé du sang sur les planches ou en aurait-il brisé quelques-unes. S'enfuir en traversant la cour qui donnait dans la rue était plus pratique et raisonnable.

Ensuite, il a pu zigzaguer entre les portes et les passages de «ces ténèbres insondables, où ne brillait aucune lampe», ainsi qu'un journaliste décrivait le décor, un endroit «où un meurtrier doté de sang-froid pouvait aisément passer inaperçu». Dans Hanbury Street, il y avait des barrières ouvertes et des palissades rongées par les intempéries qui entouraient des cours fermées et des «terrains vagues» où des maisons avaient été détruites et où les agents de police craignaient de s'aventurer. Même si Sickert avait été vu, s'il n'agissait pas d'une façon susceptible de faire naître des soupçons, il n'aurait été qu'une silhouette sombre de plus, surtout s'il s'était habillé de manière à se fondre dans l'environnement. Comédien comme il l'était, peut-être même a-t-il souhaité le bonjour à un inconnu.

Sickert a peut-être enveloppé la chair et les organes d'Annie Chapman dans du papier ou un linge. Mais il y aurait eu des gouttes ou des taches de sang et, avec les moyens modernes d'enquête, on aurait sans doute mis en évidence une traînée bien plus longue que celle de deux mètres découverte par la fillette. Les produits chimiques et les sources de lumière modernes auraient pu déceler facilement le sang, mais, en 1888, il fallait les yeux d'un enfant pour remarquer les étranges «marques» dans la cour. Aucune analyse ne fut effectuée, et on ne peut pas dire avec certitude que le sang était celui d'Annie Chapman.

Sickert avait peut-être pour habitude d'observer les prostituées avec leurs clients avant de passer à l'attaque et de tuer. Peut-être avait-il déjà observé Annie par le passé et il savait que, comme d'autres prostituées, elle utilisait les passages ouverts et les cours du 29 Hanbury et des maisons voisines à des fins «immorales». Peut-être l'avait-il espionnée avant de l'assassiner, ce matin-là. Espionner les gens qui s'habillent et se déshabillent ou qui font l'amour correspond au comportement d'un tueur pervers. Les psychopathes violents sont des voyeurs. Ils traquent, ils espionnent, ils fantasment, puis ils violent ou tuent, ou les deux.

Regarder une prostituée s'occuper de son client constituait peut-être les préliminaires pour Sickert. Peut-être a-t-il abordé Annie Chapman immédiatement après le départ de son client. Il a peut-être acheté ses faveurs, l'a convaincue de se retourner, puis il l'a attaquée. Ou bien alors, il a surgi de l'obscurité et lui a sauté dessus par-derrière, il lui a renversé la tête en la tenant par le menton, laissant des hématomes sur sa mâchoire. Les coups de couteau dans la gorge ont sectionné la trachée, empêchant Annie d'émettre le moindre son. En quelques secondes, il a pu la coucher sur le sol et soulever ses vêtements pour lui ouvrir le ventre. Il n'y a pas besoin de beaucoup de temps, ni de savoir-faire, pour éviscérer une personne. Pas la peine d'être médecin légiste ou chirurgien pour trouver l'utérus, les ovaires, puis les organes internes.

On a beaucoup insisté sur les prétendus talents de chirurgien de l'Éventreur. Découper un utérus et la partie de la cloison abdominale qui comprend le nombril, le haut du vagin et la majeure partie de la vessie ne nécessite pas une précision chirurgicale, et même un chirurgien aurait du mal à « opérer » dans l'affolement et l'obscurité. Pourtant, le Dr Phillips était convaincu que le meurtrier possédait des connaissances en anatomie ou en chirurgie et qu'il avait utilisé « un petit scalpel ou un couteau de tueur d'abattoir très affûté, avec une lame fine, étroite et aiguisée, de quinze à vingt centimètres de long ».

Sickert n'avait pas besoin d'être un habitué des opérations de chirurgie ou de la médecine interne pour savoir une ou deux choses sur les organes pelviens féminins. L'extrémité supérieure du vagin est attachée à l'utérus, et au sommet du vagin se trouve la vessie. En supposant que l'utérus soit le trophée recherché par Sickert, il l'a tout bonnement ôté dans l'obscurité et a arraché en même temps les tissus qui l'entourent. Ce n'est pas de la « chirurgie », c'est de l'opportunisme : « Je prends et je coupe. » On peut supposer qu'il connaissait l'emplacement du vagin et savait que celui-ci se trouvait près de l'utérus. Mais s'il ne le savait pas, il existait de nombreux ouvrages de chirurgie à cette époque.

Dès 1872, *Anatomy of the Human Body* de Gray en était déjà à sa sixième édition, avec des illustrations détaillées des « organes de digestion » et des « organes de reproduction féminins ». Ayant subi le traumatisme permanent et débilitant de plusieurs opérations chirurgicales, il était fort probable que Sickert s'intéressait à l'anatomie, surtout celle de l'appareil génital et reproductif de la femme. Un homme aussi curieux, intelligent et obsessionnel que lui n'avait sans doute pas manqué de jeter un coup d'œil à l'ouvrage de Gray ou au *Bell's Great Operations of Surgery* (1821), avec ses planches en couleurs réalisées par Thomas Landseer, le frère du célèbre peintre animalier Edwin Landseer, dont Sickert connaissait certainement le travail.

Il y avait également le *Manual of Pathological Anatomy,* volumes I-IV, de Carl Rokitansky (1849-1854), *Illustrations of Dissections* de George Viner Ellis, avec des planches en couleurs grandeur nature (1867), et l'ouvrage de James Hope, *Principles and Illustrations of Morbid Anatomy, with its Complete Series of Coloured Lithographic Drawings* (1834). Si Sickert avait des doutes quant à l'emplacement de l'utérus et des autres organes, il avait à sa disposition différentes façons de s'éduquer, sans pour autant côtoyer la profession médicale.

L'état déplorable de la science médico-légale en 1888 donna lieu à un certain nombre de malentendus au sujet du sang. La taille et la forme des projections et des gouttes de sang ne signifiaient pas grand-chose pour un enquêteur de l'époque victorienne, qui pensait qu'une personne obèse avait une quantité de sang bien plus importante qu'une personne mince. Le Dr Phillips aura donc examiné la cour où avait été découvert le corps d'Annie Chapman afin de déterminer s'il y avait assez de sang pour indiquer qu'elle avait été assassinée à cet endroit ou ailleurs. Une personne égorgée perdra presque tout son sang, soit environ quatre litres. Une importante quantité de sang a pu être absorbée par les nombreuses couches d'épais vêtements d'Annie. Le sang artériel a pu jaillir et être absorbé par la terre qui se trouvait un peu plus loin.

À mon avis, les « taches » de sang rapprochées découvertes sur le mur du fond, pas très haut au-dessus de la tête d'Annie, étaient des projections dues au couteau. Chaque fois que l'Éventreur la poignardait et ressortait la lame du corps, pour l'y replonger de nouveau, la lame faisait gicler du sang. Comme nous ne connaissons pas le nombre, la forme ni la taille de ces éclaboussures, on peut juste supposer qu'elles n'ont pas été causées par un saignement artériel, à moins qu'Annie ait déjà été couchée à terre pendant que sa carotide ou ses artères crachaient le sang. Je pense qu'elle a été attaquée alors qu'elle était debout et que les profondes entailles dans son ventre ont été faites pendant qu'elle était allongée sur le dos.

Ses intestins ont peut-être été extirpés et écartés, tandis que l'Éventreur cherchait l'utérus à tâtons dans l'obscurité. Les trophées et les reliques servent à raviver les souvenirs. Ce sont des catalyseurs de fantasmes. Cet acte est typique des crimes violents de psychopathes. Sickert était bien trop intelligent pour conserver des trophées si accablants dans un endroit où quelqu'un risquait de les découvrir. Mais il possédait des cachettes, et je me demande d'où lui venait l'inspiration pour les choisir. Peut-être qu'une expérience vécue dans son enfance avait provoqué une attirance pour les lieux sinistres. Il y a dans un poème écrit par son père un passage qui fait penser aux refuges secrets du fils :

Quel sentiment étrange/sinistre quand je suis entre tes
                                                    [murs,
ces hauts murs nus et pâles, comme ils sont terribles.
Ils me rappellent les vieilles salles de garde...
Est-ce qu'on n'empile pas, ici et là,
des pardessus et des résidus, des longs manteaux,
et est-ce qu'on ne dépose pas toutes sortes
d'ordures dans cette pièce...

En septembre 1889, l'Éventreur écrit, comme adresse d'expéditeur : « le trou de Jack l'Éventreur ». Sickert pouvait conserver tout ce qu'il voulait dans ses endroits secrets, ses « trous à rats », comme je les appelle. Il est impossible de savoir ce qu'il faisait avec ses « ordures », ces morceaux de corps qui devaient finir par se décomposer et par empester, à moins qu'il ne les conserve dans des produits chimiques. Dans une lettre, l'Éventreur parle de trancher l'oreille d'une victime et de la donner à un chien. Dans une autre, il parle de faire frire des organes et de les manger. Sickert était peut-être démesurément curieux au sujet de l'appareil reproducteur féminin qui avait donné naissance à sa vie détruite. Il ne pouvait pas l'examiner dans l'obscurité. Peut-être emportait-il les organes dans sa tanière pour les étudier.

Après le meurtre d'Annie Chapman, sa famille qui l'avait évitée de son vivant s'occupa d'elle une fois morte. Ils se chargèrent de l'enterrement, et le vendredi 14 septembre, à 7 heures du matin, un corbillard se présenta devant la morgue de Whitechapel pour l'emporter clandestinement. Il n'y eut pas de procession de voitures formée par la famille, de peur d'attirer l'attention sur le dernier voyage d'Annie. Elle fut enterrée au cimetière de Manor Park, à une dizaine de kilomètres de l'endroit où elle avait été massacrée. Le temps avait pris un visage dramatiquement radieux. La température était de quinze degrés et le soleil brilla toute la journée.

Au cours de la semaine qui suivit la mort d'Annie, des hommes d'affaires de l'East End constituèrent un comité d'autodéfense présidé par George Lusk, un entrepreneur local, membre du Metropolitan Board of Works. Le comité de Lusk fit la déclaration publique suivante : « Estimant que, en dépit des meurtres commis parmi nous, nos forces de police sont incapables de découvrir le ou les auteurs de ces atrocités, nous les soussignés avons décidé de nous réunir en comité, et avons l'intention d'offrir une récompense substantielle à quiconque nous fournira des informations permettant de conduire le ou les meurtriers devant la justice. »

Un membre du Parlement proposa d'ajouter 100 *livres sterling* à la récompense et d'autres personnes se dirent disposées à coopérer. Des documents de la Police métropolitaine datés du 31 août et du 4 septembre précisent que la réaction face à la demande des citoyens devrait être de rappeler que le principe des récompenses avait été aboli depuis un certain temps, car cela incitait les gens à « découvrir » des preuves fallacieuses, voire à en fabriquer, et « donnait lieu à des violations de la vie privée et à des ragots sans fin ».

Dans l'East End, le ressentiment et les comportements incontrôlés atteignirent de nouveaux sommets. Les gens faisaient ribote devant le 29 Hanbury Street ;

ils restaient là bouche bée, certains riaient et plaisan-
taient, tandis que le reste de la population londonienne sombrait «dans une sorte de stupeur», écrivit
The Times. Les crimes «dépassaient les œuvres de
fiction les plus atroces», y compris le *Double Assassinat dans la rue Morgue* d'Edgar Allan Poe, et «rien
dans la réalité ni la fiction ne peut égaler ces outrages,
à la fois par leur nature horrible et l'effet qu'ils ont
produit dans l'imagination populaire».

CHAPITRE 17

DANS LES RUES JUSQU'À L'AUBE

Le Gatti's Hungerford Palace of Varieties était un des music-halls les plus vulgaires de Londres. Ce fut aussi l'endroit favori de Sickert durant les huit premiers mois de 1888. Il s'y rendait plusieurs fois par semaine.

Construit à l'intérieur d'une voûte d'une centaine de mètres de large, sous la voie ferrée South Eastern, près de la gare de Charing Cross, le Gatti's pouvait accueillir six cents personnes, mais, certains soirs, c'était un millier de spectateurs survoltés qui s'y entassaient pour passer des heures à boire, à fumer et à profiter du spectacle au parfum sexuel. La très populaire Katie Lawrence choquait la bonne société en apparaissant vêtue d'un pantalon d'homme ou d'une courte et ample robe qui laissait voir plus de chair féminine que la décence ne l'autorisait en ce temps-là. Les vedettes de music-hall Kate Harvey et Florence Hayes, « la Patriotic Lady » comme on l'appelait, étaient des habituées à l'époque où Sickert réalisait ses esquisses dans la lumière vacillante.

Montrer son décolleté ou ses cuisses était jugé scandaleux, mais nul ne semblait s'offusquer de l'exploitation des petites filles vedettes qui se pavanaient sur scène en chantant les mêmes chansons osées que les adultes. Des filles âgées de huit ans seulement enfilaient des costumes et de petites robes pour singer une sensibilité aux choses du sexe qui provoquait une excitation de nature pédophile et devint le matériau d'un certain nombre de toiles de Sickert. L'historienne d'art, le Dr Robins, explique que «parmi les écrivains, les peintres, les poètes décadents, il existait une sorte de culte envers la douceur et l'innocence supposées des enfants artistes de music-hall». Dans son ouvrage *Walter Sickert: dessins*, elle offre une nouvelle vision de la manière dont Walter Sickert représentait ces femmes qu'il observait soir après soir et qu'il suivait d'un music-hall à l'autre. Ses croquis offrent un aperçu de son psychisme et de la manière dont il vivait sa vie. Alors qu'il n'hésitait pas à donner un tableau avec impétuosité, il refusait de se séparer des dessins sur le vif qu'il exécutait sur des cartes postales ou d'autres bouts de papier de mauvaise qualité.

Regarder ces esquisses au crayon dans les collections de la Tate Gallery, de l'université de Reading, de la Walkert Art Gallery de Liverpool et de la Leeds City Art Gallery, c'est pénétrer dans l'esprit et les émotions de Sickert. Ses traits de crayon rapides ont capturé ce qu'il voyait quand il était assis dans un music-hall, les yeux levés vers la scène. Ces dessins sont des photos instantanées prises à travers l'objectif de ses fantasmes. Alors que les autres hommes reluquaient avec concupiscence les danseuses à moitié nues, Sickert dessinait des morceaux de corps féminin disloqués.

On pourrait affirmer que ces dessins étaient un moyen pour Sickert d'améliorer sa technique. Les mains, par exemple, sont difficiles à représenter, et certains des plus grands peintres ont peiné sur ce sujet. Mais quand Sickert était assis dans une loge ou à quelques rangées de la scène, et qu'il faisait des croquis sur ses petits morceaux de papier, il ne perfectionnait pas son art. Il dessinait une tête séparée du cou, des bras sans main, des cuisses grassouillettes nues et coupées, un torse sans membres avec une poitrine qui jaillissait d'un costume décolleté.

On pourrait répondre également que Sickert réfléchissait à de nouvelles façons de positionner le corps pour que la pose ait l'air moins figée, plus naturelle. Peut-être testait-il de nouvelles méthodes. Sans doute avait-il vu les nus de Degas au pastel. Peut-être que Sickert suivait simplement le chemin de son idole, qui avait dépassé de très loin la vieille technique statique consistant à utiliser un modèle drapé, dans un atelier, et qu'il expérimentait des postures et des gestes plus naturels. Mais quand Degas dessinait des bras isolés, il cherchait à améliorer sa technique, et son but était d'utiliser ce bras dans un tableau.

Les parties du corps féminin que Sickert représentait dans ces esquisses étaient rarement, voire jamais, utilisées dans ses études, pastels, gravures ou peintures. Ses membres et ses torses crayonnés semblent avoir été dessinés uniquement pour le plaisir de les dessiner, tandis que, assis au milieu du public, il regardait Queenie Lawrence, légèrement vêtue de sa lingerie d'une blancheur immaculée, ou la petite Flossie, âgée de neuf ans, sur scène. Sickert ne représentait pas les personnages masculins ou les parties de corps d'homme de la même manière. Rien dans ses dessins d'hommes ne suggère que les sujets ont subi des violences, à l'exception d'un dessin au crayon intitulé *He Killed His Father in a Fight* (Il a tué son père dans une bagarre), qui montre un homme en train de massacrer à coups de couteau une silhouette couchée sur un lit ensanglanté.

Les torses, les têtes tranchées et les membres de femmes dessinés par Sickert sont des images nées d'une imagination violente. En observant les esquisses de son ami artiste Wilson Steer, exécutées à la même époque et dans certains des mêmes music-halls, on note une différence flagrante dans la manière dont Steer rend le corps humain et les expressions du visage. S'il dessine une tête de femme, elle ne semble pas tranchée au niveau du cou. S'il dessine les chevilles et les pieds d'une ballerine, on voit qu'elle est vivante, perchée en équilibre sur un orteil, les mollets saillants. Dans les esquisses de Steer, rien ne semble mort. Les parties de corps représentées par Sickert sont molles et déconnectées, privées de la tension de la vie.

Ses esquisses de music-hall réalisées en 1888 et les notes qu'il a griffonnées dessus indiquent qu'il se trouvait au Gatti's du 4 février au 24 mars, le 25 mai, du 4 au 7 juin, le 8, le 30 et le 31 juillet, le 1er et le 4 août. Le Gatti's et les autres music-halls dans lesquels Sickert se rendit au cours de l'année 1888, comme le Bedford, étaient tenus par la loi d'arrêter les spectacles et la vente d'alcool à minuit et demi. Si l'on suppose que Sickert restait jusqu'à la fin des réjouissances, il se retrouvait souvent dans les rues de Londres au beau milieu de la nuit. Il pouvait errer ensuite. Apparemment, Sickert n'avait pas besoin de beaucoup de sommeil.

Dans ses mémoires, l'artiste Marjorie Lilly se souvenait que Sickert «semblait se détendre uniquement durant quelques bribes de sommeil ici et là durant la journée et il se couchait rarement avant minuit, puis il lui arrivait de se relever pour errer dans les rues jusqu'à l'aube». Lilly, qui partagea un temps un atelier et un logement avec Sickert, faisait remarquer qu'il avait pour habitude de se promener en sortant du music-hall. Cette pratique péripatéticienne, ajoutait-elle, dura toute sa vie. Chaque fois qu'«une idée le tourmentait», il «battait le pavé jusqu'à l'aube, perdu dans ses méditations».

Lilly a bien connu Sickert jusqu'à sa mort, en 1942, et de nombreux détails dans son livre en disent beaucoup plus sur son mentor et ami qu'elle n'en avait sans doute conscience. Sans cesse, elle fait référence à ses errances, ses habitudes nocturnes, son goût du secret et cette manie, connue, de posséder jusqu'à trois ou quatre ateliers, dont les emplacements et les utilisations étaient inconnus. Elle avait conservé de lui d'étranges souvenirs liés au goût de Sickert pour les sous-sols sombres. «Immenses, inquiétants, avec des passages sinueux et un grand donjon noir, qui se succèdent comme dans une histoire d'horreur d'Edgar Allan Poe», voilà comment elle décrit ces endroits.

Les activités professionnelles secrètes de Sickert «le conduisaient dans des endroits bizarres où il improvisait des ateliers de fortune», écrivit la marchande d'art Lillian Browse un an après la mort du peintre. Dès 1888, à l'époque où il fréquentait les music-halls, il loua, de manière obsessionnelle, des logements qu'il n'avait pas les moyens de s'offrir. «Je prends un nouveau logement», disait-il à ses amis. En 1911, il écrit : «J'ai trouvé une toute petite maison étrange et sinistre, pour 45 livres par an, tout près d'ici.» L'adresse en question était le 60 Harrington Street NW et, apparemment, il avait l'intention d'utiliser la «petite maison» comme «atelier».

Sickert accumulait les ateliers, puis il les abandonnait peu de temps après. Parmi ses connaissances, tout le monde savait que ces trous à rats secrets étaient situés dans des rues misérables. Son ami et collègue peintre William Rothenstein, dont il fit la connaissance en 1889, décrivit le goût de Sickert «pour l'atmosphère des meublés miteux». Rothenstein disait de Sickert qu'il avait du «génie» pour dénicher les logements les plus glauques et les plus repoussants pour travailler, et cette prédilection était une source de perplexité chez les autres. Rothenstein décrivait Sickert comme un «aristocrate de nature» qui avait «cultivé un goût étrange pour la vie chez les domestiques».

Denys Sutton écrivit que «l'agitation de Sickert constituait un trait dominant de sa personnalité». Il n'était pas rare qu'il ait «des ateliers partout, car il a toujours été jaloux de sa liberté». Sutton indique également que Sickert dînait souvent seul à l'extérieur, et que, même après avoir épousé Ellen, il se rendait seul au music-hall, ou bien il se levait de table au milieu d'un dîner, chez lui, pour se rendre à un spectacle. Après quoi, il entamait une de ses longues promenades pour regagner son domicile. Ou peut-être se rendait-il dans un de ses lieux secrets, s'aventurait-il dans l'East End violent, marchait-il seul dans les rues sombres, avec à la main un petit paquet ou une sacoche de voyage en cuir, censée contenir du matériel pour peindre.

Toujours d'après Sutton, c'est au cours d'une de ces déambulations que Sickert, vêtu d'un costume à carreaux criard, tomba sur un groupe de filles dans Copenhagen Street, à un peu plus d'un kilomètre au nord-ouest de Shoreditch. Les filles s'éparpillèrent, terrorisées, en hurlant : «Jack l'Éventreur ! Jack l'Éventreur !» Dans une version légèrement différente, mais plus révélatrice, de cet épisode, Sickert raconta à ses amis que c'était lui qui avait crié : «Jack l'Éventreur ! Jack l'Éventreur !»

«Je lui ai dit que j'étais Jack l'Éventreur et j'ai ôté mon chapeau», écrivit l'Éventreur dans une lettre datée du 19 novembre 1888. Trois jours plus tard, l'Éventreur écrivit une autre lettre pour dire qu'il était à Liverpool et avait «rencontré une jeune femme dans Scotland Road… Je lui ai souri et elle a crié Jack l'Éventreur. Elle savait pas combien elle avait raison». À peu près au même moment, un article publié dans le *Sunday Dispatch* indiquait qu'une vieille femme était assise dans Shiel Park, à Liverpool, quand «un homme à l'air respectable, vêtu d'un manteau noir, d'un pantalon clair, avec un feutre mou» avait sorti un long et fin couteau. Il lui avait dit qu'il avait l'intention de tuer le plus de femmes possible à

Liverpool et d'envoyer les oreilles de la première victime au rédacteur en chef du journal local.

Sickert réalisait ses esquisses au Gatti's à une
époque où il existait peu d'instruments de stimulation
pour les psychopathes violents. Le violeur d'aujourd-
'hui, le pédophile ou le meurtrier n'a que l'embarras du choix : photos, cassettes audio ou vidéo de ses
victimes torturées ou tuées, sans oublier la pornographie violente que l'on trouve dans les magazines, les
films, les logiciels et sur Internet. En 1888, un psychopathe disposait de peu de soutiens visuels ou audi-
tifs pour alimenter ses fantasmes violents. Les outils
de Sickert étaient sans doute les souvenirs ou les trophées arrachés à ses victimes, les tableaux et les dessins, et le spectacle vivant du théâtre et du music-hall.
Peut-être se livrait-il également à des coups d'essai ; le
fait de terrifier cette vieille femme à Liverpool pouvait n'être qu'un exemple parmi des dizaines d'autres,
ou même des centaines.

Les tueurs psychopathes testent souvent leur mode
opératoire avant de mettre leur plan à exécution. C'est
en forgeant qu'on devient forgeron, et le tueur ressent
une excitation en s'approchant de l'acte. Le pouls
s'accélère. L'adrénaline monte. Le meurtrier continuera à suivre le rituel, en s'approchant chaque fois
un peu plus du passage à l'acte violent. On a connu
des cas de tueurs qui imitaient les forces de l'ordre en
installant des gyrophares sur le toit de leur voiture
et obligeaient des femmes à s'arrêter sur le bas-côté
de la route, de nombreuses fois avant de passer pour
de bon à l'enlèvement et au meurtre.

Jack l'Éventreur effectua très certainement des

coups d'essai et d'autres rituels avant de tuer. Au bout d'un moment, les coups d'essai ne servent plus uniquement à l'entraînement et à la satisfaction immédiate. Ils alimentent des fantasmes violents et, parfois, il ne s'agit pas seulement de suivre et d'épier une victime, surtout quand le criminel est un individu aussi créatif que Walter Sickert. Un certain nombre d'événements étranges continuèrent à se produire dans différents coins d'Angleterre. Vers 22 heures, le 14 septembre, à Londres, un homme entra dans le Tower Subway et s'approcha du gardien. « Alors, avez-vous attrapé un des meurtriers de Whitechapel ? » demanda l'homme en sortant un couteau avec une lame incurvée de trente centimètres.

Puis il s'enfuit, en arrachant « une fausse barbe », tandis qu'il était pourchassé par le gardien, qui le perdit de vue dans Tooley Street. Le signalement que le gardien donna à la police était celui d'un homme de 1,70 mètre, avec des cheveux bruns, un teint mat et une moustache. Âgé d'une trentaine d'années, il portait un costume noir qui semblait neuf, un pardessus léger et une casquette à oreillettes en tissu noir.

« J'ai une belle collection de fausses barbes et moustaches », écrivit l'Éventreur le 27 novembre.

Après l'achèvement du Tower Bridge, en 1894, le Tower Subway fut fermé aux piétons et transformé en conduite de gaz, mais, en 1888, c'était un infernal tuyau en fonte de deux mètres de diamètre et cent trente mètres de long. Il commençait sur le côté sud de Great Tower Hill, devant la Tour de Londres, passait sous la Tamise et refaisait surface à Pickle Herring Stairs, sur la rive sud du fleuve. Si ce que le gardien raconta à la police était exact, il avait pourchassé l'homme dans le tunnel jusqu'à Pickle Herring Stairs, qui donnait dans la rue du même nom, puis dans Vine Street, qui coupait Tooley Street. La Tour de Londres est située à un peu moins de un kilomètre de Whitechapel, et ce passage souterrain était si déplaisant qu'il y avait certainement peu de gens ou de policiers qui l'empruntaient pour traverser le fleuve, surtout pas ceux qui étaient claustrophobes et craignaient de marcher à l'intérieur d'un tuyau sale et sombre sous l'eau.

Nul doute que, pour la police, l'homme à la fausse barbe était un cinglé. Je n'ai trouvé aucune mention de cet incident dans les rapports de police. Mais ce « cinglé » était quand même assez sensé pour choisir un endroit désert et mal éclairé pour exhiber avec audace son couteau. Sans doute estimait-il que le gardien n'était pas en mesure d'avoir le dessus physiquement. Le but de cet homme était de provoquer un vif émoi, pas de se faire prendre. Le vendredi 14 septembre était également le jour où fut enterrée Annie Chapman.

Trois jours plus tard, le 17 septembre, la Police métropolitaine reçut la première lettre signée « Jack l'Éventreur » :

> *Cher patron,*
> *Ils disent maintenant que je suis un youpin, quand estce qu'ils aprendront cher vieux patron ? Vous et moi, on sait la vérité, pas vrai. Lusk peut chercher éternellement, il me trouvera jamais, mais je suis juste sous son nez, en permanensse. Je les observe pendant qu'ils*

me cherchent, et ça me fait mourir de rire ha ha. J'ai-
me mon travail et je m'arrêterai que quant je serai cof-
fré, et même à ce moment-là, fêtes gaffe à votre vieil
ami Jacky.
Essayez donc de m'attraper.

Cette lettre n'est apparue au grand jour que récemment, car elle n'avait jamais figuré dans les archives
de la Police métropolitaine. Initialement, elle avait été
classée au Home Office.

À 22 heures, le 17 septembre – le jour même où
l'Éventreur effectua ses débuts en envoyant ce que
nous estimons être sa première lettre –, un homme se
présenta au poste de police de Westminster. Il affirma
être un étudiant de New York venu à Londres pour
« étudier l'art » à la National Gallery. Un journaliste
du *Times* rapporta un dialogue si comique et astucieux qu'il se lit comme un scénario.

« L'Américain de New York » expliqua qu'il avait
eu des ennuis avec sa propriétaire le soir précédent et
qu'il venait chercher conseil auprès du magistrat, un
certain M. Biron, qui lui demanda de quel genre d'ennuis il voulait parler.

« Un sacré raffut », lui répondit-on.
(Rires.)
L'Américain poursuivit en expliquant qu'il avait
informé la propriétaire de son désir de quitter son
logement de Sloane Street, et, depuis, elle ne cessait
de « l'embêter », de toutes les manières possibles.
Elle l'avait poussé contre un mur, et quand il lui avait
demandé à quelle heure était le dîner, elle lui avait

presque craché au visage avec «la véhémence de son langage» et l'avait traité de «vulgaire Américain».

«Pourquoi vous ne quittez pas la propriétaire et son appartement?» demanda M. Biron.

«Je me suis installé là-bas avec des meubles, et j'ai été assez idiot pour lui dire qu'elle pouvait les prendre et les déduire du loyer. Au lieu de cela, elle s'est payée sur moi.»

(Rires.)

«Et je n'ai pas pu les reprendre, ajouta l'Américain. J'aurais bien trop peur d'essayer.»

(Nouveaux rires.)

«J'ai l'impression que vous avez conclu un arrangement ridicule, lui dit M. Biron. Et vous vous retrouvez dans une position extrêmement embarrassante.»

«En effet, reconnut l'Américain. Vous ne pouvez pas imaginer à quoi ressemble cette propriétaire. Elle m'a lancé une paire de ciseaux, elle a hurlé "au meurtrier!" à pleins poumons et elle m'a agrippé par les reverts *(sic)* de ma veste pour m'empêcher de fuir; c'est vraiment une situation absurde.»

(Rires.)

«C'est vous qui vous êtes mis dans cette situation désagréable», répondit M. Biron.

Cet article fit la une de la rubrique criminelle du *Times,* pourtant aucun crime n'avait été commis et personne n'avait été arrêté. Tout ce que put proposer le magistrat fut peut-être d'envoyer un adjudant à l'adresse de Sloane Street pour «mettre en garde» la propriétaire. L'Américain remercia «monsieur le magistrat » et exprima le souhait que cette mise en garde « ait un résultat salutaire ».

Le journaliste désignait l'étudiant new-yorkais comme le « Requérant ». Aucun nom, aucun âge, aucun signalement n'était fourni. Il n'y eut pas d'autres articles les jours suivants. La National Gallery n'avait ni école d'art ni étudiants. Elle n'en a toujours pas. Je trouve étrange, pour ne pas dire surprenant, qu'un Américain utilise le mot *shindy* (raffut), un terme d'argot des rues de Londres désignant une bagarre ou une dispute. Un Américain dirait-il que la propriétaire « a hurlé "au meurtrier!" à pleins poumons » ?

L'expression « hurler au meurtrier » pouvait être une allusion aux témoignages lors des enquêtes sur les crimes de l'Éventreur, et pourquoi la propriétaire crierait-elle « au meurtrier! », alors que c'était elle l'agresseuse, et non pas l'Américain? Nulle part le journaliste ne précisait si « l'Américain » parlait comme un Américain. Sickert était parfaitement capable d'imiter l'accent américain. Il avait passé plusieurs années aux côtés de Whistler, qui était américain.

À peu près à la même époque, une histoire commença à circuler, selon laquelle un Américain avait contacté le sous-directeur d'une école de médecine dans le but d'acheter des utérus humains au prix de 20 *livres sterling* l'unité. L'acheteur potentiel voulait que les organes soient conservés dans la glycérine pour qu'ils restent souples, et il projetait de les envoyer avec un article de journal qu'il avait écrit. Sa demande fut rejetée. « L'Américain » ne fut pas identifié, et aucune information supplémentaire le concernant ne fut fournie. Toutefois, cette histoire donna naissance à une nouvelle théorie : le meurtrier de l'East End assassinait des femmes pour vendre leurs organes, et le vol des bagues d'Annie Chapman n'était qu'un « leurre » pour masquer le véritable motif, qui était de s'emparer des utérus.

Le vol d'organes humains peut paraître ridicule, mais cinquante ans à peine s'étaient écoulés depuis la sordide affaire Burke et Hare, les « résurrectionnistes » – ou profanateurs de sépultures – qui furent accusés d'avoir pillé des tombes et commis une trentaine de meurtres pour fournir aux médecins et aux écoles de médecine d'Édimbourg des spécimens pour les dissections. L'idée que le vol des organes constituait le mobile des meurtres de l'Éventreur continua donc à circuler, et la confusion s'épaissit encore autour des crimes de l'Éventreur.

Le 21 septembre, Ellen Sickert écrivit une lettre à son beau-frère, Dick Fisher, dans laquelle elle lui annonçait que Sickert avait quitté l'Angleterre pour la Normandie afin de rendre visite à « sa bande », et qu'il serait absent pendant des semaines. Sickert était peut-être parti, mais pas nécessairement en France. Le lendemain soir, un samedi, une femme fut assassinée à Birtley, dans le comté de Durham, une région minière située dans le nord-est de l'Angleterre, près de Newcastle-upon-Tyne. Jane Beetmoor (qui s'écrivait également « Peatmoor »), une jeune mère de vingt-six ans, dont la rumeur disait qu'elle menait une vie peu respectable, avait été vue vivante pour la dernière fois le samedi soir, à 20 heures. Son corps fut découvert le lendemain matin, le dimanche 23 septembre, dans un ruisseau près de la voie ferrée Guston Colliery.

Le côté gauche de son cou avait été tranché jusqu'aux vertèbres. Une plaie sur le côté droit de son visage avait mis au jour sa mâchoire inférieure jusqu'à l'os, et ses intestins sortaient de son ventre mutilé. Les similitudes frappantes entre ce meurtre et ceux commis dans l'East End de Londres incitèrent Scotland Yard à envoyer le Dr George Phillips et un inspecteur sur place pour rencontrer les responsables de la police de Durham.

Aucun indice ne fut découvert et, pour une raison quelconque, il fut décrété que le meurtrier s'était probablement suicidé. Des gens du coin menèrent des recherches intensives dans les galeries minières, mais aucun corps ne fut retrouvé et le crime demeura non élucidé pendant des mois.

Par la suite, le « fiancé » de Jane Beetmoor, William Waddell, fut accusé du meurtre, bien que l'accusation, l'inculpation et la condamnation ne fussent « étayées par aucune preuve tangible », ainsi que l'écrivirent les journaux. Waddell, décrit comme simple d'esprit, fut pendu le 19 décembre 1888 à Durham. Son bourreau précisa que « la mort fut instantanée ». Les seuls soupçons concernant Waddell venaient du fait qu'il avait disparu juste après le meurtre et qu'il entretenait une liaison avec la victime. Peut-être l'a-t-il assassinée, peut-être est-il innocent et s'est-il enfui de peur d'être accusé. Quelle que soit la vérité, les enquêteurs de Scotland Yard et le médecin de la police, le Dr Phillips, furent frappés par la ressemblance entre ce meurtre et ceux de l'Éventreur.

Dans une lettre anonyme envoyée à la police de la City, datée du 20 novembre 1888, l'auteur fait cette suggestion : « Regardez l'affaire du comté de Durham… on a voulu faire croire que c'était Jack l'Éventreur. » Est-ce l'Éventreur qui envoya cette lettre ? C'est fort probable. Disait-il la vérité ou se moquait-il ? Sans doute ne le saurons-nous jamais.

La police ne se doutait pas que l'Éventreur aimait manipuler la machinerie en coulisses. Son appétit violent avait été aiguisé et il réclamait « du sang, du sang, du sang », comme il l'écrivit. Il avait besoin de drame. Il avait un besoin insatiable de captiver son public. Comme le dit un jour Henry Irving devant une salle peu réceptive : « Mesdames et messieurs, si vous n'applaudissez pas, je ne peux pas jouer ! » Peut-être que les applaudissements étaient trop faibles. Car de nouveaux événements se succédèrent, de manière rapprochée.

Le 24 septembre, la police reçut la lettre de provocation avec le « nom » et l'« adresse » du meurtrier cachés sous des rectangles et des cercueils à l'encre noire. Le lendemain, Jack l'Éventreur écrivit une autre lettre, mais, cette fois, il veilla à ce que quelqu'un y prête attention. Il expédia sa missive à la Central News Agency. « Cher patron, je n'arrête pas d'entendre dire que la police m'a arrêté, mais ils ne m'auront pas encore », écrivit l'Éventreur à l'encre rouge. Son orthographe et sa syntaxe étaient correctes, son écriture aussi lisible que celle d'un clerc. Le cachet de la poste était celui de l'East End de

Londres. L'avocat de la défense dirait que la lettre n'avait pas pu être envoyée par Sickert. Il était en France. L'accusation répliquerait : « Quelles preuves permettent de l'affirmer ? »

Dans sa biographie de Degas, Daniel Halévy nous informe que Sickert se trouvait à Dieppe durant l'été, et des lettres écrites par la mère de Sickert indiquent qu'il était en Normandie, probablement le 6 septembre. Mais je n'ai trouvé aucune preuve indiquant qu'il était en France, du moins de manière exclusive, après le 6 septembre, et des dates écrites de la main même de Sickert sur des esquisses de music-hall prouvent qu'en 1888 il se trouvait à Londres à partir du 4 février, durant tout le mois de mars « et après », pour reprendre son expression, y compris au printemps, le 25 mai, et à un moment ou à un autre en juin, juillet, août, septembre et octobre.

La « bande » de Sickert, ainsi que les appelait Ellen avec amertume, c'était ses amis artistes de Dieppe, qui formaient un clan. À leurs yeux, Ellen serait toujours une étrangère. Elle n'était absolument pas bohème, ni stimulante. Il est probable que, quand elle était à Dieppe avec son mari, celui-ci l'ignorait. Quand il ne fréquentait pas les cafés ou les maisons de vacances d'artistes tels que Jacques-Émile Blanche ou George Moore, il disparaissait des écrans radar, comme d'habitude, et il errait, il se mélangeait aux pêcheurs et aux marins, ou bien il s'enfermait dans une de ses pièces secrètes.

Ce qui paraît louche dans le prétendu voyage de Sickert en Normandie, à la fin du mois de septembre et une partie d'octobre, c'est qu'il n'est fait aucune mention de lui dans les lettres échangées par ses amis. On peut penser que si Sickert était effectivement à Dieppe, Moore ou Blanche auraient pu indiquer qu'ils l'avaient vu, ou au contraire qu'ils ne l'avaient pas vu. On peut supposer également que lorsque Sickert avait écrit à Blanche au mois d'août, il aurait pu lui dire qu'il serait en France dans un mois et qu'il espérait le voir, ou qu'il serait désolé de le manquer.

Nulle part dans les lettres de Degas ou de Whistler, il n'est mentionné qu'ils ont vu Sickert en septembre ou en octobre 1888, et rien n'indique qu'ils supposaient qu'il était en France à ce moment-là. Les lettres de Sickert à Blanche à l'automne 1888 semblent avoir été écrites à Londres, car elles sont rédigées sur le papier à lettres portant l'adresse du 54 Broadhurst Gardens, que Sickert n'utilisait apparemment que lorsqu'il était à cet endroit. Je n'ai découvert qu'un seul élément indiquant qu'il avait mis les pieds en France durant l'automne 1888 ; il s'agit d'un message non daté adressé à Blanche, que Sickert aurait écrit, pense-t-on, dans le petit village de pêcheurs de Saint-Valery-en-Caux, à trente kilomètres de Dieppe :

« C'est un charmant petit endroit pour dormir et manger, écrit Sickert, les deux choses que j'ai le plus envie de faire en ce moment. »

L'enveloppe a disparu, il n'y a donc pas de cachet de la poste pour prouver que Sickert était bien en Normandie. Pas plus qu'il n'existe un moyen de déterminer où se trouvait Blanche. Mais Sickert pouvait très bien se trouver à Saint-Valery-en-Caux quand il avait écrit ce mot. Sans doute avait-il besoin de se reposer et de se nourrir avec ses activités violentes et

le de retrouver des archives concernant les
es qui auraient pu ressembler, même vague-
ux crimes de l'Éventreur. Mais Dieppe était
e trop petite pour y commettre des meurtres
pe sans risquer de se faire prendre.

nt les journées que j'ai passées à Dieppe, dans
lles rues et ses passages étroits, avec sa côte
se et ses hautes falaises qui plongent dans la
e, j'ai essayé d'imaginer cette petite ville de
e mer comme un terrain de chasse pour les
es de Sickert, mais en vain. Son travail réalisé
il était à Dieppe reflète un état d'esprit diffé-
La majorité des tableaux qu'il a peints là-bas ont
uleurs gaies, sa manière de représenter les bâti-
s est stimulante. Il n'y a rien de morbide ni de
nt dans la plupart de ses œuvres normandes.
comme si Dieppe faisait ressortir le profil de
ert qui est tourné vers la lumière dans ses auto-
aits à la Jekyll et Hyde.

frénétiques, et la traversée de la Manche n'était pas une rude épreuve. Je trouve étrange, pour ne pas dire louche, qu'il ait choisi Saint-Valery, alors qu'il aurait pu loger à Dieppe.

À vrai dire, il est étrange qu'il ait écrit à Blanche, car la plus grande partie de sa lettre est consacrée à « sa recherche d'un marchand de couleurs », pour qu'il puisse envoyer à son frère Bernhard « du papier de verre ou de la toile émeri ». Sickert expliquait qu'il voulait « un paquet de feuilles » et qu'il ne connaissait pas « les mesures françaises ». J'ai du mal à admettre que Sickert, qui parlait couramment le français et qui a passé tant de temps en France, ne sache pas où trouver des feuilles. « Je suis un peintre *français* », déclara-t-il un jour dans une lettre adressée à Blanche, et pourtant, cet homme à l'esprit scientifique et mathématique disait qu'il ne connaissait pas le système de mesures français.

Peut-être que la lettre envoyée de Saint-Valery était sincère. Peut-être réclamait-il un conseil à Blanche. Ou bien, peut-être qu'en vérité Sickert était épuisé, paranoïaque et en fuite, et il jugeait astucieux de s'offrir un alibi. À l'exception de ce mot adressé à Blanche, je n'ai rien trouvé qui suggère que Sickert avait passé un certain temps en France à la fin de l'été, au début de l'automne ou en hiver 1888. La saison des bains était terminée en Normandie. Elle commençait au début de juillet et, vers la fin du mois de septembre, tous les amis de Sickert fermaient leurs maisons et leurs ateliers de Dieppe.

La coterie d'artistes et d'amis éminents de Sickert se serait dispersée jusqu'à l'été suivant. Je me

demande si Ellen ne trouvait pas un peu étrange que
son mari décide de rejoindre «sa bande» en Normandie pour plusieurs semaines, alors qu'il n'y avait
sans doute plus personne. Je me demande même si
elle voyait beaucoup son mari, et, quand elle le voyait,
trouvait-elle qu'il se comportait un peu bizarrement?
En août, Sickert, qui ne pouvait s'empêcher d'écrire
des lettres, envoya un mot à Blanche, dans lequel il
s'excusait de «ne pas avoir écrit depuis longtemps.
J'ai travaillé avec acharnement... et j'ai du mal à
trouver cinq minutes pour écrire une lettre».

Il n'y a aucune raison de croire que le «travail» de
Sickert avait un lien avec le labeur de sa profession,
outre le fait d'aller dans les music-halls et de chercher l'inspiration dans les rues à toutes les heures de
la nuit. D'août jusqu'à la fin de l'année, sa production artistique n'atteignit pas les niveaux habituels.
Les tableaux peints «vers 1888» sont rares, et rien ne
prouve que le terme «vers» ne voulait pas dire un an
ou deux avant, ou après. Je n'ai découvert qu'un seul
article écrit en 1888, et c'était au printemps. Apparemment, Sickert évita ses amis durant la majeure
partie de cette année-là. Rien n'indique qu'il ait passé
l'été à Dieppe, ce qui était très inhabituel. Peu
importe l'endroit où il est allé, et quand. Il est évident
que Sickert ne suivait pas sa routine habituelle, si l'on
peut parler de «routine» pour désigner les activités
de Sickert.

À la fin du XIXe siècle, les passeports, les visas et
autres papiers d'identité n'étaient pas obligatoires
pour se rendre sur le Continent. (En revanche, à la fin
de l'été 1888, il fallait un passeport pour entrer en

Allemagne en venant de Fran[...]
dique que Sickert ait posséd[...]
avec une photo» avant la Pre[...]
deuxième épouse, Christine, e[...]
sez-passer qu'ils devaient mo[...]
gardaient les tunnels, les passa[...]
lieux stratégiques, lors de leur v[...]

Se rendre en France quand on[...]
était un voyage facile et agréab[...]
durant toutes les années où Sicker[...]
et retours entre ces deux pays. Tra[...]
la fin des années 1800 ne prenait[...]
heures, par beau temps. On pouva[...]
express, puis un bateau à vapeur «r[...]
sur sept, deux fois par jour; le train[...]
ria Station à 10 h 30 ou de London[...]
Le vapeur quittait Newhaven à 12 h[...]
Dieppe vers l'heure du dîner. Un sin[...]
pour Dieppe, en première classe, coût[...]
et 17 *shillings* en deuxième classe; il é[...]
prendre ensuite un train direct à destina[...]
et Paris.

La mère de Sickert affirmait qu'e[...]
jamais quand son fils allait partir brusq[...]
la France ou en revenir. Peut-être effe[...]
allers et retours entre l'Angleterre et Die[...]
que se succédaient les meurtres de l'É[...]
1888, mais, dans ce cas, c'était probabl[...]
décompresser. Il allait à Dieppe depuis s[...]
et il avait là-bas plusieurs pied-à-terre. Les[...]
françaises des décès et des crimes à l'épo[...]
rienne semblent ne pas avoir survécu, et[...]

CHAPITRE 18

UN SAC NOIR BRILLANT

Le soleil ne se montra pas le samedi 29 septembre, et une pluie froide et persistante glaça la nuit alors que *Dr Jekyll et Mr Hyde* achevait son long parcours au Lyceum. Les journaux déclarèrent que «les grands excès de soleil touchaient à leur fin», mais cela n'empêcha pas Sickert de s'aventurer jusqu'au music-hall Deacon, d'après les notes manuscrites figurant sur les esquisses qu'il réalisa ce soir-là. Le Deacon était situé sur Myddleton Place (aujourd'hui Rosebery Avenue) à quinze ou vingt minutes de marche de l'East End.

Elizabeth Stride avait récemment quitté un meublé de Dorset Street, à Spitalfields, où elle vivait jusqu'à présent avec Michael Kidney, un docker appartenant à l'armée de réserve. «Long Liz» (la Grande Liz), comme la surnommaient ses amis, avait déjà quitté Kidney. Cette fois, elle avait emporté ses quelques affaires, mais rien ne permettait de supposer qu'elle partait pour de bon. Plus tard, au cours de l'enquête, Kidney expliquerait qu'Elizabeth, de temps à autre, avait besoin de retrouver sa liberté et de pouvoir s'adonner à «son goût pour la boisson», mais après avoir erré pendant quelque temps, elle finissait toujours par revenir.

De son nom de jeune fille Gustafsdotter, Elizabeth aurait eu quarante-cinq ans le 27 novembre, même si elle faisait croire à la plupart des gens qu'elle avait dix ans de moins. Liz avait mené une vie faite de mensonges, essentiellement de pitoyables tentatives pour tisser une histoire plus éclatante et théâtrale que la réalité de son existence déprimante et désespérée. Fille d'un fermier, elle était née à Torslanda, près de Göteborg, en Suède. Certaines personnes disaient qu'elle parlait anglais couramment sans aucune trace d'accent. D'autres, au contraire, affirmaient qu'elle prononçait mal les mots et parlait comme une étrangère. Le suédois, sa langue maternelle, est un idiome germanique proche du danois, que parlait le père de Sickert.

Elizabeth racontait aux gens qu'elle était venue à Londres quand elle était une toute jeune femme, pour « visiter le pays », mais ce n'était qu'une invention de plus. La première trace connue de sa vie à Londres se trouve dans les archives de l'Église suédoise, où son nom a été inscrit en 1879, pour indiquer qu'elle avait reçu 1 *shilling*. Elle mesurait entre 1,60 et 1,70 mètre d'après des personnes qui se rendirent à la morgue pour tenter de l'identifier. Elle avait un teint « pâle ». D'autres personnes le qualifièrent de « mat ». Ses cheveux étaient « châtain foncé et bouclés », ou « noirs » d'après quelqu'un d'autre. Un policier souleva la paupière d'Elizabeth, dans la morgue mal éclairée, et décréta qu'elle avait les yeux « gris ».

Sur le cliché *post mortem*, en noir et blanc, les cheveux d'Elizabeth ont l'air plus sombres parce qu'ils étaient mouillés et raides après avoir été lavés. Son visage était pâle car elle était morte et son corps s'était vidé de presque tout son sang. Ses yeux avaient peut-être été d'un bleu éclatant autrefois, mais ils ne l'étaient plus quand le policier lui souleva la paupière. Après la mort, la conjonctive de l'œil commence à sécher et à se voiler. La plupart des gens morts depuis un certain temps semblent avoir les yeux gris ou gris-bleu, sauf quand leurs yeux étaient très foncés de leur vivant.

Après l'autopsie, on habilla Elizabeth avec les vêtements sombres qu'elle portait quand elle fut assassinée. On la plaça à l'intérieur d'une coque dressée contre un mur pour la photographier. Dans l'ombre de son menton rentré, on remarque à peine l'entaille faite par le couteau du meurtrier qui s'arrête à quelques centimètres sous le côté droit du cou. Ce cliché *post mortem* est peut-être la seule photo d'elle prise durant toute son existence. Elle donne l'impression d'une femme mince, avec un joli visage et des traits agréables, et une bouche qui aurait été sensuelle si elle n'avait pas perdu ses incisives supérieures.

Elizabeth était peut-être une beauté blonde dans sa jeunesse. Au cours des auditions, des vérités la concernant commencèrent à apparaître. Elle avait quitté la Suède pour occuper « un emploi » chez un gentleman qui vivait près de Hyde Park. On ignore combien de temps dura cet « emploi », mais, quand il prit fin, elle vécut avec un policier. En 1869, elle épousa un charpentier nommé John Thomas Stride.

Toutes les personnes qui la connaissaient dans les meublés qu'elle fréquentait avaient entendu la tragique histoire de la mort de son mari qui avait péri noyé lors du naufrage du *Princess Alice,* coulé par un charbonnier à vapeur.

Elizabeth possédait plusieurs versions de son histoire. Son mari et deux de ses neuf enfants étaient morts noyés quand le *Princess Alice* avait coulé. Ou bien, son mari et tous ses enfants s'étaient noyés. Elizabeth, qui devait être jeune quand elle avait commencé à mettre des enfants au monde pour en avoir déjà neuf en 1878, survécut on ne sait comment au naufrage qui fit 640 victimes. Alors qu'elle luttait pour survivre, un autre passager paniqué lui donna un coup de pied dans la bouche, ce qui expliquait sa « difformité ».

Elizabeth racontait à qui voulait l'entendre que toute sa voûte buccale avait disparu, mais un examen *post mortem* ne fit apparaître aucun défaut au niveau du voile ou de la voûte du palais. La seule difformité était l'absence d'incisives, qui devait être pour elle un motif de honte. Les archives de l'hôpital Poplar and Stepney montrent que son mari, John Stride, y est mort le 24 octobre 1884. Il ne s'est pas noyé lors d'un naufrage, pas plus que ses enfants… si elle en avait. Peut-être que ces mensonges sur son passé rendaient sa vie plus intéressante à ses yeux, car la vérité était douloureuse et humiliante, et ne servait qu'à lui causer des ennuis.

Quand le clergé de l'Église suédoise qu'elle fréquentait découvrit que son mari n'était pas mort dans le naufrage du bateau, il mit fin à son aide financière.

Peut-être avait-elle menti au sujet de la mort de son mari et de ses prétendus enfants parce qu'un fonds d'entraide avait été créé pour les survivants du *Princess Alice*. Quand on suspecta qu'Elizabeth n'avait perdu aucun proche dans cet accident, l'argent s'arrêta. D'une manière ou d'une autre, Elizabeth devait être entretenue par un homme, et quand ce n'était pas le cas, elle se débrouillait tant bien que mal avec la couture, le ménage et la prostitution.

Depuis quelque temps, elle passait ses nuits dans un meublé situé au 32 Flower and Dean Street, où la gérante, une veuve nommée Elizabeth Tanner, la connaissait bien. Au cours des auditions, M^rs. Tanner déclara qu'elle avait vu Elizabeth s'installer puis repartir pendant six ans et que, jusqu'au jeudi 27 septembre, Elizabeth vivait dans un autre meublé avec un certain Michael Kidney. Elle l'avait quitté, en n'emportant que quelques haillons et un livre de cantiques. Le jeudi soir et le lendemain soir, elle avait logé dans le meublé de M^rs. Tanner. Dans la soirée du samedi 29 septembre, Elizabeth et M^rs. Tanner avaient bu un verre au Queen's Head, un pub de Commercial Street, et ensuite Elizabeth avait gagné une pièce de 6 *pence* en faisant le ménage dans deux des chambres de la pension.

Entre 22 et 23 heures, Elizabeth se trouvait dans la cuisine et elle tendit à son amie Catherine Lane un morceau de velours, en lui disant : « Garde-moi ça, s'il te plaît. » Et elle ajouta qu'elle sortait quelques instants. Pour affronter le temps exécrable, elle ne portait que deux jupons taillés dans un tissu de mauvaise qualité qui ressemblait à de la toile de sac, une chemise blanche, des bas de coton blanc, un corset en velours noir, une jupe noire, une veste noire ourlée de fourrure, un mouchoir en soie à rayures noué autour du cou et un petit bonnet de crêpe noir. Dans ses poches, elle avait deux mouchoirs, un écheveau de laine peignée noire et un dé à coudre en cuivre. Avant de quitter le meublé, elle demanda à Charles Preston, un coiffeur, si elle pouvait lui emprunter sa brosse à habits pour s'arranger un peu. Elle ne dit à personne où elle allait, mais elle montra fièrement les 6 *pence* qu'elle venait de gagner, avant de sortir dans la nuit sombre et humide.

Berner Street était une rue étroite bordée de petits logements où s'entassaient des tailleurs, des cordonniers, des fabricants de cigarettes polonais et allemands et d'autres individus pauvres qui travaillaient chez eux. Dans cette rue se trouvait le siège de l'International Working Men's Educational Club (IWMC), qui comprenait environ quatre-vingt-cinq membres, principalement des juifs socialistes venus d'Europe de l'Est. L'unique condition pour faire partie du club était de soutenir les idées socialistes. L'IWMC se réunissait tous les samedis soir à 20 h 30 pour débattre de divers sujets.

Généralement, les réunions s'achevaient par des chansons et des danses, et il n'était pas rare que certains membres s'attardent jusqu'à 1 heure du matin. En ce samedi soir, près de cent personnes avaient assisté à un débat en allemand dont le thème était : « Pourquoi les juifs doivent-ils être socialistes ? » Les discussions sérieuses commençaient à s'essouffler. La plupart des gens rentraient chez eux quand Elizabeth Stride partit en direction du club.

Son premier client de la soirée, d'après ce que l'on sait, fut un homme avec lequel on la vit discuter dans Berner Street, tout près de l'endroit où vivait un ouvrier nommé William Marshall. Il était environ 23 h 45, et Marshall déclara par la suite qu'il n'avait pas bien vu le visage de l'homme, mais il portait un petit manteau noir, un pantalon noir et ce qui ressemblait à une casquette de marin. Il n'avait pas de gants, il était rasé de près et il embrassait Elizabeth. Marshall précisa qu'il avait entendu l'homme plaisanter, en disant : « Tu dis n'importe quoi, sauf tes prières », et Elizabeth avait ri. Ni l'un ni l'autre ne semblait ivre, se souvenait Marshall, tandis qu'ils s'éloignaient en direction du siège de l'IWMC.

Une heure plus tard, un autre habitant du coin, James Brown, vit une femme qu'il identifia par la suite comme étant Elizabeth Stride, appuyée contre un mur, en train de discuter avec un homme qui portait un long manteau et mesurait environ 1,70 mètre. (Il semblerait que presque tous les hommes identifiés par des témoins dans les meurtres de l'Éventreur mesuraient environ 1,70 mètre. À l'époque victorienne, 1,70 mètre devait être considéré comme une taille moyenne pour un homme. Et sans doute qu'on prenait moins de risque en disant cela.)

Le dernier à avoir vu Elizabeth Stride vivante fut l'agent de police William Smith, de la Division 452 H, dont la ronde, ce soir-là, passait par Berner Street. À 0 h 35, il aperçut une femme qu'il identifia par la suite comme étant Elizabeth Stride, et son regard fut attiré par la fleur qu'elle portait sur son manteau. L'homme qui l'accompagnait tenait à la main un paquet, enveloppé dans du papier journal, d'environ 35 centimètres de long sur 16 de large. Lui aussi mesurait 1,70 mètre, se souvenait Smith, et il portait une casquette à oreillettes en feutre dur, un manteau et un pantalon noirs. Smith trouva qu'il avait l'air respectable ; il était âgé d'environ vingt-huit ans et rasé de près.

Smith poursuivit sa ronde, et vingt-cinq minutes plus tard, à 1 heure du matin, Louis Diemschutz conduisit sa charrette de marchand de quatre-saisons vers le siège de l'IWMC, au 40 Berner Street. C'était le directeur du club socialiste et il vivait dans l'immeuble. En tournant pour entrer dans la cour, il fut surpris de voir les portes ouvertes, car elles étaient généralement fermées après 21 heures. Au moment où il les franchissait, son cheval fit brusquement un écart sur la gauche. Il faisait sombre, mais Diemschutz distingua une forme sur le sol, près du mur, et il la poussa avec son fouet, pensant qu'il s'agissait d'un tas d'ordures. Il descendit de sa charrette et, après avoir lutté contre le vent pour gratter une allumette, il fut stupéfait de découvrir la silhouette d'une femme. Elle était ivre ou bien morte, et Diemschutz se précipita à l'intérieur du club, pour en ressortir avec une bougie.

Elizabeth Stride avait la gorge tranchée. En arrivant avec son cheval et sa charrette, Diemschutz avait dû interrompre l'Éventreur. Le sang qui s'échappait du cou de la victime coulait vers la porte du club ; les boutons du haut de sa veste étaient défaits et laissaient voir sa chemise et son corset. Elle était couchée sur le flanc gauche, le visage tourné vers le mur ; ses vête-

ments étaient trempés à cause des averses récentes.
Dans sa main gauche, elle tenait un sachet de
cachous, des petites pastilles qui servent à rafraîchir
l'haleine ; un petit bouquet de cheveux-de-Vénus avec
une rose rouge était épinglé sur sa poitrine. Entre-
temps, l'agent de police William Smith avait effectué
une ronde complète, et quand il arriva de nouveau à
la hauteur du 40 Berner Street, sans doute fut-il choqué de découvrir qu'une foule s'était rassemblée
devant les portes du club. Des gens hurlaient :
« Police ! » et « Au meurtre ! ».

Plus tard, au cours des auditions, l'agent Smith
déclara que sa ronde ne lui avait pas pris plus de
vingt-cinq minutes, et c'était durant ce laps de temps,
pendant qu'une trentaine de membres du club socialiste s'attardaient à l'intérieur, que le meurtrier avait
dû frapper. Les fenêtres étaient ouvertes et les
membres du club chantaient des chansons joyeuses
en russe et en allemand. Aucun d'eux n'entendit le
moindre cri ni appel de détresse. Mais Elizabeth
Stride n'avait sans doute laissé échapper aucun son
audible, sauf par son meurtrier.

Le médecin de la police, le Dr George Phillips,
arriva sur place un peu après 1 heure du matin et
conclut, comme il n'y avait pas d'arme sur les lieux
du drame, que cette femme ne s'était pas suicidée.
Elle avait certainement été assassinée, et il en déduisit que le meurtrier lui avait certainement plaqué les
épaules au sol, avant de lui trancher la gorge par-
devant. Elle tenait le sachet de cachous entre le pouce
et l'index de la main gauche, et quand le médecin
retira le sachet, certaines pastilles se répandirent sur le

sol. Sa main gauche avait dû se relâcher après la mort, expliqua le Dr Phillips, mais il ne put expliquer pourquoi sa main droite était «maculée de sang». Cela était fort étrange, déclara-t-il par la suite, car sa main droite était intacte et reposait sur sa poitrine. Rien ne pouvait expliquer la présence de sang sur cette main, à moins que le meurtrier ne se soit volontairement essuyé dessus. Ce qui aurait été un geste étrange de sa part.

Peut-être n'est-il pas venu à l'idée du Dr Phillips que le réflexe de toute personne consciente victime d'une hémorragie est de plaquer sa main sur sa blessure. Sentant qu'on lui avait tranché la gorge, Elizabeth aura immédiatement refermé sa main autour de son cou. De même, affirmer qu'Elizabeth avait été plaquée à terre avant d'être tuée n'a aucun sens. Pourquoi, dans ce cas, n'a-t-elle pas hurlé ou ne s'est-elle pas débattue quand le meurtrier s'est précipité sur elle pour la jeter à terre? Il est peu probable, également, que l'Éventreur l'ait égorgée par-devant.

Pour ce faire, il aurait été obligé de l'allonger de force, tout en essayant de la maîtriser et de l'empêcher de hurler, pendant qu'il lui entaillait le cou dans le noir et se faisait asperger de sang. Curieusement, elle tenait toujours son sachet de cachous. Quand une personne est égorgée par-devant, on retrouve généralement plusieurs petites incisions, à cause de l'angle d'attaque difficile. Quand l'égorgement a lieu par-derrière, les incisions sont plus longues et souvent suffisantes pour sectionner plusieurs artères et trancher la chair et le cartilage, jusqu'à l'os.

Une fois qu'un meurtrier a élaboré une méthode

qui fonctionne, il en change rarement, à moins que ne survienne un événement imprévu qui l'oblige à interrompre son rituel ou à devenir plus violent, en fonction des circonstances et de ses réactions. Je pense que le mode opératoire de l'Éventreur consistait à attaquer par-derrière. Il ne commençait pas par coucher ses victimes à terre, car celles-ci risquaient de se débattre et de lui échapper. Il s'attaquait à des femmes combattantes, qui connaissaient le monde de la rue et n'hésiteraient pas à se défendre si un client devenait un peu trop brutal ou refusait de payer.

Je doute qu'Elizabeth ait su ce qui lui arrivait. Peut-être s'était-elle dirigée vers l'immeuble de Berner Street, car elle savait que les membres de l'IWMC, venus là pour la plupart sans leurs petites amies ou leurs femmes, commenceraient à sortir vers 1 heure du matin, et peut-être seraient-ils intéressés par un rapport sexuel rapide. L'Éventreur l'avait peut-être observée, caché dans l'obscurité, pendant qu'elle menait ses affaires avec d'autres hommes, puis il avait attendu qu'elle soit seule. Peut-être connaissait-il le club socialiste et y était-il déjà venu, peut-être même un peu plus tôt dans la soirée. L'Éventreur portait peut-être une fausse moustache ou une fausse barbe, ou un autre déguisement, pour être sûr de ne pas être reconnu.

Walter Sickert parlait couramment allemand et il aurait compris le débat qui se déroula pendant plusieurs heures à l'intérieur du club en ce samedi soir 29 septembre. Peut-être se trouvait-il dans l'assistance, d'ailleurs. Cela aurait été conforme à sa personnalité de participer au débat, avant de s'éclipser vers 1 heure du matin, au moment où tout le monde se mettait à chanter. À moins qu'il n'ait pas mis les pieds dans le club et n'ait cessé d'espionner Elizabeth Stride depuis le moment où elle avait quitté le meublé. Dans tous les cas, ça ne devait pas être aussi difficile qu'on pourrait le croire. Quand un meurtrier est sobre, intelligent et logique, s'il parle plusieurs langues, s'il est comédien, s'il possède différentes cachettes et ne vit pas dans le quartier, alors ce n'est pas très compliqué d'imaginer qu'il puisse tuer sans être inquiété dans ces taudis mal éclairés. Mais je pense qu'il a sans doute parlé à sa victime. On n'a jamais expliqué la présence de cette rose rouge.

L'Éventreur avait eu amplement le temps de s'enfuir lorsque Louis Diemschutz se précipita à l'intérieur de l'immeuble pour aller chercher une bougie, et avant que les membres du club sortent précipitamment pour voir ce qui se passait. Peu de temps après qu'avait éclaté ce raffut, une femme qui vivait à quelques mètres de là, au 36 Berner Street, sortit de chez elle et vit un jeune homme se diriger à grands pas vers Commercial Road. Il leva les yeux vers les fenêtres éclairées du club, et la femme affirma par la suite qu'il tenait à la main un de ces sacs noirs très en vogue à l'époque et qui ressemblaient à des sacoches de médecin.

Dans ses souvenirs consacrés à Sickert, Marjorie Lilly se souvenait qu'il possédait une sacoche de ce type, « à laquelle il était très attaché ». Un beau jour, durant l'hiver 1918, alors qu'ils peignaient tous les deux dans l'atelier, il décida brusquement qu'ils devaient se rendre à Petticoat Lane et il sortit la sacoche du sous-sol. Pour des raisons qu'elle ne comprenait pas, écrivait-elle, Sickert peignit sur le sac, en grosses lettres blanches : « The Shruberry [le Jardin d'arbustes], 81 Camden Road. » Lilly n'avait jamais compris la référence au « jardin d'arbustes » étant donné que Sickert ne possédait aucun arbuste dans son jardin. Et Sickert ne fournit aucune explication concernant son comportement étrange. Il avait cinquante-huit ans à l'époque. Il était tout sauf sénile. Mais il se comportait de manière bizarre parfois, et Lilly se souvenait qu'il était très excité quand il était sorti avec sa sacoche et qu'il l'avait emmenée, avec une autre femme, faire une promenade effrayante à Whitechapel, dans un brouillard épais et âcre.

Ils s'étaient retrouvés dans Petticoat Lane, et Marjorie Lilly avait regardé d'un air stupéfait Sickert et sa sacoche noire disparaître dans les rues mal famées, alors que « le brouillard dépassait nos pires craintes », et qu'il faisait sombre comme en pleine nuit, écrivit-elle. Les deux femmes coururent après Sickert « dans tous les sens, dans des rues étroites et sans fin, jusqu'à ce que nous soyons épuisées », pendant que lui observait les pauvres gens recroquevillés sur les marches conduisant à leurs taudis et s'exclamait joyeusement : « Quelle jolie tête ! Quelle barbe. Un parfait Rembrandt. » Impossible de l'arracher à cette aventure, qui l'avait conduit à quelques rues seulement de l'endroit où les victimes de l'Éventreur avaient été assassinées, trente ans plus tôt exactement.

En 1914, quand éclata la Première Guerre mondiale et quand les lumières éteintes et les rideaux baissés plongèrent Londres dans le noir, Sickert écrivit dans une lettre : « des rues si intéressantes, éclairées comme il y a vingt ans, quand tout était du Rembrandt ». Il venait de rentrer chez lui « par des chemins détournés », à travers Islington, en pleine nuit, et il ajouta : « J'aimerais que la peur des zeppelins continue éternellement, pour ce qui est de l'éclairage. »

J'ai interrogé John Lessore au sujet de la sacoche de son oncle, et il m'a répondu que personne dans la famille, à sa connaissance, n'avait entendu parler d'une sacoche de ce type ayant appartenu à Walter Sickert. J'ai essayé avec acharnement de retrouver ce sac. S'il avait servi à transporter des couteaux pleins de sang, l'analyse de l'ADN pourrait donner des résultats très intéressants. Et puisque je spécule, je pourrais ajouter que le fait de peindre « The Shruberry » sur son sac ressemble à un acte de folie de la part de Sickert, mais pas forcément. À l'époque des meurtres de l'Éventreur, la police découvrit un couteau ensanglanté dans un bosquet d'arbustes, non loin de l'endroit où vivait la mère de Sickert. À vrai dire, les couteaux ensanglantés ont commencé à surgir en divers endroits, comme si on les avait laissés là délibérément pour exciter la police et les voisins.

Le lundi qui suivit le meurtre d'Elizabeth Stride, Thomas Coram, un vendeur de noix de coco qui sortait de chez un ami à Whitechapel, découvrit un couteau au pied de l'escalier conduisant à une buanderie. La lame mesurait trente centimètres de long, avec une pointe émoussée, et le manche noir d'une douzaine de centimètres était entouré d'un mouchoir blanc ensanglanté, maintenu par une ficelle. Sans toucher au couteau, Coram le montra immédiatement à un agent de police, qui témoigna par la suite pour affirmer que le couteau était à l'endroit exact où il se trouvait moins d'une heure plus tôt. Il décrivit le couteau comme étant «recouvert» de sang séché et du genre de celui que pourraient utiliser un boulanger ou un chef cuisinier. Sickert était un excellent cuisinier et il se déguisait souvent en chef pour amuser ses amis.

Alors que la police interrogeait les membres du club socialiste qui chantaient à l'intérieur de l'immeuble pendant qu'Elizabeth Stride se faisait assassiner, Jack l'Éventreur se dirigeait vers Mitre Square, où une autre prostituée, nommée Catherine Eddows, s'était rendue après avoir été libérée de prison. Si l'Éventreur empruntait le chemin direct de Commercial Road, s'il continuait vers l'ouest et tournait à gauche dans Aldgate High Street pour pénétrer dans la City, le lieu de son prochain crime n'était qu'à un quart d'heure à pied du précédent.

CHAPITRE 19

CES PERSONNAGES QUI RÔDENT

Catherine Eddows passa la nuit de vendredi dans un abri de fortune au nord de Whitechapel Road, car elle n'avait pas les 4 *pence* nécessaires pour s'offrir la moitié du lit de John Kelly.

Cela faisait maintenant sept ou huit ans qu'elle vivait avec lui dans ce meublé du 55 Flower and Dean Street, à Spitalfields. Avant Kelly, elle était avec Thomas Conway, le père de ses enfants : deux garçons, de quinze et vingt ans, et une fille nommée Annie Phillips, âgée de vingt-trois ans, mariée à un employé municipal.

Les fils vivaient avec Conway, qui avait quitté Catherine parce qu'elle buvait. Elle ne les avait pas vus, ni lui ni les enfants, depuis des années, volontairement. Par le passé, quand elle venait frapper à leur porte, elle avait toujours besoin d'argent. Bien que Conway et elle n'aient jamais été mariés, il l'avait entretenue, disait-elle, et elle avait fait tatouer ses initiales, à l'encre bleue, sur son avant-bras gauche.

Catherine Eddows avait quarante-trois ans et elle était très maigre. Les épreuves de la vie et l'alcool avaient creusé les traits de son visage, mais sans doute était-elle séduisante autrefois, avec ses pommettes saillantes, ses yeux foncés et ses cheveux noirs. Kelly et elle vivaient au jour le jour, ils survivaient essentiellement en vendant à la sauvette des objets sans valeur, et de temps en temps Catherine faisait des ménages. Généralement, ils quittaient Londres à l'automne, car septembre était la saison des vendanges. Ils venaient juste de rentrer, le jeudi, après plusieurs semaines de «cueillette», en compagnie de milliers d'autres personnes qui avaient fui la ville pour effectuer ce travail migrant. Catherine et Kelly avaient abandonné l'East End pour sillonner les exploitations agricoles du Kent où ils ramassaient le houblon destiné au brassage de la bière. C'était un travail pénible, et le couple ne gagnait pas plus de l *shilling* par boisseau, mais, au moins, ils étaient loin du smog et de la crasse, ils sentaient le soleil sur leur peau et ils respiraient le bon air. Ils mangeaient et buvaient comme des princes et dormaient dans les granges. Quand ils revinrent à Londres, ils n'avaient plus un sou.

Le vendredi 28 septembre, Kelly regagna le meublé du 55 Flower and Dean Street à Spitalfields, et Catherine coucha sans lui dans un asile de nuit. On ignore ce qu'elle fit cette nuit-là. Par la suite, lors des auditions, Kelly affirma que ce n'était pas une fille des rues, et d'ailleurs il n'était pas du genre à tolérer qu'elle aille avec un autre homme. Catherine ne lui apportait jamais d'argent le matin, ajouta-t-il, peut-être pour éviter qu'on dise qu'elle ait pu gagner sa vie, de temps en temps, en se prostituant. Il soutint avec fermeté qu'elle n'était pas alcoolique, il ne lui arrivait que rarement « de boire un peu plus que de raison ».

Catherine et Kelly se considéraient comme mari et femme, et ils payaient assez régulièrement leur loyer quotidien de 8 *pence* pour leur lit à deux places dans Flower and Dean Street. Certes, il leur arrivait de se disputer. Quelques mois plus tôt, elle l'avait quitté « quelques heures », mais Kelly jura sous serment que, depuis, Catherine et lui s'entendaient à merveille. Le samedi matin, expliqua-t-il, elle avait proposé de mettre au clou quelques-unes de ses affaires pour qu'ils puissent acheter à manger, mais il avait insisté pour gager ses propres chaussures à la place. Ce qu'elle fit, pour une demi-couronne. Le reçu et un autre qu'ils avaient racheté à une femme pendant qu'ils faisaient les vendanges étaient soigneusement rangés dans une des poches de Catherine, car ils espéraient bien pouvoir récupérer très bientôt les bottes de Kelly et d'autres objets de valeur.

Le samedi matin, le 29 septembre, Catherine retrouva Kelly entre 10 et 11 heures au vieux marché aux fripes de Houndsditch, une large cicatrice dans la terre où se trouvaient à l'époque romaine des douves servant à protéger l'enceinte de la ville. Houndsditch courait entre Aldgate High Street et Bishopsgate, et bordait le nord-est de la City. Alors que Catherine et Kelly dépensaient la majeure partie de l'argent des bottes mises au clou pour acheter de la nourriture et s'offrir ce qui pour eux était un petit déjeuner copieux, Catherine entrait dans les derniers instants de sa vie. Moins de quinze heures plus tard, Catherine Eddows serait vidée de son sang et froide.

En début d'après-midi, elle portait sur elle tout ce qu'elle devait posséder sans doute : une veste noire avec de la fausse fourrure sur le col et les manches, deux sur-vestes gansées de soie noire et de fausse fourrure, un chemisier en chintz avec des motifs d'asters et trois volants, une robe corset marron en lin et laine, avec un col en velours noir et des boutons en métal marron sur le devant, un jupon gris, une très vieille jupe en alpaga vert, une jupe bleue très élimée avec un volant rouge et une doublure légère en twill, une chemise en calicot blanc, un gilet d'homme, blanc, boutonné sur le devant, avec deux poches extérieures, des bas marron à grosses côtes raccommodés aux pieds avec du fil blanc, une paire de bottes d'homme (dont la droite était réparée avec du fil rouge), un bonnet de paille noir orné de perles noires et de velours vert et noir, un tablier blanc et un grand mouchoir blanc noué autour du cou.

Sous toutes ces différentes couches et dans ses nombreuses poches, elle avait un autre mouchoir, des bouts de savon, de la ficelle, un torchon blanc, du lin brut, deux pipes en terre noires, un étui à cigarettes en cuir rouge, un peigne, des épingles et des aiguilles, et deux vieux petits pots à moutarde en fer-blanc qui renfermaient précieusement un trésor : du sucre et du thé qu'elle avait achetés avec l'argent des bottes de Kelly. Celui-ci n'avait pas d'argent pour payer leur lit ce soir-là, et, à 14 heures, Catherine lui annonça qu'elle se rendait à Bermondsey, au sud-est de la ville. Peut-être pourrait-elle trouver sa fille, Annie.

Annie avait autrefois une maison dans King Street, et, apparemment, Catherine ignorait que sa fille ne vivait plus à cette adresse, ni à Bermondsey, depuis des années. Kelly préférait qu'elle n'aille nulle part. «Reste ici», lui dit-il. Mais elle insista, et quand Kelly lui cria de faire attention au «Couteau» (ainsi qu'on surnommait le tueur de l'East End dans les rues), Catherine éclata de rire. Évidemment qu'elle ferait attention. Elle faisait toujours attention. Elle promit d'être de retour dans deux heures.

La mère et la fille ne se virent pas ce jour-là, et nul ne semble savoir où se rendit Catherine. Peut-être marcha-t-elle jusqu'à Bermondsey et fut-elle consternée de découvrir qu'Annie avait déménagé. Peut-être que des voisins l'informèrent qu'Annie et son mari avaient quitté le quartier depuis au moins deux ans. Ou peut-être que personne ne sut de qui elle voulait parler quand elle dit qu'elle cherchait sa fille. Il est possible, également, que Catherine n'ait pas eu l'intention de se rendre à Bermondsey et qu'elle ait cherché une excuse afin de gagner quelques *pennies* pour s'offrir du gin. Peut-être savait-elle trop bien que personne dans sa famille n'avait envie d'avoir affaire à elle. Catherine était une alcoolique, une femme immorale dont la place était dans le caniveau. C'était une «malheureuse», et une honte pour ses enfants. Elle ne retrouva pas Kelly à 16 heures comme promis; au lieu de cela, elle se retrouva enfermée au poste de police de Bishopsgate pour ivresse.

Le poste de police était situé juste au nord de Houndsditch, là où Kelly avait vu Catherine pour la dernière fois, quand ils avaient mangé et bu l'argent de ses bottes. En apprenant qu'elle était en prison pour ivresse, il se dit qu'elle ne risquait rien et il alla se coucher. Lors des auditions, il avouerait qu'elle avait déjà été envoyée derrière les barreaux. Mais comme il fut dit à propos des autres victimes de l'Éventreur, Catherine était une femme «sobre et tranquille» qui devenait joyeuse et aimait chanter quand elle avait bu un verre de trop, ce qui lui arrivait rarement bien sûr. Aucune des victimes de l'Éventreur n'était alcoolique, jurèrent leurs amis à la barre.

À l'époque de Catherine Eddows, l'alcoolisme n'était pas considéré comme une maladie. «L'ivrognerie invétérée» frappait une personne «à l'esprit faible» ou «à l'intelligence faible», destinée à finir à l'asile de fous ou en prison. L'ivrognerie était la marque évidente d'un individu possédant une fibre morale défectueuse, un pécheur prisonnier du vice, un imbécile en gestation. Le refus de la vérité était aussi répandu alors qu'aujourd'hui, et les euphémismes ne manquaient pas. Les gens aimaient «prendre un verre». Ils «buvaient une goutte». Ou bien, ils avaient un «penchant pour la bouteille». Ils étaient parfois «éméchés». Catherine Eddows était éméchée samedi soir. À 20 h 30, elle s'était évanouie sur un trottoir dans Aldgate High Street, et l'agent de police George Simmons la ramassa pour la déplacer sur le côté de la chaussée. Il l'appuya contre des volets, mais elle ne tenait pas sur ses jambes.

Simmons appela alors un collègue et, à eux deux, en la soutenant chacun d'un côté, ils la conduisirent au poste de Bishopsgate. Catherine était trop ivre pour dire où elle habitait et si elle connaissait quelqu'un qui pouvait venir la chercher, et quand on lui demanda son nom, elle marmonna «Rien». Vers les

21 heures, elle se retrouva derrière les barreaux. À minuit et quart, elle était parfaitement réveillée et elle chantonnait. L'agent de police George Hutt déclara lors des auditions qu'il l'avait surveillée au cours des trois ou quatre dernières heures, et quand il s'arrêta devant sa cellule, sur les coups de 1 heure du matin, elle lui demanda quand il allait la relâcher. Quand elle serait capable de veiller sur elle, lui dit-il.

Elle lui répondit qu'elle en était parfaitement capable dès maintenant, et elle voulait savoir quelle heure il était. Trop tard pour qu'elle «retourne boire», dit-il. «Il est quelle heure?» insista-t-elle. «Bientôt une heure», lui dit l'agent, et elle répondit: «Je vais me recevoir une sacrée raclée en rentrant.» L'agent Hutt ouvrit alors la porte de la cellule, avec cet avertissement: «Que ça te serve de leçon, tu n'as pas le droit d'être ivre.» Il la conduisit dans le bureau pour qu'elle soit interrogée par le sergent, à qui elle donna un faux nom et une fausse adresse: «Mary Ann Kelly», habitant «Fashion Street».

L'agent Hutt poussa les portes battantes qui s'ouvraient sur un passage et lui montra la sortie. «Par ici, mam'zelle», dit-il, en lui ordonnant de bien fermer la porte extérieure derrière elle. «Bonne nuit, vieille branche!» répondit-elle, en laissant la porte ouverte et en tournant à gauche vers Houndsditch, où elle avait promis de retrouver John Kelly neuf heures plus tôt. Nul ne saura sans doute jamais pourquoi Catherine est d'abord partie dans cette direction, avant de prendre le chemin de la City, vers Mitre Square, situé à huit ou dix minutes à pied du poste de police de Bishopsgate Station. Peut-être projetait-elle de gagner quelques *pennies* de plus, en se disant qu'il ne risquait pas de lui arriver des ennuis dans la City, du moins pas le genre d'ennuis auxquels elle pensait. La riche City était bondée et animée durant la journée, mais la plupart des personnes que leur travail attirait à Square Mile n'y vivaient pas. Catherine et John Kelly non plus.

Leur meublé de Flower and Dean Street était situé en dehors de la City, et étant donné que Kelly ignorait tout des activités professionnelles annexes de Catherine (c'est du moins ce qu'il affirma après sa mort), peut-être jugea-t-elle plus judicieux de rester un petit moment dans la City, au lieu de rentrer directement chez elle pour affronter une dispute. Ou peut-être que Catherine ne savait pas ce qu'elle faisait, tout simplement. Elle était restée enfermée moins de quatre heures. Un individu moyen métabolise environ trente grammes d'alcool par heure, soit l'équivalent d'un verre de bière.

Or, Catherine avait dû boire une grande quantité d'alcool pour finir par «s'effondrer ivre morte», et sans doute était-elle encore ivre quand l'agent Hutt lui souhaita une bonne nuit.

Au mieux, elle avait la gueule de bois et les idées confuses ; peut-être souffrait-elle de tremblements et de pertes de mémoire. Le meilleur remède, c'était de reboire un coup pour se redonner du tonus. Ce qu'il lui fallait, c'était un verre et un lit, et elle ne pouvait avoir ni l'un ni l'autre sans argent. Puisque son homme allait lui passer un savon, il valait mieux qu'elle gagne quelques *pennies* et qu'elle finisse la nuit ailleurs. Quelles que soient les idées qu'elle avait en tête, retrouver Kelly au plus vite n'en faisait pas partie quand elle quitta le poste de police. Se diriger vers Mitre Square, c'était tourner le dos à Kelly qui logeait dans Flower and Dean Street.

Une trentaine de minutes après que Catherine eut quitté sa cellule, Joseph Lawende, un voyageur de commerce, et ses amis Joseph Levy et Harry Harris quittèrent l'Imperial Club au 16 et 17 Duke Street, dans la City. Il pleuvait, et Lawende marchait d'un pas un peu plus rapide que ses compagnons. Au coin de Duke Street et Church Passage, la rue qui conduisait à Mitre Square, il aperçut un homme avec une femme. Par la suite, lors des auditions, Lawende expliquera que l'homme lui tournait le dos ; il pouvait juste dire qu'il était plus grand que la femme et portait une casquette avec peut-être une visière.

La femme, elle, portait une veste et un bonnet noirs, se souvenait Lawende, et malgré le mauvais éclairage public de l'époque, il put reconnaître ultérieurement, au poste de police, ces vêtements comme appartenant à la femme qu'il avait vue à 1 h 30, une heure précise fournie grâce à la pendule du club et à sa propre montre. «Je doute de pouvoir le reconnaître, dit Lawende en parlant de l'homme. Je ne l'ai pas entendu parler. Ils n'avaient pas l'air de se disputer. Ils semblaient discuter calmement. Je ne me suis pas retourné pour regarder où ils allaient.»

Joseph Levy, un boucher, n'avait pas bien vu le couple, lui non plus, mais il estimait que l'homme mesurait environ six à sept centimètres de plus que la femme. En passant dans Duke Street, il avait dit à son ami Harris : «J'aime pas rentrer seul chez moi quand je vois ces personnages qui rôdent. » Interrogé avec insistance par le *coroner* au cours des auditions, Levy modifia légèrement sa déclaration. « Je n'ai rien remarqué chez cet homme et cette femme qui m'ait donné une raison d'avoir peur », dit-il.

Les autorités de la City affirmèrent devant les journalistes que Mitre Square n'était pas le genre de quartier où rôdaient les prostituées, et, de toute façon, la police de la City guettait en permanence les hommes et les femmes qui traînaient en pleine nuit. Si les agents de police avaient pour ordre de repérer les hommes et les femmes qui se trouvaient là à une heure tardive, cela voulait peut-être dire qu'il s'y déroulait des activités douteuses. Mitre Square était un endroit mal éclairé. On y accédait par trois longs passages obscurs. Il était rempli d'immeubles vides, et les talons en cuir des policiers qui martelaient le pavé s'entendaient de loin et donnaient largement le temps de se cacher.

Catherine Eddows ayant été vue en compagnie d'un homme juste avant d'être assassinée, on en déduisit qu'elle avait donné rendez-vous à un client dans Mitre Square, avant de se retrouver derrière les barreaux. Une telle hypothèse semble peu probable, pour ne pas dire absurde. Elle était restée avec Kelly jusqu'à 14 heures. Elle était ivre et resta enfermée jusqu'à 1 heure du matin. Difficile de croire qu'elle ait promis un rendez-vous nocturne à un client alors que le sexe pouvait s'acheter également dans la journée. Il y avait un tas d'escaliers, d'immeubles décrépits et autres taudis abandonnés pour accueillir des activités secrètes. Même si Catherine avait donné ce « rendez-vous» alors qu'elle était ivre, il y avait de fortes chances pour qu'elle ne s'en souvienne pas par la suite. Il est plus simple d'imaginer que, même si elle se dirigeait vers la City en quête d'un client, elle ne pensait à personne en particulier et s'en remettait au hasard.

Le chef par intérim de la police de la City, Henry Smith, qui était peut-être aussi tenace que le capitaine Achab traquant la grande baleine blanche, n'imaginait sans doute pas que ce monstre ferait surface dans son quartier et ne serait jamais inquiété pendant une centaine d'années. Comme toujours, Smith dormait mal cette nuit-là dans son logement de Cloak Lane Station, sur la rive nord de la Tamise. Une gare de triage se trouvait juste devant chez lui et le bruit des wagons résonnait à toute heure du jour et de la nuit. Des ateliers de fourreurs installés derrière chez lui s'échappait la puanteur des peaux tannées ; il ne pouvait donc pas ouvrir une seule fenêtre.

Smith sursauta quand le téléphone sonna et il décrocha à tâtons dans le noir. Un de ses hommes l'informa qu'un nouveau meurtre venait d'être commis, dans la City cette fois. Smith s'habilla en hâte et sortit précipitamment de son immeuble, devant lequel l'attendait un fiacre, «une invention du diable», comme il disait, car en été il y faisait affreusement chaud et en hiver on y gelait. En outre, un fiacre était conçu pour transporter deux passagers, mais en ce petit matin, celui dans lequel grimpa Smith contenait déjà le superintendant et trois inspecteurs. «On roula comme un navire de guerre dans la tempête», raconta Smith. Mais «nous arrivâmes à destination : Mitre

Square», où un petit groupe d'agents formait un cercle autour du corps mutilé de Catherine Eddows, dont ils ne connaissaient pas encore l'identité.

Mitre Square était une sorte de petite place, entourée de vastes entrepôts, de maisons vides et de quelques commerces bien évidemment fermés à cette heure. Dans la journée, l'endroit faisait se côtoyer les marchands de fruits, les hommes d'affaires et des individus qui traînaient là. On y entrait par trois longs passages, qui, la nuit, étaient envahis d'ombres épaisses que repoussaient difficilement les lampes à gaz fixées aux murs. La place elle-même ne disposait que d'un seul éclairage, une lampe située à environ vingt-cinq mètres de l'endroit sombre où Catherine fut assassinée. Un agent de police de la City et sa famille habitaient de l'autre côté de la place, et ils n'avaient rien entendu. James Morris, un veilleur de nuit posté à l'intérieur de l'entrepôt de gros Kearley & Tonge, également situé sur la place, n'avait rien entendu lui non plus, bien qu'il soit éveillé.

Il semblerait que, une fois de plus, personne n'ait entendu le moindre bruit pendant que l'Éventreur massacrait sa victime. Si l'on peut se fier aux horaires indiqués dans les témoignages, Catherine Eddows était morte depuis moins d'un quart d'heure peut-être quand la ronde de l'agent de police Edward Watkins le ramena dans Leadenhall Street, puis sur la place. Il pouvait effectuer sa ronde en douze à quatorze minutes, expliqua-t-il lors des auditions, et quand il était passé par la place pour la dernière fois, à 1 h 30, il n'avait rien remarqué d'anormal. Quand il avait braqué sa lampe dans un coin très sombre, à 1 h 44, il avait découvert une femme couchée sur le dos, le visage tourné vers la gauche, les bras le long du corps, paumes vers le ciel. Sa jambe gauche était tendue, l'autre repliée et ses vêtements étaient roulés en boule au-dessus de sa poitrine, mettant au jour son ventre, qui avait été ouvert du sternum aux parties génitales. On avait sorti et jeté ses intestins sur le sol, par-dessus son épaule droite. Watkins se précipita vers l'entrepôt Kearley & Tonge, frappa à la porte, la poussa et interrompit le gardien de nuit qui se trouvait à l'autre bout, en train de balayer.

«Pour l'amour du ciel, venez m'aider!» dit Watkins. Morris, le veilleur de nuit, s'arrêta de balayer et prit sa lampe, tandis que Watkins, dans tous ses états, parlait d'une «autre femme découpée en morceaux». Les deux hommes se précipitèrent vers le coin sud-est de Mitre Square, là où le corps de Catherine gisait dans une mare de sang. Morris souffla dans son sifflet et courut jusqu'à Mitre Street, puis Aldgate, où il ne vit «aucune personne suspecte dans les parages», se souvint-il lors des auditions. Il continua à courir, en s'époumonant dans son sifflet, jusqu'à ce qu'il tombe sur deux collègues, à qui il dit: «Allez à Mitre Square. Un autre meurtre horrible a été commis!»

Le Dr Gordon Brown, le médecin rattaché à la police de la City, arriva sur les lieux un peu après 2 heures du matin. Il s'accroupit près du corps et découvrit trois boutons en métal, un dé à coudre «ordinaire» et un pot à moutarde en fer-blanc contenant deux tickets du mont-de-piété. En se basant sur la chaleur du corps, l'absence totale de raideur cadavérique et d'autres observations, le Dr Brown déclara que la victime était morte depuis moins d'une demi-heure, et il ne releva ni hématomes, ni traces de lutte, ni signe de «rapport récent», c'est-à-dire de relations sexuelles.

L'opinion du Dr Brown était que les intestins avaient été placés là «à dessein». C'est peut-être trop compliqué si l'on songe aux circonstances. Dans les cas des meurtres d'Annie Chapman et de Catherine Eddows, l'Éventreur était survolté, et il voyait à peine ce qu'il faisait à cause de l'obscurité. Sans doute était-il accroupi ou penché au-dessus de la partie inférieure du corps de sa victime pour lacérer les vêtements et la chair, et il est probable qu'il ait simplement jeté les intestins sur le côté, car il s'intéressait à d'autres organes.

Les rapports de la police et les comptes rendus des journalistes diffèrent sur les détails concernant l'aspect du corps de Catherine Eddows quand on le retrouva. Selon une description, un morceau de côlon de soixante centimètres de long avait été détaché et disposé entre le bras droit et le corps, mais d'après *The Daily Telegraph*, le bout de côlon avait été «entortillé à l'intérieur de la plaie béante dans le cou, du côté droit». Par le plus grand des hasards, le fils de Foster, le superintendant de la police de la City, Frederick William Foster, était architecte. Il fut immédiatement réquisitionné pour réaliser des croquis du corps de Catherine et l'endroit où on l'avait découvert. Ces dessins offrent une vision détaillée et dérangeante, bien plus terrible que toutes les descriptions faites durant les auditions du *coroner*.

Tous les vêtements de Catherine Eddows étaient

lacérés et déchirés, laissant apparaître de manière flagrante une cavité corporelle qui n'aurait pas semblé
plus profanée si on avait déjà pratiqué l'autopsie. Les
coups de couteau de l'Éventreur avaient ouvert la poitrine et l'abdomen jusqu'aux cuisses et aux parties
génitales. Il avait lacéré le vagin et le haut des cuisses,
comme s'il voulait retrousser la chair pour pouvoir
couper les membres au niveau des articulations de la
hanche.

Le visage était défiguré de manière effrayante. Les
étranges entailles sous les yeux ressemblaient aux
touches artistiques que Sickert a utilisées dans certains de ses tableaux, particulièrement pour le portrait d'une prostituée vénitienne qu'il appelait
Giuseppina. Les dégâts les plus sévères avaient été
infligés sur le côté droit du visage, celui qui était
exposé quand le corps fut découvert ; c'est aussi le
côté du visage de Giuseppina qui présente d'inquiétants coups de pinceau noirs, évoquant une mutilation, sur le portrait intitulé *Putana a casa*. Sur une
photographie prise à la morgue, Catherine Eddows
ressemble à Giuseppina ; les deux femmes avaient de
longs cheveux noirs, des pommettes saillantes et des
mentons pointus.

Sickert a peint Giuseppina dans les années 1903-
1904. Mes recherches dans la correspondance et
d'autres documents, mes questions adressées aux
spécialistes de Sickert n'ont fait apparaître aucune
preuve indiquant qu'une personne ayant rendu visite
à Sickert à Venise avait pu rencontrer ou seulement
voir cette prostituée. Sickert l'a peut-être peinte dans
l'intimité de son atelier, mais je n'ai toujours pas

trouvé la preuve de l'existence de Giuseppina. Sur un autre tableau de la même époque, intitulé *Le Journal*, une femme aux cheveux bruns, la tête rejetée en arrière et la bouche ouverte, lit un journal qu'elle tend bizarrement devant elle, loin de son visage horrifié. Autour de sa gorge, elle porte un collier blanc très serré.

«Quel joli collier je lui ai offert», écrit l'Éventreur le 17 septembre 1888.

Le «joli collier» de Catherine Eddows est une plaie béante à la gorge, visible sur une des rares photographies prises avant qu'on pratique l'autopsie et qu'on suture les plaies. Si l'on juxtapose cette photo et le tableau intitulé *Le Journal*, les similitudes sont frappantes. Si Sickert a vu Catherine Eddows avec la gorge tranchée et la tête pendant en arrière, comme sur cette photo, cela n'a pu avoir lieu qu'à la morgue avant l'autopsie ou alors sur le lieu du crime.

Le corps de Catherine Eddows fut transporté dans une ambulance à bras à la morgue de Golden Lane, et quand on la déshabilla sous l'œil attentif de la police, le lobe de son oreille gauche tomba de ses vêtements.

CHAPITRE 20

PRESQUE MÉCONNAISSABLE

À 14 h 30 en ce dimanche après-midi, le Dr Brown et une équipe de médecins pratiquèrent l'examen *post mortem*.

Hors un petit hématome récent sur la main gauche, les médecins ne découvrirent aucune autre blessure pouvant indiquer que Catherine Eddows avait lutté avec son agresseur, qu'elle avait été frappée, attachée ou jetée à terre. La mort était due à une entaille de dix-sept ou dix-huit centimètres en travers de la gorge, qui commençait à la hauteur du lobe de l'oreille gauche (tranché) et s'arrêtait à environ six centimètres sous l'oreille droite. L'incision avait sectionné le larynx, les cordes vocales et toutes les structures profondes du cou, jusqu'à entailler le cartilage intervertébral.

Le Dr Brown détermina que Catherine Eddows avait fait une hémorragie au niveau de la carotide gauche tranchée, la mort avait été « instantanée » et les autres mutilations avaient été infligées *post mortem*. Il estimait par ailleurs qu'une seule arme avait été utilisée, probablement un couteau, pointu. On aurait pu dire beaucoup plus de choses. Le rapport d'autopsie indique que l'arme de l'Éventreur a traversé les vêtements de Catherine. Compte tenu de toutes les couches qu'elle portait sur elle, cela pose des questions et des problèmes.

N'importe quel type d'instrument coupant ne peut être utilisé pour trancher la laine, le lin et le coton, même si ces tissus sont vieux et élimés. J'ai effectué des essais avec une variété de couteaux, de poignards et de rasoirs du XIXᵉ siècle, et j'ai découvert qu'il était difficile, voire dangereux, de couper du tissu avec une lame longue ou incurvée. Il fallait que la lame soit très aiguisée, solide et pointue. Le meilleur choix, ai-je constaté, était un poignard avec une lame de douze centimètres et une garde pour empêcher que la main glisse sur la lame.

Je soupçonne que l'Éventreur n'a pas vraiment «découpé» les vêtements, il a plutôt donné des coups à travers les différentes couches et les a déchirées ensuite, pour mettre au jour le ventre et les parties génitales. Il s'agit là d'un changement dans sa méthode qui mérite d'être analysé, car, apparemment, il n'a pas découpé, transpercé ni lacéré les vêtements de Mary Ann Nichols ou d'Annie Chapman. Concernant les cas antérieurs, on ne peut pas être certain des détails. Les dossiers semblent incomplets et peut-être n'ont-ils pas été tenus et conservés avec soin à l'époque. Même si la police de la City ne s'approcha pas davantage de Jack l'Éventreur, elle était mieux équipée pour gérer son carnage.

Le dossier de Catherine Eddows, étonnamment bien conservé en revanche, révèle que l'examen du corps fut très complet et très professionnel. La police de la City possédait certains avantages, dont le moindre n'était pas les leçons fournies par les erreurs récentes et largement commentées. La police de la City contrôlait une juridiction substantiellement plus réduite, et aussi plus riche ; elle disposait d'une morgue digne de ce nom et d'un personnel médical de grande qualité. Quand Catherine fut transportée à la morgue, la police de la City désigna un inspecteur dont l'unique tâche était de veiller sur le corps, ses vêtements et ses effets personnels. Quand le Dr Brown effectua l'autopsie, il fut assisté de deux collègues, parmi lesquels le médecin rattaché à la Police métropolitaine, le Dr George Phillips. Si l'on suppose que Catherine fut la première victime dont les vêtements furent « découpés » au lieu d'être seulement relevés, ce changement de mode opératoire indique une escalade dans la violence et l'assurance de l'Éventreur, ainsi qu'un mépris et un désir de choquer grandissants.

Le corps de Catherine était presque dénudé, ses jambes étaient écartées et elle fut massacrée au beau milieu du trottoir. Le sang qui s'échappait de sa carotide tranchée glissa sous elle et laissa sur le pavé la silhouette de son corps, encore visible par les passants qui la piétinèrent le lendemain. L'Éventreur avait frappé pratiquement sous le nez d'un gardien de nuit, d'un agent de police endormi qui habitait sur la place et d'un officier de la City qui effectuait sa ronde et passait par le lieu du crime toutes les vingt-cinq minutes. Les dégâts que l'Éventreur infligea au corps de Catherine ne nécessitaient pas la moindre parcelle de connaissances chirurgicales.

Il avait simplement donné des coups de couteau comme un fou.

Les blessures au visage avaient été infligées de manière rapide et brutale, les coups de couteau avaient coupé les lèvres en deux et entaillé les gencives en dessous. La coupure sur l'arête du nez descendait jusqu'au coin de la mâchoire gauche et ouvrait la joue jusqu'à l'os. Le bout du nez avait été tranché et deux autres entailles sur les joues avaient arraché des triangles de peau. Les dégâts au niveau de l'abdomen et des parties génitales étaient aussi brutaux. Les incisions qui lui avaient ouvert le corps étaient irrégulières et mélangées à des coups frappés de haut en bas. Son rein gauche avait été découpé et volé, tout comme la moitié de son utérus, tranché de façon négligée.

Elle avait des plaies au pancréas et à la rate, et une autre au vagin, qui traversait le rectum. Les coups de couteau à la cuisse droite étaient si profonds qu'ils avaient sectionné des ligaments. Il n'y avait rien de méticuleux ni de réfléchi dans ce carnage. Le but était de mutiler, et l'Éventreur était survolté. Il avait pu causer tous ces dégâts en moins de dix minutes, peut-être même en cinq minutes. Désormais, il avait besoin de davantage d'audace et de sauvagerie pour ressentir les mêmes frissons. Les provocations du style «essayez donc de m'attraper» semblaient avoir atteint leurs limites.

Artiste, critique et défenseur de Sickert, D.S. Mac-Coll écrivit dans une lettre que Walter Sickert «se surestimera un jour». Cela n'arriva pas, du moins pas de son vivant. Les forces de l'ordre n'étaient pas équipées pour suivre les traces scientifiques et psychologiques qu'il laissait derrière lui chaque fois qu'il tuait. Dans une enquête menée aujourd'hui, les indices auraient été rassemblés d'une manière qui, pour une personne de l'époque victorienne, aurait ressemblé à une invention tirée d'un roman de Jules Verne. L'examen du lieu où avait été assassinée Catherine Eddows aurait été difficile, car cela s'était déroulé en extérieur, dans un lieu public sans doute contaminé par la foule. L'éclairage était déplorable. En raison de l'aspect sensationnel du crime, la police aurait tenté d'éviter de nouvelles contaminations de la part des curieux qui ne manqueraient pas d'affluer, longtemps après que le corps eut été emporté à la morgue de Golden Lane.

Dans tout homicide, la pièce à conviction la plus importante est le corps. Tous les indices qui s'y rattachent doivent être préservés, par tous les moyens possibles. Si le corps de Catherine Eddows était découvert dans Mitre Square à l'heure où j'écris ces lignes, la police interdirait immédiatement les lieux, on appellerait des renforts pour isoler le secteur et on alerterait le médecin légiste. On installerait des éclairages, des véhicules de secours arriveraient aussitôt, avec leurs sirènes et leurs gyrophares. Toutes les avenues, les rues et les passages conduisant au lieu du crime seraient barrés et gardés par la police.

Un inspecteur ou un membre de la police scientifique filmerait la scène en vidéo, en partant du périmètre extérieur, et en prêtant attention aux curieux. Il est fort possible – je suis même prête à parier – que Sickert était présent sur tous les lieux de ses crimes, mêlé à la foule. Il ne pouvait pas résister au plaisir de voir les réactions de son public. Dans un de ses tableaux intitulé *The Fair at Night, Dieppe* (Foire nocturne, à Dieppe), la scène qu'il représente ressemble énormément à ce qu'on pouvait s'attendre à voir quand des curieux se regroupaient autour des lieux où les meurtres avaient été commis.

The Fair at Night, Dieppe, peint vers 1901, montre une foule vue de derrière, comme si l'on regardait avec les yeux d'un observateur se tenant en retrait de la masse des curieux. Sans la présence d'un manège qui fait irruption par la droite du tableau, il n'y aurait aucune raison de penser que cette scène se déroule dans une foire. Les gens ne semblent pas intéressés par le manège, mais plutôt par ce qui se passe en direction des maisons ou des pavillons.

Sickert a peint *The Fair at Night, Dieppe* à partir d'une esquisse. Il a toujours dessiné ce qu'il voyait, jusqu'à soixante ans environ. Puis il se mit à peindre à partir de photographies, comme si, plus son énergie sexuelle déclinait, moins il éprouvait le besoin de sortir pour « vivre » son art. « Après 50 ans, on ne peut pas du tout travailler comme à 40 ans », avoua-t-il.

Une foire ou une fête foraine, voilà exactement ce que devinrent les lieux des crimes de l'Éventreur : des vendeurs de journaux criaient les titres des éditions spéciales, des vendeurs ambulants s'installaient avec leurs charrettes, et les voisins vendaient des tickets. L'International Working Men's Educational Club de Berner Street fit payer le droit d'entrer pour visiter la cour où avait été assassinée Elizabeth Stride et se servit de l'argent ainsi gagné pour imprimer ses tracts de propagande socialiste. Pour 1 *penny*, on pouvait acheter *Une histoire saisissante* consacrée aux « Meurtres de Whitechapel », qui comportait « tous les détails de ces Crimes Diaboliques, et décrit fidèlement les Nuits d'Horreur dans ce quartier de la Grande Cité ».

Dans tous les meurtres de l'Éventreur, jamais on ne releva des empreintes de pas ou toute autre trace partant des corps. J'ai du mal à imaginer qu'il n'a pas marché dans le sang, dont des litres jaillissaient des blessures mortelles qu'il infligeait à ses victimes. Mais ces empreintes sanglantes ne pouvaient être décelées sans l'aide de sources de lumière spéciales et de produits chimiques. Ces traces sont passées inaperçues, et on peut être certain que l'Éventreur laissait également des cheveux, des fibres et autres particules microscopiques sur les lieux de ses crimes et sur ses victimes. Et il emportait des indices avec lui, sur son corps, ses chaussures et ses vêtements.

Les victimes de l'Éventreur devaient représenter un cauchemar pour un médecin légiste, à cause de la contamination et du mélange d'indices, dont le liquide séminal, provenant des multiples clients, tout cela renforcé par la pitoyable hygiène de ces femmes. Malgré tout, il y avait forcément des substances, organiques ou pas, qui méritaient d'être prélevées. Des indices inhabituels ont très bien pu être découverts. Un produit de maquillage porté par un meurtrier se retrouve facilement sur sa victime. Si Sickert avait mis du fard pour assombrir sa peau, s'il s'était teint les cheveux temporairement, ou s'il avait utilisé un produit adhésif pour faire tenir une fausse moustache ou une fausse barbe, ces substances auraient pu être découvertes grâce à un microscope à lumière polarisée, à l'analyse chimique ou à des méthodes spectrophotofluométriques, comme la lumière monochromatique, dont disposent les médecins légistes d'aujourd'hui.

Les teintures de certains rouges à lèvres sont si aisément identifiables grâce aux méthodes scientifiques qu'il est possible de déterminer la marque et le nom de la couleur. Les fards et les peintures provenant de l'atelier de Sickert n'auraient pas échappé au microscope à balayage, à l'analyse par ionisation, spectrométrie, chromatographie en fine couche, pour ne citer que quelques-unes des ressources disponibles de nos jours. La détrempe d'un tableau de Sickert, peint dans les années 1920 et intitulé *Broadstairs*, prit une teinte bleutée quand nous l'examinâmes avec une source de lumière inoffensive à l'Institut des sciences médico-légales de Virginie. Si Sickert avait laissé sur une victime un résidu microscopique de détrempe similaire qui se trouvait sur ses vêtements ou sur ses mains, la lumière monochromatique l'aurait détecté et des analyses chimiques auraient suivi.

La découverte de traces de peinture sur la victime d'un meurtre aurait constitué une avancée significative dans l'enquête. S'il avait été possible, à l'époque victorienne, de détecter des fragments de peinture dans le sang d'une victime, la police aurait peut-être été moins prompte à supposer que Jack l'Éventreur était un boucher, un Polonais, ou un juif russe dérangé ou encore un étudiant en médecine fou. La présence de résidus correspondant à des produits de maquillage ou à des adhésifs aurait également soulevé des questions importantes. La réapparition de quelques couteaux éparpillés aurait fourni des réponses au lieu de poser des questions.

Un rapide examen chimique préliminaire aurait suffi à déterminer si cette substance rougeâtre et sèche sur les lames était du sang et non de la rouille ou autre chose. Les tests de précipitine qui réagissent aux anticorps auraient déterminé si le sang était humain, et enfin, l'ADN aurait correspondu ou non au profil génétique d'une victime. On aurait peut-être découvert des empreintes cachées sur un des couteaux. On aurait peut-être pu déterminer l'ADN du meurtrier si Jack l'Éventreur s'était coupé ou avait transpiré dans le mouchoir avec lequel il entourait le manche du couteau.

Les cheveux pouvaient être comparés et analysés pour définir l'ADN non nucléaire ou mitochondrique. Les marques laissées dans les os et le cartilage par l'arme du crime auraient pu être comparées avec les armes retrouvées. De nos jours, tout ce qui pouvait être fait le serait, mais ce qu'on ne peut pas prévoir, c'est l'étendue des connaissances de Sickert s'il commettait ses meurtres aujourd'hui. Ses amis et ses relations disaient de lui qu'il possédait un esprit scientifique. Ses tableaux et ses dessins démontrent une formidable maîtrise technique.

Il exécutait certains de ses dessins dans un livre de comptes de commerçant muni de colonnes pour les *livres sterling*, les *shillings* et les *pence*. Au dos d'autres dessins figurent des gribouillis mathématiques ; sans doute Sickert avait-il calculé le prix de certaines choses. On retrouve le même genre de gribouillis sur un bout de papier réglé utilisé par l'Éventreur pour une de ses lettres. Apparemment, il calculait le prix du charbon.

L'art de Sickert était prémédité, et ses crimes aussi. Je suis certaine que, s'il commettait ses crimes aujourd'hui, il connaîtrait les techniques de la science médico-légale actuelle, tout comme il savait ce qui se pratiquait en 1888 : les comparaisons gra-phologiques, l'identification par les caractéristiques physiques et les «marques de doigts». De même, il était certainement conscient de l'existence des mala-dies sexuellement transmissibles, et il est probable qu'il se soit protégé le plus possible des fluides cor-porels de ses victimes. Peut-être portait-il des gants quand il tuait et ôtait-il ensuite ses vêtements ensan-glantés le plus rapidement possible. Peut-être portait-il des chaussures à semelles de crêpe qui ne faisaient pas de bruit dans les rues et se nettoyaient facile-ment. Peut-être emportait-il des vêtements de rechange, des déguisements et des armes dans une sacoche de médecin. Ou bien enveloppés dans du papier journal fermé par une ficelle.

Le lendemain du meurtre de Mary Ann Nichols, le samedi 1er septembre, le *Daily Telegraph* et le *Weekly Dispatch* publièrent le récit de l'étrange expérience qu'un laitier affirmait avoir vécue à 23 heures le soir précédent, soit quelques heures avant le meurtre de Mary Ann. La boutique du laitier était située dans Little Turner Street, qui donnait dans Commercial Road, et il raconta à la police qu'un inconnu portant un sac noir brillant était venu frapper à sa porte pour lui acheter pour 1 *penny* de lait, qu'il avait bu d'une traite.

Après quoi, l'homme demanda au laitier l'autorisation d'utiliser sa remise un petit instant, et pendant que l'inconnu se trouvait à l'intérieur, le laitier aperçut une tache blanche fugitive. Allant voir ce qui se passait, il surprit l'inconnu en train de protéger son pantalon avec «une cotte blanche comme celles que portent les mécaniciens». L'inconnu se saisit ensuite d'une veste blanche, qu'il enfila rapidement par-dessus sa jaquette noire, et il dit : «Effroyable, ce meurtre, hein?» Il récupéra sa sacoche et se précipita dans la rue en s'exclamant : «Je crois que j'ai un indice!»

Le laitier décrivit l'inconnu comme un homme d'environ vingt-huit ans, au teint rougeaud, avec une barbe de trois jours, des cheveux bruns et de grands yeux écarquillés, et ayant l'allure d'un «employé de bureau» ou d'un «étudiant». Cette cotte et cette veste blanches – semblables à celles que portait un «mécanicien» – étaient également ce qu'utilisait Sickert pour protéger ses vêtements quand il peignait dans ses ateliers. Trois de ces cottes furent léguées à la Tate Archive par la famille de sa deuxième épouse.

Le récit du laitier prend une connotation encore plus suspecte quand on y ajoute une autre histoire de vêtements parue dans la presse après les assassinats d'Elizabeth Stride et de Catherine Eddows. Le lendemain des meurtres, le lundi 1er octobre, à 9 heures, un certain M. Chinn, propriétaire de la Nelson Tavern à Kentish Town, découvrit un paquet enveloppé dans du papier journal derrière la porte d'une remise derrière la taverne. Il n'y prêta pas attention, jusqu'à ce qu'il apprenne le meurtre d'Elizabeth Stride et s'aperçoive que le paquet qui se trouvait dans sa remise correspondait à la description de celui que portait l'homme aperçu en compagnie d'Elizabeth moins d'une demi-heure avant sa mort.

M. Chinn se rendit alors au poste de police de Kentish Town Road pour faire part de sa découverte. Quand un inspecteur arriva à la taverne, le paquet avait été balancé sur la chaussée d'un coup de pied et avait éclaté. À l'intérieur se trouvait un pantalon de couleur sombre imbibé de sang. On trouva des cheveux collés au sang coagulé sur le papier journal. Apparemment, il n'existe pas de description détaillée des cheveux ou du papier journal, et le pantalon fut finalement emporté par un miséreux. Je suppose que l'inspecteur n'en avait plus besoin, et il l'a tout simplement abandonné là, dans la rue.

Le signalement de l'homme tenant un paquet enveloppé de papier journal, que l'agent de police William Smith avait vu discuter avec Elizabeth Stride, correspondait au signalement que le laitier donna à la police : les deux hommes avaient le teint mat, ils étaient rasés – du moins, ils ne portaient pas la barbe – et avaient environ vingt-huit ans. La Nelson Tavern de Kentish Town était située à environ trois kilomètres à l'est de l'endroit où vivait Sickert, à South Hampstead. Il n'avait pas le teint mat ou buriné, mais il ne lui était pas difficile de s'en faire un avec du maquillage. Il n'était pas brun. Mais les comédiens portaient des perruques ou se teignaient les cheveux.

Il n'était pas bien difficile, non plus, de laisser des paquets ou même une sacoche dans des cachettes, et je doute que Sickert se soit inquiété à l'idée que la police puisse retrouver un pantalon taché de sang. En ce temps-là, on ne pouvait en tirer aucun renseignement utile, à moins qu'il ne porte une marque permettant de remonter jusqu'à son propriétaire.

Les mutilations faciales peuvent être extrêmement révélatrices, et un spécialiste des multirécidivistes et des crimes sexuels accorderait la plus grande importance aux mutilations du visage de Catherine Eddows qui, pour reprendre l'expression de l'inspecteur chef Donald Swanson, l'avaient rendue «presque méconnaissable». Le visage, c'est la personne. Le mutiler constitue donc un acte personnel. Souvent, on atteint ce degré de violence quand la victime et son agresseur se connaissent, mais pas toujours. Sickert avait l'habitude de lacérer ses tableaux quand il décidait de détruire son travail. Un jour, il demanda à sa femme, Ellen, d'aller lui acheter deux couteaux tranchants et incurvés, comme ceux, précisa-t-il, dont elle se servait pour jardiner.

Cela se déroula à Paris, d'après Sickert qui raconta l'anecdote à l'écrivain Osbert Sitwell. Sickert avait besoin de ces couteaux, expliqua-t-il, pour aider Whistler à lacérer ses tableaux. Le Maître était très souvent mécontent de son travail, et quand tout le reste avait échoué, il détruisait son art. Le feu était une méthode. Découper ses tableaux en était une autre. Quand il était apprenti, Sickert avait sans doute participé à ces lacérations de toiles, comme il le prétendait, et peut-être même avec ces couteaux dont il avait parlé à Sitwell. Quant à savoir quand ils ont été achetés, impossible à dire, mais très certainement entre 1885 et 1887, ou au début de 1888. Avant 1885,

Sickert n'était pas marié. En 1888, Whistler l'était ;
ses relations avec Sickert commençaient à se dis-
tendre et, moins de dix ans plus tard, elles seraient terminées.

Un artiste qui détruit un tableau qu'il a fini par haïr
n'est pas très éloigné, dans une certaine mesure, du
meurtrier qui détruit le visage de sa victime. Cette
destruction peut être une tentative pour éradiquer une
chose qui provoque chez l'artiste rage et frustration.
À moins qu'il ne s'agisse d'une volonté de détruire
ce qu'on ne peut posséder, que ce soit la perfection
artistique ou un autre être humain. Quand on veut du
sexe et qu'on ne peut l'obtenir, détruire l'objet de son
désir, c'est faire en sorte qu'il ne soit plus désirable.

Soir après soir, Sickert assistait à des numéros
sexuellement provocants dans les music-halls. Durant
presque toute sa carrière, il dessina des femmes nues.
Enfermé derrière les portes de ses ateliers, il regardait fixement, parfois il touchait, mais sans jamais
consommer, excepté par le biais d'un crayon, d'un
pinceau ou d'un couteau à palette. S'il était capable
d'éprouver un désir sexuel, mais totalement incapable de le satisfaire, sa frustration devait être insupportable et exaspérante. Au début des années 1920,
il peignit les portraits d'une jeune étudiante en art
nommée Ciceley Hey, et un jour où il était seul avec
son modèle dans son atelier, il s'assit à côté d'elle
sur le divan et, sans la moindre explication, il se mit
à hurler.

Un des portraits de Ciceley Hey qu'il peignit s'in-
titule *Death and the Maiden* (La mort et la jeune
fille). À un moment donné, entre les années 1920 et

sa mort, en 1942, il lui offrit le tableau *Jack the Ripper's Bedroom* (La chambre de Jack l'Éventreur). Nul ne semble savoir où était resté caché ce tableau depuis qu'il avait été achevé en 1908. Pourquoi Sickert l'offrit-il à Ciceley Hey, voilà un autre mystère, à moins de supposer qu'il nourrissait à l'égard de cette jeune femme des fantasmes sexuels et violents. Trouvait-elle étrange que Sickert ait créé une œuvre aussi inquiétante, avec un titre qui l'était tout autant ? Je l'ignore.

Peut-être qu'une des raisons pour lesquelles Sickert choisissait des modèles laids était qu'il préférait côtoyer un corps qu'il ne désirait pas. Le meurtre et la mutilation étaient peut-être une puissante catharsis pour sa frustration et sa rage, et un moyen de détruire son désir. Cela ne veut pas dire qu'il désirait les prostituées. Mais elles représentaient le sexe. Elles représentaient sa grand-mère immorale, la danseuse irlandaise qui était peut-être responsable – dans l'esprit détraqué de Sickert – de sa grave difformité de naissance. On peut émettre des hypothèses qui semblent raisonnables, mais jamais elles n'engloberont l'entière vérité. Comment une personne peut-elle avoir un tel mépris pour la vie qu'elle prenne plaisir à la détruire, voilà qui dépasse l'entendement.

La théorie selon laquelle chaque victime de l'Éventreur avait eu la gorge tranchée alors qu'elle était couchée sur le sol continua à prédominer, même après les meurtres d'Elizabeth Stride et de Catherine Eddows. Médecins et policiers étaient convaincus, en se fiant aux traces de sang, que ces femmes ne pouvaient pas être debout au moment où le meurtrier leur tranchait la carotide. Sans doute les médecins partaient-ils du principe que le sang artériel aurait jailli à une certaine distance, et à une certaine hauteur, si les victimes avaient été debout. Ou peut-être pensait-on que les victimes étaient couchées pour avoir un rapport sexuel.

Il est peu probable que les prostituées se soient couchées sur le pavé, dans la boue ou l'herbe humide, et les médecins n'interprétaient pas les traces de sang d'après des critères scientifiques. Dans les laboratoires modernes, des spécialistes mènent quotidiennement des expériences avec du sang pour avoir une idée plus précise de la manière dont il coule, jaillit, se répand et éclabousse, en fonction des lois physiques. En 1888, aucune des personnes impliquées dans l'enquête sur les meurtres de l'Éventreur ne passait du temps à déterminer jusqu'où pouvait jaillir le sang quand on tranchait la carotide d'une personne debout.

Nul ne savait que des coups de couteau violents et répétés pouvaient provoquer des éclaboussures. Apparemment, aucun des médecins convoqués sur les lieux des crimes ne semble avoir songé que Jack l'Éventreur égorgeait peut-être ses victimes en même temps qu'il les plaquait au sol. Les enquêteurs ne semblent pas avoir envisagé que l'Éventreur évitait soigneusement d'apparaître couvert de sang en public en se débarrassant très vite de ses vêtements, de sa cotte ou de ses gants souillés, en se réfugiant dans un de ses taudis pour se nettoyer.

Sickert avait peur des maladies. Obsédé par l'hygiène, il passait son temps à se laver les mains. Si, par mégarde, il enfilait le chapeau de quelqu'un d'autre, il se lavait immédiatement la tête. Sickert connaissait l'existence des microbes, des infections et des maladies ; il savait sans doute qu'il n'était pas nécessaire d'avoir des rapports buccaux, vaginaux ou anaux pour être contaminé. Un jet de sang au visage ou transféré de ses mains à ses yeux, à sa bouche, ou à une plaie ouverte, était suffisant pour provoquer un problème grave. Des années plus tard, Sickert traverserait une grande période d'angoisse en se croyant atteint d'une maladie sexuellement transmissible, qui se révélerait être de la goutte.

CHAPITRE 21

UNE BONNE FARCE

Le 30 septembre, à 3 heures du matin, l'officier de la Police métropolitaine Alfred Long patrouillait dans Goulston Street à Whitechapel.

La Division H n'était pas son secteur habituellement, mais on l'avait appelé en renfort, car Jack l'Éventreur venait d'assassiner deux nouvelles femmes. Long passa devant plusieurs immeubles sombres occupés par des juifs, en pointant sa lanterne vers l'obscurité et guettant d'éventuels bruits insolites. La lueur blafarde pénétra dans un passage repoussant qui s'enfonçait à l'intérieur d'un immeuble et éclaira un bout de tissu taché sur le sol. Au-dessus, sur les lambris noirs du mur, on pouvait lire à la craie blanche :

Les juifs sont
Les hommes qui
     Ne seront pas
Accusés
     pour rien.

Long ramassa le bout de tissu. C'était un morceau de tablier imbibé de sang. Immédiatement, il inspecta les escaliers du 100-119. Plus tard, au cours des auditions sur le meurtre de Catherine Eddows, il avouerait : « Je n'ai pas inspecté tous les logements de l'immeuble. Il y avait six ou sept escaliers. Je les ai tous examinés, je n'ai pas trouvé de traces de sang ni d'empreintes de pas. »

Il aurait dû inspecter tous les logements. Il est possible que la personne qui avait laissé tomber ce bout de tissu se soit dirigée vers l'intérieur de l'immeuble. L'Éventreur vivait peut-être là. Il se cachait peut-être là. L'agent Long sortit son carnet pour recopier l'inscription à la craie qui était sur le mur, puis il se précipita vers le poste de police de Commercial Street. Il était important qu'il fasse part de sa découverte, et il n'avait pas de collègue avec lui. Ou peut-être avait-il peur.

L'agent de police Long était passé devant le même endroit dans Goulston Street à 2 h 20 du matin, et il jura devant le *coroner* que le bout de tissu ne s'y trouvait pas. Il ajouta qu'il ne pouvait dire si le message à la craie avait été « écrit très récemment ». Peut-être que cette insulte raciste était là depuis longtemps et c'était pure coïncidence si ce bout de tablier ensanglanté avait été retrouvé juste en dessous. L'hypothèse retenue et sensée a toujours été que l'Éventreur avait écrit ces mots juste après avoir assassiné Catherine Eddows. Il n'était pas logique qu'une insulte visant les juifs soit restée plusieurs heures ou plusieurs jours dans le passage d'un immeuble occupé par des juifs.

Cette inscription n'a cessé de déclencher d'importantes controverses dans l'affaire de l'Éventreur. Le message – certainement écrit en hâte par l'Éventreur – était parfaitement lisible, et dans les dossiers de la Police métropolitaine conservés au Public Record Office, j'en ai découvert deux versions. L'agent Long était un homme appliqué. Les copies qu'il a relevées dans son carnet sont quasiment identiques, on peut donc penser qu'elles ressemblent beaucoup à ce qu'il a vu sur le mur. Or, ces fac-similés ressemblent à l'écriture de Sickert. Les *T* majuscules sont très proches de ceux qu'on peut trouver dans la lettre de l'Éventreur datée du 25 septembre. Mais il peut être risqué – et sans aucune valeur devant un tribunal – de comparer des écritures à partir d'une « copie », aussi fidèle soit-elle.

Les gens ont toujours tenté de déchiffrer cette phrase sur le mur. Pourquoi *Jews* (les juifs) était-il orthographié *Juwes* ? Peut-être cette inscription n'était-elle qu'un gribouillis destiné à provoquer l'agitation qu'elle a provoquée. L'Éventreur aimait écrire. Il veillait à faire savoir qu'il était là. Tout comme Sickert. Et lui aussi avait l'habitude de noter des choses à la craie sur les murs sombres de ses ateliers. Il n'existe aucune photo de cette inscription dans le dossier de l'affaire Catherine Eddows, car Charles Warren insista pour qu'elle soit effacée immédiatement. Le jour allait bientôt se lever, la communauté juive allait découvrir l'injure raciste et le scandale éclaterait.

Warren n'avait pas besoin d'une émeute supplémentaire. Alors, il prit une décision stupide, encore une fois. Alors que ses hommes attendaient avec impatience l'arrivée du gros appareil photo en bois, ils suggérèrent à Warren d'effacer seulement la première ligne, celle qui contenait le mot «juifs», et de photographier le reste pour pouvoir ensuite comparer cette écriture avec d'autres. Pas question, répondit Warren. Effacez-moi tout *immédiatement*. Le jour se levait. Les gens se réveillaient. L'appareil photo n'était toujours pas arrivé, et l'inscription fut effacée.

Nul ne doutait que le morceau de tissu découvert par l'agent Long provenait du tablier blanc que Catherine portait par-dessus ses vêtements. Le Dr Gordon Brown déclara qu'il n'avait aucun moyen de savoir si le sang qui se trouvait dessus était humain ou non, même si l'hôpital Saint-Bartholomew, le plus ancien de Londres, possédant une des meilleures écoles de médecine, était situé tout près de là, dans la City. Le Dr Brown aurait pu y envoyer le morceau de tissu ensanglanté pour le faire examiner au microscope. Au moins songea-t-il à ligaturer les deux extrémités de l'estomac de Catherine et à le soumettre à des analyses chimiques pour y déceler des traces de narcotiques. Il n'y en avait pas. L'Éventreur ne droguait pas ses victimes pour les neutraliser.

Je suppose que la question du sang humain n'avait guère d'importance aux yeux du Dr Brown ou de la police. Le morceau de tissu ensanglanté semblait correspondre à la partie découpée dans le tablier de Catherine, et la question de la nature du sang ne se serait peut-être pas posée si un suspect avait été présenté devant la cour. Ne pas faire analyser le sang était peut-être une tactique intelligente. Même si le sang avait été catalogué humain, on ne pouvait toujours pas prouver que c'était celui de Catherine.

La police décréta que le meurtrier avait coupé ce bout de tablier pour essuyer le sang et les matières fécales sur ses mains. Pour une raison quelconque, il avait conservé le tissu souillé alors qu'il quittait la City et revenait sur ses pas en direction de Whitechapel. Il s'était faufilé dans l'entrée de l'immeuble de Goulston Street pour écrire ce message sur le mur, puis il avait songé à se débarrasser du bout du tissu, sans doute en fouillant dans sa poche pour chercher un morceau de craie, qu'il gardait en permanence sur lui, je suppose.

Le bout de tissu ensanglanté ne fut pas considéré comme un élément du jeu auquel se livrait l'Éventreur, pas plus que sa visite à Goulston Street ne fut rattachée à sa moquerie permanente de l'autorité. Je me demande pourquoi la police ne s'est pas interrogée pour savoir pourquoi le meurtrier se promenait avec de la craie. Est-ce que les habitants de l'East End avaient souvent une craie dans leur poche, en avaient-ils seulement chez eux ? Peut-être pensa-t-on que si l'Éventreur avait emporté un morceau de craie en partant ce soir-là, c'était parce qu'il avait l'intention d'écrire un message raciste – ou quelque chose de semblable – sur le mur, après avoir commis le meurtre.

Revenir de Mitre Square à Goulston Street, pour l'Éventreur, cela voulait dire retourner quasiment sur le lieu du meurtre d'Elizabeth Stride. Selon toute vraisemblance, son chemin le conduisit de Church

Passage, pour quitter Mitre Square, à Houndsditch, Gravel Lane, Stoney Lane et Petticoat Lane, là où Sickert effectua son effroyable périple dans le brouillard, bien des années plus tard, quand, muni de sa sacoche, il emmena Marjorie Lilly et son amie se promener. La police était abasourdie devant l'audace de ce meurtrier. Il y avait des agents et des inspecteurs partout. Les forces de l'ordre auraient été mieux avisées de consacrer leur énergie à analyser l'itinéraire provocant du meurtrier et son morceau de craie au lieu de s'enliser dans les sables mouvants de la signification du mot *Juwes*.

«J'ai 8 costards pour me saper, je porte un tas de chapeaux», écrivit l'Éventreur dans un poème de quatre-vingt-une lignes qu'il envoya au «Superintendant du Grand Scotland Yard», le 8 novembre, un an plus tard. «L'homme est subtil : rapide, il ne laisse aucune trace...» Son objectif est de «détruire les putains ignobles et immondes de la nuit, dépitées, perdues, rejetées, loqueteuses et maigres, elles fréquentent les Théâtres, les Music-halls et boivent le gin de l'Enfer».

Pour Walter Sickert, revenir sur les lieux du meurtre d'Elizabeth Stride et demander à un agent ce qui se passait aurait été un autre grand «ha ha». Dans ce même poème de 1889, l'Éventreur fanfaronne : «J'ai parlé à un policier qui a vu ce qui s'est produit, Et il m'a informé que c'était l'œuvre d'un Équarrisseur de la nuit... J'ai dit à cet homme : vous devriez essayer de l'arrêter. Encore un mot, mon gars, et tu te fais embarquer.»

«Un soir, il y a peu de temps, un policier j'ai

rencontré. Avec lui dans High St. j'ai bavardé et marché. »

Le poème de 1889 fut « archivé avec les autres ». Aucune attention particulière ne fut accordée à la forme originale de la composition, ni aux rimes plutôt habiles, qui n'étaient pas l'œuvre d'un illettré ou d'un individu dérangé. L'allusion aux théâtres et aux music-halls comme des endroits où l'Éventreur repérait les « putains » aurait dû servir d'indice. Peut-être qu'un ou deux policiers en civil auraient dû fréquenter ces endroits. Sickert, lui, passait de nombreuses soirées dans les théâtres et les music-halls. Ce qui n'était sûrement pas le cas des fous, des pauvres bouchers et des ruffians de l'East End.

Toujours dans ce poème de 1889, l'Éventreur admet qu'il lit les journaux et s'offusque d'y être traité de « dément ». Il précise : « Je fais toujours mon travail seul », réfutant ainsi la théorie fort répandue selon laquelle l'Éventreur pourrait avoir un complice. Il affirme qu'il « ne fume pas, n'écluse (*swill*) pas et ne touche pas au gin ». *Swill* était un mot d'argot de la rue désignant une consommation d'alcool excessive, ce qui n'était certainement pas le cas de Sickert à cette époque de sa vie. Et s'il lui arrivait de boire, il ne risquait pas de toucher au gin tord-boyaux. Il ne fumait pas de cigarettes, mais il aimait bien les cigares, qui devinrent presque une drogue bien plus tard.

« Bien qu'autodidacte, écrit l'Éventreur, je sais écrire sans fautes. »

Le poème est parfois difficile à déchiffrer, et le mot *Knacker* (équarrisseur) est peut-être utilisé deux fois, à moins qu'il ne s'agisse de *Knocker* dans un des vers. *Knacker* désignait un tueur de chevaux aux abattoirs. *Knocker* était un mot d'argot désignant une personne bien habillée, ou de manière ostentatoire. Sickert ne tuait pas les chevaux, mais la police affirma publiquement que c'était peut-être le métier de l'Éventreur.

Le plus grand talent de Sickert n'était pas la poésie, mais cela ne l'empêchait pas d'improviser une strophe ou deux dans des lettres ou de chanter des paroles idiotes de son cru sur des airs de music-hall. « J'ai composé un poème pour Ethel », écrivit-il plus tard dans une lettre, quand son amie Ethel Sands s'engagea dans la Croix-Rouge :

> *Avec ta seringue à la main*
> *Et ton thermomètre au côté*
> *Tu guériras un jeune marin*
> *Qui fera ta fierté.*

Dans une autre lettre, il compose quelques vers sur « le crachin incessant qui vous trempe » en Normandie :

> *Il ne peut pas continuer éternellement*
> *Il le ferait, s'il le pouvait.*
> *Mais inutile d'en parler*
> *Car il ne pourrait pas, s'il le voulait.*

Dans une lettre envoyée en octobre 1896 au poste de police de Commercial Street à Whitechapel, l'Éventreur se moque de la police en citant : « "Les juifs (*Jewes*) sont des gens accusés sans raison." Ha ha, vous avez déjà entendu ça. » L'orthographe de *Jews* fut l'objet de débats enflammés au cours des auditions sur le meurtre de Catherine Eddows, et le *coroner* demanda plusieurs fois aux policiers si le mot inscrit sur le mur était *Juwes* ou *Jewes*. Bien que l'Éventreur soit supposé mort en 1896 (d'après l'agent de police Melville Macnaghten), la lettre de 1896 préoccupa suffisamment la police pour donner naissance à une rafale de mémorandums :

« Je vous soumets la lettre ci-jointe, reçue par la poste le 14 de ce mois. Signée Jack l'Éventreur, affirmant que l'auteur vient de rentrer de l'étranger, avec l'intention de recommencer dès que l'occasion se présentera », écrivit le chef George Payne dans son rapport spécial rédigé au poste de police de Commercial Street. « La lettre semble similaire à celles reçues par la police au cours de la série de meurtres commis dans le secteur en 1888 et 1889. La police a reçu ordre d'appliquer la plus grande vigilance. »

Un télégramme fut envoyé à toutes les divisions, réclamant à la police cette « grande vigilance, tout en maintenant l'information secrète. En écrivant cette lettre, l'auteur estime sans aucun doute faire une bonne farce aux dépens de la police ». Le 18 octobre 1896, un inspecteur chef écrivit dans un rapport spécial qu'il avait comparé la lettre récente avec les anciennes lettres de Jack l'Éventreur, mais il n'avait pas « réussi à découvrir des similitudes au niveau de l'écriture, dans aucune d'elles, à l'exception des deux courriers que personne n'avait oubliés, adressés au Central News Office ; le premier était une lettre datée du 25 septembre 88 et le deuxième une carte postale portant le cachet de la poste du 1er octobre 88 ».

Ce qui est si visiblement contradictoire dans le rapport de l'inspecteur chef, c'est qu'il commence par dire qu'il n'y a aucune similitude entre cette lettre récente et les lettres antérieures de l'Éventreur, avant de relever des similitudes : « Je trouve de nombreuses similitudes dans la façon de former des lettres. Par exemple, les *y*, les *t* et les *w* se ressemblent beaucoup. Il y a également plusieurs mots qui reviennent dans les deux documents. » Mais, en conclusion, l'inspecteur chef déclare : « Je vous prie de constater que je n'accorde aucune importance à ce courrier. » Le superintendant de la brigade criminelle, Donald Swanson, partageait cet avis. « Selon moi, nota-t-il à la fin du rapport de l'inspecteur, les écritures ne sont pas les mêmes. Je demande à ce que cette lettre soit classée avec d'autres lettres semblables. Déplorons qu'elle ait circulé. »

La lettre de 1896 ne se vit accorder aucune crédibilité par la police et ne fut pas publiée dans les journaux. L'Éventreur se retrouva banni, exorcisé. Il n'existait plus. Peut-être n'avait-il jamais existé, d'ailleurs, ce n'était qu'un scélérat qui avait tué quelques prostituées, et toutes ces lettres émanaient de malades mentaux. Ironie du sort, Jack l'Éventreur redevint un « M. Personne », du moins pour la police, qui jugeait plus confortable de vivre dans le refus de voir la vérité.

On a souvent demandé, et la question demeurera éternellement posée, si Sickert avait commis d'autres crimes en plus de ceux que l'on attribuait à Jack l'Éventreur. Les *serial killers* ne commencent pas à tuer et ne s'arrêtent pas du jour au lendemain. L'Éventreur ne faisait pas exception, et, comme dans le cas d'autres *serial killers*, il ne limitait pas ses meurtres à un seul endroit, surtout un secteur envahi de policiers et où des milliers de citoyens angoissés le recherchaient. C'eût été incroyablement risqué de sa part d'envoyer des lettres pour revendiquer tous ses meurtres, et je doute que l'Éventreur l'ait fait. Sickert se nourrissait de la publicité et du jeu. Mais son besoin de tuer, sans se faire prendre, passait avant tout.

Onze mois après la lettre de 1896, Emma Johnson, vingt-deux ans, disparut en début de soirée le mercredi 15 septembre, alors qu'elle rentrait chez elle près de Windsor, à une trentaine de kilomètres à l'ouest de Londres. Le lendemain, deux femmes qui ramassaient des mûres près de Maidenhead Road découvrirent deux jupons crottés, une chemise ensanglantée et un manteau noir dans un fossé, sous un bosquet.

Le vendredi 17 septembre, la police du comté de Berkshire fut informée de la disparition d'Emma et organisa des recherches. Les vêtements furent identifiés comme appartenant à la jeune femme, et le dimanche, dans le même champ où les deux femmes étaient parties cueillir des mûres, un ouvrier trouva une jupe, un corset, un col et une paire de manchettes dans un fossé. Sur les rives d'une crique stagnante de la Tamise, la mère d'Emma découvrit une paire de baleines de corset appartenant à sa fille. Juste à côté se trouvait l'empreinte d'une botte de femme et des traces dans la boue, comme si quelqu'un avait traîné un objet pesant vers la crique boueuse.

La police dragua l'étendue d'eau stagnante, et à environ cinq mètres de la rive, un corps nu, maigre et couvert de boue émergea. Les époux Johnson reconnurent leur fille. Un médecin examina le corps au domicile familial, et il conclut que la jeune femme avait été tirée par le bras droit et avait reçu un coup à la tête qui lui avait fait perdre connaissance, avant que le meurtrier lui tranche la gorge. À un moment donné, on lui avait ôté ses vêtements. Puis le meurtrier avait traîné le corps jusqu'au bord de la crique et l'avait poussé ou jeté dans l'eau. Maidenhead Road était un lieu très fréquenté par les couples romantiques, le soir.

Il n'y avait aucun suspect, et le meurtre ne fut jamais élucidé. Rien ne prouve qu'il fut commis par Walter Sickert. J'ignore où il se trouvait en septembre 1897, mais je sais qu'il n'était pas avec Ellen. Bien que séparés depuis un an, ils étaient restés amis et il leur arrivait de voyager ensemble, mais Ellen était en France quand Emma Johnson fut assassinée, et elle n'avait pas revu Sickert depuis des mois. L'année 1897 fut particulièrement pénible pour Sickert. Un article qu'il avait écrit pour le *Saturday Review* l'année précédente lui avait valu d'être traîné en justice par l'artiste Joseph Pennell, pour diffamation.

Sickert avait publiquement, et bêtement, affirmé que les tirages de Pennell réalisés par un procédé de transfert lithographique n'étaient pas de vraies lithographies. Whistler utilisait le même procédé (tout comme Sickert, d'ailleurs) et le Maître apparut comme témoin dans l'affaire Pennell. Dans une lettre d'octobre 1896, adressée à sa sœur Ellen, Janie citait une phrase de Whistler qui estimait que l'attaque décochée par Sickert lui était en fait destinée. Sickert possédait «un fond de traîtrise dans son caractère», avait dit Whistler à Janie. «Walter est prêt à tout, il écrasera n'importe qui pour atteindre son objectif du moment.» Sickert perdit le procès, mais la plus grande blessure avait peut-être déjà été infligée, quand Whistler déclara à la barre que son ancien élève était un homme insignifiant et irresponsable.

En 1897, les relations entre Sickert et Whistler prirent fin. Sickert était pauvre. Il était humilié publiquement. Son mariage était un échec. Il avait démissionné du New English Art Club. L'automne semblait être le moment idéal pour les crimes de l'Éventreur. C'était à cette même époque de l'année que le jeune Sickert, âgé alors de cinq ans, avait subi cette terrible opération chirurgicale à Londres. C'est à la mi-septembre qu'Ellen décida de divorcer, et c'était à cette époque que Sickert rentrait généralement à Londres après avoir quitté sa ville de Dieppe bien-aimée.

CHAPITRE 22

CHAMPS NUS ET TERRILS

À la morgue de Golden Lane, le corps nu de Catherine Eddows fut accroché au mur par un clou, un peu comme un tableau.

L'un après l'autre, les jurés de sexe masculin et le *coroner*, Samuel Frederick Langham, défilèrent pour la regarder. John Kelly et la sœur de Catherine durent regarder eux aussi. Le 4 octobre 1888, les jurés rendirent un verdict qui commençait à devenir familier à la presse et au public : « Meurtre délibéré commis par une personne inconnue. » Le tollé de l'opinion publique frôlait l'hystérie. Deux femmes avaient été massacrées à moins d'une heure d'intervalle et la police n'avait toujours pas le moindre indice.

Des lettres émanant du public affirmaient que « les conditions de vie des classes inférieures recelaient un danger pour toutes les autres classes ». Les Londoniens qui habitaient dans des quartiers plus aisés commençaient à craindre pour leurs vies. Peut-être devraient-ils organiser une collecte de fonds destinés aux pauvres, afin de « leur offrir une chance de renoncer à leurs existences maléfiques ». Il fallait créer une « agence ». Des lettres adressées au *Times* suggéraient que si la classe supérieure parvenait à faire le ménage parmi les classes inférieures, toute cette violence prendrait fin.

Peu de gens semblaient s'apercevoir que la surpopulation et le système des classes engendraient des problèmes auxquels on ne pouvait pas remédier simplement en détruisant les taudis et en créant des « agences ». Prôner le contrôle des naissances était considéré comme blasphématoire ; certains individus étaient de la racaille et le resteraient toujours. Les problèmes sociaux existaient assurément, mais ce n'était pas à cause du problème des classes à Londres que des prostituées mouraient, assassinées par l'Éventreur. Le meurtre commis par psychopathe n'est pas une maladie sociale. Les gens qui vivaient dans l'East End le savaient, même s'ils ne connaissaient pas le sens du mot « psychopathe ». La nuit, les rues de l'East End étaient désertes, et des dizaines d'inspecteurs en civil rôdaient dans l'ombre, guettant l'apparition du premier homme à l'air louche, mais leurs déguisements et leur comportement ne trompaient personne. Certains policiers commencèrent à porter des chaussures à semelles de crêpe. Les journalistes aussi. On se demande par quel miracle ils ne se faisaient pas peur mutuellement en se croisant sans bruit dans l'obscurité, à la recherche de l'Éventreur.

Personne ne savait qu'il avait encore commis un autre meurtre, une semaine plus tôt, sans que celui-ci lui soit jamais réellement attribué. Le mardi 2 octobre, soit deux jours après les meurtres d'Elizabeth Stride et Catherine Eddows, un torse de femme en décomposition fut découvert dans les fondations du nouveau siège de Scotland Yard, qui était en construction sur l'Embankment, près de Whitehall.

Un bras tranché était d'abord apparu le 11 septembre. Nul n'y avait réellement prêté attention, à l'exception d'une certaine M^rs. Potter, dont la fille de dix-sept ans, faible d'esprit, avait disparu depuis le 8 septembre, le matin même du jour où Annie Chapman fut assassinée. La police avait peu de pouvoirs, et peu d'envie, pour intervenir dans les affaires d'adolescents disparus, surtout quand il s'agissait de cas comme Emma Potter, qui n'avait jamais cessé d'aller de maisons de correction en dispensaires, et n'était qu'une source d'ennuis.

La mère d'Emma était habituée aux disparitions de sa fille et à ses démêlés avec la justice, mais elle était terrorisée depuis qu'Emma avait disparu de nouveau, d'autant qu'on avait découvert un bras de femme arraché et que ces meurtres épouvantables se poursuivaient dans la métropole. Les suppliques de M^rs. Potter adressées à la police furent récompensées par un destin bienveillant le jour où un agent de police trouva Emma en train d'errer, bien vivante. Mais sans le raffut de sa mère et les articles de journaux qui s'ensuivirent, sans doute n'aurait-on pas fait grand cas d'un morceau de corps humain. Les journalistes commencèrent à s'intéresser à l'affaire. Se pouvait-il que le monstre de Whitechapel ait commis d'autres atrocités ? Non, répondait la police. Trancher les membres d'une victime, c'était un mode opératoire totalement différent, et ni Scotland Yard ni les médecins qui y étaient rattachés n'étaient disposés à accepter l'idée qu'un meurtrier pouvait changer de méthode.

Le bras avait été tranché au niveau de l'épaule et il était entouré d'une ficelle. On l'avait découvert sur la berge de la Tamise, près de Grosvenor Railway Bridge, à Pimlico, à moins de sept kilomètres de Whitechapel, sur la même rive du fleuve. Pimlico était situé à environ huit kilomètres au sud du 54 Broadhurst Gardens : une courte promenade pour Sickert. «Hier, j'ai fait une promenade d'environ 11 km», écrivit-il de Dieppe, alors qu'il avait quarante-quatre ans. Cinq kilomètres, ce n'était rien du tout pour lui, même quand il fut plus âgé et que ses errances étranges étaient un motif d'inquiétude constant pour sa troisième épouse et tous ceux qui veillaient sur lui.

Pimlico était à un peu plus de un kilomètre de l'atelier de Whistler dans Tite Street, à Chelsea, un secteur que connaissait bien Sickert. Battersea Bridge, qui enjambe la Tamise, de Chelsea au nord à Battersea au sud, se trouvait à quelques rues seulement de l'atelier de Whistler et à environ un kilomètre et demi de l'endroit où fut découvert le bras. En 1884, Sickert peignit Battersea Park, visible de la fenêtre de l'atelier de Whistler. En 1888, Pimlico était un quartier pittoresque constitué de maisons bien propres et de petits jardins, où le système d'égout était surélevé de crainte que les eaux usées ne se déversent dans la Tamise.

Frederick Moore, un ouvrier, eut la malchance de travailler dehors, devant les portes de Deal Wharf, près du pont de chemin de fer, quand il entendit de grands cris sur les rives de la Tamise. C'était marée basse et plusieurs hommes discutaient avec animation, en contemplant un objet dans la boue. Comme aucun d'eux ne semblait désireux de ramasser cette chose, Moore s'en chargea. La police transporta le bras à Sloane Street, où un certain Dr Neville l'examina et détermina qu'il s'agissait d'un bras droit de femme. Il suggéra que la ficelle nouée autour « servait à le porter ». Il précisa que le bras avait séjourné dans l'eau deux ou trois jours et avait été amputé après la mort. S'il avait été coupé pendant que la personne était encore vivante, ajouta à tort le Dr Neville, les muscles auraient été plus « contractés ».

À la fin du XIXe siècle, l'idée persistait selon laquelle l'expression du visage d'une personne morte indiquait la douleur ou la peur, comme les poings serrés ou les membres tordus et figés. On ne comprenait pas que le corps subit diverses transformations après la mort, qui se traduisent par une crispation des maxillaires ou des poings, à cause de la raideur cadavérique. La position pugilistique et les os brisés d'un corps carbonisé peuvent être confondus avec un traumatisme, alors qu'ils sont dus en fait au rétrécissement des tissus et à la cassure des os sous l'effet de la chaleur intense, la « cuisson ».

Ce bras, ajouta encore le Dr Neville, avait été « tranché de manière nette », à l'aide d'une « arme aiguisée ». Pendant quelque temps, la police fut tentée de croire que le membre amputé était l'œuvre d'un étudiant en médecine. C'était un canular, dirent-ils aux journalistes, une farce de très mauvais goût. La découverte du torse dans les fondations du nouveau siège de Scotland Yard ne fut pas considérée comme une blague, mais peut-être était-ce un tort. Alors que ce meurtre n'avait rien de drôle, s'il s'agissait d'un nouveau crime de l'Éventreur, quelle immense farce, en effet.

Les articles consacrés à ce tout nouveau développement furent relativement brefs. Il y avait eu suffisamment de mauvaise publicité en août et septembre, et les gens commençaient à se plaindre disant que les détails imprimés dans les journaux aggravaient les choses. Cela « gênait le travail de la police », écrivit une personne au *Times*. La publicité renforçait « le sentiment de panique », ce qui ne faisait qu'aider le meurtrier, écrivit quelqu'un d'autre.

Les Londoniens commençaient à se plaindre que la police était ignorante et une source d'embarras. Scotland Yard était incapable d'arrêter les coupables, et dans des notes confidentielles, des responsables de la police s'inquiétaient en disant que « si le meurtrier n'est pas rapidement conduit devant la justice, ce ne sera pas seulement humiliant, ce sera également un danger intolérable ». La quantité de courrier adressé à Scotland Yard était astronomique, et Charles Warren publia une lettre dans les journaux afin de « remercier » les citoyens pour leur intérêt et s'excuser de ne pas avoir assez de temps pour leur répondre. On peut supposer qu'un grand nombre de lettres étaient également envoyées aux journaux, et afin d'écarter les canulars, *The Times* établit la règle suivante : une personne pouvait refuser que l'on publie son nom et son adresse, mais cette information devait être fournie dans la lettre originale, en gage de bonne foi.

Cette politique ne devait pas être facile à appliquer. Le téléphone avait été breveté douze ans plus tôt seulement et on ne le trouvait pas encore dans tous les foyers. Je doute qu'un employé du journal sautait dans un fiacre ou sur un cheval pour aller vérifier au triple galop l'authenticité d'un nom et d'une adresse quand la personne ne figurait pas dans l'annuaire local, et tout le monde n'y figurait pas. La lecture de centaines de journaux publiés en 1888 et 1889 m'a montré que des lettres anonymes étaient parfois publiées, mais pas très souvent. La plupart des auteurs acceptaient que leur nom et leur adresse, et même leur profession, soient indiqués. Mais alors que les meurtres de l'Éventreur commençaient à se multiplier, il semble y avoir eu une augmentation du nombre de lettres publiées signées simplement par des initiales ou un titre mystérieux, et même, dans certains cas, des noms qui me paraissent sortis tout droit de Dickens ou sont à l'évidence ironiques.

Le lendemain du meurtre d'Annie Chapman, une lettre adressée au *Times* suggéra que la police ferait bien de s'intéresser aux faits et gestes de tous les «fous meurtriers qui auraient pu être relâchés en étant considérés comme "guéris"». La lettre était signée: «Un médecin de campagne». Une autre lettre, publiée le 13 septembre, et signée «J.F.S.» affirmait que, la veille, un homme avait été «détroussé à 11 heures dans Hanbury Street», dans l'East End, et à 17 heures un homme de soixante-dix ans avait été attaqué dans Chicksand Street, et à 10 heures, le même jour, un homme avait fait irruption dans une boulangerie et en était ressorti en emportant la caisse. Tout cela, écrivait l'auteur anonyme de la lettre, s'était déroulé «dans un rayon de cent mètres et à mi-chemin entre les lieux des deux derniers meurtres horribles».

Ce qu'il y a d'étrange dans cette lettre, c'est que ces crimes ne sont pas relatés dans les rubriques criminelles des journaux, et on est obligé de se demander comment l'auteur de la lettre a pu connaître les détails, à moins de rôder dans l'East End, ou d'être agent de police. La plupart des lettres adressées au rédacteur en chef étaient signées et proposaient des suggestions sincères. Les membres du clergé réclamaient plus de surveillance policière, un meilleur éclairage, et ils exigeaient que tous les abattoirs soient transportés en dehors de Whitechapel, car la violence infligée aux animaux et tout ce sang dans les rues exerçaient une mauvaise influence sur « l'imagination des ignorants ». Les riches Londoniens devraient acheter les taudis de l'East End et les démolir. Les enfants de parents misérables devraient être arrachés à leur famille et élevés par le gouvernement.

Le 15 octobre, le *Times* publia une étrange lettre anonyme, et après la première publication de ce livre j'ai appris que la lettre avait été écrite, semble-t-il, par un avocat tout aussi étrange, nommé Arthur Munby. La lettre anonyme se lit comme une mauvaise histoire courte, et elle évoque par moments le meurtre de Jane Beetmoor en pays minier. Elle montre également que la peur inspirée par Jack l'Éventreur se répandait de plus en plus :

Monsieur, J'ai beaucoup voyagé en Angleterre ces derniers temps et j'ai été le témoin du vif intérêt et de la grande excitation qu'ont suscités et continuent à susciter les meurtres de WHITE CHAPEL. *Partout on m'a interrogé à ce sujet, surtout des gens travailleurs, et plus* particulièrement des femmes. La semaine dernière, par exemple, dans un comté agricole, j'ai partagé mon parapluie, au cours d'une violente averse, avec une servante qui rentrait chez elle. « Est-il vrai, monsieur, m'a-t-elle demandé, qu'on découpe la gent féminine à Londres ? » Elle m'a expliqué qu'elle voulait dire par là « qu'on les assassinait par une et par deux ». Ce n'est qu'un des nombreux exemples, et si je porte un intérêt particulier à cette affaire, c'est que j'ai moi-même été pris pour le meurtrier. Et si cela m'est arrivé, pourquoi cela n'arriverait-il pas à tout autre gentle-man âgé et tranquille ? Dès lors, il serait peut-être bon d'enregistrer ces faits, en guise de mise en garde.

Il y a deux jours de cela, je me trouvais dans une zone minière, où je venais de rendre visite à mon ami le pas-teur de la paroisse, et je rentrais à pied au crépuscule, seul, à travers des champs isolés et sinistres, au milieu des puits et des forges. Soudain, je fus abordé par-derrière par un groupe de sept jeunes mineurs robustes qui devaient avoir environ 18 ans, sauf leur chef, un jeune et solide gaillard d'environ 23 ans, qui mesurait plus de 1,80 mètre. Il me demanda brutalement quel était mon nom, et je refusai, bien évidemment, de lui répondre. « Dans ce cas, dit-il, tu es Jack l'Éventreur et tu vas venir avec nous au poste de police de… » Il nomma la ville la plus proche, à trois kilomètres de là. Je lui demandai de quel droit il me proposait cet arrangement. Il hésita un instant, puis me répondit qu'il était lui-même agent de police et qu'il avait un mandat (me concernant, je suppose), mais il l'avait oublié chez lui. « Si tu me suis pas sans faire d'histoires, ajouta-t-il d'un ton mauvais, je sors mon revolver et je te fais exploser la cervelle. »

« *Allez-y, sortez-le* », répondis-je, convaincu qu'il n'avait pas de revolver. Il ne le sortit pas, et je lui dis qu'il était hors de question que je l'accompagne. Pendant tout ce temps, j'avais remarqué que, si les sept garçons s'étaient regroupés autour de moi, gesticulants et menaçants, aucun d'eux n'avait essayé de me toucher. Et alors que je réfléchissais au moyen de mettre en application mon refus, je vis un contremaître traverser le champ, après avoir terminé son travail. Je le hélai et, quand il s'approcha, je lui expliquai que ces garçons m'insultaient, et que, puisqu'ils étaient sept contre moi, il devrait se ranger de mon côté. C'était un homme paisible et fatigué, âgé comme moi, et (comme il le fit justement remarquer) il s'apprêtait à aller boire son thé.

Mais, étant un honnête ouvrier, il accepta de me soutenir, et tous les deux, nous nous éloignâmes, malgré le chef de la bande qui jura de s'occuper également de mon allié. L'ennemi n'était pas encore mis en déroute. Ils se consultèrent et, très vite, ils nous suivirent et nous dépassèrent, car nous prenions soin de ne pas nous comporter en fugitifs. Mais entre-temps, j'avais décidé ce que j'allais faire et j'avais dit à mon ami que je le suivrais tant que nos chemins concorderaient, puis je lui imposerais le désagrément de bifurquer avec moi jusqu'au cottage d'un solide et brave mineur que je connaissais.

C'est ainsi que nous traversâmes des champs nus et des terrils pendant presque un kilomètre, entourés par les sept mineurs, qui se pressaient autour de moi, sans jamais me toucher cependant, même si leur chef continuait à lancer ses menaces et à répéter que, quoi que

je puisse faire, je devrais l'accompagner en ville.
Enfin, nous atteignîmes la route, à un endroit isolé et
sinistre cerné de toutes parts par les montagnes argi-
leuses des puits désaffectés. Au milieu serpentait le
chemin qui conduisait à la maison du mineur vers
laquelle je me dirigeais. Quand nous atteignîmes le
chemin, je dis à mon ami le contremaître : « C'est par
ici », et je bifurquai vers le chemin.

« Non, c'est pas par là ! s'écria le grand gars. Vous
allez suivre la route avec nous », et, en disant cela, il
posa la main sur mon col. Je le repoussai d'un mouve-
ment d'épaules et l'informai qu'il venait de commettre
une agression, pour laquelle je pouvais à mon tour le
faire arrêter. Peut-être n'était-ce que post hoc ergo
propter hoc, *mais quoi qu'il en soit, il n'essaya plus de*
nous empêcher, mon ami et moi, de gravir le chemin. Il
nous emboîta le pas, néanmoins, avec ses camarades,
en jurant de me suivre toute la nuit s'il le fallait. Bien-
tôt, nous arrivâmes au sommet du col, si je puis
employer ce terme, d'où nous apercevions les cottages
des mineurs qui se détachaient dans l'obscurité, sur le
fond du ciel étoilé, éclairés de l'intérieur.

« C'est là que je vais », déclarai-je à voix haute. Je fus
surpris d'entendre le grand gaillard me répondre d'un
ton plus doux : « Vous en avez pour combien de
temps ? » « Ça dépend, répondis-je. Vous feriez mieux
de venir avec moi. » « Non, dit-il. Je vous attendrai
ici », et le contremaître et moi montâmes vers le cotta-
ge. Arrivé devant la porte, je renvoyai mon allié avec
des remerciements et une pièce en guise de reconnais-
sance, et après être entré dans le cottage, je racontai
mon aventure à mon ami le mineur et à sa joviale

épouse, qui m'écoutèrent d'un air indigné. Moins d'une minute plus tard, mon ami et moi sortîmes gaillardement de sa maison pour partir à la recherche des gars qui m'avaient suivi. Mais ils avaient disparu. Voyant que j'étais reçu chaleureusement par des gens qu'ils connaissaient, sans doute avaient-ils pensé que toute poursuite était futile et leurs soupçons sans fondement.

Attention, je n'ai rien contre l'aventure, même quand la vie décline, et je n'en veux pas trop à mes adversaires, qu'ils aient été motivés par une juste indignation ou, comme c'est plus probable, par l'espoir d'une récompense. Mais je pense qu'ils se sont rendus coupables d'une erreur de jugement plus grave et plus dangereuse en ne faisant pas la distinction entre l'apparence de Jack l'Éventreur et celle de votre dévoué serviteur.

UN VIEUX GENTLEMAN.

S'il semble maintenant que Sickert n'ait pas écrit cette lettre anonyme adressée au *Times* (j'ai envisagé cette possibilité pendant un moment), nul doute qu'il ait apprécié la peur que Jack l'Éventreur semait dans toute l'Angleterre.

« Si les gens d'ici savaient qui je suis, ils trembleraient dans leurs chaussures », écrit l'Éventreur dans une lettre postée à Clapham le 22 novembre 1889. Et en guise de « ha ha » additionnel, il utilise comme adresse d'expéditeur « Punch & Judy St. ». Sickert connaissait sans doute très bien Punch et Judy. Ce numéro de marionnettes était extrêmement populaire, et son idole, Degas, adorait Punch et Judy, au point d'évoquer ce spectacle violent dans ses lettres.

L'humour accepté à l'époque victorienne diffère de celui que l'on tolère de nos jours. Certaines personnes se disent choquées par Punch et Judy. Punch bat sa jeune enfant et la jette par la fenêtre. Il ne cesse de taper sur la tête de son épouse, Judy, jusqu'à « la fendre en deux ». Il donne un coup de pied à son médecin et lui lance : « Tenez ! Vous sentez la douleur dans vos boyaux ? (Punch enfonce le bout d'un bâton dans l'estomac du docteur ; celui-ci tombe raide mort, et Punch repousse le corps avec le bâton.) Hi hi hi ! (Rires.) »

Dans le scénario de Punch et Judy écrit par Oswald Sickert, « Meurtre et massacre, ou le Diable Abusé », le numéro de cruauté des marionnettes va bien au-delà de Punch dépensant tout l'argent du ménage pour boire.

> Punch danse avec son enfant.
> *(Il cogne la tête de l'enfant contre la rambarde, l'enfant pleure.)*
> … Oh, ne pleure pas… tais-toi, mon petit.
> *(Il le met dans un coin.)*
> Je vais te chercher à manger *(il sort).*
>
> Punch revient, il examine attentivement l'enfant.
> Tu es déjà tombé ? Chut, tais-toi, tais-toi.
> *(Il sort, pendant que l'enfant continue à pleurer.)*
>
> Punch, avec du porridge et une cuillère
> Fils de mon amour
> Ne m'embête pas. Voilà, tais-toi.

*(Il fait manger du porridge à l'enfant, sans s'ar-
rêter.)*
Tiens… tiens… Bonté divine ! Tu ne veux pas te
taire, à la fin ? ! Silence, j'ai dit ! Tiens, mange le
reste de porridge.
(Il renverse le bol sur la tête de l'enfant.)
Voilà, il ne reste plus rien ! *(Il le secoue brutale-
ment.)*
Tu ne veux toujours pas te taire ?
(… Il lance l'enfant hors du cadre.)

Oswald a peut-être écrit et dessiné des scénarios et
des illustrations de Punch et Judy pour le magazine
Die Fliegende Blatter, et Walter attendait avec impatience chaque numéro du magazine comique, à peine
était-il sorti des presses. Je suis quasiment certaine
que Walter Sickert connaissait bien les illustrations et
les histoires de Punch et Judy signées de son père, et
plusieurs lettres de l'Éventreur contiennent des personnages à la Punch et Judy. Chaque fois, la femme
est allongée sur le dos et l'homme est penché au-
dessus d'elle, sur le point de la poignarder ou de la
frapper avec son long couteau ou un bâton.

L'auteur de la lettre du « vieux gentleman » adressée au *Times* a peut-être utilisé l'idée stupide d'un
vieux monsieur que l'on accuse d'être l'Éventreur
pour faire une allusion à la police qui conduisait
désespérément des hordes de « suspects » au poste
pour les interroger. Toutes les maisons situées aux
abords des lieux des crimes avaient été fouillées, et
les adultes de sexe masculin de tous âges – y compris
des hommes de soixante ans – étaient contrôlés. Dès

qu'un homme était emmené au poste de police, sa
sécurité était aussitôt menacée si par malheur des
voisins furieux le voyaient. Les habitants de l'Est End
voulaient Jack l'Éventreur. Ils le voulaient à tout prix.
Ils le lyncheraient eux-mêmes si on leur en donnait
l'occasion, et les individus suspectés, même brièvemen-
ment, devaient parfois rester à l'abri à l'intérieur du
poste de police avant de pouvoir s'aventurer au-
dehors.

Un bookmaker de l'East End nommé John Pizer,
également surnommé «Tablier de cuir», devint un
homme traqué quand la police découvrit un tablier de
cuir humide dans la cour du 29 Hanbury Street, là où
Annie Chapman fut assassinée. Ce tablier de cuir
appartenait à John Richardson. Sa mère l'avait lavé
et étendu pour qu'il sèche. La police aurait mieux fait
de se renseigner avant que la rumeur de cette nouvelle
«preuve» n'éclate comme un coup de feu. Pizer était
peut-être une brute violente, mais ce n'était pas un
meurtrier sexuel. Pizer n'osait plus sortir de chez lui
de peur d'être déchiqueté par la foule, même quand
il devint évident que ce tablier de cuir suspendu dans
la cour n'avait rien à voir avec les meurtres de
l'Éventreur.

«Cette plaisanterie au sujet du tablier de cuir me
donne le fou rire», écrivit l'Éventreur au Central
News Office le 25 septembre.

L'Éventreur s'amusait beaucoup d'un grand
nombre d'événements qu'il suivait dans la presse; il
se réjouissait du chaos qu'il provoquait et adorait se
trouver au centre de la scène. Il voulait dialoguer avec
la police et les journalistes, et il le faisait. Il réagis-

sait à ce qu'ils écrivaient, et ceux-ci réagissaient à ses réactions, jusqu'à ce qu'il devienne quasiment impossible de dire qui suggérait ou faisait quelque chose le premier. Il réagissait à son public, son public réagissait face à lui, et les lettres de l'Éventreur commencèrent à comporter des notations personnelles qui pouvaient être considérées comme une indication des rapports fantasmatiques que l'Éventreur commença à développer avec ses adversaires.

Ce genre de raisonnement délirant n'est pas rare chez les psychopathes violents. Non seulement ils pensent établir des relations avec les victimes qu'ils épient, mais ils instaurent une sorte de jeu du chat et de la souris avec les enquêteurs qui les traquent. Quand ces criminels violents sont enfin arrêtés et emprisonnés, ils se montrent généralement très coopératifs avec la police, les psychologues, les écrivains, les producteurs de films et les étudiants en droit. Sans doute passeraient-ils leur vie de détenu à parler si leurs avocats le leur permettaient.

Le problème, c'est que les psychopathes ne disent pas la vérité. Chacune de leur parole est motivée par le désir de manipuler et par leur insatiable besoin égocentrique de provoquer l'attention et l'admiration. L'Éventreur voulait impressionner ses adversaires. À sa manière perverse, il voulait même être apprécié. C'était un être brillant et malin. Même la police devait l'admettre. Il était amusant. Sans doute était-il convaincu que son drôle de petit jeu provoquait quelques rires chez les policiers. «Essayez donc de m'attraper», écrivait-il sans cesse. «Je sais écrire de 5 façons différentes», se vantait-il dans une lettre du

18 octobre. « Vous ne pourrez pas retrouver ma trace grâce à cette écriture », proclamait-il dans une autre lettre, datée du 10 novembre. Souvent, il signait : « Votre ami. »

Quand l'Éventreur demeurait en coulisses trop longtemps, cela l'ennuyait. Quand la police semblait l'oublier, il écrivait à la presse. Le 11 septembre 1889, l'Éventreur écrivit : « Cher Monsieur, veuillez m'obliger, je vous prie, en publiant cela dans votre journal pour que le peuple d'Angleterre sache (le verbe *know* est écrit *now*) que je suis (*hum* au lieu de *am*) toujours en vie et en liberté. » Il faisait également de fréquentes références à des séjours « à l'étranger » : « J'ai l'intention de finir mon travail à la fin août, lorsque je mettrai les voiles pour l'étranger », écrivit-il dans une lettre que la police reçut le 20 juillet 1889. Plus tard – combien de temps exactement, on l'ignore –, une bouteille s'échoua sur la côte entre Deal et Sandwich, deux villes situées de l'autre côté du pas de Calais.

Apparemment, il n'existe aucun document indiquant qui a retrouvé la bouteille et quand, ni quel type de bouteille c'était, mais à l'intérieur se trouvait un morceau de papier réglé, portant la date du 2 septembre 1889, et sur lequel était écrit : « Navire S.S. Northumbria Castle Left. Suis de nouveau en chasse. Jack l'Éventreur. » L'endroit situé sur la côte sud-est de l'Angleterre où fut retrouvée la bouteille est tout près de Ramsgate, Broadstairs et Folkestone.

Au moins une des lettres de l'Éventreur fut postée de Folkestone. Sickert peignit à Ramsgate et peut-être visita-t-il cette ville durant les années 1888 et 1889, car c'était une station touristique très populaire, et il adorait l'air de la mer et nager. Il existait un vapeur, que Sickert prit un grand nombre de fois dans sa vie, qui assurait la liaison entre Folkestone et la France, et aussi une ligne directe entre Douvres, tout près, et Calais. Tout cela ne prouve pas que Sickert a écrit une lettre de l'Éventreur, qu'il l'a ensuite glissée dans une bouteille et qu'il l'a jetée dans la mer par-dessus bord ou du rivage. Mais il connaissait bien la côte du Kent. Et il aimait suffisamment cet endroit pour vivre à Broadstairs au cours des années 1930.

La frustration naît dès qu'on essaie de suivre les déplacements de l'Éventreur sur une carte, dans l'espoir de le suivre sur son chemin tortueux et meurtrier. Comme toujours, il était passé maître dans l'art de créer des illusions. Le 8 novembre 1888, une lettre de l'Éventreur postée dans l'East End affirmait : « Je me rends en France pour commencer mon travail là-bas. » Trois jours plus tard, la lettre de Folkestone arriva, ce qui pourrait indiquer que l'Éventreur se rendait réellement en France. Mais le problème, c'est que le même jour, le 11 novembre, l'Éventreur écrivit également une lettre postée à Kingston-on-Hull, à environ trois cents kilomètres de Folkestone. Comment la même personne aurait-elle pu écrire ces deux lettres durant les mêmes vingt-quatre heures ?

Peut-être que l'Éventreur écrivait ses lettres par lots, non seulement pour comparer ses écritures et s'assurer qu'elles étaient différentes, mais aussi pour leur donner la même date et les poster ensuite de divers endroits, ou donner l'impression qu'elles avaient été postées de divers endroits. Une lettre de l'Éventreur datée du 22 novembre 1888 fut écrite sur du papier portant le filigrane A Pirie & Sons. Il l'aurait prétendument postée d'East London. Une autre lettre écrite sur du papier A Pirie & Sons, datée elle aussi du 22 novembre 1888, affirme que l'Éventreur se trouve à Manchester. Dans deux autres lettres qui semblent ne pas avoir de filigrane (l'une d'elles en a peut-être un, mais elle est trop abîmée), et datées elles aussi du 22 novembre, il prétend être dans le nord de Londres et à Liverpool.

Si l'on suppose que toutes ces lettres datées du 22 novembre ont été écrites par la même personne – et on y trouve des similitudes qui rendent cette théorie plausible –, comment l'Éventreur a-t-il pu alors les poster de Londres et de Liverpool le même jour ? L'absence de cachet de la poste empêche de savoir avec certitude quand et où elles ont été réellement postées, et je refuse de me fonder sur des dates ou des lieux indiqués dans des lettres qui ne sont pas accompagnées d'un cachet de la poste. À l'intérieur d'une enveloppe envoyée par l'Éventreur et portant un cachet de 1896, par exemple, se trouvait une lettre datée de « 1886 ». Il s'agit soit d'une erreur, soit d'une volonté de brouiller les pistes.

Que les cachets de la poste aient été différents des dates ou des endroits – ou des deux – indiqués par l'Éventreur dans ces lettres, voilà qui fait partie du domaine des possibilités. Après avoir ouvert ces lettres, les policiers notaient les dates et les lieux dans leurs registres et ils jetaient l'enveloppe ou elle s'égarait. Les dates inscrites par l'Éventreur étaient peut-être fausses d'un jour ou deux, mais qui allait le remarquer ou s'en soucier ? Par contre, un jour ou deux, ça peut faire une sacrée différence pour un homme en fuite qui cherche à égarer la police en apparaissant simultanément à Londres, à Lille, à Dublin, à Innerleithen et à Birmingham le 8 octobre.

Il était possible à une même personne de se trouver dans plusieurs endroits éloignés les uns des autres au cours d'une même période de vingt-quatre heures. On pouvait se déplacer assez rapidement en train. D'après les horaires indiqués dans un guide des chemins de fer de 1887, Sickert pouvait quitter Euston Station à Londres à 6 heures du matin, arriver à Manchester à 11 h 20, changer de train, repartir à midi et arriver à Liverpool quarante-cinq minutes plus tard. De là, il pouvait continuer jusqu'à Southport sur la côte et arriver une heure et sept minutes plus tard.

À la mi-septembre 1888, le corps en décomposition d'un garçon fut découvert dans une maison abandonnée de Southport. À l'issue des auditions du 18 septembre, le jury rendit un verdict neutre. Apparemment, ni l'identité ni la cause du décès du garçon n'étaient connues, mais la police penchait fortement pour un meurtre.

« Tout jeune que je verrai, je le tuerai », écrivit l'Éventreur le 26 novembre 1888.

« Je commettrai le meurtre dans une maison vide », écrivit-il dans une autre lettre, non datée.

À cette époque, les transports ferroviaires étaient excellents en Angleterre. Il existait même des trains couchettes. On pouvait quitter Londres à 18 h 35, faire un agréable dîner et passer une bonne nuit, avant de se réveiller à Aberdeen, en Écosse, à 10 heures moins

cinq le lendemain matin. On pouvait aussi quitter
Paddington Station à Londres à 21 heures et se
réveiller à Plymouth à 4 h 15, et prendre une correspondance pour St. Austell en Cornouailles et finir son
trajet près de Lizard Point, à l'extrême pointe sud de
l'Angleterre. Un certain nombre de lettres de l'Éventreur ont été écrites de Plymouth ou dans les environs.
Plymouth était la destination la plus pratique pour qui
voulait se rendre en Cornouailles par le train.

Sickert connaissait bien la Cornouailles. Au début
de l'année 1884, Whistler et lui y avaient passé un
long moment pour peindre, à St. Ives précisément,
une des stations balnéaires les plus appréciées des
artistes. Dans une lettre de la fin 1887 adressée à
Whistler, Sickert l'informait de son désir de se rendre
en Cornouailles. Peut-être s'y rendait-il souvent. Cette
région du sud-ouest de l'Angleterre a toujours attiré
les artistes avec ses falaises majestueuses, sa vue sur
la mer et ses ports pittoresques.

La Cornouailles aurait été un bon endroit pour se
réfugier quand Sickert voulait se reposer et « se
cacher ». À l'époque victorienne, il existait là-bas une
pension très prisée qui s'appelait Hill's Hotel et surnommée affectueusement « The Lizard » (le Lézard),
car elle était située à Lizard Point, une étroite péninsule de terres arables et de falaises rocheuses escar-
pées, à une trentaine de kilomètres de St. Ives. Les
vagues s'écrasent tout autour de la péninsule. Si vous
vous y rendez en voiture aujourd'hui, vous devez
vous garer face au vent, si vous ne voulez pas que
celui-ci arrache votre portière.

CHAPITRE 23

LE LIVRE D'OR

Au printemps 2001, l'éminent critique gastronomique Michael Raffael, qui préparait un sujet pour *Food & Travel*, logeait au Rockland Bed & Breakfast à Lizard Point. Ce B&B est une modeste ferme des années 1950 qui peut accueillir sept personnes, et la propriétaire actuelle est le seul vestige vivant du passé lointain et illustre du Lizard Hotel.

L'année avait été dure pour Joan Hill, qui a hérité des livres d'or du Lizard et d'autres archives qui étaient dans la famille de son mari depuis cent vingt-cinq ans. Les Cornouailles subissaient les affres d'une épidémie de fièvre aphteuse, et son fils est fermier. Les restrictions gouvernementales réduisaient ses revenus, et M^rs. Hill, veuve depuis peu, se retrouvait sans clients depuis que la quarantaine tenait les touristes éloignés de tout ce qui avait des sabots.

Michael Raffael se souvenait que, durant son séjour là-bas, M^rs. Hill entreprit de lui raconter des histoires qui remontaient à l'époque prospère où The Lizard était fréquenté par des artistes, des écrivains, des députés, des *lords* et des *ladies*. En parcourant les livres d'or, on découvre, en effet, les pattes de mouche introverties de Henry James et les fioritures pleines d'assurance de William Gladstone. L'artiste et critique George Moore connaissait The Lizard. Sickert connaissait Henry James, mais il trouvait ses écrits ennuyeux. Sickert était un pote de Moore, et il avait tendance à se moquer de lui. L'artiste Fred Hall logea au Lizard, lui aussi, et Sickert ne pouvait pas le supporter.

La nourriture et la boisson étaient consommées sans retenue, les prix étaient raisonnables et les gens venaient d'aussi loin que l'Afrique du Sud et les États-Unis pour passer leurs vacances sur ce morceau de terre désolée qui s'avançait dans la mer. Pendant un temps, ils oubliaient leurs soucis en se promenant, en faisant du vélo ou des excursions dans l'air vivifiant, ou en lisant devant un feu de cheminée. Sickert avait pu y côtoyer des gens intéressants qu'il ne connaissait pas, ou rester dans son coin. Il avait pu s'aventurer jusqu'aux collines pour dessiner, ou simplement errer, comme il en avait l'habitude. Il avait pu prendre le train ou des voitures à cheval pour se rendre dans d'autres villages, dont St. Ives. Sickert avait pu très facilement s'inscrire sur le registre en donnant un faux nom. Il avait pu écrire ce qu'il voulait dans le livre d'or.

The Lizard avait survécu à deux guerres mondiales ; c'était une histoire d'amour issue d'un passé enfui depuis longtemps. En 1950, les Hill avaient vendu la ferme de trois cents ans et ouvert le petit B&B Rockland. M^rs. Hill raconta tout cela à Michael Raffael, et peut-être parce qu'il prit le temps de l'écouter, elle repensa au vieux livre d'or, qui allait de 1877 au 15 juillet 1888. Elle alla le chercher dans un placard. Raffael passa «peut-être une demi-heure à le feuilleter, seul essentiellement», lorsqu'il tomba sur des dessins et le nom «Jack l'Éventreur». «À en juger par sa disposition sur la feuille, par le style d'écriture et l'encre sépia, je peux vous assurer que cette notation est très certainement contemporaine du livre et de toutes les autres notations qui l'entourent», m'écrivit-il après que Diane Sawyer d'ABC m'eut interviewée au sujet de Jack l'Éventreur pour un spécial *Prime Time*.

Je contactai M^rs. Hill, qui vérifia que le livre existait bien, avec les notations signées Jack l'Éventreur et quelques dessins, et me dit que je pouvais le voir si je le souhaitais. Quelques jours plus tard, je prenais l'avion à destination des Cornouailles.

Je débarquai au B&B avec des amis ; nous étions les seuls clients. Le village était quasiment désert et balayé par des vents froids qui soufflaient de la Manche. M^rs. Hill est une femme timide et candide, d'une soixantaine d'années, qui se soucie énormément du bonheur de ses pensionnaires et prépare des petits déjeuners bien trop copieux. Elle a vécu toute sa vie en Cornouailles et n'a jamais entendu parler de Sickert ou de Whistler, mais elle connaissait vaguement le nom de «Jack l'Éventreur».

«Je crois que ce nom me dit quelque chose. Mais je ne sais rien sur lui, dit-elle, à part que c'était un homme très méchant.»

Les esquisses auxquelles Raffael faisait allusion quand il m'alerta au sujet du livre d'or sont des dessins à l'encre représentant un homme et une femme qui se promènent. L'homme est vêtu d'une jaquette et d'un chapeau haut de forme, avec un monocle et un parapluie ; le mot « Jack l'Éventreur » est écrit à côté de son gros nez. Il regarde la femme, par-derrière, et une bulle sort de sa bouche : « Elle est pas mal, hein ? » dit-il.

La femme, qui porte un chapeau à plumes et un corset, avec un faux-cul et des volants, dit : « Je suis mignonne, non ? » Dans une autre bulle, en dessous, on peut lire ce commentaire : « seulement par Jack l'Éventreur ». Ce qui n'a pas été remarqué ou n'a peut-être pas été jugé d'un grand intérêt, c'est tout ce qu'on découvre dans ce livre remarquable. Un horrible grain de beauté a été dessiné sur le nez d'une femme, et sous ses vêtements, on a ajouté une poitrine et des jambes nues. La page est couverte de gribouillis, de commentaires et d'allusions à Shakespeare, le plus souvent grossiers et narquois. Je suis montée dans ma chambre avec le livre d'or – et les autres détails que j'ai commencé à noter m'ont tenue éveillée jusqu'à 3 heures du matin, avec le chauffage au maximum, tandis qu'au-dehors le vent hurlait et la pluie martelait ma fenêtre.

Les annotations, les dizaines de gribouillis, de dessins et de remarques malicieuses étaient stupéfiantes et totalement inattendues, et, soudain, j'eus l'impression que Sickert était dans ma chambre.

Quelqu'un – je suis convaincue qu'il s'agit de Sickert, mais je nommerai cette personne « le vandale » – a parcouru le livre d'or armé d'un crayon noir, d'un crayon de couleur violet et d'une plume, et a ajouté des annotations grossières, sarcastiques, enfantines et violentes sur la plupart des pages :

bêtises ! imbéciles, imbécile, gros idiot. Ha, Ha Ha, oh là là ! Très drôle, O Lord, of girls of fie (expression argotique quand on rencontre une fille immorale), *garl* (mot vulgaire pour *gal*, fille), *bite, Dummkopf* («idiot» en allemand), *ta ra ra boon de a* (refrain d'une chanson de music-hall), *henfool* (mot d'argot du XVIIe siècle désignant une prostituée ou une maîtresse), *Bêtise ! Bêtise !! Bêtise !!!* et sous le mot «Révérend», on a griffonné (marié 3 fois), ou bien, après le nom d'une personne, cette remarque : «Devenue *snob*».

Le vandale ajoute des paroles de chansonnettes ironiques sur des pages où figurent des commentaires joyeux pour dire que cet hôtel était un endroit adorable, chaleureux, combien la nourriture était bonne et les tarifs modestes.

«C'est plutôt un drôle d'endroit.»

Si un pensionnaire s'était risqué à composer quelques vers, il s'exposait aussitôt à une attaque sévère, comme avec ce petit poème d'un certain F. E. Marshall de Chester :

> *La malchance me conduisit ici*
> *Mais je n'avais pas à me faire de souci*
> *Car la gentillesse de M[rs.] Hill fit s'envoler*
> *Tous mes tracas...* après un comprimé
>
> *[ajouta le vandale].*

Le vandale dessina le visage d'un personnage de bande dessinée et commenta : «Quel talent !!!» À la suite du mauvais poème d'un autre pensionnaire, il écrivit :

> *Un poète, dites-vous ? Ce serait audacieux*
> *Que de nommer ainsi cet auteur laborieux.*
> *La lune dans toute sa beauté*
> *L'a sûrement éloigné de la réalité !!*

Le vandale corrige les fautes d'orthographe et de grammaire des pensionnaires. Cela semble avoir été une manie chez Sickert. Dans son exemplaire de l'autobiographie d'Ellen Terry, où ne figure aucune allusion à Sickert, il a beaucoup de choses à dire concernant son orthographe, sa grammaire et sa diction. L'exemplaire de Sickert, que j'ai racheté à son neveu par alliance, John Lessore, est couvert de ses annotations et corrections, toutes au crayon. Il a changé et ajouté des événements racontés par Terry, comme s'il connaissait sa vie mieux qu'elle.

Un autre mauvais poème rédigé par un pensionnaire du Hill's Hotel s'achève par ces mots « Receive all thanks O hostess *fare* » (Reçois mille mercis, Ô noble hôtesse). Le vandale a corrigé *fare* par *fair,* et il a ajouté trois points d'exclamation. Il a transformé le O en un étrange petit personnage de bande dessinée avec des bras et des jambes. En dessous, il a écrit ces quelques mots de cockney : « garn Bill that aint a gal » (Fais gaffe, mon vieux, c'est pas une nana), en réponse à un pensionnaire qui disait avoir logé à l'hôtel avec « mon épouse ».

« Pourquoi vous oubliez *l'apostrophe* ? » se plaint le vandale sur une autre page, et il ajoute un dessin là aussi. Tournez la page et vous tombez sur un autre dessin, qui rappelle certaines des esquisses espiègles et délicates de la collection Sickert conservée à la bibliothèque d'Islington. Les *S* de la signature de « Sister Helen » et de l'adresse du « Prieuré S. Saviour de Londres » ont été transformés en symboles du dollar.

En bas d'une page, ajouté visiblement alors que la feuille était déjà pleine, on peut lire : « Jack l'Éventreur, Whitechapel. » Ailleurs dans le livre, l'adresse d'un pensionnaire à Londres a été recouverte du mot « Whitechapel ». Je découvris également des dessins représentant un homme barbu en jaquette qui exhibe son sexe circoncis, et un dessin dans le style Punch et Judy d'une femme qui frappe un enfant sur la tête avec un grand bâton. Des taches d'encre ont été transformées en personnages. Dans certaines lettres de l'Éventreur aussi, les taches d'encre ont été transformées en personnages.

Sur deux autres pages, le vandale signe du nom de « Baron Ally Sloper ». Je suppose que le terme « Baron » est ironique, une sorte de pique à la Sickert contre les aristocrates anglais. Sloper était un personnage de bande dessinée miteux et misérable, avec un gros nez rouge, un chapeau haut de forme cabossé, et qui passait son temps à fuir son propriétaire. Très apprécié par les classes populaires anglaises, il apparut dans un périodique entre 1867 et 1884, puis de nouveau en 1916. « Tom Pouce et son épouse » ont signé le livre d'or le 1er août 1886, bien que Tom Pouce (Charles Sherwood Stratton) soit mort le 15 juillet 1883. Les exemples sont bien trop nombreux pour tous être cités ici. Ce livre d'or – le «LIVRE DES CONS», comme l'appelle le vandale – est remarquable. Après l'avoir étudié, le Dr Anna Gruetzner Robins fut d'accord : «Assurément, nul ne peut nier que ces dessins correspondent à ceux qui figurent dans les lettres de l'Éventreur, dit-elle. Ce sont des dessins au crayon très habiles.» L'un d'eux, affirmat-elle, est une caricature de Whistler.

Le Dr Robins a remarqué de nombreux détails dans le livre d'or, qui m'ont échappé, y compris un message en allemand et en italien rudimentaires, écrit pardessus un des personnages de bande dessinée masculins. Grossièrement traduit, le vandale dit qu'il est le «Docteur Éventreur» et qu'il a «cuisiné un bon plat de viande (ou de chair) en Italie. Scoop! Scoop!??». Le jeu de mots et les sous-entendus, difficiles à rendre dans une traduction, affirme le Dr Robins, indiquent que l'Éventreur a tué une femme en Italie et cuisiné sa chair pour faire un plat délicieux. Plusieurs lettres de l'Éventreur font allusion à la préparation culinaire des organes de ses victimes. Certains *serial killers* se livrent au cannibalisme. Sickert peut-être aussi. Il est possible qu'il ait cuisiné des morceaux de ses victimes pour les servir à ses invités. Mais, bien sûr, cette allusion à la préparation culinaire de chair humaine n'est peut-être rien d'autre qu'une provocation destinée à dégoûter et à choquer.

Le Dr Robins pense, comme moi, que la main de Sickert se cache derrière les insultes, les annotations et la plupart des dessins contenus dans le livre d'or du Lizard. Y figurent des noms tels qu'Annie Besant et Charles Bradlaugh, des gens que Sickert connaissait et qu'il a peints. Le Dr Robins suppose que les personnages de bande dessinée masculins, dotés de divers couvre-chefs et différentes barbes, sont peut-être des autoportraits de Sickert déguisé en Éventreur. Le dessin d'une «damoiselle locale rustique» peut vouloir dire que Sickert a tué une femme durant son séjour en Cornouailles.

J'ai acheté le livre d'or à Mrs. Hill. Il a été étudié par de nombreux experts, y compris le spécialiste de l'analyse médico-légale des documents, Peter Bower, qui affirme que rien au niveau du papier et de la reliure n'est «anachronique». Le livre d'or du Lizard est considéré comme extraordinaire par ceux qui l'ont examiné, et il se trouve maintenant à la Tate Archive pour y être étudié en profondeur et conservé comme il doit l'être.

Le surnom de Jack l'Éventreur n'apparut publiquement que le 17 septembre 1888, soit deux mois après que le livre d'or du Lizard eut été terminé, le 15 juillet 1888. Selon moi, il est facile d'expliquer comment les signatures de «Jack l'Éventreur» ont pu apparaître dans le livre d'or. Sickert se rendit au Lizard quelque temps après que les crimes de l'Éventreur eurent été commis, et il saccagea le livre d'or. Cela a pu se produire en octobre 1889, car on semble discerner, presque caché dans la reliure, d'une toute petite écriture au crayon, le monogramme *W* par-dessus un *R*, suivi d'un *S* et de la date «Octobre 1889».

Si la date est parfaitement lisible, le monogramme ne l'est pas. Il pourrait s'agir d'un code ou d'une énigme, et je n'en attends pas moins de la part de Sickert. Le mois d'octobre 1889 était pour lui un moment propice pour fuir vers la pointe sud de l'Angleterre. Un mois plus tôt environ, un autre torse de femme fut découvert dans l'East End, cette fois sous une arche de voie ferrée, près de Pinchin Street.

Il est intéressant de remarquer (il s'agit peut-être d'une coïncidence sinistre) que quatorze ans plus tôt, en 1875, Henry et Thomas Wainright furent condamnés pour le meurtre et le démembrement d'une femme nommée Harriet Lane. Le crime eut lieu à la même époque de l'année (le 11 septembre ou aux alentours) que le meurtre et le démembrement de cette femme non identifiée dont on découvrit le torse dans Pinchin Street. Dans l'affaire de 1875, la victime fut assassinée à Whitechapel et les morceaux de son corps empaquetés dans des linges fermés par de la ficelle. Cette affaire fut grandement médiatisée et longuement relatée dans les journaux à scandales. Sickert avait-il connaissance du meurtre effroyable et tristement célèbre de Harriet Lane ? Sans doute. (Des éléments anecdotiques montrent qu'il était fasciné par un autre meurtrier anglais légendaire, le Dr Hawley Harvey Crippen, qui avait assassiné et démembré son épouse.)

Le mode opératoire appliqué au torse de femme découvert dans l'East End le 10 septembre 1889 n'était que trop familier. La ronde d'un agent de police l'avait conduit à passer à cet endroit précédemment, et il n'avait rien remarqué d'inhabituel. Moins d'une demi-heure plus tard, il repassa au même endroit et découvrit un paquet sur le côté de la chaussée. Le torse n'avait plus de tête ni de jambes, mais pour une raison inconnue, le meurtrier avait laissé les bras. Les mains étaient douces et les ongles n'étaient pas ceux d'une personne qui menait une existence difficile. Ce qui restait de sa robe était en soie, et permit à la police de remonter jusqu'à un fabricant de Bradford. D'après un médecin, la victime était morte depuis plusieurs jours déjà. Curieusement, son torse fut découvert à l'emplacement qui avait été indiqué quelques jours plus tôt au bureau londonien du *New York Herald*.

À minuit, le 8 septembre, un homme habillé en soldat s'approcha d'un vendeur de journaux devant les locaux du *Herald* et il s'écria qu'un *nouveau meurtre et une mutilation horribles* avaient été commis. Il indiqua l'endroit près de Pinchin Street où serait finalement découvert le torse. Le vendeur de journaux se précipita à l'intérieur de l'immeuble pour avertir les rédacteurs en chef de nuit, qui partirent en fiacre à la recherche du corps. En vain. Le « soldat » avait disparu, et le torse fit son apparition le 10 septembre. La victime était sans doute déjà morte le 8 septembre à minuit, à en juger par le dessèchement des tissus. On avait déposé à cheval sur une palissade, à côté du corps démembré, un linge taché comme ceux que portaient les femmes durant leurs règles.

« Faites attention à la façon dont vous envoyez ces limiers (*bloodhounds*) dans les rues, à cause de ces femmes qui portent des serviettes souillées… les femmes sentent très fort quand elles sont indisposées », écrivit l'Éventreur le 10 octobre 1888.

« … enveloppé dans une serviette sale comme une protection périodique de dame », écrivit vulgairement

Sickert dans une lettre (vers la fin des années 1890) pour parler d'un jambon envoyé par son ami Rothenstein.

Une fois de plus, le meurtrier avait réussi à cacher un corps et des morceaux de corps, et à les transporter dans des paquets, sans doute pesants, pour les déposer quasiment aux pieds d'un policier.

« J'ai dû surmonter de grandes difficultés pour transporter les corps là où je les ai cachés », écrivit l'Éventreur le 22 octobre 1888.

Douze jours après la découverte du torse de cette femme, le *Weekly Dispatch* reprit un article de l'édition londonienne du *New York Herald,* dans lequel un logeur affirmait connaître « l'identification » de Jack l'Éventreur. Le logeur, dont le nom n'apparaissait pas dans l'article, était convaincu que l'Éventreur avait loué une chambre chez lui, et que ce « locataire » y venait « vers les 4 heures du matin » quand tout le monde dormait. Un matin, très tôt, le logeur était debout quand le locataire entra. Il était « excité et incohérent dans ses paroles ». Il prétendit avoir été agressé, on lui avait volé sa montre, et « il donna l'adresse d'un poste de police » où il avait déclaré l'accident.

Le logeur vérifia l'information, et la police lui répondit qu'aucun rapport de ce type n'avait été rempli. Les soupçons du logeur s'accrurent en découvrant, étendus sur des dossiers de chaises, la chemise et les sous-vêtements de l'homme qui venaient d'être lavés. D'après l'article, le locataire « avait pour habitude de parler des femmes des rues et d'écrire sur elles "de longs charabias" », d'une écriture qui ressemblait «à celle des lettres envoyées à la police et émanant prétendument de Jack l'Éventreur». Le locataire possédait «huit costumes, huit paires de chaussures et huit chapeaux». Il parlait plusieurs langages et «quand il sortait, il avait toujours un sac noir». Il ne portait jamais le même chapeau deux soirs de suite.

Peu de temps après la découverte du torse près de Pinchin Street, le locataire annonça au logeur qu'il se rendait à l'étranger, et il partit brusquement. En entrant dans sa chambre, le logeur découvrit que l'homme avait laissé «des nœuds, des plumes et des fleurs, et d'autres objets ayant appartenu à des femmes des classes populaires», ainsi que trois paires de chaussures en cuir à lacets et trois paires de «caoutchoucs» avec des semelles en gomme et des empeignes en tissu «éclaboussées de sang».

De toute évidence, l'Éventreur suivait les nouvelles et il avait lu cet article lorsqu'il était paru dans l'édition londonienne du *New York Herald*, ou bien dans un autre journal comme le *Weekly Dispatch*. Dans son poème du 8 novembre 1889, il fait de très nettes allusions à l'histoire racontée par le logeur :

«Je me sape avec 8 costumes, je porte de nombreux chapeaux.»

Il nie être ce locataire qui écrivait des «charabias» sur les femmes immorales :

> *Il y a quelques mois près de Finsbury Square :*
> *Un excentrique vivait avec une célibataire...*
> *L'histoire est fausse, jamais il n'y eut de gars*
> *Qui écrivait des essais sur ces femmes-là.*

Difficile de croire que Walter Sickert ait pu laisser des chaussures ou d'autres affaires compromettantes dans une chambre qu'il louait, à moins qu'il n'ait voulu qu'on les trouve. Sickert a peut-être logé dans cette pension, peut-être que non. Mais, volontairement ou pas, l'Éventreur laissa derrière lui un sillage de soupçons et relança l'action dramatique. Peut-être même se cacha-t-il derrière le rideau de l'acte suivant, dont le récit fut publié juste sous l'article consacré au «locataire» dans le *Weekly Dispatch*.

Une «femme» envoya une lettre au poste de police de Leman Street pour dire qu'«on a constaté depuis un certain temps qu'une femme grande et forte» travaillait dans divers abattoirs «déguisée en homme». Cette histoire donna naissance à «la théorie selon laquelle les victimes de l'East End auraient été assassinées par une femme. On remarque que, dans chacune de ces affaires, aucune preuve n'indique qu'un homme se trouvait dans les parages au moment du crime».

La travestie des abattoirs ne fut jamais découverte, et les policiers qui inspectèrent les abattoirs de l'East End n'obtinrent jamais la confirmation qu'une éventuelle «Jill l'Éventreuse» y avait travaillé. La lettre écrite par la «femme» au poste de police de Leman Street semble ne pas avoir survécu. Entre le 18 juillet (trois jours après que Sickert eut «démissionné» du *New York Herald*) et le 30 octobre 1889, trente-sept lettres de l'Éventreur furent envoyées à la Police métropolitaine (d'après ce qui est conservé dans les dossiers du Public Record Office et de la Corporation of London). Dix-sept de ces lettres ont été écrites en septembre. Exception faite de trois d'entre elles, toutes auraient été écrites à Londres, ce qui voulait dire que l'Éventreur – ou Sickert – se trouvait à Londres à l'époque des articles sur le « locataire » et la femme des abattoirs.

Entre le mois de mars et la mi-juillet 1889, Sickert avait écrit vingt et un articles pour l'édition londonienne du *New York Herald*. Il se trouvait très certainement à Londres le 8 septembre, car le *Sun* l'avait interviewé quelques jours plus tôt, à son domicile du 54 Broadhurst Gardens, et avait publié l'article le 8. Le sujet principal de l'article était une importante exposition de toiles impressionnistes qui devait avoir lieu à partir du 2 décembre à la Goupil Gallery, dans Bond Street, et dans laquelle figureraient des œuvres de Sickert. Le journaliste demanda également à Sickert pourquoi il n'écrivait plus de critiques d'art pour le *New York Herald*.

La réponse publiée était évasive et incomplète. Sickert prétendait ne plus avoir le temps d'écrire pour le *Herald*. La critique d'art, disait-il, devrait être laissée aux gens qui ne peignaient pas. Pourtant, en mars 1890, Sickert remit ça : il écrivit des articles pour le *Scots Observer*, *Art Weekly* et *The Whirlwind*, au moins seize articles pour cette seule année. Peut-être s'agit-il encore d'une de ces coïncidences à la Sickert si le jour même où la nouvelle de sa « démission » du *New York Herald* était publiée dans le *Sun,* le mystérieux soldat se présentait à l'entrée de ce journal pour annoncer un meurtre et une mutilation dont il ne pouvait avoir connaissance que s'il était complice ou le meurtrier lui-même.

Le torse retrouvé en septembre 1889 ne fut jamais identifié. Cette femme n'était peut-être pas une « sale putain » des *doss-houses* et de la rue. Peut-être était-ce une prostituée de plus haut standing, comme par exemple une artiste de music-hall. Une de ces femmes d'un genre douteux aurait pu disparaître assez facilement. Elles se déplaçaient de ville en ville ou de pays en pays. Sickert aimait les dessiner. Il peignit le portrait de la star du music-hall Queenie Lawrence, et sans doute fut-il exaspéré quand elle refusa d'accepter le tableau comme cadeau, en disant qu'elle ne s'en servirait même pas comme d'un paravent. Queenie Lawrence semble avoir disparu du devant de la scène en 1889. Nulle part je n'ai trouvé de document indiquant ce qu'elle était devenue. Les modèles et les étudiantes de Sickert disparaissaient parfois, on ne sait où.

« … une de mes élèves, une fille adorable qui dessinait plus mal que tous les gens que j'ai connus, a disparu dans la nature. Son nom ? » écrivit Sickert à ses riches amies américaines Ethel Sands et Nan Hudson, sans doute vers 1914.

À l'époque de l'activité criminelle la plus intense de Sickert, il se peut qu'il ait vécu dans les trains. Il a pu envoyer des lettres de partout. Les meurtriers sexuels ont tendance à se déplacer quand ils sont plongés dans les affres de leurs pulsions violentes. Ils vont de ville en ville, et souvent, ils tuent à proximité des aires de repos, des gares ; certains de leurs lieux de prédation sont déterminés, d'autres sont choisis au hasard. Les corps et les morceaux de corps de leurs victimes peuvent être éparpillés sur des centaines de kilomètres. On découvre des restes dans des poubelles ou dans les bois. Certaines victimes sont si bien cachées qu'elles demeurent à tout jamais «portées disparues».

L'excitation au moment du meurtre, les risques, les fuites sont des facteurs enivrants. Mais ces gens ne veulent pas être pris, et Sickert ne le voulait pas non plus. Quitter Londres de temps en temps était une bonne idée, surtout après le double meurtre d'Elizabeth Stride et de Catherine Eddows. Mais si le but recherché en envoyant autant de lettres, d'endroits si éloignés, était de dérouter la police et de créer un vif émoi, Sickert a loupé son coup. Pour reprendre l'expression de D.S. MacColl, il s'est «surestimé». Sickert était si malin que ni la presse ni la police n'ont cru que les lettres provenaient du meurtrier. Elles sont restées ignorées.

Certaines de ces lettres, postées d'endroits lointains comme Lille ou Lisbonne, pouvaient bien être des canulars. À moins que Sickert n'ait trouvé quelqu'un pour les poster à sa place. Cela semblait faire partie de ses habitudes. En août 1914, alors qu'il se trouvait à Dieppe, il écrivit à Ethel Sands : «Je ne peux pas toujours faire un saut au bateau pour trouver un sympathique étranger à qui confier mes lettres.»

CHAPITRE 24

DANS UN COFFRE À GRAIN

Le 11 octobre 1888, dans le froid glacial du petit matin, Sir Charles Warren joua le rôle du méchant avec Burgho et Barnaby, les deux limiers.

Le chef de la Police métropolitaine se précipita derrière les arbres et les fourrés de Hyde Park, comme s'il s'enfuyait, pendant que la paire de magnifiques chiens policiers perdait sa trace et traquait avec succès plusieurs personnes qui se promenaient dans les parages. Quatre autres tentatives dans le froid et la brume s'achevèrent de la même manière. Cela n'augurait rien de bon pour Warren.

Si les chiens n'étaient pas capables de retrouver un homme dans le parc relativement désert, au petit matin, les lâcher dans les rues et les ruelles surpeuplées et crasseuses de l'East End n'était sans doute pas une bonne idée. La décision de Warren de se porter volontaire pour la démonstration n'était pas non plus une bonne idée. Lui qui voulait prouver aux Londoniens que les chiens policiers étaient une grande innovation, et montrer qu'il était convaincu qu'ils dénicheraient enfin le monstre de l'East End ! Le souvenir de Warren courant dans le parc avec ses limiers perdus était une honte dont il n'avait pas fini d'entendre parler.

«Cher patron il paraît que vous avez des limiers pour moi maintenant», écrivit l'Éventreur le 12 octobre, et il dessina un couteau sur l'enveloppe.

La fâcheuse décision de Warren avait peut-être été précipitée – en tout cas, rendue inévitable – par une autre lettre insolite publiée dans *The Times* le 9 octobre, deux jours avant cette comédie dans le parc.

Monsieur, Peut-être que mon expérience personnelle concernant les prouesses dont sont capables les chiens policiers, quand il s'agit de retrouver des criminels, peut vous intéresser. Voici l'incident dont je fus le témoin oculaire.

En 1861, ou en 1862 (ma mémoire ne me permet pas de vous donner une date plus précise), je me trouvais à Dieppe quand un petit garçon fut retrouvé plié en deux dans un coffre à grain avec la gorge tranchée d'une oreille à l'autre. Deux limiers furent immédiatement lancés sur la piste. Ils s'élancèrent tout à coup, la truffe au ras du sol, et des centaines de personnes, dont leur maître et moi-même, coururent dans leur sillage.

Les deux bêtes très entraînées ne ralentirent l'allure qu'en arrivant à l'autre bout de la ville, où elles se figèrent devant la porte d'une maison basse et, relevant leurs nobles têtes, elles poussèrent un long aboiement. Quand on entra dans la maison, la coupable – une vieille femme – fut retrouvée cachée sous le lit.

Permettez-moi d'ajouter que le flair d'un limier, quand il est bien dressé, est si formidable que nul ne peut dire

*avec certitude quelles difficultés il est capable de sur-
monter pour suivre une piste.*

Veuillez agréer mes salutations distinguées.
Williams [sic] Buchanan
11, Burton St. WC, le 8 octobre.

Comme dans la lettre du «vieux gentleman» adressée au rédacteur en chef, le ton ici ne correspond pas
au sujet. M. Buchanan s'exprime avec la voix légère
et enjouée d'un conteur pour évoquer cette sordide
affaire d'un garçon égorgé «d'une oreille à l'autre»,
et dont le corps a été fourré dans «un coffre à grain».

Une recherche dans les archives des journaux de
Dieppe n'a fait apparaître aucune mention d'un enfant
ayant été égorgé ou assassiné de manière similaire au
début des années 1860. Cela n'est pas forcément
concluant, car les archives françaises d'il y a cent ans
étaient très mal tenues, quand elles ne furent pas perdues, ou détruites, au cours des deux guerres mondiales. Mais même si un tel meurtre a été commis,
l'idée qu'il y avait à Dieppe, à cette époque, des
limiers dressés et «immédiatement» disponibles pour
être envoyés sur une piste est très difficile à avaler.
L'énorme métropole qu'était Londres ne disposait pas
de chiens policiers dans les années 1860, ni même
vingt ans plus tard, quand Charles Warren dut faire
venir les chiens et les confier à un vétérinaire.

Au VIIIe siècle, les limiers étaient très appréciés
pour leur capacité à dénicher les ours et d'autres animaux et à les faire sortir de leur tanière au cours des
parties de chasse. Mais ce n'est qu'au XVIe siècle

qu'il devint fréquent d'utiliser ces chiens aux longues oreilles pour retrouver la trace d'êtres humains. L'idée selon laquelle il s'agit de canidés cruels servant à rattraper les esclaves dans les États du Sud de l'Amérique est un énorme mensonge. Il n'est pas dans la nature de ces bêtes d'être agressives, ni d'avoir de contacts physiques avec leur proie. Elles n'ont pas une once de méchanceté dans les replis de leurs visages tristes et fripés. Les chiens utilisés pour chasser les esclaves étaient généralement des fox-hounds, ou un mélange de fox-hound et de mastiff cubain, dressés pour mettre une personne à terre ou pour attaquer.

Dresser des limiers pour retrouver des criminels est une tâche si spécialisée et pénible qu'il en existe très peu pour seconder les inspecteurs. En tout cas, il ne devait pas y avoir beaucoup de chiens policiers en 1861 ou 1862, date à laquelle Buchanan affirme, dans une histoire qui ressemble à un conte de Grimm, que les limiers ont suivi directement la piste de l'assassin du garçon, jusqu'à la maison où une vieille femme se cachait sous un lit.

« Williams » – comme l'écrivit *The Times* – Buchanan ne figurait pas dans l'annuaire des postes de 1888, mais le registre des électeurs de la circonscription parlementaire de St. Pancras, District 3 Burton, comporte un William Buchanan domicilié au 11 Burton Street. En ce temps-là, Burton Street n'était pas considérée comme une partie épouvantable de la ville, mais ce n'était pas non plus un beau quartier. La maison en question abritait, pour un loyer de 38 *livres* par an, des locataires aux métiers divers : un apprenti, un magasinier chez un imprimeur, un fabricant de teintures, un empaqueteur de cacao, un cireur français, un tapissier et une blanchisseuse.

William Buchanan n'était pas un nom rare ; malgré tout, aucun autre document n'a été retrouvé permettant de l'identifier et de connaître son métier. Mais cette lettre envoyée au rédacteur en chef dénote un esprit littéraire et inventif, et il mentionne Dieppe, station balnéaire et refuge des artistes, où Sickert occupa des maisons et des ateliers durant presque la moitié de sa vie. Il était peu probable que Sickert ait loué ses cachettes, à Dieppe comme à Londres ou n'importe où ailleurs, sous son vrai nom. À la fin des années 1880, on ne vous réclamait pas de pièce d'identité. L'argent liquide suffisait. On peut se demander si Sickert utilisait souvent des noms autres que le sien, y compris des noms appartenant à des personnes existantes.

Peut-être qu'un individu nommé William Buchanan a réellement écrit cette lettre. Peut-être qu'un garçon de sept ans a été assassiné et son corps jeté dans un coffre à grain à Dieppe. Je n'ai aucune preuve, ni dans un sens ni dans l'autre. Mais c'est quand même une coïncidence troublante que, en l'espace de dix semaines après la lettre de Buchanan, deux garçons soient assassinés, et que les restes mutilés de l'un des deux soient abandonnés dans une écurie.

« Je vais en commettre 3 autres 2 filles et un garçon d'environ 7 ans cette fois j'aime beaucoup éventrer surtout les femmes car elles ne font pas énormément de bruit », écrivit l'Éventreur dans une lettre qu'il data du 14 novembre 1888.

Le 26 novembre, Percy Knight Searle, huit ans, un «garçon calme, intelligent et inoffensif», fut assassiné à Havant, près de Portsmouth, sur la côte sud de l'Angleterre. Il était dehors ce soir-là «entre 6 et 7», en compagnie d'un autre garçon nommé Robert Husband, qui déclara par la suite que Percy l'avait quitté pour partir seul sur la route. Quelques instants plus tard, Robert l'entendit hurler et il vit «un homme grand» s'enfuir en courant. Robert découvrit Percy sur le sol, contre une palissade, presque mort, la gorge tranchée à quatre endroits. Il mourut devant les yeux de Robert.

Un canif fut découvert à proximité; la longue lame était ouverte et tachée de sang. Les gens du coin étaient convaincus que c'était l'œuvre de Jack l'Éventreur. *The Times* mentionne la présence d'un Dr Bond lors des auditions, sans préciser son prénom. S'il s'agissait du Dr Thomas Bond de Westminster, cela veut dire que Scotland Yard l'avait envoyé sur place pour voir si ce meurtre ne portait pas la marque de l'Éventreur.

Le Dr Bond déclara que les blessures dans le cou de Percy Searle correspondaient à «des entailles faites par une baïonnette» et que le garçon avait été tué debout. Un porteur de la gare de Havant affirma qu'un homme avait sauté dans le train de 18 h 55 à destination de Brighton sans acheter de billet. Le porteur ignorait qu'un meurtre venait d'être commis et il n'avait pas pourchassé l'individu. Les soupçons se focalisèrent sur Robert Husband quand il s'avéra que le canif appartenait à son frère. Selon un autre avis médical, les quatre entailles dans le cou de Percy étaient maladroites et pouvaient avoir été faites par un «garçon». Robert fut donc accusé du crime, bien qu'il continuât à clamer son innocence. Porstmouth est situé sur la côte sud de l'Angleterre, juste en face du Havre, en France, de l'autre côté de la Manche, et à environ trois heures et demie de Londres en train.

Presque un mois plus tard, le jeudi 20 décembre, un autre meurtre fut commis, à Londres celui-ci. Rose Mylett vivait à Whitechapel, elle était âgée d'une trentaine d'années et décrite comme «jolie» et «bien nourrie».

C'était une «malheureuse», et elle était sortie dans les rues en cette nuit de mercredi pour apparemment exercer son commerce. Le lendemain matin, à 4 h 15, un agent de police découvrit son corps à Clarke's Yard, dans l'East End. Il estima qu'elle était morte depuis quelques minutes seulement. Ses vêtements n'étaient pas en désordre, mais ses cheveux étaient en bataille et défaits, et quelqu'un – le meurtrier, vraisemblablement – avait plié négligemment un mouchoir sur son cou. Un examen *post mortem* révéla qu'elle avait été garrottée avec une ficelle de moyenne grosseur.

Il n'y avait «rien qui s'apparente à un indice», rapporta le journaliste du *Times* le 27 décembre, et les responsables de la police comme les médecins pensaient que «cet acte [était] l'œuvre d'une main habile». La confusion d'ordre médical dont fut victime le médecin de la police était due au fait que Rose avait la bouche fermée quand on l'avait découverte et sa langue ne sortait pas. Apparemment, personne n'avait compris que, dans les cas de mort par garrot, la corde ou l'objet servant à ligaturer est resserré autour du cou et comprime les carotides ou les veines jugulaires, interrompant ainsi le trajet du sang vers le cerveau. La perte de connaissance survient en quelques secondes, rapidement suivie de la mort. À moins que le larynx ne soit comprimé, comme dans un cas de strangulation manuelle, la langue ne sort pas nécessairement de la bouche.

Le garrot est un moyen rapide et simple de maîtriser une victime, car celle-ci s'évanouit rapidement. À l'inverse, la strangulation manuelle provoque une mort par asphyxie, et la victime risque de résister violemment pendant plusieurs minutes sous l'effet de la panique, tandis qu'elle se débat pour respirer. Le garrot présente quelques similitudes avec l'égorgement : dans les deux cas, la victime ne peut émettre le moindre son et elle est rapidement mise hors d'état de nuire.

Une semaine après le meurtre de Rose Mylett, un garçon disparut à Bradford, dans le Yorkshire, une ville avec un théâtre qui figurait dans la tournée de la compagnie d'Irving, située entre quatre heures et demie et six heures de Londres en train, en fonction du nombre d'arrêts. Le jeudi 27 décembre, à 6 h 40, Mrs. Gill vit son fils de sept ans, John, sauter à bord du chariot de lait d'un voisin pour faire un petit tour. Un peu plus tard, à 8 h 30, John fut aperçu alors qu'il jouait avec d'autres garçons et, selon certains récits, on l'aurait vu parler avec un homme ensuite. John ne rentra jamais chez lui. Le lendemain, sa famille affolée placarda un avis :

Perdu jeudi matin un garçon, John Gill, âgé de 8 ans. Vu pour la dernière fois alors qu'il allait vers le village de Walmer, à 8 h 30. Il portait un manteau bleu marine (avec des boutons en cuivre), une casquette d'enseigne de vaisseau, un costume écossais avec des knickers, des chaussures à lacets, des chaussettes rouges et blanches. Il a la peau claire. Adresse : 41 Thorncliffe Road.

L'avis donnait huit ans à John, car son anniversaire avait lieu dans un peu plus d'un mois. Ce vendredi soir, à 21 heures, un aide-boucher nommé Joseph Buckle passa dans le secteur des écuries et d'une remise pour les voitures à cheval, tout près du domicile des Gill. Il ne remarqua rien d'inhabituel. Le lendemain matin, le samedi donc, il se leva de bonne heure afin d'atteler le cheval de son employeur pour une nouvelle journée de travail. Comme toujours, Joseph nettoya l'écurie. Alors qu'il jetait du fumier dans une fosse dans la cour, il vit « un tas de quelque chose appuyé dans un coin, entre le mur et la porte de la remise ». Il prit une lampe et découvrit que le tas en question était un cadavre de garçon, à qui on avait tranché une oreille. Il courut chercher de l'aide à la boulangerie.

Le manteau de John Gill était attaché autour de lui avec ses bretelles. Plusieurs hommes le libérèrent et découvrirent que ce qui restait du corps du garçon penchait vers la droite ; ses jambes coupées étaient disposées de chaque côté de son corps et attachées avec de la corde. Les deux oreilles avaient été tranchées. Un bout de chemise était noué autour de son cou et un autre autour des moignons de ses jambes sectionnées. Il avait été poignardé à plusieurs reprises dans la poitrine, son ventre était grand ouvert ; les organes avaient été sortis et posés sur le sol. Son cœur avait été arraché de sa poitrine et coincé sous son menton.

« Je commettrai un autre meurtre sur une jeune personne, comme ces garçons qui travaillent dans les imprimeries à la City. Je vous ai déjà écrit une fois, mais je crois que vous n'avez pas compris. Je leur ferai pire qu'aux femmes je leur prendrai le cœur, avait écrit l'Éventreur le 26 novembre, et je les éventrerai de la même façon… Je les attaquerai quand ils rentrent chez eux… n'importe quel Jeune que je vois je le tuerai mais vous m'attraperez jamais mettez ça dans votre poche et votre mouchoir dessus… »

On avait ôté les chaussures de John Gill pour les fourrer dans sa cavité abdominale, d'après un des rapports. Et il y avait eu d'autres mutilations, « trop écœurantes pour être décrites ». On peut supposer qu'elles concernent les parties génitales. Un des papiers d'emballage retrouvés près du corps, écrivit *The Times*, « porte le nom de W. Mason, Derby Road, Liverpool ». Ce qui aurait dû être une piste exceptionnelle ne mena apparemment nulle part. Liverpool était à moins de quatre heures de train de Londres, et, cinq semaines plus tôt, l'Éventreur avait écrit une lettre dans laquelle il affirmait être à Liverpool. De nouveau le 19 décembre, soit un peu plus d'une semaine avant le meurtre de John Gill, l'Éventreur envoya une lettre au *Times*, prétendument de Liverpool.

« Je me suis rendu à Liverpool et vous entendrez bientôt parler de moi. »

La police alla aussitôt interroger William Barrett, le laitier qui avait promené John à bord de son chariot deux jours plus tôt, mais il n'existait aucune preuve contre lui, si ce n'est que le chariot et le cheval de Barrett se trouvaient dans les écuries et la remise où l'on avait découvert le corps de John. Barrett avait souvent transporté John par le passé et il était très estimé de ses voisins. La police ne découvrit aucune tache de sang sur le corps de John Gill ni sur le manteau qui l'enveloppait. Pas de sang non plus à l'intérieur de la remise et de l'écurie. Le meurtre avait été commis ailleurs. Un agent de police qui patrouillait dans le secteur déclara que le samedi matin, à 4 h 30, il avait vérifié que les portes de la remise étaient bien fermées, et il s'était arrêté « à l'endroit même » où les restes de John Gill avaient été disposés par le meurtrier moins de trois heures plus tard.

Par la suite, dans une lettre incomplète et non datée, l'Éventreur écrivit à la Police métropolitaine : « J'ai éventré un petit garçon à Bradford. » Une lettre de l'Éventreur du 16 janvier 1889 fait référence à « mon voyage à Bradford ».

On ne connaît pas de lettres de l'Éventreur entre le 23 décembre et le 8 janvier. J'ignore où Sickert passa les fêtes, mais je suppose qu'il tenait à être à Londres le dernier samedi de l'année, le 29 décembre, pour la première de *Hamlet* au Lyceum, avec Henry Irving et Ellen Terry dans les principaux rôles. Son épouse avait peut-être rejoint sa famille dans le West Sussex, mais je n'ai trouvé aucune lettre de cette période qui indique où se trouvaient Sickert et Ellen.

Une chose est sûre : le mois de décembre ne fut sûrement pas gai pour Ellen. Il est peu probable qu'elle ait beaucoup vu Sickert, et on est obligé de se demander où elle l'imaginait, et en train de faire quoi. Sans doute était-elle très inquiète et triste à cause de l'état de santé critique d'un très bon ami de la famille, le politicien réformateur et orateur John Bright. Chaque jour, *The Times* donnait des nouvelles de son état, et ces bulletins devaient évoquer pour Ellen les souvenirs doux-amers de son père défunt, qui avait été un des plus proches amis de Bright.

Le laitier arrêté pour le meurtre de John Gill fut finalement innocenté, et l'affaire ne fut jamais résolue. Le meurtre de Rose Mylett non plus. L'idée que Jack l'Éventreur ait pu commettre l'un ou l'autre de ces crimes ne paraissait pas plausible et elle fut très vite oubliée par toutes les personnes impliquées. L'Éventreur n'avait pas mutilé Rose. Il ne l'avait pas égorgée, et ça ne correspondait pas à son mode opératoire de massacrer un jeune garçon, quelles que soient les menaces contenues dans des lettres que la police devait considérer de toute façon comme des canulars.

Du fait de la rareté des données médico-légales révélées dans les journaux et lors des auditions du *coroner*, il est difficile de reconstruire l'affaire John Gill. Une des questions les plus importantes, et non résolue, concerne l'identité de l'homme avec qui John a été vu pour la dernière fois, en supposant que ce détail soit exact. Si cet homme était un inconnu, il paraît évident qu'un effort considérable aurait dû être entrepris pour découvrir qui il était et ce qu'il faisait à Bradford. De toute évidence, le garçon a suivi quelqu'un, et cette personne l'a assassiné et mutilé.

Le bout de «chemise» autour du cou de John est une étrange signature de la part du meurtrier. À ma connaissance, toutes les victimes de Jack l'Éventreur portaient une écharpe, un mouchoir ou un quelconque bout de tissu autour du cou. Quand l'Éventreur tranchait la gorge d'une victime, il ne coupait pas le mouchoir, et dans le cas de Rose Mylett, un mouchoir plié était posé dans son cou. Visiblement, les foulards ou les écharpes symbolisaient quelque chose pour le meurtrier.

L'artiste et amie de Sickert, Marjorie Lilly, se souvenait qu'il possédait un foulard rouge favori. Tandis qu'il travaillait sur ses tableaux du meurtre de Camden Town et qu'il «reconstituait la scène, il jouait le rôle d'un voyou en nouant le foulard autour de son cou, en enfonçant une casquette sur ses yeux et en allumant sa lanterne». Il était de notoriété publique que lorsqu'un criminel portait un foulard rouge le jour de son exécution, cela signifiait qu'il n'avait rien dévoilé à personne et qu'il emportait ses secrets les plus noirs dans la tombe. Le foulard rouge de Sickert était un talisman auquel personne ne devait toucher, pas même la femme de chambre, qui savait l'éviter quand elle le voyait qui «pendait» au montant du lit dans l'atelier ou accroché à une poignée de porte ou une patère.

Le foulard rouge, écrivit Lilly, «jouait un rôle indispensable dans l'exécution des dessins, il l'aiguillonnait dans des moments cruciaux, il devenait si imbriqué dans la réalisation même de son idée que Sickert le gardait en permanence devant les yeux». Sickert se lança dans ce que j'appelle sa «Période du meurtre de Camden Town» peu de temps après le véritable meurtre d'une prostituée à Camden Town en 1907. À cette époque de sa vie, comme le raconte Lilly, «il avait deux folles passions… le crime et les princes de l'Église». Le crime était «personnifié par Jack l'Éventreur, l'Église par Anthony Trollope».

«Je hais le christianisme !» cria-t-il un jour à un orchestre de l'Armée du Salut.

Sickert n'était pas un homme pieux, sauf quand il incarnait un personnage important de la Bible. *Lazare interrompt son jeûne : autoportrait* et *Le Serviteur d'Abraham : autoportrait* sont deux de ses œuvres ultimes. Alors qu'il avait presque soixante-dix ans, il peignit sa célèbre *Ascension de Lazare* en demandant à un entrepreneur de pompes funèbres d'envelopper d'un linceul la sculpture grandeur nature et couchée ayant appartenu à l'artiste du XVIIIe siècle William Hogarth. Avec son épaisse barbe, Sickert grimpa sur un escabeau pour jouer le rôle du Christ qui ressuscite Lazare, pendant que Ciceley Hey incarnait la sœur de Lazare. Sickert peignit l'immense toile à partir d'une photographie, et, dans ce tableau, le Christ est également un autoportrait.

Peut-être que les fantasmes de Sickert liés au pouvoir de vie et de mort étaient différents à l'automne de sa vie. Il se faisait vieux. Il se sentait souvent mal en point. Si seulement il avait le pouvoir de donner la vie ! Il savait déjà qu'il possédait le pouvoir de l'ôter.

Les dépositions lors des auditions sur le meurtre de John Gill confirmèrent que le cœur du garçon de sept ans avait été « arraché » et non pas découpé. Le meurtrier avait introduit sa main dans la poitrine béante, il avait saisi le cœur de l'enfant et l'avait sorti du corps.

Fais aux autres ce qu'on t'a fait. Si Walter Sickert a assassiné John Gill, c'est parce qu'il pouvait le faire. Sickert ressentait de la puissance sexuelle seulement quand il pouvait dominer et provoquer la mort. Sans doute n'éprouvait-il pas de remords, mais il devait haïr ce qu'il ne pouvait pas avoir et ne pas être. Il ne pouvait pas posséder une femme. Il n'avait jamais été un garçon normal et il ne pourrait jamais être un homme normal. Je ne connais pas un seul exemple dans lequel Sickert ait fait preuve de courage physique. Il transformait les gens en victimes seulement quand il avait le dessus.

Quand il trahit Whistler, en 1896, il le fit l'année même où l'épouse du Maître, Beatrice, mourut. Ce décès détruisit Whistler. Il ne s'en remettrait jamais. Dans l'ultime autoportrait grandeur nature qu'il a peint, sa silhouette noire s'enfonce dans l'obscurité jusqu'à ce qu'on ait du mal à le discerner. Il était encore aux prises avec un procès ruineux et sans doute vivait-il le pire moment de son existence lorsque Sickert l'attaqua de manière voilée dans la *Saturday Review*. La même année où Sickert perdit le procès, en 1897, Oscar Wilde sortit de prison ; sa carrière autrefois glorieuse était en lambeaux, son corps une épave. Sickert le fuit.

Wilde avait été bon avec Helena Sickert quand elle était enfant. C'est de lui qu'elle reçut son premier recueil de poésie et des encouragements pour l'inciter à être ce qu'elle voulait être dans la vie. Quand Walter Sickert s'était rendu à Paris, en 1883, pour apporter le tableau de Whistler représentant sa mère au Salon annuel, le célèbre et fringant Wilde avait invité le jeune artiste ébahi à l'hôtel Voltaire pendant une semaine.

Quand le père de Sickert mourut, en 1855, sa mère, écrivit Helena, était «presque folle de chagrin». Oscar Wilde vint voir Mrs. Sickert. Elle ne voulait recevoir aucune visite. «Mais bien sûr que si!» dit Wilde en gravissant l'escalier au galop. Et il ne fallut pas longtemps avant que Mrs. Sickert se mette à rire, un son que sa fille croyait bien ne plus jamais entendre.

CHAPITRE 25

TROIS CLÉS

Le zèle avec lequel Ellen Cobden Sickert veillait à ce que le rôle des Cobden dans l'histoire soit reconnu et entretenu frôlait l'obsession. En décembre 1907, elle envoya un document cacheté à sa sœur Janie, en insistant pour qu'il soit enfermé dans un coffre. Apparemment, nous ne saurons jamais ce qui se trouvait dans la lettre cachetée d'Ellen, mais je doute qu'il s'agisse d'un testament ou d'instructions similaires. Elle rédigea tous ces documents bien plus tard, sans chercher à les cacher. Ils furent légués par la famille Cobden aux archives du West Sussex.

Ellen envoya cette lettre cachetée à Janie trois mois après le meurtre de Camden Town, qui fut commis à quelques rues seulement des ateliers de Sickert à Camden Town, et à un peu moins de un kilomètre de l'endroit où il s'était installé à son retour de France. Des comptes rendus décrivent Emily Dimmock comme une jeune femme de vingt-trois ans, assez grande, mince, au teint pâle, avec des cheveux châtain foncé. Elle avait la réputation d'être polie et bien habillée, et un dessin paru dans un journal la montrait séduisante. Elle avait fréquenté beaucoup d'hommes, surtout des marins. D'après la Police métropolitaine, elle menait «une vie totalement immorale» et était «connue de toutes les prostituées d'Euston Road». Quand elle fut découverte nue dans son lit avec la gorge tranchée, le matin du 12 septembre 1907, la police, d'après son rapport, crut tout d'abord qu'elle s'était suicidée car «c'était une femme mariée respectable». La police semblait croire que les femmes respectables étaient plus enclines à se suicider qu'à se faire assassiner.

L'homme avec qui vivait Emily n'était pas son mari, mais ils parlaient de se marier un jour. Bertram John Eugene Shaw était cuisinier pour la compagnie ferroviaire Midland Railway. Il gagnait 27 *shillings* par semaine pour six jours de travail. Chaque jour, il prenait le train de 17 h 42 à destination de Sheffield, où il passait la nuit, puis il repartait le lendemain matin et arrivait à la gare de St. Pancras à 10 h 40. Il était presque toujours chez lui à 11 h 30. Plus tard, il déclarerait à la police qu'il ignorait totalement qu'Emily sortait la nuit pour rencontrer d'autres hommes.

La police ne le crut pas. Shaw savait qu'Emily était une prostituée quand il l'avait rencontrée. Elle lui jura qu'elle avait changé de vie, et maintenant elle complétait leurs revenus en faisant des robes. Depuis qu'ils vivaient ensemble, c'était une femme bien. L'époque de la prostitution appartenait au passé, disait-elle. Peut-être ignorait-il réellement – à moins qu'on ne le lui ait dit – que vers 20 heures ou 20 h 30, on pouvait trouver Emily au Rising Sun (Le Soleil levant), un pub dans «Euston Road», comme disaient les témoins. Le Rising Sun existe toujours, mais il est situé en réalité au coin de Tottenham Court Road et de Windmill Street. Tottenham donne dans Euston Road. En 1932, Sickert a peint un tableau intitulé *Grover's Island from Richmond Hill*, dans lequel l'on trouve un inhabituel soleil levant à la Van Gogh, si gros et éclatant à l'horizon qu'il domine toute la toile. Le soleil levant est presque identique à celui qui est gravé dans la vitre au-dessus de la porte du Rising Sun.

Des lettres écrites par Sickert en 1907 révèlent qu'il passa une partie de l'été à Dieppe et qu'il profitait d'«un bain quotidien avant le déjeuner. D'énormes vagues qu'il faut guetter et dans lesquelles on doit plonger». Apparemment, il travaillait «d'arrache-pied» sur des tableaux et des dessins. Il rentra à Londres un peu plus tôt qu'à l'accoutumée; le temps était «glacial» et «épouvantable». L'été fut rafraîchi par des pluies fréquentes et le soleil se montra peu.

Des expositions d'art se préparaient à Londres. Le 15e Salon annuel de la photographie débutait le 13 septembre à la galerie de la Royal Water Color Society, et il n'aurait pas été surprenant que Sickert veuille y assister. Il s'intéressait de plus en plus à la photographie, qui «comme d'autres secteurs de l'art, écrivit *The Times*, a évolué en direction de l'impressionnisme». Septembre était un bon mois pour se trouver à Londres. La saison balnéaire allait bientôt se terminer à Dieppe, et la plupart des lettres de Sickert datées de 1907 furent écrites de la capitale anglaise. L'une d'elles nous apparaît aussi bizarre qu'inexplicable.

Elle est adressée à son amie américaine Nan Hudson, et Sickert y raconte l'histoire fantastique d'une femme qui vivait en dessous de chez lui au 6 Mornington Crescent, et qui fit irruption soudain dans son appartement à minuit « avec les cheveux en feu, comme une torche, à cause d'un peigne en celluloïd. J'ai éteint les flammes en lui frottant la tête avec mes mains, si vite que je ne me suis pas brûlé ». Il précisait que la femme n'était pas blessée, elle non plus, mais elle était « chauve » désormais. Je me demande comment cette histoire peut être vraie. J'ai du mal à croire que ni la femme ni Sickert n'aient été brûlés. Pourquoi mentionne-t-il cet événement dramatique, pour l'abandonner aussitôt et évoquer le New English Art Club ? À ma connaissance, il n'a plus jamais reparlé de cette voisine chauve.

On pourrait commencer à se demander si, à l'âge de quarante-sept ans, Sickert ne devenait pas excentrique, à moins que cette histoire bizarre ne soit vraie. (Mais je ne vois pas comment c'est possible.) J'en suis donc venue à me demander si Sickert n'avait pas inventé cet épisode avec sa voisine du dessous parce que l'incident se serait prétendument déroulé la même nuit que le meurtre d'Emily Dimmock, et Sickert voulait que quelqu'un sache qu'il était chez lui. L'alibi n'aurait pas tenu longtemps si la police avait vérifié. Il n'était pas difficile de retrouver une voisine chauve ou de s'apercevoir qu'elle avait encore tous ses cheveux et aucun souvenir d'une rencontre effroyable avec un peigne en feu. Peut-être l'alibi était-il seulement destiné à Nan Hudson.

Sa compagne Ethel et elle étaient très proches de Sickert. Les lettres les plus révélatrices du peintre sont celles qu'il a écrites aux deux femmes. Il partageait avec elles des confidences, dans la mesure où il était capable de partager des confidences avec quiconque. On disait les deux femmes lesbiennes et sans doute ne représentaient-elles pour lui aucune menace sur le plan sexuel. Il se servait d'elles pour obtenir de l'argent, de la sympathie et d'autres faveurs ; il les manipulait en les guidant et en les encourageant dans le domaine artistique, et il leur dévoila de nombreux détails personnels qu'il ne divulguait pas aux autres. Il pouvait très bien leur suggérer de « brûler » une lettre après l'avoir lue ou, au contraire, les encourager à la garder, au cas où il s'attaquerait à l'écriture d'un livre.

À en juger par d'autres épisodes de la vie de Sickert, il est évident qu'il traversait parfois de graves périodes de dépression et de paranoïa. Il avait peut-être de bonnes raisons d'être paranoïaque après le meurtre d'Emily Dimmock, et il voulait s'assurer qu'une personne au moins croie qu'il était chez lui, à Camden Town, la nuit où la prostituée avait été tuée, alors il avait situé malgré lui la mort d'Emily aux alentours de minuit, quand la voisine en feu avait fait irruption dans sa chambre. Emily Dimmock ramenait généralement ses clients chez elle après minuit, quand les pubs fermaient. Ce n'est qu'une théorie. Sickert ne datait pas ses lettres, y compris celle où il est question des cheveux enflammés de sa voisine. Apparemment, l'enveloppe avec le cachet de la poste a disparu. J'ignore pourquoi il éprouvait le besoin de raconter une histoire aussi dramatique à Nan Hudson. Mais il avait une raison. Sickert avait toujours une raison.

Il possédait des ateliers au 18 et au 27 Fitzroy Street, une rue parallèle à Tottenham Court, et qui devient Charlotte Street avant de croiser Windmill Street. Il avait pu aller à pied d'un de ses ateliers au Rising Sun en quelques minutes. Mornington Crescent était situé à plus de un kilomètre au nord du pub, et Sickert louait les deux étages supérieurs de la maison au numéro 6. Il y peignait, généralement des nus sur un lit, dans la même pose utilisée pour le tableau *La Chambre de Jack l'Éventreur*, peint du point de vue d'une personne se trouvant devant la double porte qui s'ouvrait sur un petit espace obscur, où un miroir sombre derrière un lit en fer reflète vaguement la silhouette d'un homme.

Le 6 Mornington Crescent se trouvait à vingt minutes de marche du meublé où vivait Emily Dimmock, au 29 St. Paul's Road (aujourd'hui Agar Grove). Shaw et elle occupaient deux pièces au rez-de-chaussée. La première était un salon, la seconde une chambre exiguë derrière une double porte, au fond de la maison. Après que Shaw était parti pour St. Pancras Station, Emily faisait le ménage, un peu de couture ou elle sortait, et elle était décrite comme une femme joyeuse qui aimait chanter. Parfois, elle trouvait des clients au Rising Sun, ou bien elle donnait rendez-vous à un homme dans un autre pub, à Euston Station, ou bien au Middlesex Music-Hall (que Sickert a peint vers 1895), au Holborn Empire (où se produisait la star du music-hall Bessie Bellwood, que Sickert croqua de nombreuses fois vers 1888) ou bien au Euston Theater of Varieties.

Un des lieux de rendez-vous préférés de Sickert était la statue de son ex-beau-père, Richard Cobden, sur la place située près de Mornington Crescent à Camden Town. Cette statue fut offerte au conseil paroissial de St. Pancras en 1868, en l'honneur de Cobden qui avait abrogé les Corn Laws, et elle se trouvait en face de la station de métro de Mornington Crescent. Même du temps où il était marié à Ellen, Sickert avait l'habitude de faire des remarques sarcastiques au sujet de cette statue quand il passait devant à bord d'un fiacre. Se servir de cette statue comme lieu de rendez-vous après son divorce était peut-être un exemple supplémentaire de sa moquerie et de son mépris envers les gens, surtout les gens importants, surtout un homme avec qui il ne pourrait jamais rivaliser, et dont il avait sans doute trop entendu parler à partir du jour où il avait rencontré Ellen.

Emily Dimmock quittait généralement son logement vers 20 heures et ne rentrait jamais avant que le couple de propriétaires, M^{r.} et Mrs. Stocks, soit couché. Ces derniers affirmèrent ne rien connaître de la vie «irrégulière» d'Emily, et c'était une sacrée vie : deux, trois, quatre hommes chaque soir, parfois debout dans un coin sombre d'une gare, avant qu'elle puisse enfin ramener chez elle le dernier gars et dormir avec lui. Emily n'était pas une «malheureuse» comme Annie Chapman ou Elizabeth Stride. Je ne l'appellerais pas ainsi. Elle ne vivait pas dans les taudis. Elle avait à manger, un toit et un homme qui voulait l'épouser.

Mais elle avait une soif inextinguible d'excitation et le besoin d'attirer l'attention des hommes. La police la décrivit comme une femme «aux habitudes lascives». Je ne sais pas si la luxure avait quelque chose à voir dans ces rapports sexuels. Assurément, son désir se portait plutôt sur l'argent. Elle voulait avoir des vêtements et plein de jolies choses. Elle était «profondément charmée» par les œuvres d'art et elle collectionnait des petites reproductions à 1 *penny*, des cartes postales qu'elle collait dans un album auquel elle tenait beaucoup. La dernière carte qu'elle ajouta à sa collection, d'après ce qu'on sait, fut celle qu'un artiste de vingt-huit ans, Robert Wood, employé par la London Sand Blast Decorative Glass Works, une verrerie de Gray's Inn Road, lui avait donnée le 6 septembre, au Rising Sun. Il lui avait écrit un petit mot au dos, et cette carte postale devint une pièce à conviction essentielle quand Wood fut inculpé et jugé pour le meurtre d'Emily. Dans cette affaire, les comparaisons graphologiques n'ont jamais été effectuées par un expert, mais par un autre client sexuel d'Emily, un homme qui jura à la barre que le texte figurant sur une carte postale et deux mots sur un bout de papier carbonisé retrouvé dans la cheminée d'Emily avaient été écrits par la même personne. Apparemment, Emily avait reçu peu de temps auparavant plusieurs cartes postales, au moins quatre. L'une d'elles, postée «d'une ville du bord de mer», disait (autant que s'en souvenait le témoin): «Ne sois pas surprise si tu entends parler d'un meurtre. Tu as détruit ma vie, et je le ferai bientôt.»

Après un procès que le juge William Grantham

décrivit comme le plus remarquable du siècle, Robert Wood fut acquitté.

Emily Dimmock avait transmis des maladies vénériennes à tellement d'hommes que la police disposait d'une longue liste d'anciens clients qui avaient une bonne raison de la tuer. Elle avait déjà été menacée à de nombreuses reprises par le passé. Des hommes furieux qui avaient contracté ce « trouble » la harcelaient et menaçaient de la « supprimer » ou de la tuer. Mais rien ne l'empêchait de poursuivre son commerce, quel que soit le nombre d'hommes qu'elle infectait. De plus, faisait-elle remarquer à ses amies, c'était un homme qui lui avait refilé cette maladie.

La semaine précédant le meurtre, Emily fut vue en compagnie de deux inconnus. Le premier « avait une jambe plus courte que l'autre ou une sorte de défaut à la hanche », d'après la déposition de Robert Wood à la police. L'autre était un Français décrit comme mesurant 1,75 mètre par un témoin, très brun, avec une barbe courte, habillé d'un manteau noir et d'un pantalon à rayures. Le soir du 9 septembre, il entra brièvement au Rising Sun, se pencha vers Emily pour lui parler, puis repartit. Dans les rapports de police et lors des auditions, il n'est plus fait référence à cet homme, et il semblerait que nul ne se soit intéressé à lui.

L'été 1907 avait pris fin officiellement le 31 août après treize semaines de pluie fréquente et d'un épouvantable temps nuageux et glacial. Le *Times* qualifia cet été de « plus froid depuis la lugubre année 1888 ». La dernière journée de la vie d'Emily Dimmock avait offert un répit, avec presque huit heures de soleil et une douce brise, une journée idéale pour s'aventurer au-dehors après toutes ces semaines de mauvais temps oppressant.

Le soir du 11 septembre, Emily Dimmock fut vue vivante pour la dernière fois dans un pub de Camden Town appelé The Eagle (L'Aigle) le soir du 11 septembre. Un peu plus tôt, elle avait bavardé avec M^rs. Stocks dans la cuisine, en lui disant qu'elle avait des projets pour la soirée. Emily avait reçu une carte postale d'un homme qui lui donnait rendez-vous au Eagle, près de la station de Camden Road. La carte disait : «Retrouvez-moi à 20 heures au Eagle ce soir [mercredi 11 septembre]» et était signée «Bernie», le surnom de Robert Wood nia avoir envoyé cette carte. «Je n'en ai écrit qu'une, celle avec le dessin du soleil levant», déclara-t-il devant la cour. Il était désorienté, ajouta-t-il, car l'écriture figurant sur les bouts de papier carbonisés retrouvés dans la cheminée d'Emily était une «bonne imitation» de la sienne. Quand Emily quitta son domicile le soir du 11 avec son long cache-poussière et des bigoudis dans les cheveux, elle n'était pas «habillée pour sortir». Elle confia à des connaissances qu'elle n'avait pas l'intention de rester longtemps au Eagle, elle n'avait pas très envie d'y aller, et c'était pour ça qu'elle ne s'était pas bien habillée.

Elle avait encore les bigoudis dans les cheveux quand on l'avait assassinée. Peut-être avait-elle pris les plus grandes précautions pour être à son avantage le lendemain matin. En effet, la mère de Shaw arrivait de Northampton, et Emily avait fait le ménage, la lessive et du rangement dans la maison. Aucun de ses anciens clients ne mentionna qu'elle portait des bigoudis quand elle leur donnait du plaisir. Ce n'était pas une très bonne tactique commerciale pour celle qui comptait sur la générosité de son client. La présence des bigoudis peut signifier qu'elle n'attendait pas la venue de ce visiteur violent qui l'a assassinée. Cela peut vouloir dire qu'elle a ramené le meurtrier chez elle et n'a pas eu l'occasion d'ôter les bigoudis.

Un cocher de fiacre déclara par la suite avoir pris un client après 1 heure du matin et l'avoir déposé à proximité du domicile d'Emily, alors qu'un autre témoin déclara l'avoir vue vers minuit marcher en direction de chez elle en compagnie d'un homme bien habillé. (Aucun de ces hommes ne ressemblait à Wood, dirent les témoins.) Mais un autre témoin, Robert McGowan (perdu dans les heures, de toute évidence), jura être passé devant chez Emily vers 5 heures du matin, le jour du meurtre, et avoir remarqué un homme portant un feutre dur et un long pardessus dont le col était relevé, qui s'éloignait. L'homme en question tournait le dos à McGowan et il faut noter que Robert Wood ne portait pas de pardessus la veille au soir, quand il avait vu Emily pour la dernière fois à l'Eagle. Et il n'était pas large d'épaules.

Il existe peut-être un autre moyen d'expliquer comment le meurtrier est parvenu jusqu'à Emily. On pouvait accéder à la chambre située au fond par des fenêtres et de solides tuyaux en fonte qui permettaient de grimper. Rien n'indique dans les rapports de police que les fenêtres étaient fermées. Seules la double porte de la chambre, la porte du salon et la porte d'entrée de la maison étaient fermées à clé le lendemain matin quand on découvrit le corps d'Emily. Les trois clés qui ouvraient ces portes avaient disparu quand la police et Shaw fouillèrent les lieux. Il est possible que quelqu'un ait grimpé jusqu'à sa chambre pendant qu'elle dormait, mais cela me paraît peu probable.

Quand elle quitta le 29 St. Paul's Road ce mercredi soir, la lune était neuve et les rues obscures. Peut-être n'avait-elle pas l'intention de vendre du plaisir à quiconque, mais peut-être que, sur le chemin du retour, avec ses bigoudis sur la tête, elle était tombée sur un homme. Il lui avait parlé.

« Où vas-tu comme ça, ma jolie petite demoiselle ? » avait écrit quelqu'un dans le livre d'or du Lizard.

Si Emily a rencontré son meurtrier alors qu'elle rentrait chez elle, ou s'il s'agissait de l'homme qu'elle devait retrouver au Eagle, peut-être lui a-t-il dit que ses bigoudis ne le gênaient pas du tout. *Tu veux bien me faire visiter ta chambre ?* Il est possible que Sickert ait remarqué Emily Dimmock de nombreuses fois par le passé, dans les gares, ou simplement en se promenant. Le Rising Sun était situé au coin de la rue où se trouvaient ses ateliers, pas très loin de Maple Street, qu'il dessinerait plus tard sous l'aspect d'une ruelle déserte, en pleine nuit, avec deux silhouettes lointaines de femmes qui traînaient dans un coin. Emily Dimmock avait peut-être remarqué Sickert, elle aussi. C'était une figure familière de Fitzroy Street, où il allait d'un atelier à l'autre avec ses toiles sous le bras.

Sickert était un artiste très connu. À cette époque,

il peignait des nus. Il devait bien trouver ses modèles quelque part, et peut-être n'est-ce rien d'autre qu'une coïncidence si Robert Wood était non seulement artiste, mais que sa «fiancée» était un modèle nommée Ruby Young, disposée à poser nue, qui possédait peut-être une personnalité douteuse, à en croire ses réponses évasives quand la police l'interrogea sur ses activités de modèle et sa vie personnelle. Les goûts de Sickert en matière de modèles n'avaient pas changé. Il avait conservé un penchant pour les prostituées. Peut-être avait-il déjà espionné Emily et observé ses transactions de nature sexuelle. Elle représentait la lie de la lie, une putain sale et malade. Marjorie Lilly écrit qu'elle entendit un jour une personne défendre les voleurs en disant à Sickert: «Finalement, tout le monde a le droit de vivre.» Sickert rétorqua alors: «Non, pas tout le monde. Il y a des gens qui n'ont pas le droit d'exister!»

«Comme vous le voyez, j'ai encore fait une bonne action pour Whitechapel», écrivit l'Éventreur le 12 novembre 1888.

La position du corps d'Emily Dimmock fut qualifiée de «naturelle». Le médecin qui arriva sur place déclara qu'il pensait qu'elle dormait quand elle avait été tuée. Elle était couchée sur le ventre, le bras gauche replié dans le dos, et sa main était couverte de sang. Son bras droit était tendu devant elle, sur l'oreiller. En vérité, sa position n'était ni naturelle ni confortable. La plupart des gens ne dorment pas et ne s'allongent même pas avec un bras tordu dans le dos, à angle droit. Il n'y avait pas suffisamment d'espace entre la tête de lit et le lit pour que le meurtrier l'attaque par-derrière. Il fallait qu'elle soit à plat ventre, et sa position insolite sur le lit peut s'expliquer si le meurtrier l'a chevauchée pendant qu'il lui tirait la tête en arrière avec la main gauche et l'égorgeait avec la main droite.

Le sang sur sa main gauche suggère qu'Emily l'a plaquée sur l'hémorragie du côté gauche de son cou, et son agresseur lui a sans doute tordu le bras gauche dans le dos, peut-être en la clouant sur le lit avec son genou pour l'empêcher de se débattre. Il lui avait tranché la gorge jusqu'à la colonne vertébrale et elle ne pouvait émettre aucun son. Le coup avait été porté de gauche à droite, comme le ferait un droitier. Il avait si peu de place pour agir que son violent coup de couteau avait entaillé la toile à matelas et le coude droit d'Emily. Elle était à plat ventre, sa carotide gauche crachait son sang syphilitique dans les draps, et non pas sur lui.

La police ne découvrit aucune chemise de nuit ensanglantée sur les lieux. En l'absence de ce vêtement, on peut supposer qu'Emily était nue quand on l'avait assassinée, ou que son meurtrier avait emporté la chemise de nuit ensanglantée, en guise de trophée. Un ancien client, qui avait passé la nuit avec Emily trois fois, affirma qu'elle portait toujours une chemise de nuit, et qu'elle n'avait pas de bigoudis. Si elle avait eu des rapports sexuels dans la nuit du 11 septembre, il était possible qu'elle se soit endormie nue, surtout si elle était ivre. Ou peut-être était-elle avec un autre « client » – son meurtrier – qui l'avait fait se déshabiller et se coucher sur le ventre, comme s'il voulait la pénétrer par-derrière. Après lui avoir ouvert la gorge sur quinze centimètres, le meurtrier avait remonté les draps et les couvertures sur elle. Tout cela semble éloigné du mode opératoire violent de Sickert, à cette exception près qu'il n'existait apparemment aucun signe de « relation ».

Cela n'est pas surprenant, mais l'évolution des activités et des désirs anormaux d'un multirécidiviste n'est pas forcément bien comprise par le public. Nous sommes submergés par les produits de l'industrie du divertissement et des médias qui nous présentent constamment des profils psychologiques de plus en plus spécieux, et des criminels psychopathes qui sont devenus des stéréotypes.

Ce qu'on accepte généralement concernant le mode de fonctionnement implacable et invariable d'un *serial killer* ne s'appliquerait seulement qu'à un robot ou à un rat de laboratoire. Les prédateurs humains restent humains. Ils ne se livrent pas toujours aux mêmes activités de la même façon (voire jamais). Ils n'éprouvent pas toujours les mêmes émotions envers les mêmes types de gens, ils ne font pas les mêmes choix, ils ne conservent pas les mêmes croyances dans les symboles ou les rites religieux ou superstitieux. L'attirance sexuelle d'un prédateur humain peut dériver vers un sexe différent, ou l'individu peut s'apercevoir qu'il n'est plus excité sexuellement par les mêmes stimulations ou fantasmes.

Parmi les victimes choisies par un *serial killer* il peut y avoir des femmes, des hommes et des enfants ; et les manières de tuer ou d'approcher les victimes peuvent être différentes, au point qu'on ne puisse pas reconnaître qu'il s'agit de l'œuvre du même criminel.

Le Dr Louis B. Schlesinger, professeur au John Jay College of Criminal Justice, spécialiste reconnu des multirécidivistes et des crimes sexuels, affirme avoir travaillé sur des cas où le *serial killer* ne possède même pas de « mode opératoire », de « signature ». Autrement dit, les choix des victimes, des méthodes d'agression et des rituels symboliques n'ont parfois aucun point commun d'un crime à l'autre. Le criminel peut s'approcher de sa victime dans un parking, ou bien l'enlever dans sa voiture ou à son domicile. Sa signature peut consister à emporter un souvenir, comme un bijou, puis, pour le meurtre suivant, ce sera la manière de disposer le corps, et une autre fois encore ce sera la torture.

On sait peu de chose sur les rites, les attirances sexuelles ou même les activités quotidiennes de Walter Sickert après qu'il eut commencé à passer le plus clair de son temps en France et en Italie, durant les années 1890. Jusqu'à présent, les documents qui pourraient faire apparaître des meurtres non élucidés offrant des similitudes frappantes avec les crimes de Sickert n'existent pas, ou ils n'ont pas encore fait surface dans d'autres pays. J'ai trouvé seulement deux références à d'autres affaires en France, pas dans des rapports de police, mais dans des journaux. Ces meurtres sont si flous que j'hésite à en parler, d'autant que les faits n'ont pas été vérifiés. Au début de l'année 1889, à Pont-à-Mousson, une veuve nommée Mme François fut retrouvée sauvagement assassinée, quasiment décapitée. À peu près au même moment et dans le même secteur, une autre femme fut retrouvée dans le même état, la tête presque séparée du corps.

Le médecin qui effectua les deux examens *post mortem* conclut que le meurtrier était très habile avec un couteau.

Vers 1906, Sickert retourna en Angleterre et s'installa à Camden Town. Il se remit à peindre des music-halls, comme le Mogul Tavern (qui s'appelle désormais l'Old Middlesex Music-Hall, dans Drury Lane, à moins de trois kilomètres de l'endroit où il vivait à Camden Town). Sickert sortait presque tous les soirs et il était toujours dans sa loge à 20 heures tapantes, écrivit-il dans une lettre adressée à Jacques-Émile Blanche. On peut supposer qu'il restait jusqu'à la fin des spectacles, à minuit et demi.

En rentrant chez lui en pleine nuit, il est possible qu'il ait aperçu Emily Dimmock dans les rues, alors qu'elle ramenait un client dans son meublé. S'il s'était renseigné sur elle, Sickert avait pu aisément connaître ses habitudes, et savoir que c'était une prostituée notoire, une infection ambulante. Régulièrement, elle allait en consultation au Lock Hospital, dans Harrow Road, et peu de temps auparavant, elle s'était fait soigner au University College Hospital. Quand sa maladie vénérienne faisait des siennes, des éruptions cutanées apparaissaient sur son visage, et elle en avait quelques-unes au moment de sa mort. Cela aurait dû suffire à un homme avisé pour comprendre qu'elle représentait un danger pour sa santé.

Sickert aurait été inconscient de s'exposer aux fluides corporels d'Emily, car, en 1907, on savait déjà plus de choses sur les maladies contagieuses. Un simple contact avec le sang pouvait se révéler aussi dangereux qu'un rapport sexuel, et il n'était pas pos-

sible pour Sickert d'éviscérer sa victime et de voler
des organes sans courir un énorme risque. Je pense
qu'il était assez malin pour éviter de reproduire le
vieil effroi provoqué par l'Éventreur vingt ans plus
tôt, surtout au moment où il allait se lancer dans sa
période artistique la plus intense et violente et créer
des œuvres qu'il n'aurait pas osé graver, peindre et
exposer en 1888 ou 1889. Le meurtre d'Emily Dimmock fut mis en scène de façon à paraître motivé par
un vol.

En arrivant chez lui le matin du 12 septembre,
venant de la gare, Bertram Shaw découvrit que sa
mère était déjà là. Elle attendait dans le couloir, car
Emily ne répondait pas aux coups frappés à la porte ;
M^rs. Shaw ne pouvait donc pas entrer chez son fils.
Shaw essaya d'ouvrir la porte et constata avec stupé-
faction qu'elle était verrouillée. Peut-être Emily était-
elle partie chercher sa mère à la gare, se dit-il, et les
deux femmes s'étaient loupées. De plus en plus nerveux, il demanda une clé à M^rs. Stocks, la propriétaire.
Après avoir ouvert la première porte, Shaw découvrit
que la double porte de la chambre était elle aussi verrouillée. Il parvint à entrer finalement et souleva les
couvertures qui dissimulaient le corps nu d'Emily
dans le lit imbibé de sang.

Les tiroirs avaient été sortis de la commode, leur
contenu était éparpillé sur le sol. L'album d'Emily
était ouvert sur une chaise, et on avait arraché
quelques-unes des cartes. Les fenêtres et les volets de
la chambre étaient fermés, les fenêtres du salon également, mais les volets étaient entrouverts. Shaw courut à la police. Vingt-cinq minutes plus tard, l'agent

Thomas Killian arriva sur place et détermina, en touchant l'épaule froide d'Emily, qu'elle était morte depuis plusieurs heures déjà. Il envoya immédiatement chercher le médecin, le Dr John Thompson, qui arriva sur les lieux vers 13 heures et conclut, en se basant sur la froideur du corps et l'état de rigidité cadavérique avancé, qu'Emily était morte depuis sept ou huit heures.

Cela voulait dire qu'on l'avait tuée vers 6 ou 7 heures, ce qui semble peu probable. Certes, il y avait du brouillard ce matin-là, mais le soleil se levait à 5 h 30. L'audace du meurtrier aurait confiné à la stupidité s'il avait quitté le domicile d'Emily en plein jour, même si le temps était gris et humide, car à 6 ou 7 heures, les gens étaient réveillés, et nombreux étaient ceux qui partaient travailler.

Dans des conditions normales, il faut entre six et douze heures pour qu'un corps devienne totalement rigide, mais le froid peut retarder le processus. Le corps d'Emily était sous les couvertures que le meurtrier avait jetées sur elle, et les fenêtres et la porte étaient fermées. Sa chambre n'était certainement pas glaciale, mais au petit matin, il faisait presque zéro degré dehors. Ce qu'on ignore, c'est si la rigidité cadavérique était déjà très avancée au moment où le Dr Thompson a commencé à l'examiner, un peu après 13 heures. À ce moment-là, la température était montée à 25 degrés, ce qui avait accéléré le processus de décomposition. Peut-être était-elle déjà totalement raide, et morte depuis dix ou douze heures. Cela signifierait qu'elle avait été assassinée entre minuit et 4 heures.

Le Dr Thompson déclara sur les lieux du crime qu'Emily avait eu la gorge tranchée de manière nette, par un instrument très aiguisé. La police ne trouva qu'un des coupe-choux de Shaw, posé bien en évidence sur la commode. Il déclara à la police qu'il possédait deux rasoirs, et les deux avaient disparu. Il ne doit pas être facile d'utiliser ce type de rasoir pour trancher avec force à travers les muscles et le cartilage sans que la lame se replie en arrière, au risque de blesser le meurtrier. Un jupon rose ensanglanté retrouvé dans la cuvette avait aspiré toute l'eau, indiquant que le meurtrier s'était lavé avant de partir. Il avait pris soin de ne toucher à rien avec ses mains pleines de sang, souligna la police lors des auditions du *coroner*. Aucune empreinte visible ne fut relevée, uniquement quelques taches.

La panique provoquée par l'Éventreur ne ressuscita pas de manière soudaine après le meurtre d'Emily, mais peut-être l'avocat de Wood, Marshall Hall, y fit-il allusion quand il demanda au jury : « Était-il plus probable que [le meurtre] soit l'œuvre d'un détraqué, comme celui qui terrorisa Londres il y a quelques années ? » Le spectre de l'Éventreur pénétra peut-être dans tous les esprits, mais le juge, au moins, eut l'intelligence de ne pas considérer le meurtre d'Emily comme l'œuvre d'un « détraqué ». Son meurtrier était un homme qui « devait être presque un spécialiste de cet art horrible… », dit le juge. « Nul doute que ce crime ait été commis par un homme qui menait une double vie, un homme dont personne ne pouvait imaginer un seul instant qu'il était un meurtrier, un homme qui évoluait dans son milieu particulier sans que quiconque soupçonne qu'il était un meurtrier. »

Le nom de Sickert ne fut jamais prononcé au sujet de ce crime. Aucune lettre du genre de celles de l'Éventreur ne fut envoyée à la presse ou à la police, mais curieusement, juste après le meurtre, un certain Harold Ashton, journaliste au *Morning Leader*, alla trouver la police pour montrer des photos de quatre cartes postales envoyées à son rédacteur en chef. À la lecture des rapports de police, on ne sait pas très bien qui a expédié ces cartes postales, mais il est précisé qu'elles étaient signées « A.C.C. ». Ashton demanda aux policiers s'ils étaient conscients que l'expéditeur de ces cartes postales pourrait être un « turfiste ». Le journaliste souligna alors les points suivants :

– Un cachet de la poste portait la date du 2 janvier, à Londres : le jour de la reprise des courses hippiques après « une période de temps hivernal », et, ce jour-là, les courses avaient lieu à Gatwick.

– Une deuxième carte postale était datée du 9 août 1907, Brighton, et les courses de Brighton avaient lieu les 6, 7 et 8, et à Lewes les 9 et 10 du même mois. Le journaliste précisa que de nombreuses personnes qui assistaient aux courses à Lewes passaient le week-end à Brighton.

– Une troisième carte postale était datée du 19 août 1907, Windsor, et les courses de Windsor avaient lieu le vendredi et le samedi, les 16 et 17 de ce mois.

– Une quatrième carte postale était datée du 9 septembre, soit deux jours avant le meurtre d'Emily, et la veille des courses hippiques d'automne à Doncaster, dans le Yorkshire. Mais ce qu'il y avait de très étrange, souligna Ashton, c'était qu'il s'agissait d'une carte postale française qui semblait avoir été achetée à Chantilly, où des courses de chevaux avaient eu lieu une semaine avant celles de Doncaster. D'après le rapport de police assez confus, Ashton leur confia que selon lui : « La carte postale a sans doute été achetée en France, peut-être à Chantilly, rapportée en Angleterre et postée à Doncaster avec des timbres anglais », comme pour laisser croire qu'elle avait été envoyée de Doncaster pendant les courses. Si l'expéditeur avait assisté aux courses d'automne à Doncaster, il ne pouvait pas se trouver à Camden Town le 11 septembre quand Emily avait été assassinée. Les courses de Doncaster eurent lieu les 10, 11, 12 et 13 septembre.

On demanda à Ashton de ne pas publier cette information dans son journal, et il s'exécuta. Le 30 septembre, l'inspecteur A. Hailstone nota sur le rapport que la police pensait qu'Ashton avait raison au sujet des dates et des courses ; en revanche, le journaliste « se trompait totalement » au sujet du cachet de la poste de la quatrième carte postale. « Il indique clairement Londres NW. » Apparemment, l'inspecteur Hailstone ne trouvait pas étrange qu'une carte postale écrite deux jours avant le meurtre d'Emily Dimmock, semblait-il, ait été, pour une raison quelconque, postée à Londres et envoyée à un journal londonien. Je ne sais pas si « A.C.C. » étaient les initiales d'un expéditeur anonyme ou si elles voulaient dire autre chose, mais il me semble que la police aurait pu se demander pourquoi un « turfiste » aurait envoyé ces cartes postales à un journal.

L'inspecteur Hailstone aurait pu se dire que ce « tur-fiste » avait au moins réussi une chose, de manière délibérée ou non : il avait montré clairement qu'il avait l'habitude d'assister à des courses hippiques, et qu'il se trouvait à Doncaster le jour du meurtre retentissant d'Emily Dimmock. Si maintenant Sickert se fournissait des alibis au lieu de provoquer la police avec ses « essayez donc de m'attraper », tout cela était parfaitement logique. À ce stade de sa vie, ses pulsions psychotiques et violentes avaient dû s'atténuer. Il aurait été surprenant qu'il continuât à se livrer à cette débauche de folie meurtrière qui nécessitait une énergie considérable et une concentration obsessionnelle. S'il commettait un meurtre, il ne voulait pas se faire prendre. Son énergie violente avait été étouffée, sans être éradiquée, par son âge et sa carrière.

Quand Sickert commença ses infamants tableaux et gravures de femmes nues étendues sur des châlits en fer – *Camden Town Murder* et *L'Affaire de Camden Town*, ou *Jack Ashore* ou l'homme habillé de *Despair* (Désespoir) qui est assis sur un lit, le visage dans les mains –, on ne vit en lui que l'artiste qui avait choisi le meurtre de Camden Town comme thème narratif. Ce n'est que bien des années plus tard qu'un détail rattachera directement Sickert à cette affaire. Le 29 novembre 1937, l'*Evening Standard* publia un court article sur la série de tableaux de Sickert consacrés au meurtre de Camden Town, en précisant : « Sickert, qui vivait à Camden Town, reçut l'autorisation d'entrer dans la maison où le meurtre fut commis et il effectua plusieurs croquis du corps de la femme assassinée. »

En supposant que ce soit vrai, était-ce encore une coïncidence à la Sickert qu'il soit justement en train de se promener dans St. Paul's Road lorsqu'il avait aperçu un essaim de policiers et éprouvé l'envie de voir quelle était la cause de cette agitation ? Le corps d'Emily fut découvert vers 11 h 30. Peu de temps après que le Dr Thompson l'eut examiné, à 13 heures, il fut conduit à la morgue de St. Pancras. Il y eut un laps de temps relativement bref, deux ou trois heures peut-être, pendant lequel Sickert devait se trouver dans les parages alors que le cadavre d'Emily était encore dans la maison. S'il ignorait à quel moment son corps serait découvert, il lui aurait fallu patrouiller dans le quartier pendant plusieurs heures, au risque de se faire repérer, pour être certain de ne pas manquer le spectacle.

Une solution simple est suggérée par les trois clés qui ont disparu. Sickert a pu verrouiller les portes derrière lui en quittant la maison – surtout la porte intérieure et celle de la chambre – pour éviter qu'on découvre le corps avant que Shaw rentre chez lui à 11 h 30. Si Sickert avait espionné Emily, il savait certainement à quel moment Shaw partait pour aller travailler et quand il revenait. Alors que la propriétaire ne serait peut-être pas entrée dans une pièce fermée à clé, Shaw, lui, n'aurait pas hésité si Emily ne réagissait pas à ses appels et aux coups frappés.

Sickert avait peut-être emporté les clés en guise de souvenir. Je ne vois pas pourquoi il en aurait eu besoin pour s'enfuir après le meurtre d'Emily. Il est possible que les trois clés volées lui aient donné l'heure du lever de rideau, à approximativement 11 h 30. Ainsi, il s'est présenté «par hasard» sur les lieux du crime avant qu'on emporte le corps et il a demandé innocemment aux policiers s'il pouvait jeter un coup d'œil à l'intérieur pour réaliser quelques croquis. Sickert était l'artiste local, un être charmant. Je doute que la police ait refusé d'accéder à sa demande. Sans doute lui ont-ils raconté le crime dans les détails. Nombreux sont les agents de police qui aiment parler, surtout quand il se produit un crime important durant leur service. Au pire, ils auraient pu considérer l'intérêt de Sickert comme un signe d'excentricité, mais sans aucune méfiance. Dans les rapports de police, je n'ai trouvé aucune allusion à la présence de Sickert sur les lieux. Mais toutes les fois où je suis allée sur les lieux d'un crime, en tant que journaliste ou romancière, mon nom n'est jamais apparu dans les rapports non plus.

En outre, en apparaissant sur les lieux du crime, Sickert s'offrait un alibi. Même si la police avait découvert des empreintes qui, pour une raison ou une autre, étaient identifiées comme appartenant à Walter Richard Sickert, quelle importance? Sickert était entré au domicile d'Emily Dimmock. Il était entré dans sa chambre. Rien d'étonnant à ce qu'il y ait laissé des empreintes, ou même des cheveux ou on ne sait quoi d'autre, pendant qu'il s'affairait, dessinait et bavardait avec la police, ou avec Shaw et sa mère.

Dessiner des morts n'était pas une chose inhabituelle chez Sickert. Durant la Première Guerre mondiale, il était obsédé par les soldats blessés et agonisants, leurs uniformes et leurs armes. Il en collectionna un certain nombre et maintint des relations intimes avec des bénévoles de la Croix-Rouge, à qui il demandait de le prévenir quand de malheureux patients n'avaient plus besoin de leurs uniformes. «J'ai un chouette camarade, écrivit-il à Nan Hudson à l'automne 1914. Le jeune Britannique noble et idéal, et quelque peu grassouillet… Je l'ai déjà dessiné vivant et mort.»

Dans plusieurs lettres qu'elle écrivit à Janie en 1907, Ellen s'inquiète au sujet du «pauvre jeune Woods» et elle veut savoir ce qui s'est passé quand son affaire a été jugée à la fin de l'année. Ellen était à l'étranger, et si elle faisait référence à l'arrestation, à la condamnation et au procès de Robert Wood, accusé d'être le meurtrier d'Emily Dimmock, puis acquitté, peut-être s'est-elle légèrement trompée dans le nom, mais la question n'en demeure pas moins insolite de sa part. Elle ne faisait jamais allusion à des affaires criminelles dans sa correspondance. Je n'ai pas trouvé une seule mention des meurtres de Jack l'Éventreur, ni d'aucun autre crime. Le fait qu'elle s'intéresse soudain au sort du «pauvre jeune Woods» laisse perplexe, à moins que ce «Woods» ne soit pas Robert Wood, mais quelqu'un d'autre.

Je ne peux m'empêcher de me demander si, en 1907, Ellen nourrissait en secret des doutes concernant son ancien mari, des doutes qu'elle n'osait pas formuler et qu'elle s'efforçait de nier. Mais, maintenant, un homme était jugé et, s'il était reconnu coupable, il serait pendu. Ellen était une femme dotée d'un sens moral. Si la moindre chose gênait sa conscience, peut-être éprouva-t-elle le besoin d'adresser une lettre cachetée à sa sœur. Ellen en était peut-être venue à craindre pour sa vie.

Après le meurtre de Camden Town, sa santé mentale et physique commença à se détériorer, et elle demeura de plus en plus souvent loin de Londres. Elle voyait encore Sickert de temps à autre et elle continuait à l'aider de son mieux, jusqu'à ce qu'elle mette fin pour de bon à leurs relations, en 1913. Un an plus tard, elle mourait d'un cancer de l'utérus.

CHAPITRE 26

LES FILLES DE COBDEN

Ellen Melicent Ashburner Cobden est née le 18 août 1848, à Dunford, dans la vieille ferme familiale qui se trouvait près du village de Heyshott, dans le West Sussex.

À la fin du mois de mai 1860, alors que Walter voyait le jour à Munich, la petite Ellen, âgée de onze ans, passait le printemps à Paris. Elle avait sauvé un moineau qui était tombé du nid dans le jardin. «Une adorable petite chose apprivoisée qui mange dans ma main et se perche sur mon doigt», écrivit-elle à une correspondante. La mère d'Ellen, Kate, préparait une magnifique fête pour les enfants, avec cinquante ou soixante invités, et elle projetait d'emmener Ellen au cirque, puis à un pique-nique, dans un «arbre gigantesque» avec un escalier qui conduisait à une table installée au sommet. Ellen venait d'apprendre un tour de magie qui consistait à «introduire un œuf dans une bouteille de vin» et, de temps à autre, son père lui écrivait une lettre rien que pour elle.

Là-bas, en Angleterre, la vie était moins idyllique. Dans sa dernière lettre, Richard Cobden racontait à sa fille qu'une violente tempête s'était abattue sur le domaine familial et avait déraciné trente-six arbres. Un front froid rigoureux avait détruit presque tous les arbustes, y compris ceux à feuillage persistant, et quand viendrait l'été, le potager serait vide. Ces nouvelles sonnaient comme un signe avant-coureur du mal qui venait de faire son arrivée sur terre, dans une ville lointaine d'Allemagne. Le futur mari d'Ellen traverserait bientôt la Manche pour s'installer à Londres, où il déracinerait de nombreuses vies, y compris celle d'Ellen.

Beaucoup de biographies ont été consacrées au père d'Ellen, Richard Cobden. Né dans une famille de douze enfants, il avait connu une enfance rude et triste. Il dut quitter la maison familiale à l'âge de dix ans, après que le pitoyable sens des affaires de son père eut conduit la famille à la ruine. Cobden passa son adolescence à travailler chez un oncle, un marchand installé à Londres, et à étudier dans une école du Yorkshire. Cette période de sa vie fut une torture physique et émotionnelle, et bien des années après, Cobden avait encore du mal à en parler.

Chez certaines personnes, la souffrance porte en elle les fruits de l'altruisme et de l'amour ; ce fut le cas de Richard Cobden. Il n'y avait pas la moindre trace d'amertume ou de malveillance chez lui, même lorsqu'il fut meurtri par ses adversaires les plus méprisants au cours de sa carrière politique, qui divisa l'opinion. Sa grande passion, c'étaient les gens ; il avait gardé dans un coin de son esprit le douloureux souvenir des fermiers, dont son père, qui avaient perdu tout ce qu'ils possédaient. Sa compassion envers le peuple lui dicta sa mission : faire abroger les

Corn Laws, les lois sur les céréales, de redoutables mesures qui condamnaient les familles à la pauvreté et à la faim.

Les Corn Laws furent instaurées en 1815, après que les guerres napoléoniennes eurent laissé l'Angleterre dans un état proche de la famine. Le pain était une denrée précieuse, et un boulanger n'était autorisé à vendre son pain que vingt-quatre heures au moins après sa sortie du four. Car, quand le pain était rassis, les gens avaient tendance à en manger moins, « ils ne gâcheraient pas et n'en voudraient pas ». Toute infraction à cette loi était sévèrement punie. Les boulangers devaient payer 5 *livres* d'amende plus les frais de justice. Jeune garçon, Richard Cobden vit les malheureux venir faire l'aumône à Dunford, ou réclamer de la nourriture que sa famille ne pouvait pas leur offrir.

Seuls les fermiers très aisés et les propriétaires terriens prospéraient, et c'étaient eux qui veillaient à ce que le prix des céréales demeurât élevé dans les temps d'opulence comme il l'avait été dans les temps de disette. Ces propriétaires terriens qui entretenaient l'inflation des prix détenaient la majorité au Parlement, et ils n'eurent aucun mal à faire adopter les Corn Laws. La logique était simple : imposer des taxes prohibitives sur les importations de céréales pour que l'offre reste faible en Angleterre et les prix artificiellement élevés. L'application des Corn Laws fut un désastre pour les simples travailleurs, et des émeutes éclatèrent à Londres et dans d'autres endroits du pays. Ces lois demeureraient en vigueur jusqu'en 1848, lorsque Cobden remporterait son combat pour les faire abroger.

Richard Cobden était un homme très respecté dans son pays et à l'étranger. Lors de son premier voyage en Amérique, il fut convié à loger à la Maison-Blanche. Il gagna l'admiration et l'amitié de l'écrivain Harriet Beecher Stowe venue lui rendre visite à Dunford en 1853, et tous les deux discutèrent de l'importance de «faire cultiver le coton par une main-d'œuvre libre». Dans un essai qu'elle écrivit un an plus tard, Stowe décrivait Cobden comme un homme svelte à la frêle stature, avec «une grande aisance dans ses manières» et «un sourire sincère et fascinant». Cobden était devenu l'égal des politiciens les plus influents d'Angleterre, y compris Sir Robert Peel, le père des forces de police qui s'attaqueraient un jour au futur gendre de Cobden, Jack l'Éventreur. Sans succès.

Entièrement dévoué à sa famille, Richard Cobden devint le seul élément de stabilité dans les vies de ses filles encore jeunes, après que son fils unique, Richard Brooks, mourut à l'âge de quinze ans, en 1856. Placé en pension près de Heidelberg, c'était un garçon en parfaite santé, espiègle et adoré de tous. Sa mère avait fait de lui son meilleur ami durant les fréquentes absences de son mari.

Ellen adorait son grand frère, elle aussi. «Je t'envoie une petite boucle de cheveux, pour que tu penses parfois à une personne qui t'aime énormément, lui écrivit-elle pendant qu'il était en pension. Écris-moi très vite pour me dire dans combien de temps j'aurai le plaisir de te revoir.» Cette affection d'une tendresse inhabituelle était réciproque. «Je t'apporterai des cadeaux, lui répondit Richard avec son écriture enfantine. Je vais essayer de te trouver un chaton. »

Les lettres de Richard laissent deviner l'homme mûr, perspicace et plein d'esprit qu'il serait devenu. Il adorait faire des farces, et le 1er avril, il aimait écrire : « Fichez-moi dehors à coups de pied dans les fesses » en allemand, sur un morceau de papier qu'il donnait ensuite à un jeune garçon français, comme s'il s'agissait d'une liste de courses, pour que celui-ci se rende à l'épicerie du coin. Mais Richard Brooks avait le cœur tendre, au point de s'inquiéter pour le chien d'un ami de la famille, qui aurait besoin d'une « couverture supplémentaire » durant « les vents d'est ».

Les lettres du fils étaient distrayantes et bien trop pleines de vie pour qu'on ne puisse pas imaginer qu'il deviendrait, en vieillissant, le digne fils de son père. Le 3 avril, Richard Brooks écrivit une lettre à son père, de la pension, qui serait la dernière. Frappé soudain par la scarlatine, il mourut le 6 avril.

Cette triste histoire est rendue encore plus tragique par une bévue presque impardonnable. Le proviseur de l'école où Richard Brooks était pensionnaire prévint un ami de la famille Cobden, et chacun des deux hommes crut que l'autre avait informé Richard Cobden de la mort de son fils. Résultat, le jeune Richard Brooks était déjà enterré quand son père apprit la nouvelle de la manière la plus déchirante qui soit. Il venait de s'asseoir pour prendre son petit déjeuner dans sa chambre d'hôtel de Grosvenor Street et il passait en revue son courrier. Il trouva la lettre de son fils du 3 avril et s'empressa de la lire en premier.

Quelques secondes plus tard, il ouvrit une autre lettre qui voulait le consoler de cette terrible perte. Abasourdi et fou de chagrin, Cobden entreprit immédiatement le trajet de cinq heures jusqu'à Dunford, en se demandant avec angoisse comment il allait annoncer la nouvelle à sa famille, surtout à son épouse Kate. Elle avait déjà perdu deux enfants et nourrissait pour Richard un amour démesuré.

Cobden apparut à l'entrée de la ferme de Dunford, le teint livide et le visage creusé, et dès qu'il commença à expliquer ce qui s'était passé, il s'effondra. Le choc fut trop fort pour Kate, et la perte de son fils adoré prit les proportions mythiques d'Icare se brûlant les ailes près du soleil. Après avoir refusé pendant plusieurs jours d'accepter la vérité, Kate plongea dans un état quasi catatonique ; elle restait assise « comme une statue, sans parler, et semblant ne rien entendre », écrivit Cobden. D'heure en heure, il vit les cheveux de sa femme devenir blancs. À sept ans, Ellen venait de perdre son frère, et voilà qu'elle perdait sa mère également. Kate Cobden survivrait douze ans à son mari, mais c'était une femme détruite qui, comme le raconta son mari, « trébuche parfois sur le corps de Richard en passant d'une pièce à l'autre ». Elle ne parvint jamais à se remettre de son chagrin et devint dépendante des opiacés. Ellen se retrouva alors investie d'un rôle trop lourd à porter pour n'importe quelle jeune fille. De la même manière que Richard Brooks était devenu le meilleur ami de sa mère, Ellen devint une compagne de remplacement pour son père.

Le 21 septembre 1864, alors qu'Ellen avait quinze ans, son père lui écrivit pour lui demander de bien vouloir s'occuper de ses jeunes sœurs. «Beaucoup de choses dépendront de ton influence, et encore plus de ton exemple, écrivit-il. J'aurais aimé te dire combien ta maman et moi comptions sur ton bon exemple», et il comptait sur elle pour l'aider à «imposer une parfaite discipline à tes sœurs». C'était une demande irréaliste pour une jeune fille de quinze ans qui devait affronter sa propre affliction. Ellen n'eut jamais la possibilité de faire le deuil de son frère, et le fardeau et la douleur durent devenir insupportables quand son père mourut un an plus tard.

Ce même brouillard qui masquait les pérégrinations et les crimes violents du futur mari d'Ellen mit fin à l'existence de son père. Pendant des années, Cobden avait été sujet à des infections respiratoires qui l'envoyaient au bord de la mer ou à la campagne, là où l'air était meilleur que la purée de pois chargée de suie de Londres. Il effectua son dernier séjour à Londres, avant sa mort, en mars 1865. Ellen, alors âgée de seize ans, l'accompagna. Ils logèrent dans une pension de Suffolk Street, située non loin de la Chambre des Communes. Cobden fut immédiatement assailli par une crise d'asthme, due à la fumée noire qui s'échappait des cheminées des maisons voisines et au vent d'est qui charriait jusque dans sa chambre cet air toxique.

Une semaine plus tard, couché dans son lit, il priait pour que ces vents aient la bonté de tourner, mais son asthme s'aggrava et se transforma en bronchite. Sentant venir la fin, Cobden rédigea son testament. Son épouse et Ellen étaient à son chevet quand il mourut le dimanche matin 2 avril 1865, à l'âge de soixante et un ans. Ellen était «celle dont l'attachement pour son père semble avoir été une passion sans égale chez ses autres filles», déclara John Bright, l'ami de toujours et l'allié politique de Cobden. Elle fut la dernière à lâcher le cercueil de son père lorsqu'on le mit en terre. Jamais elle n'abandonna son souvenir et n'oublia ce qu'il attendait d'elle.

Plus tard, Bright confierait au biographe officiel de Cobden, John Morley, que la vie de Cobden «avait été un sacrifice perpétuel… C'est seulement quand je l'ai perdu que j'ai compris à quel point je l'aimais». Le lendemain de la mort de Cobden, Benjamin Disraeli, futur Premier ministre, déclara devant la Chambre des Communes : «Nous pouvons nous consoler en songeant que nous ne perdons jamais totalement ces grands hommes.» Aujourd'hui, dans le village de Heyshott, on trouve une plaque sur le banc de la famille Cobden à l'église, qui dit : «C'est ici que Richard Cobden, qui aimait son prochain, venait prier Dieu.» Malgré ses bonnes intentions, Cobden laissa derrière lui une femme instable pour s'occuper de quatre filles pleines d'entrain, et en dépit des nombreuses promesses faites par des amis influents lors de l'enterrement, les «filles de Cobden», comme les appelait la presse, se trouvèrent livrées à elles-mêmes.

En 1898, Janie rappela à Ellen comment «tous ceux qui clamaient leur admiration et leur affection pour notre père de son vivant ont oublié l'existence de ses filles, dont la plus jeune n'avait que trois ans et demi. Te souviens-tu de Gladstone disant à Mère, lors de l'enterrement de Père, qu'elle pourrait toujours compter sur son amitié, et ses enfants aussi. Quand je l'ai revu, ou quand je lui ai parlé… c'était vingt ans plus tard. Ainsi va le monde ! ».

Ellen veilla sur la famille, comme elle l'avait promis à son père. Elle géra les finances, pendant que sa mère traversait comme une somnambule les dernières années de sa sombre existence. Sans l'affection tenace d'Ellen et sa gestion rigoureuse des affaires familiales, on peut se demander si les factures auraient été payées, si la jeune Annie serait allée à l'école, et si les filles auraient pu quitter la maison de leur mère pour s'installer dans un appartement au 14 York Place, dans Baker Street, à Londres. La rente annuelle d'Ellen se montait à 250 *livres sterling*, c'est du moins la somme dont elle avait besoin, avait-elle dit à sa mère. On peut supposer que chaque fille recevait la même somme, ce qui leur assurait une existence confortable et une invulnérabilité face aux hommes qui n'étaient peut-être pas animés des meilleures intentions.

Richard Fisher était fiancé à Katie Cobden quand le père de celle-ci mourut, et il la pressa de l'épouser, avant même que la famille ait cessé d'envoyer les faire-part. Des années durant, la cupidité de Fisher serait une source d'irritation constante pour les Cobden. En 1880, quand Walter Sickert entra dans la vie des filles Cobden, Katie était mariée, Maggie était trop pleine d'entrain et frivole pour servir les objectifs d'un mari ambitieux et manipulateur, et Janie avait beaucoup trop de jugeote pour que Sickert se risque à l'approcher. Alors, il choisit Ellen.

Elle n'avait plus de parents. Il n'y avait plus personne pour la conseiller ou soulever des objections. Je doute que Sickert aurait obtenu l'approbation de Richard Cobden. Ce dernier était un homme perspicace et sage qui ne se serait pas laissé aveugler par les numéros de Sickert ni envoûté par son charme. Cobden aurait détesté l'absence de compassion de cet homme jeune et séduisant.

«Mrs. Sickert et tous ses fils étaient de tels païens», écrirait Janie à sa sœur Ellen une vingtaine d'années plus tard. «Quelle tristesse que le sort t'ait jetée parmi eux.»

Les différences entre le caractère du père d'Ellen et celui de l'homme qu'elle allait épouser auraient dû lui apparaître de manière flagrante, mais, aux yeux d'Ellen, les deux hommes avaient peut-être de nombreux points communs. Richard Cobden n'était pas allé à Cambridge ni à Oxford et, dans bien des domaines, c'était un autodidacte. Il adorait Shakespeare, Byron, Irving et Cooper. Il parlait couramment le français et, quand il était plus jeune, il avait rêvé de devenir dramaturge. Sa passion pour les arts plastiques durerait toute sa vie. En revanche, ses tentatives dans le domaine de l'écriture théâtrale, quand il était jeune homme, s'étaient soldées par un échec. Cobden n'était pas très doué lui non plus pour gérer ses finances. Peut-être avait-il le sens des affaires, mais il ne s'intéressait pas à l'argent, sauf quand il n'en avait plus.

À une période de sa vie, ses amis avaient dû collecter une somme suffisante pour sauver la demeure familiale. Ses déboires financiers n'étaient pas dus à l'irresponsabilité; ils trahissaient le sens aigu de sa mission et de son idéalisme. Cobden n'était pas dépensier. Simplement, il avait des préoccupations plus élevées en tête, et cela avait peut-être impressionné sa fille, qui voyait là un noble défaut et non pas un motif de réprimande. Peut-être est-ce totalement fortuit si l'année même où Sickert fit la connaissance d'Ellen, en 1880, sortit la biographie de Cobden tant attendue, en deux tomes, écrite par John Morley.

Si Sickert avait lu l'ouvrage de Morley, il en savait suffisamment au sujet de Cobden pour s'inventer un rôle très convaincant et persuader facilement Ellen qu'il partageait certains traits avec l'éminent politicien : l'amour du théâtre et de la littérature, un attachement pour tout ce qui était français, et de hautes aspirations qui ne concernaient pas l'argent. Sickert avait même pu convaincre Ellen qu'il luttait pour le droit de vote des femmes.

« Je vais être obligé de soutenir à contrecœur une loi en faveur du vote des chiennes, se lamenterait Sickert une trentaine d'années plus tard. Mais comprenez bien que je ne deviendrai pas "féministe" pour autant. »

Richard Cobden croyait à l'égalité des sexes. Il traitait ses filles avec respect et tendresse, et jamais comme des poulinières sans cervelle juste bonnes à se marier et à faire des enfants. Il aurait approuvé le militantisme politique de ses filles plus tard. Les années 1880 furent une époque de révolte pour les femmes, qui formèrent des ligues politiques afin de faire pression en faveur de la contraception, des réformes pour aider les pauvres, du droit de vote et de représentation au Parlement. Des féministes comme les filles Cobden voulaient jouir de la même dignité humaine que les hommes, et cela voulait dire faire disparaître les distractions et les vices qui valorisaient l'esclavage de la femme, comme la prostitution et la lascivité des spectacles de nombreux music-halls de Londres.

Sickert dut sentir que la vie d'Ellen appartenait à son père. Jamais elle ne ferait quoi que ce soit qui puisse salir son nom. Quand Sickert et elle divorcèrent, le mari de Janie, Fisher Unwin, un influent éditeur, contacta les rédacteurs en chef des principaux quotidiens de Londres pour leur demander de ne publier aucun article « de nature personnelle » dans leurs journaux. « Le nom de la famille ne doit pas apparaître », précisa-t-il. Les secrets qui auraient pu faire du tort à Richard Cobden étaient bien protégés avec Ellen, et nous ne saurons jamais combien elle en a emporté dans sa tombe. Pour Richard Cobden, grand défenseur des pauvres, avoir un gendre qui les massacrait était une chose inconcevable. La question sera toujours de savoir si Ellen avait conscience que Walter possédait un côté sombre « venu de l'enfer », pour reprendre une expression utilisée par l'Éventreur dans plusieurs de ses lettres.

Il est possible qu'après un certain temps, et à un certain niveau, Ellen ait suspecté la vérité au sujet de son mari. Mais malgré sa position progressiste vis-à-vis du droit de vote des femmes, Ellen était faible de corps et d'esprit. Son étoffe de plus en plus fragile était peut-être le résultat d'un trait génétique qu'elle partageait avec sa mère, mais peut-être était-elle aussi rongée par les tortures que lui infligeait son père bien intentionné en lui imposant ses exigences. Elle ne pouvait pas se montrer à la hauteur de ses attentes. À ses propres yeux, Ellen était une ratée, bien avant qu'elle rencontre Walter Sickert.

Son tempérament la poussait à se tenir pour responsable de tout ce qui allait de travers dans la famille Cobden ou dans son couple. Sickert avait beau la trahir, lui mentir, l'abandonner, lui donner l'impression d'être mal aimée et invisible, elle restait loyale et prête à tout pour lui. Elle veillait sur son bonheur et sa santé, même après qu'ils eurent divorcé et qu'il eut épousé une autre femme. Sur le plan sentimental et financier, on peut dire que Sickert saigna à blanc Ellen Cobden.

Peu de temps avant sa mort, Ellen écrivit à Janie : « Si tu savais combien j'aspire au repos éternel. J'ai été une sœur ennuyeuse à bien des égards. Il y a dans mon caractère une inconstance qui a neutralisé d'autres qualités qui auraient pu m'aider à traverser l'existence. »

Janie n'en voulait pas à Ellen. Elle en voulait à Sickert. Très tôt, elle s'était forgé une opinion personnelle à son sujet, et elle encourageait Ellen à voyager et à s'installer dans leur propriété familiale du Sussex ou dans l'appartement des Unwin au 10 Hereford Square, à Londres. Les remarques cinglantes de Janie concernant Sickert ne deviendraient flagrantes qu'après qu'Ellen eut finalement décidé de le quitter, en septembre 1896. À ce moment-là, Janie vida son sac. Le talent de Sickert pour tromper les autres, par-

ticulièrement ses amis artistes, la rendait folle de rage.
«Ils ont une idée élevée de sa personnalité», écrivit-
elle à Ellen le 24 juillet 1899, quelques jours avant
que soit prononcé le divorce. «Ils ne peuvent pas
savoir aussi bien que toi ce qu'il est réellement.»

La toujours très raisonnable Janie tenta d'ouvrir les
yeux de sa sœur. «Je crains de devoir dire que W.S.
ne changera jamais de comportement, et en l'absence
de principes moraux pour maintenir sa nature pas-
sionnée dans le droit chemin, il obéit à tous les
caprices qui lui chantent… Si souvent tu as essayé de
lui faire confiance, et il t'a déçue un nombre incalcu-
lable de fois.» Mais rien ne pouvait dissuader Ellen
d'aimer Walter Sickert et de croire qu'il changerait.

Ellen était une femme douce qui avait besoin d'affection. Ses lettres d'enfance révèlent une «petite fille
à son papa» dont toute l'existence reposait sur ce rôle.
Ellen disait et faisait ce qu'il fallait, elle était toujours
disponible, et elle poursuivit la mission de son père
autant que ses forces et son courage limités le lui permettaient. Elle ne pouvait pas trouver un animal perdu
ou blessé sans essayer de le sauver, et même quand
elle était petite, elle ne supportait pas de voir les
agneaux qu'on conduisait à l'abattoir, pendant que la
mère bêlait son désespoir dans le champ. Ellen avait
des lapins, des chiens, des chats, des chardonnerets,
des perruches, des poneys, des ânes… tout ce qui
échouait entre ses mains affectueuses et sensibles.

Très concernée par le sort des pauvres, elle fit
campagne en faveur de l'indépendance irlandaise,
avec presque le même acharnement que sa sœur
Janie. Mais avec le temps, Ellen n'eut plus la force de

joindre les actes à ses paroles. Alors que Janie pour-suivrait son chemin et deviendrait une des plus impor-tantes suffragettes de Grande-Bretagne, Ellen allait s'enfoncer dans la dépression, la maladie et la fatigue. Dans les centaines de lettres qu'elle écrivit, et qui ont survécu, durant sa vie relativement courte, elle ne se lamente pas sur le triste sort des «malheureuses» que son mari ramenait dans ses ateliers pour les dessiner et les peindre. Elle ne fit jamais rien pour améliorer la vie de ces femmes et de leurs pauvres enfants.

Aux yeux de Sickert, les rebuts d'humanité, ces adultes ou ces enfants souffrants, étaient là pour être utilisés selon son bon plaisir. Peut-être que son épouse ne voulait pas voir les vedettes de music-hall qui posaient pour lui dans son atelier en haut du 54 Broadhurst Gardens, ou plus tard à Chelsea. Peut-être qu'elle ne supportait pas de voir ces enfants ou ces personnes à l'aspect juvénile auxquels son mari s'intéressait peut-être un peu trop. Sickert regardait les petites filles effectuer des danses sexuellement provocantes dans les music- halls. Il les rencontrait en coulisses. Il les peignait. Bien plus tard, lorsqu'il devint obsédé par l'actrice Gwen Ffrangcon-Davies, il lui demanda dans une lettre si elle n'avait pas des photographies d'elle «quand elle était enfant».

Ellen et Sickert n'auraient jamais d'enfants. Rien ne prouve que Sickert en ait eu de son côté, même si, selon une histoire persistante, il aurait eu un fils illé-gitime avec Mme Villain, la poissonnière française chez qui il logea à Dieppe après sa séparation d'avec Ellen. Dans une lettre, Sickert parle de Mme Villain comme d'une figure maternelle qui prit soin de lui à

un moment où sa vie était au plus bas. Cela ne signifie pas qu'il ait eu des relations sexuelles avec elle, si
tant est qu'il pouvait en avoir. Toujours d'après la
même histoire, l'enfant illégitime supposé se pré-
nommait Maurice, et Sickert ne voulait pas entendre
parler de lui. On disait également que Mme Villain
avait eu de nombreux enfants avec de nombreux
hommes.

Dans une lettre datée du 20 juillet 1902, Jacques-
Émile Blanche écrivit au romancier André Gide : « La
vie de Sickert déroute de plus en plus tout le
monde… Cet homme immoral vit finalement seul
dans une grande maison dans une banlieue ouvrière,
pour ne pas être obligé de faire ce qui est considéré
comme normal et pouvoir faire tout ce qu'il veut,
quand il veut. Tout cela sans un sou, en ayant une
famille légitime en Angleterre et une poissonnière à
Dieppe, qui possède une ribambelle d'enfants dont
on ne peut dénombrer les provenances. »

Cependant, la fidèle amie et consœur Ciceley Hey
avait une opinion très différente de Sickert l'« immo-
raliste ». Dans une lettre qu'elle écrivit à un certain
M. Wodeson le 5 février 1973, elle dit avoir passé
dix ans et « bien de longues heures seule avec [Sic-
kert] » dans les ateliers de celui-ci. Les accusations
selon lesquelles il aurait passé sa « vie à chasser les
femmes » et aurait enfanté d'« innombrables enfants
illégitimes » provoquaient chez elle une vive indignation. Mlle Hey n'évoque pas directement les prétendues imprudences sexuelles de Sickert. En tout
cas, elle ne dit rien qui valide ses exploits sexuels,
qui, à l'époque où elle le rencontra, étaient devenus

légendaires (une légende certainement créée par Sickert, qui se vantait d'avoir perdu son pucelage avec une trayeuse quand il était enfant). Nulle part Mlle Hey n'indique que Sickert lui ait fait des avances au cours de leurs innombrables heures passées seuls, et elle souligne avec emphase qu'«il n'a jamais eu d'enfant, et cela, il me l'a dit en personne».

Les implications médicales des premières opérations chirurgicales subies par Sickert laissent supposer qu'il ne pouvait pas avoir d'enfants, mais en l'absence de dossiers médicaux, on ne peut que spéculer. Sans doute ne voulait-il pas s'embêter avec des enfants, même s'il pouvait en avoir, et sans doute qu'Ellen n'en voulait pas, elle non plus. Elle avait presque trente-sept ans et lui vingt-cinq, quand, après quatre ans de fiançailles, ils se marièrent au bureau d'état civil de Marylebone, le 10 juin 1885. Sickert débutait sa carrière et il ne voulait pas d'enfants, affirme son neveu John Lessore, et Ellen commençait à être trop âgée pour en avoir.

En outre, peut-être était-elle également une partisane de la Purity League, qui encourageait les femmes à ne pas avoir de relations sexuelles. Le sexe était accusé de brimer les femmes et de les transformer en victimes. Ellen et Janie étaient toutes les deux de ferventes féministes et Janie n'eut jamais d'enfants, elle non plus, pour des raisons confuses. Les deux sœurs partageaient l'opinion des malthusiens, qui se servaient de l'essai du révérend Thomas Malthus sur la démographie pour promouvoir la contraception, même si celui-ci y était personnellement opposé.

Les journaux intimes et la correspondance d'Ellen révèlent une femme intelligente, socialement sophistiquée et honnête, ayant une vision idéaliste de l'amour. Elle était également très prudente. Ou quelqu'un dans son entourage l'était. Au cours de ces trente-quatre années pendant lesquelles elle a connu et aimé Walter Sickert, il est rare qu'elle parle de lui ou le mentionne dans ses écrits. Janie l'évoque plus souvent, mais pas aussi fréquemment que l'on pourrait s'y attendre de la part d'une femme si attentionnée, concernant l'époux de sa sœur. Les lacunes dans les quelque quatre cents lettres et notes existantes que les deux sœurs se sont échangées suggèrent qu'une grande partie de cette correspondance a disparu. Ainsi, je n'ai retrouvé qu'une trentaine de lettres entre 1880 et 1889, ce qui laisse perplexe. C'est durant cette décennie qu'Ellen et Sickert se sont fiancés, puis mariés.

De même, je n'ai pas trouvé la moindre allusion au mariage d'Ellen et, à en croire la liste des témoins figurant sur le certificat de mariage, aucun membre de sa famille, ni de celle de Sickert, n'était présent au bureau d'état civil, un endroit étrange pour un premier mariage à cette époque, d'autant que la mariée était la fille de Richard Cobden. Il semble n'exister aucune lettre d'Ellen écrite durant sa lune de miel en Europe, et dans aucune des archives je n'ai découvert de correspondance entre Ellen et Sickert, entre Ellen et la famille de Sickert, ou entre Sickert et sa famille, ou entre Sickert et la famille Cobden.

Si ces lettres ont existé, peut-être ont-elles été détruites ou conservées à l'abri. Je trouve étrange qu'un mari et une épouse n'aient échangé ni lettre ni télégramme durant leurs séparations, qui étaient fréquentes. Et je trouve révélateur le fait qu'Ellen, pourtant très attentive à la notion d'héritage, n'ait pas conservé les lettres de son mari, alors qu'elle croyait à son génie et était convaincue qu'il deviendrait un artiste important.

« Je sais que c'est très bon », écrit-elle en parlant des œuvres de Sickert. « Je l'ai toujours su », écrivait-elle à Blanche.

En 1881, le jeune et beau Walter aux yeux bleus était maintenant lié à une femme dont la rente annuelle atteignait les 250 *livres sterling*, soit plus que les revenus de certains jeunes médecins. Il n'y avait aucune raison pour que Sickert ne s'inscrive pas à la prestigieuse Slade School of Fine Art de Londres. En 1881, le programme de l'école offre des cours axés sur les sciences : gravure, sculpture, archéologie, perspective, chimie des matériaux utilisés en peinture et, enfin, anatomie. Le mardi et le jeudi, des conférences s'intéressaient particulièrement aux « os, articulations et muscles ».

Au cours de son passage à la Slade School, Sickert sympathisa avec Whistler, mais les circonstances de leur rencontre demeurent floues. On raconte que Sickert et Whistler étaient tous les deux dans le public au théâtre Lyceum un soir où Ellen Terry se produisait sur scène. Durant le rappel, Sickert lança sur scène des roses lestées avec du plomb, et les projectiles parfumés faillirent atteindre Henry Irving, que cela ne fit pas rire du tout. Le tristement célèbre « Ha ha ! » de Whistler retentit dans la foule. Alors que la salle se vidait, Whistler insista pour faire la connaissance de l'audacieux jeune homme.

D'après d'autres versions, Sickert «tomba sur» Whistler quelque part, ou il le suivit dans une boutique, ou il le rencontra dans une soirée ou par l'intermédiaire des filles Cobden. Sickert n'a jamais été accusé de timidité ou de réserve dès qu'il désirait quelque chose. Whistler aurait, dit-on, convaincu Sickert de cesser de perdre son temps dans cette école et de venir travailler avec lui dans un vrai atelier. Le jeune homme quitta donc la Slade School pour devenir l'apprenti de Whistler. Il travailla côte à côte avec le Maître, mais, concernant sa vie avec Ellen, c'est le grand vide.

Les quelques allusions à leurs premières années de mariage n'indiquent pas une véritable attirance, ni le moindre parfum d'histoire d'amour. Dans ses mémoires, Jacques-Émile Blanche parle d'Ellen en précisant qu'elle était bien plus vieille que Sickert, à tel point qu'«on aurait pu la prendre pour sa sœur aînée». Blanche trouvait le couple bien assorti «intellectuellement» et soulignait qu'ils s'accordaient mutuellement «une liberté parfaite». Quand le couple rendait visite à Blanche à Dieppe, Sickert s'intéressait peu à Ellen; il disparaissait dans les rues étroites et les cours des maisons, et dans de «mystérieux logements dans le quartier du port, ses refuges dont tout le monde était exclu».

Le jugement de divorce indique que Sickert était coupable «d'adultère et d'abandon, sur une période de plus de deux ans, et ceci sans excuse valable». Mais, en vérité, ce fut Ellen qui refusa finalement de vivre avec Sickert. Et rien ne prouve qu'il ait commis un seul adultère. La demande de divorce d'Ellen indique que Sickert l'a abandonnée le 29 septembre 1896 et que le 21 avril 1898, ou aux alentours, il a commis un adultère avec une femme dont le nom était « inconnu » d'Ellen. Ce prétendu rendez-vous galant aurait eu lieu au Midland Grace Hotel de Londres. C'est encore là que, le 4 mai 1899, Sickert aurait prétendument commis un autre adultère avec une femme dont le nom était « inconnu » d'Ellen.

Divers biographes expliquent que, si le couple se sépara le 29 septembre, c'est que, ce jour-là, Sickert avoua à Ellen qu'il la trompait et n'avait jamais été fidèle. Dans ce cas, il semblerait que ces liaisons – en supposant qu'il en ait eu d'autres que les deux mentionnées dans la demande de divorce – se soient déroulées avec des femmes « inconnues ». Dans tout ce que j'ai lu, rien n'indique que Sickert faisait des avances aux femmes et qu'il se livrait à des gestes ou à des propositions déplacés, même s'il employait parfois un langage vulgaire. Une amie artiste, Nina Hamnett, bohémienne notoire, qui ne crachait pas sur l'alcool ni le sexe, écrit dans son autobiographie que Sickert la raccompagnait chez elle quand elle était ivre, et elle logea chez lui en France. Nina ne mentionne nulle part que Sickert ait même simplement flirté avec elle.

Ellen croyait peut-être vraiment que son mari était un coureur de jupons, à moins que ces accusations n'aient été qu'un leurre, si la vérité humiliante était qu'ils n'avaient jamais consommé leur mariage. À la fin du XIXe siècle, une femme n'avait aucune raison légale de quitter son mari, sauf s'il était infidèle, cruel ou s'il l'abandonnait. Sickert et Ellen tombèrent d'accord sur ces accusations. Il refusa le combat. On peut supposer qu'elle connaissait l'existence de son pénis endommagé, mais il est possible également que ce couple de «frère et sœur» ne se soit jamais déshabillé l'un devant l'autre ou qu'il n'ait jamais essayé de faire l'amour.

Au cours de la procédure de divorce, Ellen écrivit que Sickert lui avait promis que si elle «lui donnait encore une chance, il deviendrait un homme différent, car je suis la seule personne qu'il ait jamais aimée, et il n'a plus ces relations avec ces inconnues». L'avocat d'Ellen, écrivait-elle, était convaincu que Sickert était «sincère, mais en tenant compte de sa vie antérieure, et à en juger par son caractère, d'après son visage et son comportement, il ne l'estime pas capable de tenir ses promesses, et il me conseille de poursuivre la procédure de divorce».

«Je suis affreusement bouleversée et je ne fais quasiment que pleurer, écrivit Ellen à sa sœur Janie. Je m'aperçois maintenant que mon affection pour lui est loin d'être morte.»

CHAPITRE 27

LA NUIT LA PLUS NOIRE, EN PLEIN JOUR

Les rôles de Sickert changeaient comme la lumière et les ombres qu'il peignait sur ses toiles.

Une forme ne devait pas être délimitée par des traits, car cela n'existe pas dans la nature, et les formes se dévoilent par des tons, des teintes, des nuances, et la manière dont elles captent la lumière. De même, l'existence de Sickert n'avait ni traits ni frontières, et son apparence se modifiait avec chaque nuance de ses humeurs énigmatiques et de ses buts cachés.

Ceux qui le connaissaient bien, comme ceux qu'il ne faisait que frôler de temps à autre, acceptaient le fait qu'*être Sickert*, cela voulait dire être le « caméléon », le « frimeur ». Il était Sickert en manteau à carreaux criard qui se promenait à toute heure dans les ruelles repoussantes de Londres. Il était Sickert le fermier ou le châtelain, ou le clochard, ou l'intellectuel à lunettes avec un chapeau melon, ou le dandy en tenue de soirée, ou l'excentrique qui venait attendre un train en chaussons. Il était Jack l'Éventreur avec une casquette enfoncée sur les yeux et une écharpe rouge autour du cou, qui travaillait dans la pénombre de son atelier, éclairé par la faible lueur d'une lanterne.

Les relations de l'auteur et critique victorien Clive Bell avec Sickert étaient faites d'amour et de haine réciproques, et Bell disait en plaisantant que Sickert pouvait être aussi bien, d'un jour à l'autre, John Bull, Voltaire, l'archevêque de Canterbury, le pape, un cuisinier, un dandy, un individu huppé, un bookmaker, un notaire. Bell estimait que Sickert n'était pas l'érudit que l'on croyait et « donnait l'impression de connaître bien plus de choses qu'il n'en connaissait en vérité », même s'il était le plus grand peintre anglais depuis Constable, soulignait Bell. Mais on « ne pouvait jamais être sûr que leur Sickert était le Sickert de Sickert, ou que le Sickert de Sickert correspondait bien à une ultime réalité ». C'était un homme qui ne ressemblait « à aucun modèle » et, pour reprendre l'expression de Bell, Sickert n'éprouvait aucun sentiment « possessif et affectif pour tout ce qui ne faisait pas partie de lui-même ».

Ellen faisait partie de Sickert. Il avait besoin d'elle. Il ne pouvait pas la voir comme un être humain à part entière, car tous les gens et toutes les choses étaient des extensions de Sickert. Elle était encore en Irlande avec Janie quand Elizabeth Stride et Catherine Eddows furent assassinées et quand George Lusk, le chef du Comité d'autodéfense de l'East End, reçut par la poste la moitié d'un rein humain, le 16 octobre. Presque quinze jours plus tard, le responsable du musée de pathologie du London Hospital, le Dr Thomas Openshaw, reçut la lettre sur

le papier portant le filigrane A Pirie & Sons et signée
«Jack l'Éventreur».

«Tu avais raison, c'était bien le rain gauche… Je
vais bientôt reprendre le travail et je t'enverrai un
autre morceau de vissaires.»

On supposa que le rein était celui de Catherine
Eddows, et sans doute était-ce exact, à moins que
l'Éventreur n'ait réussi à se procurer ailleurs une
moitié de rein humain. L'organe fut conservé au
Royal London Hospital jusqu'à ce qu'il finisse par
se désintégrer, à tel point que l'hôpital décida de le
jeter, dans les années 1950, à peu près au moment où
Watson et Crick découvraient la double structure
hélicoïdale de l'ADN.

Au cours des siècles derniers, les corps et les
morceaux de corps étaient conservés dans des
«alcools», comme le vin. À l'époque de l'Éventreur,
certains hôpitaux utilisaient la glycérine. Quand une
personne importante mourait à bord d'un bateau et
exigeait un enterrement digne de ce nom, la seule
manière de conserver le corps était de le plonger
dans l'hydromel ou tout autre alcool disponible. Si
John Smith, le père fondateur de la Virginie, était
mort durant son voyage vers le Nouveau Monde,
sans doute l'aurait-on renvoyé à Londres dans un
tonneau de saumure.

Les rapports de police indiquent que le rein envoyé
à George Lusk avait presque deux semaines s'il provenait du corps de Catherine Eddows, et avait été
conservé dans de l'alcool, sans doute du vin. Lusk ne
sembla ni horrifié ni impatient de transmettre ce rein
à la police. Quand il reçut cet effroyable cadeau,

accompagné d'une lettre qui n'a pas été conservée, il « n'en pensa pas grand-chose ».

À l'époque victorienne, les gens n'étaient pas habitués aux tueurs psychopathes qui découpaient des morceaux de corps et les envoyaient aux autorités avec des lettres de provocation.

On suggéra d'abord que ce rein provenait d'un chien, mais Lusk et la police eurent la sagesse de demander d'autres avis. C'est un canular, pensa la police, alors que l'organe en marinade passait de main en main. Des experts médicaux, comme le Dr Openshaw, pathologiste, pensaient que le rein était d'origine humaine, mais qu'on allait trop loin en affirmant qu'il avait appartenu à une « femme » atteinte du « mal de Bright ». Le rein fut confié au Dr Openshaw au London Hospital. Si cet organe avait survécu quelques dizaines d'années de plus, afin d'être analysé, et si l'on avait exhumé Catherine Eddows pour faire des prélèvements d'ADN, on aurait sans doute pu établir un lien. Devant un tribunal, cela aurait porté un coup dur à Sickert (s'il était toujours vivant pour être jugé) car le filigrane A Pirie & Sons figure sur son papier à lettres et sur la lettre que Jack l'Éventreur a envoyée au Dr Openshaw, les timbres collés sur les enveloppes des deux lettres présentent des séquences d'ADN identiques, et la lettre de l'Éventreur renferme des aveux.

Si Ellen se tenait au courant de ce qui se passait en Angleterre, sans doute connaissait-elle cette histoire de rein. Tout comme elle avait entendu parler du double meurtre qui avait été commis moins d'une semaine après son départ pour l'Irlande. Peut-être avait-elle entendu parler également de ces «os humains» retrouvés dans un paquet dans un caniveau de Peckham, ou de cet autre paquet contenant un bras de femme en décomposition, retrouvé dans le jardin d'une école pour aveugles, dans Lambeth Road, ou encore de cette jambe bouillie, dont il s'avéra qu'elle appartenait à un ours.

Ellen avait sans doute eu connaissance de la découverte d'un torse dans les fondations du nouvel immeuble de Scotland Yard. La femme sans tête et sans membres fut transportée à la morgue de Millbank Street, mais elle n'avait pas grand-chose à dire au Dr Neville ou à la police et, apparemment, ils n'étaient pas d'accord au sujet du bras retrouvé à Pimlico le 11 septembre. Il provenait bien de ce torse, le Dr Neville en était convaincu, mais la main était rugueuse et les ongles négligés, comme ceux d'une femme qui mène une existence difficile. Quand le Dr Thomas Bond fut appelé pour participer à l'examen, il déclara que la main était douce, avec des ongles bien taillés. La main était certainement crasseuse, peut-être abrasée, et les ongles recouverts d'une croûte de boue, quand on avait découvert le bras dans la vase à marée basse. Peut-être qu'une fois lavée, cette main retrouvait un certain standing.

Dans un des rapports, la femme sans membres avait le teint mat. Dans un autre, elle avait une peau claire. Elle avait des cheveux châtain foncé, vingt-six ans et mesurait 1,65 mètre ou 1,70, déclara le médecin. La couleur sombre de sa peau pouvait être due à la décomposition. À un stade avancé, la peau vire au noir verdâtre. En fonction de l'état des restes, il était peut-être difficile de déterminer si elle avait la peau claire ou mate.

Les divergences dans les signalements peuvent causer de sérieux problèmes lorsqu'il s'agit d'identifier des morts. Évidemment, la reconstruction faciale médico-légale, c'est-à-dire la recomposition du visage à partir de la structure osseuse sous-jacente (en supposant qu'on retrouve la tête) n'existait pas au XIXᵉ siècle, mais une affaire survenue en Virginie il y a quelques dizaines d'années me servira d'exemple. Le visage d'un homme non identifié fut reconstitué en utilisant de l'argile verte pour redessiner ses traits par-dessus son crâne. La couleur des cheveux fut déterminée en fonction des caractères raciaux de son squelette, qui étaient ceux d'un Afro-Américain, et on combla les orbites avec des yeux artificiels.

Une femme alertée par une photo en noir et blanc de ce visage reconstitué, publiée dans le journal, se présenta à la morgue pour voir si cette personne disparue n'était pas son fils. Elle jeta un coup d'œil au visage reconstitué et déclara au médecin légiste : « Non, c'est pas lui. Il n'avait pas le visage vert. » En fait, le jeune homme non identifié et assassiné était bien son fils. (De nos jours, dans les cas de reconstructions faciales sur une personne non identifiée, on teint l'argile pour s'approcher au maximum de la couleur de peau de cette personne, en fonction de sa race.)

Les affirmations du Dʳ Neville et du Dʳ Thomas Bond selon lesquelles ce torse était celui d'une femme mesurant 1,65 mètre ou 1,70 étaient peut-être erronées, et la taille qu'ils attribuaient à la victime,

en fonction de ce qu'il en restait, a peut-être empê-
ché un certain nombre de personnes de se présenter
à la police pour savoir si ces restes étaient ceux
d'une parente ou de quelqu'un qu'ils connaissaient.
À cette époque, 1,70 mètre, c'était grand pour une
femme. Une erreur de cinq ou huit centimètres dans
l'estimation des médecins, c'était peut-être suffisant
pour que le torse ne soit jamais identifié, et il ne l'a
jamais été.

Je suis persuadée que les médecins ont fait de leur
mieux, en fonction des outils dont ils disposaient. Ils
ne pouvaient pas connaître l'anthropologie médico-
légale. Ils ne pouvaient avoir connaissance des critères anthropologiques standard utilisés aujourd'hui
pour situer un individu dans une classe d'âge, telle
que : *enfant en bas âge,* ou *15 à 17 ans*, ou *45 et plus*.
Ils ne savaient sans doute pas grand-chose sur les épi-
physes ou les points d'ossification, et ils ne pouvaient
pas les avoir vus, étant donné que ni le torse ni les
membres retrouvés ne furent débarrassés de la chair
en étant mis dans l'eau bouillante. Les points d'ossification sont des attaches, comme celles qui relient
les côtes au sternum ; et lorsqu'on est jeune, ces
attaches sont du cartilage flexible. Avec l'âge, elles se
calcifient.

En 1888, il n'y avait ni étalonnages ni algorithmes.
Il n'y avait pas tous ces gadgets de la fin du XXᵉ siècle
comme l'absorptiomètre à photon unique, ou les
détecteurs de scintillations pour estimer la taille d'une
personne à partir de la longueur de l'humérus, du
radius, du cubitus, du fémur, du tibia et du péroné, les
os longs des bras et des jambes. Les changements de

densité et de concentration minérale dans les os dépendent de l'âge. Par exemple, une baisse de la densité osseuse correspond généralement à un âge plus élevé.

On ne pouvait pas affirmer avec exactitude que la femme sans membres avait tout juste vingt-six ans, mais on aurait pu dire que ses restes semblaient être ceux d'une femme âgée probablement d'une vingtaine d'années, qui avait des poils châtain foncé sous les aisselles. Affirmer que cette femme était morte cinq semaines plus tôt, c'était une autre supposition. Ces médecins ne disposaient pas des moyens scientifiques leur permettant d'établir le moment de la mort en fonction de l'état de décomposition du corps. Ils ne connaissaient rien à l'entomologie (l'interprétation du développement des insectes comme indicateur du moment du décès) et les asticots grouillaient sur le torse quand il fut découvert dans un recoin des fondations du nouvel immeuble de Scotland Yard.

L'autopsie fit apparaître des organes pâles et exsangues qui indiquaient une hémorragie et pouvaient signifier que la femme avait eu la gorge tranchée avant d'être démembrée. Lors de l'enquête médico-légale, le D\ Thomas Bond déclara que les restes étaient ceux d'une femme «bien nourrie» avec «une poitrine large et proéminente», qui avait souffert à un moment d'une pleurésie à un poumon. Son utérus avait disparu, son pelvis et ses jambes avaient été sciés à la hauteur de la quatrième lombaire. Les bras avaient été sectionnés au niveau des articulations des épaules par plusieurs entailles obliques, et elle avait été décapitée par plusieurs incisions pratiquées sous le larynx. Le Dr Bond précisa que le torse avait été emballé avec dextérité et que la chair portait «des marques nettement définies» aux endroits où elle avait été ligotée avec de la ficelle. Ces marques laissées par la ficelle méritent d'être notées. Des expériences menées au début et au milieu du XIXe siècle ont révélé que des marques de ligature n'apparaissent pas sur des corps morts depuis un certain temps, ce qui veut dire que la ficelle a été attachée autour de la femme démembrée pendant que celle-ci était encore vivante ou, plus certainement, peu de temps après sa mort, quelques heures au maximum.

La séparation du pelvis du torse est très rare dans les mutilations de ce type, mais ni les médecins ni la police ne semblent s'être attardés sur ce détail, ni même avoir offert le moindre commentaire. Aucune autre partie du corps de cette femme ne fut jamais retrouvée, sauf ce qu'on pensa être sa jambe gauche, qui avait été coupée juste sous le genou. Ce bout de membre avait été enterré à quelques mètres de l'endroit où fut retrouvé le torse. Le Dr Bond décrivit le pied et la jambe comme «d'un modelé exquis». Le pied était bien entretenu, les ongles soigneusement coupés. Il n'y avait aucun cor, aucun oignon pour indiquer que la victime était une «pauvre femme».

La police et les médecins partageaient l'avis selon lequel ces mutilations étaient une façon de dissimuler l'identité de la victime. Cette conclusion ne justifie pas le fait que le meurtrier ait sectionné le pelvis à la hauteur de la quatrième lombaire et des articulations de la hanche, ce qui revenait à ôter les organes sexuels et l'appareil génital. On peut se demander s'il n'existe pas une similitude avec les mutilations de l'Éventreur quand il ouvrait le ventre de sa victime pour prendre l'utérus et une partie du vagin.

Quand le torse fut découvert sur le chantier du nouveau siège de Scotland Yard, il était enveloppé dans un vieux linge et «un tas de vieilles ficelles de toutes sortes, nouées dans tous les sens», déclara Frederick Wildore, le charpentier qui remarqua une forme mystérieuse à 6 heures du matin, le 2 octobre, en pénétrant dans un coin sombre des fondations, alors qu'il cherchait son sac d'outils. Il dégagea le paquet et coupa la ficelle, et, pendant quelques instants, il ne comprit pas ce qu'il avait devant les yeux. «J'ai d'abord cru que c'était un vieux morceau de bacon ou un truc comme ça», dit-il lors de l'enquête médico-légale. Les fondations étaient un labyrinthe de recoins et de tranchées, et seule une personne connaissant les lieux avait pu déposer le paquet à cet endroit, affirma Wildore. «Il y faisait toujours aussi noir que la nuit la plus noire, en plein jour.»

Au torse étaient restés collés des bouts de journaux qui étaient des fragments d'un vieux *Daily Chronicle* et un morceau de 15×35 cm, imbibé de sang, de l'édition du 24 août 1888 de l'*Echo,* un quotidien vendu un demi-*penny*. Sickert était un dévoreur de nouvelles. Une photographie de lui, prise bien plus tard, le montre dans un atelier qui ressemble à un dépôt de journaux. L'*Echo* était un quotidien progressiste qui publia de nombreux articles sur Sickert au cours de sa vie. Dans le numéro du 24 août 1888, on trouve en page 4 la rubrique «Commentaires et

Questions », où il est bien précisé que toutes les questions et les réponses doivent être envoyées sur carte postale et le correspondant doit préciser la question à laquelle il répond en indiquant le numéro attribué par le journal à cette question. Toute publicité déguisée, prévient le journal, « est inacceptable ».

Sur les dix-huit « Réponses » du 24 août 1888, cinq étaient signées « W.S. ». Les voici :

Réponse un (3580) : OSTENDE. – Je ne conseillerais pas à « W.B. » de choisir Ostende pour y passer quinze jours de vacances ; il en aura déjà assez au bout de deux jours. C'est un haut lieu touristique fait pour parader, et très cher. La campagne tout autour est plate et sans intérêt ; en outre, les routes sont toutes pavées de granite. Pour un touriste anglais, je peux toutefois recommander le « Yellow House », la « Maison Jaune », tenu par un Anglais, près de la gare et de l'embarcadère du bateau à vapeur, et aussi l'Hôtel du Nord. La pratique du français n'est pas indispensable. – W.S.

(Ostende était un port maritime et un lieu de villégiature en Belgique, accessible au départ de Douvres, un endroit que visita Sickert.)

Réponse deux (3686) : OPÉRAS POPULAIRES. – La popularité du *Trouvère* est due, bien évidemment, à la musique mélodieuse et aux airs entraînants. Il n'est généralement pas considéré comme de la musique « de première qualité » ; j'ai même souvent entendu des musiciens « professionnels » dire que ce n'était pas de la musique. Personnellement, je le préfère à tout autre opéra, à l'exception de *Don Giovanni*. – W.S.

Réponse trois (3612) : PASSEPORTS. – Je crains que «Un malheureux Polonais» soit obligé de restreindre son intérêt aux pays dans lesquels aucun passeport n'est exigé ; ils sont nombreux, et ce sont aussi ceux où il est le plus agréable de voyager. J'ai rencontré un jour un de ses compatriotes qui voyageait avec un passeport d'emprunt ; il a été arrêté et envoyé en taule, où il a passé un certain temps. – W.S.

Réponse quatre (3623) : CHANGEMENT DE NOM. – «Jones» n'a qu'à prendre un pinceau pour rayer «Jones» et le remplacer par «Brown». Évidemment, cela ne le déchargera pas des responsabilités de «Jones». Il sera simplement «Jones» faisant commerce sous le nom de «Brown». – W.S.

Réponse cinq (3627) : LETTRES DE NATURALISATION. – Afin de les obtenir, un étranger doit avoir résidé cinq ans de suite, ou au moins cinq ans durant les huit dernières années, au Royaume-Uni, et il doit déclarer son intention de demeurer ici de manière permanente. Des preuves formelles devront être fournies par quatre résidents de nationalité britannique. – W.S.

Proposer des réponses en utilisant les numéros de toutes les questions, cela signifie que le correspondant était certainement un fidèle lecteur de l'*Echo*. Envoyer cinq réponses, c'est un comportement compulsif qui correspond au besoin de Sickert d'écrire et au nombre ahurissant de lettres que l'Éventreur envoya à la police et à la presse. Le papier journal est un leitmotiv qui réapparaît constamment dans la vie de Sickert et dans le jeu auquel se livre l'Éventreur. Une lettre de celui-ci, adressée à un haut fonctionnaire de police, a été écrite, avec une calligraphie parfaite, sur un morceau du quotidien *Star* daté du 4 décembre. Sur ce bout de journal déchiré figure un article consacré à une exposition d'eaux-fortes, et, au dos, on peut lire ce sous-titre : « Enfant de personne ».

Walter Sickert n'a jamais très bien su qui il était, ni d'où il venait. Il n'était « Pas un Anglais » pour reprendre la signature d'une autre lettre de l'Éventreur. Son nom de scène était « M. Nemo » (M. Personne), et dans un télégramme que l'Éventreur envoya à la police (il n'y a pas de date, mais ce fut sans doute à la fin de l'automne 1888), il a barré « M. Personne » pour remplacer le nom de l'expéditeur par « Jack l'Éventreur ». Sickert n'était pas français, mais il se considérait comme un peintre français. Il écrivit un jour qu'il avait l'intention de devenir citoyen français, ce qu'il ne fit jamais. Dans une autre lettre, il affirme que, dans son cœur, il sera toujours allemand.

La plupart des lettres de l'Éventreur envoyées entre le 20 octobre et le 10 novembre 1888 portaient le cachet postal de Londres, et il est certain que Sickert se trouvait dans la capitale avant le 22 octobre pour assister à l'inauguration de la « Première exposition de pastels » organisée à la Grosvenor Gallery. Dans des lettres adressées à Blanche, des allusions à l'élection de nouveaux membres au New English Art Club indiquent que Sickert se trouvait à Londres, ou du moins en Angleterre, durant l'automne, et très certainement jusqu'en novembre et sans doute même jusqu'à la fin de l'année.

Quand Ellen rentra au 54 Broadhurst Gardens à la fin du mois d'octobre, elle fut victime d'une terrible grippe qui s'éternisa et sapa toutes ses forces jusqu'en novembre. Je n'ai trouvé aucun document indiquant qu'elle ait passé du temps avec son mari, ou qu'elle savait où il se trouvait d'un jour à l'autre. J'ignore si elle était effrayée par les atrocités commises à moins de dix kilomètres de chez elle, mais il est difficile d'imaginer qu'elle ne l'ait pas été. Toute la Métropole était terrorisée, mais le pire était à venir.

Mary Kelly avait vingt-quatre ans; elle était très jolie, avec un teint frais, des cheveux bruns et une silhouette juvénile. Elle avait reçu une meilleure instruction que la plupart des autres « malheureuses » qui arpentaient le quartier où elle vivait, au 26 Dorset Street. La maison appartenait à John McCarthy, qui possédait une boutique de matériel de bateau et louait toutes les pièces du 26 Dorset Street à des gens très pauvres. La chambre de Mary au rez-de-chaussée, la numéro 13, mesurait quelques mètres carrés et était séparée d'une autre chambre par une cloison qui se dressait juste derrière sa tête de lit. Sa porte et ses deux grandes fenêtres s'ouvraient sur Miller's Court, et quelque temps auparavant – elle ne savait pas trop à quel moment –, elle avait perdu sa clé.

Cela n'avait pas provoqué de problème majeur. Il n'y avait pas si longtemps, elle avait un peu trop bu et elle s'était disputée avec son homme, Joseph Barnett, un livreur de charbon. Elle ne se souvenait plus de la scène, mais elle avait dû casser un carreau à ce moment-là. Depuis, Barnett et elle glissaient la main par le trou, à travers le verre déchiqueté, pour débloquer la serrure de la porte. Ils n'avaient jamais pris la peine de remplacer le carreau ni la clé, et sans doute pensaient-ils que c'étaient des dépenses superflues, vu leurs faibles moyens.

La dernière grande dispute entre Mary Kelly et Joseph Barnett remontait à une dizaine de jours. Ils avaient échangé des coups, à cause d'une femme nommée Maria Harvey. Maria avait pris l'habitude de coucher avec Mary les lundis et mardis soir, ce que Barnett ne pouvait supporter. Il avait donc déménagé, laissant Mary se débrouiller pour payer les 1 *livre* et 9 *shillings* de loyer. Puis Mary et Barnett s'étaient un peu rabibochés et il passait la voir de temps à autre pour lui donner un peu d'argent.

Maria Harvey vit Mary pour la dernière fois dans l'après-midi du jeudi 8 novembre, quand elle lui rendit visite dans sa chambre. Maria était blanchisseuse, et elle demanda si elle pouvait laisser un peu de linge sale : deux chemises d'homme, une chemise de garçon, un manteau noir, un bonnet de crêpe noir avec des brides en satin noir, un reçu de prêteur sur gages pour un châle gris et un jupon blanc de petite fille. Elle promit de venir rechercher ces affaires un peu plus tard, et elle était encore dans la pièce quand Barnett débarqua à l'improviste pour venir voir Mary.

« Eh bien, Mary Jane, dit Maria en sortant, je ne te reverrai pas ce soir. » Elle ne la reverrait plus jamais.

Mary Kelly, née à Limerick en Irlande, était la fille de John Kelly, un ouvrier métallurgiste. Elle avait six frères qui vivaient à la maison, un frère dans l'armée et une sœur qui travaillait sur les marchés. La famille était partie s'installer dans le Caernarvonshire au Pays de Galles, quand Mary était encore petite, et à seize ans, elle avait épousé un mineur nommé Davis. Deux ou trois ans plus tard, il fut tué dans une explosion, et Mary partit vivre à Cardiff avec un cousin. C'est à cette époque qu'elle commença à sombrer dans l'alcool et la prostitution, et elle resta huit mois dans un dispensaire pour se faire soigner d'une maladie vénérienne.

En 1884, elle partit vivre en Angleterre, où elle continua à attirer la clientèle sans aucune difficulté. Je n'ai retrouvé aucune photographie montrant à quoi elle ressemblait, sauf après que l'Éventreur eut totalement ravagé son corps. Mais les croquis d'époque représentent une très jolie femme, avec une silhouette en forme de sablier, très appréciée en ce temps-là. Ses habits et ses manières étaient les vestiges d'un monde bien meilleur que cet univers misérable qu'elle essayait d'oublier dans l'alcool.

Mary se prostitua dans l'East End pendant un certain temps ; elle rencontra des gentlemen qui savaient récompenser une jolie femme pour ses faveurs. L'un d'eux l'emmena en France, mais elle n'y resta que dix jours avant de revenir à Londres. Comme elle l'expliqua à ses amies, la vie en France ne lui convenait pas. Elle vécut alors avec un homme dans Ratcliff Highway, puis avec un autre dans Pennington Street, puis avec un plâtrier à Bethnal Green. Lors de l'enquête, Joseph

Barnett déclara qu'il ignorait avec combien d'hommes elle avait vécu et pendant combien de temps.

Un vendredi soir, à Spitalfields, la jolie Mary Kelly croisa le regard de Joseph Barnett, et celui-ci lui offrit un verre. Quelques jours plus tard, ils décidèrent de se mettre en ménage ; huit mois avant qu'il loue la chambre 13 au 26 Dorset Street. De temps à autre, Mary recevait des lettres de sa mère, en Irlande, et contrairement à la majorité des «malheureuses», elle savait lire. Mais quand débutèrent les meurtres dans l'East End, elle demanda à Barnett de lui résumer les articles qui en parlaient. Peut-être était-elle trop angoissée par les nouvelles de ces crimes violents pour les recevoir seule dans le calme de sa propre imagination. Sans doute ne connaissait-elle pas personnellement les victimes, mais il y avait de fortes chances pour qu'elle les ait vues dans les rues ou dans les pubs, à un moment ou à un autre.

La vie de Mary avec Joseph Barnett n'était pas désagréable, affirma celui-ci au cours des auditions, et s'il l'avait quittée, c'était uniquement «parce qu'elle avait accueilli une personne qui était une prostituée, et je n'étais pas d'accord, c'était la seule raison, pas parce que j'étais au chômage. Je l'ai quittée le 30 octobre, entre 5 et 6 heures du soir». Barnett précisa que Mary et lui étaient restés «amis», et la dernière fois qu'il l'avait vue vivante, c'était le jeudi soir, entre 7 h 30 et 7 h 45, quand il était passé la voir et avait trouvé Maria avec elle. Maria était partie et Barnett était resté un court instant avec Mary. Il lui avait dit qu'il était navré, mais il n'avait pas d'argent à lui donner. «On n'a pas bu ensemble, déclara-t-il. Elle était totalement à jeun ;

durant tout le temps qu'elle était avec moi, elle buvait pas», elle ne se soûlait que de temps en temps.

Mary Kelly avait parfaitement conscience des meurtres monstrueux commis à quelques rues seulement de son meublé, ce qui ne l'empêcha pas de continuer à arpenter les rues après le départ de Barnett. Elle n'avait pas d'autre moyen de gagner de l'argent. Elle avait besoin de s'offrir à boire, elle était sur le point de se faire expulser de sa chambre et elle ne voyait se profiler aucun autre homme généreux qui pourrait l'accueillir. Le désespoir la gagnait. Récemment encore, c'était une prostituée de luxe qui fréquentait les meilleurs établissements du West End. Mais, récemment, elle avait commencé à s'enfoncer dans le puits sans fond de la pauvreté, de l'alcoolisme et de la détresse. Bientôt, elle perdrait sa beauté. Sans doute ne songeait-elle pas qu'elle pouvait aussi perdre la vie.

On sait peu de chose au sujet de Mary Kelly, mais un certain nombre de rumeurs circulèrent à l'époque. On disait qu'elle avait un fils de sept ans, et qu'elle aurait préféré se suicider plutôt que de le voir mourir de faim. Si ce fils existait réellement, il n'en est pas fait mention dans les rapports de police, ni dans les comptes rendus des auditions médico-légales. Le dernier soir de sa vie, elle aurait paraît-il rencontré au coin de Dorset Street une amie à qui elle aurait dit qu'elle n'avait pas d'argent. «Si elle n'arrivait pas à en trouver, confia plus tard cette amie à la police, elle ne sortirait plus jamais et elle en finirait une bonne fois pour toutes.»

Mary était bruyante quand elle était ivre, et le soir du jeudi 8 novembre, elle avait beaucoup bu. La météo était épouvantable depuis plusieurs jours : les pluies violentes et les bourrasques venues du sud-est se succédaient. Les températures avoisinaient le zéro degré et le brouillard enveloppait la ville comme un voile de gaze. Mary fut aperçue plusieurs fois ce soir-là, alors qu'elle semblait se diriger vers le pub le plus proche, après que Joseph Barnett l'eut quittée. On la vit dans Commercial Street, ivre, puis à 22 heures dans Dorset Street. Il faut se méfier des heures données par les témoins, et rien ne prouve que lorsqu'une personne voyait « Mary Kelly », il s'agissait réellement de Mary Kelly. Les rues étaient très sombres. Beaucoup de gens étaient ivres, et après la récente vague de meurtres de l'Éventreur, les témoins semblaient surgir de partout, avec des histoires qu'il ne fallait pas toujours prendre pour argent comptant.

Une des voisines de Mary, une prostituée nommée Mary Ann Cox, qui vivait au 5 Miller's Court, affirma lors des auditions qu'elle avait vu Mary Kelly ivre à minuit. Elle portait une jupe sombre miteuse, une veste rouge, elle avait la tête nue et était accompagnée d'un homme petit et corpulent au teint marbré, avec une épaisse moustache rousse, vêtu de noir et coiffé d'un chapeau dur et noir. Il tenait à la main un pot de bière, tandis qu'il accompagnait Mary Kelly vers sa porte. Mary Ann marchait quelques pas derrière eux et elle souhaita bonne nuit à Mary Kelly. « Je vais chanter une chanson », déclara Mary, alors que l'homme refermait la porte de la chambre 13.

Pendant plus d'une heure, on entendit Mary chanter cette poignante mélodie irlandaise : *Sweet Violets*.

«Une violette que j'ai cueillie sur la tombe de ma mère quand j'étais enfant», chanta-t-elle, et l'on pouvait voir la lueur de la bougie à travers les rideaux.

Mary Ann Cox arpentait les rues et s'arrêtait régulièrement chez elle pour se réchauffer les mains, avant de repartir en quête d'un client. À 3 heures du matin, elle rentra se coucher; la chambre de Mary était plongée dans le noir et silencieuse. Mary Ann se coucha tout habillée. Une pluie glaciale et violente martelait la cour et les rues. Mary Ann ne dormit pas. Elle entendit des hommes entrer et sortir de la maison jusqu'à 6 heures moins le quart. Une autre voisine, Elizabeth Prater, qui occupait la chambre 20, juste au-dessus de Mary Kelly, déclara que vers 1 h 30 du matin elle avait remarqué «une faible lueur» à travers la «séparation» entre la chambre de Mary et la sienne.

Je suppose qu'en parlant de «séparation», Elizabeth faisait référence aux interstices dans le plancher. Elizabeth bloqua sa porte avec deux tables et se mit au lit. Elle avait un peu bu, expliqua-t-elle, et elle dormit à poings fermés, jusqu'à ce qu'un chaton se mette à la piétiner, sans arrêt, sur les coups de 4 heures du matin, ce qui la réveilla. À ce moment-là, affirma Elizabeth, il n'y avait plus de lumière dans la chambre du dessous. Mais soudain, «j'ai entendu quelqu'un crier "Oh! Au meurtre!", au moment où le chat me sautait dessus, et je l'ai fait descendre». Elizabeth précisa que la voix était faible, toute proche, et qu'elle ne l'avait pas réentendue. Elle se rendormit et se réveilla de nouveau à 5 heures. Des hommes harnachaient des chevaux dans Dorset Street, alors qu'elle se rendait au pub Ten Bells pour boire son petit rhum du matin.

En milieu de matinée, John McCarthy travaillait dur dans sa boutique de matériel de bateau. Il essayait également de trouver une solution concernant la chambre 13 de la maison qu'il mettait en location au 26 Dorset Street. En ce vendredi matin froid et brumeux, il était bien obligé d'envisager l'inévitable. Joseph Barnett était parti depuis plus de quinze jours, et Mary Kelly devait presque 2 *livres* de loyer. McCarthy s'était montré patient avec elle, mais cela ne pouvait pas continuer.

«Va à la chambre 13 et essaie de percevoir le loyer», ordonna-t-il à son assistant, Thomas Bowyer. Il était presque 11 heures quand Bowyer vint frapper à la porte de Mary Kelly. Il n'obtint aucune réponse. Il tira sur la poignée, mais la porte était verrouillée. Il écarta les rideaux, à travers le carreau brisé, pour jeter un coup d'œil à l'intérieur, et il découvrit Mary Kelly nue sur son lit, couverte de sang. Il courut chercher son patron et tous deux se précipitèrent au 26 Dorset Street pour regarder à l'intérieur de la chambre. Bowyer courut ensuite chercher la police.

Un inspecteur de la Division H se dépêcha de se rendre sur les lieux, puis il envoya chercher immédiatement le Dr George Phillips et expédia un télégramme à Scotland Yard en évoquant le nouveau meurtre de Jack l'Éventreur. Moins d'une demi-heure plus tard, le lieu du crime était envahi d'inspecteurs, parmi lesquels Frederick Abberline, qui donna ordre d'empêcher toutes les personnes présentes dans la cour de s'en aller, et nul ne pouvait y entrer sans y avoir été autorisé par la police.

On télégraphia également à Charles Warren. Abberline demanda si le chef de la police souhaitait faire intervenir les chiens policiers. L'enquêteur chevronné savait certainement que ce serait une perte de temps. Mais il obéissait aux ordres. Celui-ci fut annulé et les chiens restèrent où ils étaient. À la fin de la journée, la presse apprendrait que Warren venait de démissionner.

Il n'y avait aucune urgence à pénétrer dans la chambre de Mary Kelly. Comme l'expliqua le Dr Phillips lors des auditions, il regarda «à travers le carreau cassé tout en bas et j'acquis la conviction que le corps étendu sur le lit ne réclamait pas mon attention immédiate». La police démonta une fenêtre de la chambre de Mary Kelly, et le Dr Phillips commença à prendre des photos par l'ouverture. À 13 h 30, la police se servit d'une pioche pour ouvrir la porte, qui alla cogner contre une table disposée à gauche du cadre de lit. Les inspecteurs et le Dr Phillips entrèrent dans la chambre et ce qu'ils découvrirent alors ne ressemblait à rien de ce qu'ils avaient pu voir au cours de leurs carrières.

«Ça ressemblait plus à l'œuvre d'un démon que d'un homme, racontera plus tard McCarthy. J'avais entendu parler des meurtres de Whitechapel, mais je jure devant Dieu que je ne m'attendais pas à découvrir un pareil spectacle!»

Le corps de Mary Kelly était étendu en travers du lit, presque contre la porte. Les photographies prises sur place montrent un corps à ce point mutilé qu'on pourrait croire qu'il est passé sous un train. L'Éventreur avait tranché les oreilles et le nez, lacéré et dépecé le visage jusqu'au crâne. Il ne restait plus aucun trait reconnaissable, uniquement les cheveux bruns, bien en place, sans doute parce que Mary ne s'était pas débattue. Comme il n'y avait pas assez de place pour l'attaquer par-derrière, l'Éventreur l'avait attaquée par-devant. Contrairement au meurtre de Camden Town, Mary faisait face à son agresseur quand une lame solide et aiguisée lui avait tranché la carotide droite. Le sang avait imbibé les draps et formé une petite flaque sur le plancher.

Abberline, chargé de l'affaire, fouilla la chambre. Il trouva des restes de vêtements calcinés dans la cheminée et supposa que le meurtrier avait continué à entretenir le feu pendant qu'il œuvrait, de façon à voir suffisamment clair, «car il n'y avait qu'une seule bougie dans la pièce». La chaleur avait été si intense qu'elle avait fait fondre le bec d'une bouilloire. On peut se demander comment un tel brasier avait pu passer inaperçu de l'extérieur, même à travers les rideaux. Quelqu'un avait pu croire que la maison était en flammes, à moins que le feu n'ait brûlé de manière intense, mais régulière. Comme toujours, les gens ne se mêlaient pas des affaires des autres. Peut-être que l'Éventreur s'était contenté de la faible lumière de l'unique bougie. Sickert ne craignait pas l'obscurité. «Le noir absolu est magnifique», écrivit-il dans une lettre.

À l'exception d'un manteau, tout le linge sale laissé par Maria avait été brûlé. Les vêtements de Mary Kelly furent retrouvés soigneusement pliés à côté du lit, comme si elle s'était déshabillée de son plein gré, pour ne garder que sa chemise. Son meurtrier avait lacéré, éventré et entaillé son corps, qu'il avait totalement ouvert, et transformé ses parties génitales en bouillie. Il avait amputé ses seins, pour les disposer à côté de son foie, près du lit. Il avait empilé les viscères sur la table de chevet. Tous les organes, excepté le cerveau, avaient été retirés, et la jambe gauche, écorchée au niveau du genou, laissait apparaître la blancheur luisante du fémur.

Sur le bras gauche, on distingue nettement des entailles incurvées, et un trait noir autour de la jambe droite, juste en dessous du genou, laisse supposer que l'Éventreur avait commencé à démembrer sa victime quand, pour une raison quelconque, il s'était arrêté. Peut-être le feu dans la cheminée ou la bougie étaient-ils sur le point de s'éteindre. Peut-être le moment était-il venu de s'enfuir. Le Dr Bond arriva sur les lieux à 14 heures, et, dans son rapport, il indiquait que la raideur cadavérique s'était déjà installée et s'était accentuée au cours de son examen. Il reconnut qu'il ne pouvait déterminer l'heure exacte de la mort, mais à 14 heures, le corps était froid. D'après cette indication, ajoutée à la présence de la raideur cadavérique et d'aliments partiellement digérés dans son estomac ouvert, éparpillés sur ses intestins, il estima que Mary Kelly était morte depuis douze heures quand il arriva sur place.

Si le Dr Bond avait raison en disant que la raideur cadavérique était en train de s'installer quand il avait commencé à examiner le corps, vers 14 heures, alors peut-être Mary était-elle morte depuis moins de douze heures. Car son corps aurait refroidi bien avant. Elle s'était vidée de son sang, elle était maigre, toute sa cavité corporelle était exposée à l'air, et rien ne la recouvrait, dans une chambre où le feu s'était éteint. De plus, si l'on en croit les témoins, Mary Kelly était toujours vivante à 1 h 30 du matin. Les heures fournies à la police reposaient sur les horloges des églises du secteur qui sonnaient les heures et les demi-heures, sur le changement de lumière, et le silence ou le début de l'activité dans l'East End.

Peut-être que le témoin le plus fiable concernant l'heure de la mort de Mary Kelly est le chaton qui commença à piétiner Elizabeth Prater vers 4 heures du matin. Les félins possèdent une ouïe extraordinaire, et le chaton avait peut-être été réveillé par des bruits juste en dessous. Ou peut-être avait-il senti les phéromones produites par une personne terrorisée ou paniquée. Au moment où elle fut réveillée par le chaton, Elizabeth entendit quelqu'un crier, tout près de là : « Au meurtre ! »

Mary Kelly a sans doute vu ce qui lui arrivait. Elle était déshabillée, allongée sur le lit. Sur le dos. Peut-être avait-elle vu le meurtrier sortir son couteau. Même si l'Éventreur lui avait mis un drap sur le visage avant de l'égorger, elle savait qu'elle allait mourir. Elle aura survécu quelques minutes, pendant qu'elle perdait son sang et qu'il commençait à la lacérer. On ne peut pas affirmer que les victimes de l'Éventreur n'éprouvaient aucune souffrance et étaient déjà inconscientes quand il commençait à les mutiler. Dans le cas de Mary Kelly, il n'y a aucun moyen de savoir si l'Éventreur avait commencé par le ventre ou le visage.

Si l'Éventreur haïssait le joli visage, excitant, de Mary Kelly, sans doute avait-il commencé par là. Mais peut-être avait-il choisi l'abdomen. Peut-être avait-elle ressenti les lacérations, tandis que l'intense hémorragie la faisait frissonner. Peut-être avait-elle commencé à claquer des dents, mais pas longtemps, car ses forces l'abandonnaient rapidement, puis elle entra en état de choc et mourut. Peut-être s'était-elle étouffée, à cause du sang qui jaillissait de la carotide et, aspiré par l'ouverture de la trachée, venait remplir ses poumons.

« L'arrivée d'air a été sectionnée dans la partie inférieure du larynx, à travers le cartilage », peut-on lire page 16 du rapport d'autopsie original.

Mary Kelly n'avait pas pu hurler, ni émettre le moindre son.

« Les deux seins ont été ôtés par des incisions plus ou moins circulaires, les muscles de la cage thoracique étant attachés aux seins. »

Cela nécessitait un couteau solide et aiguisé, avec une lame pas trop longue pour que l'arme reste maniable. Un scalpel possède une lame de dix à quinze centimètres et un manche qui ne glisse pas. Mais l'Éventreur aurait pu aisément disposer d'un couteau très répandu, le kukri, avec sa lame originale qui forme un coude vers l'avant. La longueur de la lame peut varier, mais ces couteaux sont assez robustes pour couper des ceps de vigne, des branches et même des arbustes. À l'époque où la reine Victoria était impératrice des Indes, de nombreux soldats anglais portaient des kukris, et ces couteaux avaient pu atterrir sur le marché anglais.

Dans une lettre datée du 19 octobre, Jack l'Éventreur écrivit qu'il se sentait «abattu à cause de mon couteau que j'ai perdu en vennant *[sic]* ici il m'en faut un ce soir». Deux jours plus tard, le dimanche 21 octobre au soir, un agent de police découvrit un couteau ensanglanté dans des fourrés, pas très loin de l'endroit où vivait la mère de Sickert. Il s'agissait d'un kukri. Un tel couteau avait pu servir à tuer Mary Kelly. Le kukri était utilisé dans les combats pour égorger et trancher les membres, mais à cause de sa lame incurvée, il n'était pas fait pour poignarder.

«La peau et les chairs de l'abdomen… ont été ôtées de manière importante en trois endroits… la cuisse droite était dépecée jusqu'à l'os… la partie inférieure du poumon (droit) était endommagée et arrachée… le péricarde était ouvert en dessous et le cœur absent.»

Ces détails d'autopsie figurent dans les pages 16 et 18 du rapport original et il semble que ce soient les seules pages de toutes les autopsies qui nous soient parvenues. La perte de ces rapports est une véritable calamité. Les détails médicaux qui nous renseigneraient le plus sur les sévices infligés par le meurtrier ne sont pas définis dans les comptes rendus d'auditions de manière aussi précise que dans les rapports d'autopsie. Ainsi, lors des auditions concernant le meurtre de Mary Kelly, il ne fut pas indiqué que son cœur avait disparu. La police, les médecins et le *coroner* jugeaient que le public n'avait pas besoin de connaître ce détail.

L'examen *post mortem* de Mary Kelly eut lieu à

la morgue de Shoreditch et dura six heures trente. Les médecins légistes les plus éminents étaient présents : le Dr Thomas Bond de Westminster, le Dr Brown de la City, un certain Dr Duke de Spitalfields et enfin le Dr George Phillips et un assistant. Des récits affirment que ces hommes ne voulaient pas achever leur examen tant que tous les organes n'avaient pas été retrouvés. Selon certains rapports, aucun organe ne manquait, ce qui est faux. L'Éventreur avait emporté le cœur de Mary Kelly, et sans doute également des morceaux de ses parties génitales et de son utérus.

Les auditions médico-légales débutèrent et s'achevèrent le 11 novembre. Le Dr Phillips avait à peine commencé à décrire le lieu du crime lorsque le Dr Roderick McDonald, le *coroner* du Northeast Middlesex, déclara qu'il n'était pas nécessaire d'entrer plus avant dans les détails à ce stade. Les jurés, qui avaient tous pu voir les restes de Mary Kelly à la morgue, pourraient se réunir ultérieurement pour en entendre davantage, à moins qu'ils ne soient déjà prêts à rendre un verdict. Ils l'étaient. Ils en avaient assez entendu. « Meurtre délibéré sur une personne inconnue. »

Immédiatement, la presse fit silence. Ce fut comme si l'affaire de l'Éventreur était classée. La lecture des journaux au cours des jours, des semaines et des mois qui suivirent le meurtre et l'enterrement de Mary Kelly fait apparaître peu de références à l'Éventreur. Ses lettres continuaient d'arriver et elles étaient classées « avec les autres ». Elles n'étaient pas publiées dans les journaux respectables. Tous les crimes ultérieurs susceptibles de faire resurgir la question de l'Éventreur furent finalement écartés comme n'étant pas l'œuvre du monstre de Whitechapel.

En juin 1889, les restes d'une femme démembrée furent découverts à Londres. Ils ne furent jamais identifiés.

Le 16 juillet 1889, une « malheureuse » nommée Alice McKenzie, connue pour ses « excès de boisson » de temps à autre, se rendit au Cambridge Music-Hall dans l'East End, où un jeune garçon aveugle l'entendit demander à un homme de lui offrir un verre. Vers 1 heure du matin, son corps fut retrouvé dans Castle Alley, à Whitechapel ; elle avait la gorge tranchée, et ses vêtements retroussés laissaient voir son ventre gravement mutilé. Le Dr Thomas, qui effectua l'autopsie, écrivit : « Mon opinion est que ce meurtre a été exécuté par la même personne qui a commis la précédente série de meurtres à Whitechapel. » Ce crime ne fut jamais élucidé. L'Éventreur était rarement mentionné en public.

Le 6 août, une fillette de huit ans nommée Caroline Winter fut assassinée à Seaham Harbour, sur la côte nord-est de l'Angleterre, pas très loin de Newcastle-upon-Tyne. Elle avait le crâne fracassé, son corps « portait d'autres blessures épouvantables », et on l'avait jetée dans une mare d'eau à proximité d'un égout. La dernière fois qu'on l'avait vue, elle jouait avec une amie qui déclara que Caroline avait parlé avec un homme aux cheveux noirs, avec une moustache noire et un costume gris miteux. Il avait offert 1 *shilling* à Caroline pour qu'elle l'accompagne et elle l'avait suivi.

Le torse de femme retrouvé sous le pont de chemin de fer près de Pinchin Street, le 10 septembre, ne présentait aucune trace de mutilation, à part les membres arrachés, et rien ne prouvait qu'elle était morte égorgée, bien qu'elle ait été décapitée. Une incision pratiquée sur le torse ne pouvait pas être l'œuvre de l'Éventreur, d'après le rapport officiel. « La paroi intérieure des intestins est à peine touchée et l'extrémité de l'entaille, près du vagin, donne l'impression que le couteau a glissé, comme si cette portion de la blessure était involontaire. S'il s'agissait de l'œuvre de l'ancien meurtrier déchaîné, on peut être relativement sûr qu'il aurait poursuivi son infâme travail en suivant la méthode qu'il avait adoptée. » L'affaire ne fut jamais élucidée.

Le 13 décembre 1889, sur les docks de Middlesbrough, également sur la côte nord-est de l'Angleterre, au sud de Seaham Harbour, on découvrit des restes humains en décomposition, parmi lesquels une main droite de femme dont il manquait deux phalanges au petit doigt.

« Je m'exerce à couper les jointures, écrivit l'Éventreur le 4 décembre 1888, et si j'y parviens, je vous enverrai un doigt. »

Le 13 février 1891, une prostituée nommée Francis Coles fut retrouvée égorgée à Swallow Gardens, à Whitechapel. Elle était âgée d'environ vingt-six ans, et « elle buvait », d'après les rapports de police. Le Dr George Phillips effectua l'examen *post mortem* et estima que le corps n'avait pas été mutilé et qu'il ne pouvait « être relié à cette série de meurtres antérieurs ». L'affaire ne fut jamais élucidée.

Une autre affaire concernant des morceaux de corps de femme démembrée, retrouvés à Londres en juin 1902, ne fut jamais élucidée.

Les *serial killers* continuent à tuer. Sickert continua à tuer. Le nombre de ses victimes pourrait s'élever à quinze, vingt, quarante… avant qu'il ait fini par s'éteindre paisiblement dans son lit à Bathampton, le 22 janvier 1942, à l'âge de quatre-vingt-un ans. Après la boucherie pratiquée sur Mary Kelly, Jack l'Éventreur s'évanouit dans un cauchemar issu du passé. C'était sans doute ce jeune médecin détraqué sexuel, qui était en vérité avocat, et qui s'était jeté dans la Tamise. Ou bien c'était un coiffeur fou ou un juif dément, soigneusement enfermé dans un asile. Ou bien il était mort. Quel soulagement de faire de telles suppositions !

Après 1896, il semblerait que les lettres de l'Éventreur se soient arrêtées. Son nom n'était plus rattaché aux crimes commis et les dossiers le concernant furent scellés pour un siècle. En 1903, James McNeill Whistler mourut, et Walter Sickert se fit un plaisir d'occuper le devant de la scène. Leurs styles et leurs thèmes étaient très différents – Whistler ne peignait pas des prostituées assassinées et ses œuvres commençaient à valoir une fortune –, mais Sickert prenait son essor. Il acquérait une dimension mythique en tant qu'artiste et «personnage». Devenu un vieil homme, il était le plus grand artiste anglais vivant. S'il avait avoué être Jack l'Éventreur, je pense que personne ne l'aurait cru.

CHAPITRE 28

PLUS ÉLOIGNÉES DE LA TOMBE

Il semblerait que les aspects et les personnalités fracturés de Sickert aient fichu le camp sans laisser d'adresse en 1899, lorsqu'il se retira de l'autre côté de la Manche pour vivre dans les mêmes conditions que ces indigents qu'il terrorisait.

« Je m'éveille de mes rêves, et en chemise de nuit, je nettoie le plancher, et je déplace un matelas que j'ai placé là pour "recueillir les gouttes" », écrivit-il à Blanche.

Entre les meurtres et les regains de travail, Sickert avait dérivé sans but, principalement à Dieppe et à Venise, dans des conditions de vie que ses amis décrivent comme exécrables et choquantes. Il survivait au milieu de la crasse et du chaos. Il se laissait aller et il puait. Paranoïaque, il confia à Blanche qu'il était persuadé qu'Ellen et Whistler avaient conspiré pour détruire sa vie. Il craignait que quelqu'un ne l'empoisonne. Il vivait de plus en plus en reclus, déprimé et morbide.

« Crois-tu que nous sommes à ce point émus et intéressés pour toutes les choses du passé parce qu'elles sont plus éloignées de la tombe?» se demande-t-il dans une lettre.

Les tueurs psychotiques sombrent parfois dans une dépression morbide après leur débauche meurtrière, et pour quelqu'un qui avait toujours exercé un contrôle absolu en apparence, Sickert dut se retrouver totalement livré à lui-même, privé de sa vie d'autrefois. Durant ses années les plus viriles et les plus productives, il s'était abandonné à une frénésie de massacres. Il avait ignoré et évité ses amis. Il s'extrayait de la société sans prévenir et sans donner de raison. Il n'avait pas de gardien, pas de maison et aucune ressource. Son obsession psychotique avait entièrement dominé sa vie. «Je ne me sens pas bien… je ne sais pas ce que j'ai, écrivit-il à Nan Hudson en 1910. Je suis à bout de nerfs.» À l'âge de cinquante ans, Sickert commença à s'autodétruire, comme un circuit électrique en surtension sans coupe-circuit.

Quand Ted Bundy décompressa, ses crimes avaient franchi une nouvelle étape : aux vagues de meurtres avait succédé l'orgie des multiples boucheries démentielles qu'il commit dans un club d'étudiantes en Floride. Il était totalement détraqué et il ne vivait pas dans un monde qui le laisserait impuni. À la différence de Sickert. Celui-ci n'avait pas en face de lui des forces de l'ordre et une science médico-légale sophistiquées. Il se déplaçait à la surface de l'existence sous les traits d'un gentleman respectable et intellectuel. C'était un artiste qui allait bientôt devenir un maître, et l'on tolère que les artistes ne gèrent pas leur vie de manière structurée ou «normale». On leur pardonne d'être un peu bizarres ou excentriques, ou un peu dérangés.

Le psychisme fracturé de Sickert l'entraînait dans des batailles permanentes contre ses nombreuses personnalités. Il souffrait. Il comprenait la douleur, du moment que c'était la sienne. Il ne ressentait rien pour les autres, pas même Ellen, qui souffrait bien plus que Sickert, car elle l'aimait et ne cesserait de l'aimer. Les stigmates du divorce étaient bien plus douloureux pour elle que pour lui ; sa honte et son sentiment d'échec étaient plus forts. Jusqu'à la fin de sa vie, elle se punirait pour avoir terni le nom de Cobden, pour avoir trahi son père décédé et avoir été un fardeau pour ceux qu'elle aimait. Elle ne connaissait pas le repos, à l'inverse de Sickert qui ne voyait pas ce qu'il avait fait de mal. Les psychopathes rejettent les conséquences. Ils ne regrettent rien, si ce n'est le malheur qu'ils font peser sur leurs épaules, et dont ils tiennent les autres pour responsables.

Les lettres de Sickert à Blanche sont des chefs-d'œuvre de machination et nous donnent un aperçu des recoins les plus sombres d'un esprit psychotique. Sickert écrivit d'abord : « Divorce prononcé hier, Dieu soit loué ! » À cela, il ajouta : « La première réaction quand on enlève un coin, c'est un soulagement qui vous fait tourner la tête. » Il n'était pas attristé par la perte d'Ellen. Il était soulagé d'être débarrassé d'un ensemble de complications, et il se sentait encore plus morcelé qu'avant.

Ellen lui procurait un sentiment d'identité. Son mariage lui avait donné une base solide, alors qu'il jouait à chat en permanence. Il pouvait toujours revenir vers elle en courant ; elle lui offrait toujours tout ce qu'elle pouvait, et elle continuerait à le faire, même si cela voulait dire acheter des tableaux en douce par l'intermédiaire de Blanche. Sickert l'homme de spectacle avait besoin d'un public ou d'une troupe pour l'entourer. Il se retrouvait seul en coulisse, dans un endroit sombre et froid, et il n'aimait pas ça. Ellen ne lui manquait pas autant qu'il lui manquait, et l'ultime tragédie de Sickert, c'était d'être condamné à une vie dans laquelle il n'y avait aucune place pour l'intimité physique ou émotionnelle. « Toi au moins, tu *ressens* ! » écrivit-il un jour à Blanche.

Les tares génétiques et les traumatismes de l'enfance avaient mis à nu les fêlures de Sickert et l'avaient découpé en différentes parties. Une partie de lui-même donnait des leçons de peinture à Winston Churchill, alors qu'une autre partie écrivait une lettre à la presse en 1937 pour vanter les talents artistiques d'Adolf Hitler. Une partie de Sickert était charitable avec son frère Bernhard, drogué et faible, alors qu'une autre partie n'était nullement gênée de débarquer à l'hôpital de la Croix-Rouge pour dessiner les soldats à l'agonie, puis réclamer ensuite leurs uniformes en prétextant qu'ils n'en auraient plus besoin.

Une partie de Sickert pouvait encenser un artiste débutant et lui offrir généreusement son temps et ses conseils, alors qu'une autre partie de lui-même descendait en flammes des maîtres comme Cézanne et Van Gogh, ou faisait publier un mensonge dans la *Saturday Review* dans le but de diffamer les carrières de Joseph Pennell et de Whistler. Une partie de Sickert faisait croire à ses amis qu'il était un homme à femmes, alors qu'une autre partie de lui-même les appelait des « chiennes », ou des « connes » dans les lettres de l'Éventreur, et les rejetait comme des êtres inférieurs, les assassinait, les mutilait et continuait à les détruire et à les violer dans ses œuvres. La complexité de Sickert est sans doute infinie, mais une chose apparaît très clairement : il ne se mariait pas par amour.

Malgré tout, en 1911, il décida qu'il était temps pour lui de se remarier. Cette décision fut sans doute moins préméditée que ses crimes. Il fit une cour éclair à l'une de ses jeunes étudiantes en art, que Robert Emmons, le premier biographe de Sickert, qualifie de jolie, avec « un cou de cygne ». Apparemment rongée par de profondes appréhensions, la jeune femme abandonna Sickert devant l'autel et décida d'épouser une personne qui correspondait mieux à sa position sociale.

« Mariage annulé. Trop fâché pour venir », télégraphia Sickert à Ethel et à Nan Hudson le 3 juillet 1911.

Il reporta immédiatement son attention sur une autre de ses étudiantes, Christine Drummond Angus, fille de John Angus, un marchand de cuir écossais convaincu que Sickert en voulait à son argent. L'argent était une denrée intéressante, mais ce n'était pas la seule dont Sickert avait besoin dans sa vie. Il n'avait personne pour s'occuper de lui. Christine avait dix-huit ans de moins que Sickert, et c'était une jolie femme avec un visage enfantin. Elle était maladive et légèrement boiteuse, ayant souffert presque toute sa vie de névrite, une inflammation des nerfs, et d'enflures douloureuses accompagnées de démangeaisons. C'était également une jeune femme intelligente, capable de réaliser des broderies dignes de figurer dans un musée et une artiste très talentueuse, mais elle ne connaissait pas Sickert personnellement.

Ils n'avaient jamais eu de véritables relations, en dehors de la salle de classe, quand il décida de l'épouser. Il la submergea alors de télégrammes et de lettres, plusieurs fois par jour, jusqu'à ce que l'attention inattendue et excessive de son professeur la rende malade, à tel point que sa famille l'envoya se reposer à Chagford, dans le Devon. Sickert ne fut pas invité à la rejoindre, mais il prit le train de son côté et effectua tout le trajet. Quelques jours plus tard, ils étaient fiancés, à l'encontre des désirs du père de Christine.

M. Angus consentit malgré tout à ce mariage en apprenant que l'artiste sans le sou avait vendu un grand portrait à un acheteur anonyme. Peut-être que Christine ne faisait pas un si mauvais choix, finalement. L'acheteur anonyme du tableau était Florence Pash, une cliente et une amie de Sickert, désireuse de l'aider. «J'épouse samedi une certaine Christine Angus», télégraphia Sickert à Nan Hudson et à Ethel Sands le 26 juillet 1911. Mais il ajouta cette mauvaise nouvelle : le bijoutier «refusait de reprendre l'alliance» que Sickert avait achetée pour la première étudiante qu'il avait voulu épouser.

Christine et Sickert se marièrent au bureau d'état civil de Paddington et commencèrent à passer le plus clair de leur temps à Dieppe et à Envermeu, à une quinzaine de kilomètres de là, où ils louaient une maison. Quand la Première Guerre mondiale éclata, en

1914, ils rentrèrent à Londres. Sur un plan artistique, ce furent des années très productives pour Sickert. Il écrivit de nombreux articles. Ses tableaux reflètent cette tension entre les couples, énigmatique et puissante, qui l'a rendu célèbre.

Au cours de ses premières années de mariage avec Christine, il créa son chef-d'œuvre, *Ennui* ; il peignit des scènes de bataille, puis il retrouva les music-halls, en se rendant au New Bedford «chaque soir». Il produisit également d'autres œuvres qui traduisent sa violence sexuelle. Dans *Jack Ashore* (Jack à terre), un homme habillé s'approche d'une femme nue dans un lit. Dans *The Prevaricator* (Le Prévaricateur), un homme habillé est penché au-dessus d'un lit en bois, semblable à celui de Mary Kelly, une rupture avec le châlit en fer, fétiche de Sickert. On distingue faiblement une silhouette dans le lit.

La mauvaise santé de Christine continua à provoquer des désagréments à Sickert, qui écrivit des lettres hypocrites à ses deux amies si serviables. Il était ravi, expliquait-il, de «contribuer à rendre une créature plus heureuse qu'elle ne l'aurait été sans lui». Si seulement il gagnait plus d'argent, ajoutait-il, car il avait besoin de deux domestiques pour s'occuper de son épouse malade. «Je ne peux pas abandonner mon travail et je n'ai pas les moyens de l'emmener à la campagne.» Il aurait aimé que Nan Hudson accueille Christine chez elle pendant quelque temps.

Après la guerre, le couple s'installa en France et, en 1919, Sickert eut le coup de foudre pour une ancienne gendarmerie située rue de Douvrend, à Envermeu. Christine acheta 31 000 francs cette construction à moitié en ruine, avec des chambres au premier étage où se trouvaient autrefois les cellules. La tâche de son mari consistait désormais à aménager la Maison Mouton, comme on l'appelle encore aujourd'hui, et à préparer l'arrivée de Christine, pendant que celle-ci restait à Londres pour régler certaines affaires et s'occuper de l'envoi de leurs meubles de l'autre côté de la Manche. Elle s'écroulait parfois dans son lit, quand elle faisait une crise de névrite, et elle fut si malade à un moment qu'elle resta éveillée «pendant 45 nuits… à cause des médicaments et des infections, et même quand la douleur intense disparaît, on peut à peine bouger».

Il semblerait que Sickert avait du mal à bouger, lui aussi, en tout cas pas d'une manière pouvant aider, même un tant soit peu, sa frêle épouse. Durant l'été 1920, Christine écrivit à sa famille que la Maison Mouton était «inhabitable». Une photographie de Sickert qu'il envoya à son épouse montrait qu'il n'avait pas nettoyé ses chaussures depuis la dernière fois qu'elle l'avait vu, quatre mois plus tôt. «Je crains qu'il ait dépensé tout l'argent que j'avais mis de côté pour le sol de la cuisine et l'évier.» Il l'informa qu'il avait acheté «une loggia qui domine la rivière et un Christ sculpté et peint du XVe siècle, grandeur nature», qui devait «veiller sur notre fortune».

À la fin de l'été 1920, Christine n'avait pas vu Sickert depuis si longtemps qu'elle lui écrivit, dans ce qui était peut-être sa dernière lettre adressée à son mari : «*Mon Petit*, je suppose que c'est la dernière fois que j'écris des lettres devant la fenêtre qui donne sur Camden Road. Ce sera merveilleux de te revoir, mais très étrange. » Peu de temps après, Christine débarqua avec leurs meubles pour emménager dans leur nouvelle maison d'Envermeu et découvrir qu'il n'y avait ni électricité ni eau courante, uniquement des bacs pour récolter la pluie. Au fond du puits, il y avait un chat mort, dont une des sœurs de Christine affirmait qu'il « avait été noyé ». Boiteuse et faible, Christine devait marcher jusqu'au fond du jardin et suivre un petit chemin de silex, puis descendre un escalier abrupt pour se rendre à « la fosse d'aisances ». Après sa mort, sa famille fera remarquer avec indignation que ce n'était « pas étonnant que la pauvre Christine ait abandonné le fantôme ».

Christine avait été mal portante durant tout l'été, puis son état s'améliora quelque peu, avant de rechuter de manière dramatique à Envermeu durant l'automne. Le 12 octobre, Sickert télégraphia à la sœur de Christine, Andrina Schweder, pour lui dire que son épouse se mourait sans souffrir, et qu'elle dormait énormément. L'examen de son liquide céphalo-rachidien avait décelé la présence du « bacille de la tuberculose de Koch ». Sickert promettait d'envoyer un autre télégramme « quand la mort surviendra », et il indiquait que Christine serait incinérée à Rouen, puis enterrée dans le petit cimetière d'Envermeu.

La sœur et le père de Christine se mirent en route immédiatement et arrivèrent à la Maison Mouton le lendemain, pour découvrir Sickert qui les saluait à la fenêtre en agitant gaiement son mouchoir. Ils furent déconcertés lorsqu'il les accueillit à la porte, vêtu d'une veste en velours noir, le crâne rasé, le visage très blanc, comme s'il était maquillé. Il était heureux de leur annoncer que Christine était toujours vivante, même si la fin était proche. Il les fit monter dans la chambre de Christine, qui était inconsciente. Elle n'était pas dans la chambre principale. Celle-ci se trouvait en bas, derrière la cuisine, et elle possédait l'unique grande cheminée de la maison.

Andrina resta au chevet de sa sœur, pendant que leur père redescendait avec Sickert, qui sut si bien le distraire avec ses histoires et ses chansons qu'Angus s'en voulut par la suite d'avoir passé du bon temps. Le médecin arriva et fit une piqûre à Christine. Sa sœur et son père repartirent, et juste après, elle mourut. Ils n'apprirent la nouvelle que le lendemain, le 14. Sickert dessina le corps de sa femme morte pendant qu'elle était encore dans son lit, dans la chambre du haut. Il envoya chercher un mouleur pour exécuter un moulage en plâtre de la tête de Christine, puis il rencontra un agent artistique qui souhaitait lui acheter des tableaux. Sickert demanda à Angus s'il voulait bien envoyer un télégramme au *Times* pour annoncer le décès, et il fut furieux de découvrir que son beau-père avait indiqué que Christine était « l'épouse de Walter Sickert », et non pas « l'épouse de Walter Richard Sickert ». Les amis de Sickert se rassemblèrent autour de lui, et l'artiste Thérèse Lessore s'installa dans la maison pour veiller sur lui. Son chagrin était apparent, et apparemment aussi faux que tout, ou presque, chez lui ; ses sentiments à l'égard de sa « chère défunte » étaient « totalement bidon », ainsi que les décrivit Angus avec amertume. Sickert, écrivit Angus, « n'a pas perdu de temps pour récupérer sa Therese *[sic]* ». En 1926, Sickert et Thérèse se marieraient.

« Elle doit beaucoup te manquer », dit Marjorie Lilly à Sickert, peu de temps après la mort de Christine.

« Ce n'est pas tellement ça, répondit-il. Je suis surtout triste qu'elle *n'existe plus.* »

Dans les premiers mois de 1921, alors que Christine était morte depuis moins de six mois, Sickert écrivit des lettres obséquieuses et morbides à son beau-père, dont le but était, très clairement, de réclamer sa part des biens de Christine, et ceci avant l'homologation du testament. Il avait besoin d'argent, expliquait-il, pour payer les ouvriers qui continuaient à aménager la Maison Mouton. C'était si « désagréable » de ne pas payer ses factures à temps, et puisque M. Angus partait pour l'Afrique du Sud, Sickert aurait bien besoin d'une avance, afin de veiller à ce que les désirs de Christine concernant leur maison soient respectés. John Angus envoya à Sickert une avance de 500 *livres sterling*.

Sickert, un des premiers habitants d'Envermeu à posséder une automobile, dépensa 60 *livres* pour faire construire un garage, avec une fosse en brique pour les travaux de mécanique. « Ma maison sera ainsi un excellent centre automobile, écrivit-il à Angus. Christine a toujours eu cette idée en tête. » Les nombreuses lettres de Sickert adressées à la famille de Christine après le décès de celle-ci étaient si ouvertement intéressées et manipulatrices que ses frères et sœurs les faisaient circuler, car ils les trouvaient « divertissantes ».

Sickert ne cessait de s'angoisser à l'idée de décéder intestat, comme si cela risquait d'arriver à tout moment. Il avait besoin des services de M. Bonus, le notaire de la famille Angus, afin de rédiger immédiatement un testament. M. Bonus se montra à la hauteur de son nom. En utilisant ses services, Sickert n'eut pas à payer des frais juridiques. «Je ne suis pas pressé d'homologuer le testament, dit-il à Angus. Ma seule angoisse, c'est de décéder intestat. J'ai donné à Bonus des instructions concernant mon testament.»

Finalement, Angus, âgé de soixante-dix ans, écrivit à Sickert, âgé de soixante ans, que son «angoisse» permanente à l'idée de mourir «intestat peut être aisément écartée, car il ne faudra pas des années et des années à Bonus pour rédiger votre testament». Les biens de Christine étaient estimés à environ 18 000 *livres*. Sickert voulait son argent, et il se servit de l'excuse selon laquelle toutes les questions juridiques devaient être réglées immédiatement, au cas où il mourrait subitement, dans un accident d'automobile par exemple. Si le pire survenait, Sickert souhaitait être incinéré «dans n'importe quel endroit approprié, et que mes cendres soient répandues (sans boîte ni coffret)» sur la tombe de Christine. Tout ce qu'elle lui avait légué, ajouta-t-il généreusement, devait revenir «sans condition» à la famille Angus. «Si je vis encore quelques années», promit-il, il prendrait des dispositions pour que Marie, sa gouvernante, touche une rente annuelle de 1 000 francs.

En 1990, quand les documents personnels de Christine furent remis à la Tate Archive, un membre de la famille écrivit que «"l'intention" de Sickert de tout léguer au *Angus Trust* était complètement bidon! Nous n'avons jamais vu un seul penny».

Dans une lettre adressée à la famille Angus dix jours après l'enterrement, Sickert décrit ce triste événement comme une grande occasion. « Tout le village » s'était déplacé, et il avait accueilli chaque personne à l'entrée du cimetière. Sa chère épouse fut enterrée « tout près d'un petit bois qui était notre lieu de promenade préféré ». Il y avait là « une très jolie vue sur l'ensemble de la vallée ». Dès que la terre serait stabilisée, Sickert projetait d'acheter une plaque de marbre ou de granit pour y faire graver le nom de son épouse et ses dates de naissance et de mort. Il ne le fit jamais. Pendant soixante-dix ans, la pierre tombale en marbre vert de Christine porta son nom gravé et la mention « fait à Dieppe », « mais sans les dates qu'il avait promises », d'après Angus. Ce fut finalement la famille qui les fit ajouter.

Marie Françoise Hinfray, la fille de la famille qui acheta la Maison Mouton à Sickert, eut la gentillesse de me faire visiter l'ancienne gendarmerie où vécut Sickert et où mourut Christine. Elle est maintenant habitée par les Hinfray, des entrepreneurs de pompes funèbres. Mme Hinfray m'expliqua que, lorsque ses parents avaient acheté la maison à Walter Sickert, les murs étaient peints de couleurs sombres, « les pièces étaient obscures et tristes, avec des plafonds bas ». La maison était remplie de tableaux abandonnés, et quand furent creusées les toilettes extérieures, les ouvriers découvrirent les morceaux rouillés d'un revolver à six coups de petit calibre qui datait du début du siècle. Ce n'était pas le genre d'arme utilisé par la gendarmerie.

Mme Hinfray me montra le revolver. Il avait été ressoudé et peint en noir, et elle en était très fière. Elle me fit visiter la chambre principale, en précisant que Sickert laissait toujours les rideaux ouverts sur la rue obscure et qu'il faisait des feux si énormes que les voisins pouvaient voir à l'intérieur de la maison. C'est là que dort Mme Hinfray maintenant, et ce grand espace est rempli de plantes et de couleurs vives. Pour finir, je lui ai demandé de me conduire à l'étage, dans la pièce où est morte Christine, une ancienne cellule avec un petit poêle à bois.

Je suis restée là, seule, à regarder autour de moi, à écouter. Si Sickert était en bas, songeai-je, ou dehors dans le jardin ou le garage, il ne pouvait pas entendre Christine qui l'appelait si le poêle avait besoin d'être alimenté, si elle voulait un verre d'eau ou si elle avait faim. Mais il n'avait pas besoin de l'entendre, car elle était sans doute incapable d'émettre un son. Elle ne devait pas se réveiller très souvent, ou alors, elle somnolait. La morphine devait la faire flotter dans une sorte de sommeil indolore.

Aucun document n'indique que tout le village se rassembla pour assister à l'enterrement de Christine. Il semblerait que l'assistance était surtout composée de la « bande » de Sickert, comme les appelait Ellen, et le père de Christine était présent. Plus tard, il se souvint d'avoir été « choqué » par le « sang-froid » ou la totale indifférence de Sickert. Il pleuvait le jour où je visitai le vieux cimetière entouré d'un mur de briques. J'eus du mal à trouver la modeste pierre tombale de Christine. Je ne vis ni « petit bois », ni « lieu de promenade préféré », et de là où je me trouvais, il n'y avait pas de « jolie vue sur l'ensemble de la vallée ».

Le jour de l'enterrement de Christine le vent soufflait en bourrasques, il faisait froid et le cortège était en retard. Sickert ne versa pas les cendres dans la tombe de son épouse. Il plongea la main dans l'urne et lança les cendres dans le vent, qui les dispersa sur les manteaux et les visages de ses amis.

DERNIÈRE MINUTE

Patricia Cornwell dévoile de nouvelles preuves dans l'enquête en cours sur Jack l'Éventreur.

Le lendemain de la parution du livre explosif de Patricia Cornwell aux États-Unis, de nouvelles preuves ont été mises en évidence dans le cadre de l'enquête que continue de mener l'auteur sur la véritable identité de Jack l'Éventreur.

Peter Bower, historien et expert en analyse de papiers et de documents, respecté dans le monde entier, affirme que deux lettres écrites par Walter Sickert présentent des points communs avec deux lettres écrites par Jack l'Éventreur.

Mme Cornwell indique que des similitudes frappantes ont été découvertes entre des documents écrits par Walter Sickert et l'Éventreur. Deux lettres écrites par le célèbre peintre anglais Walter Sickert dans les années 1890, et retrouvées récemment dans les archives du Getty Center à Los Angeles, en Californie, ont été authentifiées comme provenant de la même rame de papier utilisée par Jack l'Éventreur pour deux de ses lettres conservées au Public Record Office de Londres et au City of London Record Office.

D'après Peter Bower, ces quatre lettres proviennent de la même rame de papier, portant la marque Gurney/Ivory Laid, fabriqué pour Lepard & Smith Ltd, 29 King Street, Covent Garden, à Londres, à la fin des années 1880. On connaît sans doute mieux Bower pour ses travaux sur les papiers utilisés par des artistes comme Michel-Ange, Turner, Constable et d'autres, et pour avoir apporté la preuve que le fameux journal de Jack l'Éventreur était un faux.

Bower a découvert que ces quatre lettres possédaient des caractéristiques identiques stupéfiantes : le même filigrane, « Ivory Laid », placé au même endroit sur chaque feuille, la même dimension irrégulière des feuilles, la même finition, la même nature des fibres et la même trame, particulière et unique, résultant habituellement du procédé de fabrication de chaque rame de papier.

Toujours d'après Bower, « ces quatre feuilles utilisées pour ces quatre lettres présentent une autre caractéristique importante : la largeur est légèrement hors d'aplomb (c'est-à-dire pas exactement à angle droit avec la longueur), ce qui est typique des feuilles coupées en même temps avec une machine légèrement faussée. Même si les dimensions des feuilles étaient contrôlées, les pratiques commerciales en vigueur à l'époque autorisaient une petite marge, car les ouvriers ne réglaient pas toujours très bien leurs machines et des feuilles censées avoir les dimensions mesuraient parfois quelques millimètres de plus ou de moins, en longueur ou en largeur ».

La conjonction de tous ces détails prouve que ces lettres ont toutes été écrites en utilisant la même rame de papier, faisant partie d'une production relativement réduite de 6 000 feuilles.

Les probabilités pour qu'il s'agisse d'une coïncidence

sont minimes, surtout si l'on ajoute qu'une autre similitude a été découverte entre une autre lettre de Sickert
appartenant à la collection Getty et deux lettres de
l'Éventreur conservées au City of London Record Office.
Les trois feuilles possèdent les mêmes dimensions et un
filigrane identique (Joynston Superfin) et proviennent
donc très probablement du même lot de papier.

Autre preuve interdisant toute coïncidence : cinq filigranes différents, dont deux relativement rares, ont été
retrouvés sur les lettres de Sickert et de l'Éventreur
(A Pirie, Brittania, Joynson, Monckton et Gurney Ivory
Laid).

Ces nouvelles preuves renforcent l'avis du *Publisher's
Weekly* (21 novembre 2002) :

Jack l'Éventreur – Affaire classée. Portrait d'un tueur
est un livre « humain, intense, superbement argumenté,
écrit avec fluidité et irréfutable ; le meilleur et le plus
important des ouvrages consacrés à un crime authentique,
un livre qui marquera le XXIe siècle ».

Appendice

RÉSULTATS DES ANALYSES D'ADN MITOCHONDRIQUE

Tous ces résultats n'apparaissent pas dans le texte.

Échantillons numérotés	Résultats des tests
8. Lettre de l'Éventreur adressée au Dr Thomas Openshaw ; substance adhésive sous un timbre partiel au dos de l'enveloppe* : donneur unique (très faible niveau de mélange)	**16294 C-T 73 A-G 263 A-G**
6. Lettre de l'Éventreur adressée au Dr Thomas	16292 C/T **16294 C/T** 16304 C/T **73 A/G**

---

* Les prélèvements effectués sur le papier entourant les rabats d'enveloppe ou les timbres découlent du principe que lorsqu'une personne léchait la partie adhésive ou utilisait une éponge pour ce faire, elle humectait certainement le papier en même temps. En outre, nous savions que même si nous mettions en évidence des composants significatifs, nous obtiendrions également d'importants mélanges, dus au grand nombre de personnes ayant manipulé ces documents au fil des décennies.

Openshaw ; prélèvement sur le papier du rabat au dos de l'enveloppe : mélange	150 C/T 152 T/C 195 T/C 199 T/C 203 G/A 204 T/C 250 T/C **263 A-G**
10. Lettre de Sickert ; pré- lèvement effectué sur le papier entourant le rabat de l'enveloppe : mélange	**16294 C/T** 16296 C/T 16304 C/T 16311 T/C **73 A-G** 199 T/C 203 G/A 204 T/C 250 T/C **263 A-G**
16. Ellen Cobden Sickert : mélange	**16294** T/C 16304 C/T **73 A/G** 152 C/T
17. Ellen Cobden Sickert ; prélèvement sous le rabat de l'enveloppe : mélange	**16294** T/C 16304 C/T 16311 T/C **73 A/G** 152 C/T **263 A-G**
22. Sickert ; prélèvement sous timbre : mélange	**16224 C/T** 16294 C/T 16311 C/T **73 G/A** 152 T/C 153 A/G 195 T/C **263 A-G** 73 A-G 152 T-C 195 T-C 263 A-G
26. Sickert ; prélèvement sous timbre : mélange	16223 C-T 16278 C-T **16294 C-T** 16309 A-G 16390 G-A **73 A-G** 195 T-C **263 A-G**

33. Enveloppe de l'Éventreur : donneur unique (faibles résultats PS 2 et 3)

Pas de données PS 2
73 A-G 195 T-C **263 A-G**

34. Lettre de l'Éventreur avec traces de sang au crayon violet (taches de sang) : donneur unique

16311 T-C 93 A-G

40. James McNeill Whistler ; rabat d'enveloppe : donneur unique (faibles résultats)

16223 C-T 16278 C-T
73 A-G 263 A-G

108. Montague John Druitt ; enveloppe : donneur unique

16270 C/T **16294 C/T**
16304 C/T
16362 T/C **73 A-G**
150 C/T 195 T/C
263 A-G plusieurs N

141. Enveloppe de l'Éventreur : mélange

16271 T/C **16294 C/T**
16304 T/C
16311 C/T **73 G/A**
146 C/T 257 N 261 N
263 A-G

143. Enveloppe de l'Éventreur : mélange

16294 C/T 16304 T/C
16354 T/C
73 G/A 263 A-G

135. Ellen Cobden   16270 C/T 16271 T/C
     Sickert; enveloppe   16291 C/T

138. L'Éventreur;   **16294 C/T** 16311 T/C
     enveloppe   16327 C/T
                           73 A/G 150 C/T 195 T/C
                           plusieurs N

113. Sickert; enveloppe: **16294 T/C** 16296 T/C
     mélange   16311 T/C
                           73 G/A 146 C/T 152 C/T

118. Sickert; enveloppe: **16294 C/T** 16296 C/T
     mélange   16304 T/C

MON ÉQUIPE

Sans l'aide de nombreuses personnes, sans sources universitaires et sans archives, je n'aurais jamais pu mener cette enquête ni en rédiger le compte rendu.

L'histoire de Walter Sickert n'existerait pas, les crimes infâmes qu'il a commis sous le pseudonyme de Jack l'Éventreur n'auraient pas été élucidés, si le passé n'avait pas été ainsi préservé, d'une manière qui n'est plus possible de nos jours à la vitesse où disparaît l'art de la correspondance et du journal intime. Je n'aurais pas pu suivre les traces de Sickert, vieilles d'un siècle, si je n'avais pas reçu l'aide de spécialistes tenaces et courageux.

Je suis redevable à l'Institut de science et de médecine légales de Virginie, et plus particulièrement aux codirecteurs, le Dr Paul Ferrara et le Dr Marcella Fierro, et aux médecins légistes Lisa Schiermeier, Chuck Pruitt et Wally Forst ; au Bode Technology Group ; à Vada Hart, chercheuse et conservatrice ; à l'historienne d'art et spécialiste de Sickert, le Dr Anna Gruetzner Robins ; à Peter Bower, historien et spécialiste des papiers ; à Sally Bower, « lettreuse » ; à Anne Kennett, conservatrice de documents ; à Edward Sulzbach, *profiler* et instructeur au FBI ; à Linda Fairstein, assistante du District Attorney de New York ; et à

Joe Jameson, collectionneur de documents rares et de livres anciens.

Je remercie l'artiste John Lessore pour ses conversations agréables et sa générosité.

Je suis reconnaissante envers les membres de mon équipe, patients et acharnés, qui ont facilité mon travail de toutes les manières possibles et ont fait preuve de talents admirables et de dons d'enquêteurs : Irene Shulgin, Alex Shulgin et Viki Everly.

Je crains de ne pouvoir me souvenir de tous ceux que j'ai rencontrés au cours de ce voyage éreintant, souvent douloureux et déprimant, et j'espère que les personnes ou les institutions que j'aurais pu oublier me pardonneront.

Je n'aurais pas pu aller jusqu'au bout sans les galeries d'art, les musées, les archives et leurs employés, que voici : Paul Johnson, Hugh Alexander, Kate Herst, Clea Relly et David Humphries du Public Record Office à Kew ; R. J. Childs, Peter Wilkinson et Timothy McCann du West Sussex Record Office ; Hugh Jaques et le Dorset Record Office ; Sue Newman de la Christchurch Local History Society ; le Ashmolean Museum ; le Dr Rosalind Moad de l'université de Cambridge, les archives du King's College Modern ; le professeur Nigel Thorp et Andrew Hale du département des collections spéciales de la bibliothèque de l'université de Glasgow.

Jenny Cooksey de la Leeds City Art Gallery ; Sir Nicholas Serota, de la Tate Gallery ; Robert Upstone, Adrian Glew et Julia Creed des archives de la Tate Gallery de Londres ; Julian Treuherz de la Walker Art Gallery de Liverpool ; Vada Hart et Martin Banham de la Islington Central Libraries à Londres ; James Sewell, Juliet Banks et Jessica Newton de la Corporation of London Records

Office ; le département d'histoire de l'art de l'université de Reading.

La Fine Art Society de Londres, l'hôpital St. Mark's, l'hôpital St. Bartholomew's ; Julia Sheppard de la Wellcome Library for the History and Understanding of Medicine, à Londres ; la Bodleian Library de l'université d'Oxford ; Jonathan Evans des archives et du musée du Royal London Hospital ; le Dr Stella Butler et John Hodgson de l'université de Manchester ; le département d'histoire et d'art de la John Rylands Library ; Howard Smith de la Manchester City Galleries ; Reese Griffith des archives du London Metropolitan ; Ray Seal and Steve Earl du musée historique de la Metropolitan Police ; les archives de la Metropolitan Police.

John Ross du musée du crime de la Metropolitan Police ; Christine Penny des services d'information de l'université de Birmingham ; le Dr Alice Prochaska de la collection des manuscrits de la British Library ; le National Register of Archives d'Écosse ; Mark Pomeroy de la Royal Academy of Arts de Londres ; Iain MacIver de la National Library d'Écosse ; les collections spéciales de la bibliothèque de l'université du Sussex ; la New York Public Library ; la British Newspaper Library ; le marchand de livres anciens, d'autographes et de manuscrits, Clive Farahar, et Sophie Dupre ; Denison Beach de la Houghton Library de l'université de Harvard.

Le bureau de l'état civil de Londres ; la bibliothèque de l'université d'Aberdeen, Special Libraries and Archives, Kings College (les archives commerciales de la firme Alexander Pirie & Sons) ; le House of Lords Records Office à Londres ; le National Registrar Family Records Center ; le London Bureau de Camden ; le Marylebone Registry Office.

Ne parlant pas le français, j'aurais été perdue face à tout ce qui concernait ce pays sans mon éditrice, Nina Salter, qui a exploité les sources suivantes : le professeur Dominique Lecomte, directrice de l'Institut médico-légal ; les archives du département de Seine-Maritime, de la Gendarmerie nationale, du commissariat central de Rouen ; les archives municipales de Rouen et celles de la préfecture ; la morgue de la ville de Rouen ; les rapports de la police centrale de Rouen ; les archives des secteurs de Dieppe, Neuchâtel et Rouen ; les archives de la presse régionale française ; les Archives nationales de Paris ; les rendus de la cour d'appel de 1895 à 1898 ; la collection historique de la ville de Dieppe ; les cours d'appel de Paris et de Rouen. Je remercie pour son aide précieuse Mme Annie Chassagne, conservateur en chef de la bibliothèque de l'Institut de France à Paris.

Évidemment, j'adresse mes respectueux et humbles remerciements à Scotland Yard, qui était peut-être jeune et inexpérimenté jadis, mais qui est devenu une force éclairée de lutte contre l'injustice. Ma gratitude va tout d'abord au remarquable chef adjoint, John D. Grieve ; et à mon collègue britannique dans la lutte contre le crime, l'inspecteur Howard Gosling ; à Maggie Bird ; au professeur Betsy Stanko ; au sergent inspecteur David Field. Je remercie les gens du Home Office et de la Metropolitan Police. Vous avez tous été coopératifs, courtois et pleins d'encouragements. Nul n'a essayé de me barrer la route ni de projeter la moindre ombre d'égotisme ni de faire obstacle – malgré le temps écoulé – à ce que la justice soit enfin rendue.

Ma plus grande gratitude va, comme toujours, à mon magistral correcteur, le Dr Charles Cornwell ; à mon agent Esther Newberg ; à mon éditeur britannique, Hilary Hale ;

à David Highfill et tous les excellents collaborateurs de mon éditeur américain, Putnam; et à ma conseillère éditoriale spéciale et mentor, Phyllis Grann.

Je rends hommage à ceux qui sont partis avant moi et ont consacré tous leurs efforts à la capture de Jack l'Éventreur. C'est maintenant chose faite. Nous avons réussi ensemble.

Patricia Cornwell

Bibliographie

Il existe déjà une abondance d'informations, de désinformations et de spéculations concernant l'identité et les crimes de Jack l'Éventreur. Pour les éléments factuels et l'orthographe des noms, je me suis basée entièrement sur mes sources principales et mon journal de référence, *The Times*.

Citation de la page 9 : H. M., *Twixt Aldgate Pump and Pope : The Story of Fifty Years Adventure in East London*, The Epworth Press, Londres, 1935. (Note : H. M. était missionnaire dans l'East End, et dans toutes ses publications il garde l'anonymat.)

Sources principales

Abberline, Frederick, Recueil d'articles de presse de l'inspecteur Abberline (journal intime non publié, conservé par Frederick Abberline, de 1878 à 1892). Avec l'aimable autorisation de Scotland Yard.

Alexander Pirie & Sons Ltd., fabricants de papier, Aberdeen, Écosse, Records and Papers : University of Aberdeen Historic Collections, Special Libraries et Archives.

Bibliothèque de l'Institut de France, Paris, Correspondance entre Jacques-Émile Blanche et Walter Sickert, documents n° 128, 132, 136, 137, 139, 148, 150-155, 168, 169, 171, 179, 180, 183-186.

Bird, Maggie, Inspecting Officer of the Records Management Branch de Scotland Yard, Interview, Londres, 4 mars 2002.

Christchurch Times, 12 janvier 1889 (notice nécrologique de Montague Druitt).

Cobden, Ellen, Lettre à son père, Richard Cobden, 30 juillet 1860, West Sussex Record Office, documents Cobden, #38E.

–, Lettres d'Ellen Melicent Cobden Sickert, West Sussex Record Office, réf. Cobden 965.

Cobden, Ellen, et Richard Brook Cobden, Lettres non datées (vers la fin des années 1840), West Sussex Record Office, réf. Add Ms 6036.

Cobden, Ellen Melicent, *A Portrait*, Richard Cobden-Sanderson, 17 Thavies Inn, 1920. (Un des 50 exemplaires imprimés pour usage privé par Woods & Sons, Islington).

Corporation of London Records Office, Dossiers des meurtres de Whitechapel. Ces dossiers renferment quelque trois cents lettres liées aux crimes de l'Éventreur.

Daily Telegraph, The, Londres, articles du 1er au 28 septembre et des 1er, 3, 4, 6 et 7 octobre 1888.

Dobson, James, Lettre à son épouse, 13 février 1787 (la veille de sa pendaison devant la porte des Débiteurs de la prison de Newgate). Collection de l'auteur.

Documents Cobden : Ellen Cobden Sickert, Jane Cobden Unwin, Richard Cobden, Jr., et Richard Cobden. West Sussex County Library.

"Double Duty", *The Police Review and Parade Gossip*, 17 avril 1893 et 18 août 1905.

Druitt Collection, West Sussex Record Office.

Druitt, Montague : Christchurch Library, Dorset ; Dorset Record Office ; Greenwich Local History Library ; Lewisham Local History et Archives.

Eastern Mercury, journal ; articles des 12 octobre 1888, 6 août 1889, 10 septembre 1889, 17 septembre 1889, 24 septembre 1889, 15 octobre 1889, 17 décembre 1889, 12 février 1889.

Édouard VII (roi), Lettre au professeur Ihre (tuteur allemand du prince Albert Victor), 12 juillet 1884. Collection de l'auteur.

Ffrangcon-Davies, Gwen, Lettres, Tate Gallery Archive.

Friel, Lisa, adjointe du District Attorney, *The People of the State of New York against John Royster*, transcription de son résumé d'inculpation, Cour suprême de l'État de New York, Comté de New York.

Hill's Hotel livre d'or, 1877-1888, Lizard Point, Cornouailles, Angleterre. Collection de l'auteur.

Home Office Records, Public Record Office, Kew, de HO 144/220/A49301 à HO 144/221/A49301K.

Hudson, Nan, Lettres, Tate Gallery Archive.

Illustrated Police News, The, de septembre à décembre 1888.

Irving, Henry, Correspondance privée (collection de lettres montrant toutes les villes dans lesquelles sa troupe et lui se sont produits). Collection de l'auteur.

Lessore, John, Conversation dans son atelier de Peckham, printemps 2001.

Llewellyn, Dr Rees Ralph, Informations concernant le Dr Llewellyn et les honoraires perçus par les médecins appelés par les *coroners* et la police, Archives du Royal London Hospital et registres médicaux de la Wellcome Medical Library.

Macnaghten, Melville, Mémorandum, 23 février 1894. Avec l'aimable autorisation de Scotland Yard.

Metropolitan Police, Rapports spéciaux sur le meurtre de Martha Tabran, 10 août-19 octobre, Public Record Office, Kew.

Metropolitan Police, archives : MEPO 2/22, MEPO 3/140-41, MEPO 3/3153-57, MEPO 3/182, Public Record Office, Kew.

Metropolitan Police, archives : musée du crime de la Metropolitan Police.

Metropolitan Police, archives : musée historique de la Metropolitan Police.

Metropolitan Police Museum, archives : détails concernant les ambulances, les locaux, les salaires, les uniformes et le matériel de la police.

Norwich, Julius (petit-fils du Dr Alfred Duff Cooper), Interview par téléphone, printemps 2001.

Pall-Mall Gazette, articles des 3, 6, 7, 8, 10, 14, 21, 24, 25, 27, 28 septembre et des 1er et 2 octobre 1888.

Pash, Florence, Documents de la collection Sickert, Islington Public Libraries.

Pritchard, Eleanor, « Les Filles de Cobden (2e partie) », West Sussex Public Record Office, réf. *West Sussex History Journal*, n° 26, septembre 1983.

Rhind, Neil, Transcription de la conversation du 21 novembre 1988, Archives de Lewisham.

St. Mark's Hospital, Interview des archivistes, 2001. (On m'informa que les dossiers de tous les anciens patients se trouveraient au St. Bartholomew's Hospital, or l'examen des registres ne fit apparaître aucune information antérieure à 1900.)

Sands, Ethel, Lettres, Tate Gallery Archive.

Sickert, Walter, Documents rassemblés, Islington Public Libraries. (Cette collection des documents personnels de Walter Sickert comporte des écrits de son père, Oswald Sickert, et plus de cent esquisses sur des bouts de papier, sans titre ni date, ni signature. Si l'on suppose que la sophistication d'un grand nombre de dessins indique qu'ils sont l'œuvre d'Oswald, il est raisonnable d'en attribuer certains à Walter. Le Dr Anna Robins, spécialiste de Sickert, qui a étudié ces dessins a confirmé que certains étaient très certainement de la main de Walter enfant, et peut-être jusqu'en 1880 ou 1881 quand il étudiait les beaux-arts.)

–, Lettre à Ciceley Hey, vers août 1923, Islington Public Libraries.

–, «The New Age», 14 mai 1914, Islington Public Libraries, collection Sickert.

–, Lettre à Bram Stoker, 1er février 1887, Leeds University Brotherton Library, Département des manuscrits et des collections spéciales.

–, Lettre à Jacques-Émile Blanche (vers 1906), Bibliothèque de l'Institut de France, Paris, Correspondance entre Jacques-Émile Blanche et Walter Sickert, document n° 182.

–, Lettre à Jacques-Émile Blanche (1906), Bibliothèque de l'Institut de France, Paris, Correspondance entre Jacques-Émile Blanche et Walter Sickert, documents n° 183-186.

–, Lettres à Virginia Woolf, New York Public Library.

–, Lettre à un destinataire inconnu, adresse de l'expéditeur : Frith's Studio, 15 Fitzroy Street (vers 1915). Collection de l'auteur.

–, Lettres et tirages de ses articles publiés. Collection de l'auteur.

–, Lettres, William Rothenstein Collection, Harvard University.

–, Dessins et peintures, Ashmolean Museum.

–, Dessins, Islington Central Library, Islington Archives, Londres.

– Dessins, Leeds City Art Gallery.

–, Dessins, Tate Gallery Archive.

–, Dessins, Université de Manchester, John Rylands Library et History of Art Dept.

–, Dessins, Université de Reading, Département d'histoire de l'art.

–, Dessins, Walker Art Gallery, Liverpool.

Sphere, The, « Sir Henry Irving, An Appreciation », 21 octobre1905.

Stage, The, « Death of Sir Henry Irving », 9 octobre 1905.

Stowe, Harriet Beecher, « Sunny Memories of Foreign Lands » (essai sur un petit déjeuner avec Richard Cobden), 1854. Documents de Richard Cobden, West Sussex Record Office, réf. Cobden 272.

Sunday Dispatch, Londres, articles des 2, 9, 16, 23 et 30 septembre 1888.

Sunday Weekly Dispatch, Londres, Carnet d'articles annotés (propriétaire original inconnu) du 12 août au 30 décembre 1888. Collection de l'auteur.

Swanwick, Helena Sickert, Correspondance, Bodleian Library, Oxford University.

–, Lettre, National Art Gallery, Victoria and Albert Museum.

Terry, Ellen, Lettre à un certain Mr Collier, 24 mars (sans doute au début des années 1900). Collection de l'auteur.

–, *The Story of my life*, Hutchinson & Co., Londres, 1908. Exemplaire personnel de Sickert, annoté de sa main. Collection de l'auteur.

The Times de Londres. (Ces journaux d'époque ne comprennent pas les éditions du dimanche ; ils ont été reliés à mon intention et je les ai lus dans leur totalité pour les années 1888, 1889, 1890, 1891. Toutes les références aux articles du *Times* proviennent de ces éditions originales.)

–, Articles des 13, 14, 17, 21 septembre et des 1er, 7, 8, 15, 16, 22, 23, 29 octobre 1907.

Université de Manchester, Département d'histoire de l'art. Collection des dessins de Sickert.

Victor, prince Albert, duc de Clarence, Lettres à son avocat George Lewis, 17 décembre 1890 et 15 janvier 1891. Collection de l'auteur.

Sources annexes

Ackroyd, Peter, *London : The Biography*, Chatto & Windus, Londres, 2000.

Adam, Hargrave L., *The Police Encyclopaedia*, The Blackfriars Publishing Co., Londres, vol. I, date inconnue (vers 1908).

Amber, Miles (Ellen Cobden Sickert), *Wistons : A Story in Three Parts*, Charles Scribner's Sons, New York, 1902.

American Psychiatric Association, *Diagnostic and Statistical Manual of Mental Disorders*, Washington, DC, 3e édition révisée, 1987.

Aronson, Theo, *Prince Eddy and the Homosexual Underworld*, John Murray, 1994.

Artists of the Yellow Book & the Circle of Oscar Wilde, The Clarendon & Parkin Galleries, 5 octobre-4 novembre 1983, Clarendon Gallery, Londres.

Ashworth, Henry, *Recollections of Richard Cobden, M.P., and the Anti-Corn League*, Cassell, Petter & Galpin, Londres (vers 1876).

Bacon, Francis, *Proficience of Learning, or the Partitions of Sciences*, Rob Yound & Ed Forest, Oxford, 1640.

Baedeker, Karl, *London and its Environs*, Karl Baedeker éd., Londres, 1908.

Baron, Wendy, *Sickert*, Phaidon Press Ltd., Londres, 1973.

Baron, Wendy, et Richard Shone, *Sickert : Paintings*, Yale University Press, New Haven et Londres, 1992.

Barrere, Albert, et Charles G. Leland, *A Dictionary of Slang, Jargon & Cant*, The Ballantyne Press, vol. I et II, 1890.

Baynes, C. R., *Hints on Medical Jurisprudence*, Madras, Messrs. Pharoah & Co., Mount Road, 1854.

Bell, Clive, *Old Friends*, Chatto & Windus, Londres, 1956.

Bell, Quentin, *Victorian Artists*, Routledge & Kegan Paul, Londres, 1967.

–, *Some Memories of Sickert*, Chatto & Windus, Londres (vers 1950).

Bertram, Anthony, éd., *Sickert*, World's Masters New Series, Londres, The Studio Publications, 1955.

Besant, Annie, *An Autobiography*, T. Fisher Unwin, Londres, 1893.

Besant, Walter, *East London*, Chatto & Windus, Londres, 1912.

Bingham, Madeleine, *Henry Irving and the Victorian Theatre : The Early Doors*, George Allen & Unwin, Londres, 1978.

Blair, R. J. R., « Neurocognitive Models of Aggression, the Antisocial Personality Disorders, and Psychopathy », *Journal of Neurology, Neurosurgery and Psychiatry*, décembre 2001.

Blake, P. Y., J. H. Pincus et C. Buckner, « Neurologic Abnormalities in Murderers », Department of Neurology, Georgetown University Medical Center, Washington, DC, 20007, *Neurology*, vol. 45 9, American Academy of Neurology, 1995.

Booth, général William, *In Darkest England and the Way Out*, International Headquarters of the Salvation Army, Londres, 1890.

Bower, Peter, *Turner's Later Papers : A Study of the Manufacture, Selection and Use of his Drawing Papers 1820-1851*, Tate Gallery Publishing, Oak Knoll Press, Londres, 1999.

Brimblecombe, Peter, *The Big Smoke,* Methuen, Londres et New York, 1987.

Bromberg, Ruth, *Walter Sickert : Prints*, Paul Mellon Centre Studies in British Art, Yale University Press, New Haven et Londres, 2000.

Brough, Edwin, *The Bloodhound and its Use in Tracking Criminals*, The Illustrated « Kennell News » Co., Ltd., 56 Ludgate Hill, Londres, non daté (vers 1900).

Brower, M. C., et B. H. Price, « Neuropsychiatry of Frontal Lobe Dysfunction in Violent and Criminal Behavior : A Critical Review », *Journal of Neurology, Neurosurgery and Psychiatry*, décembre 2001.

Browne, Douglas G., et E. V. Tullett, *The Scalpel of Scotland Yard : The Life of Sir Bernard Spilsbury*, E. P. Dutton & Co, Inc., New York, 1952.

Browse, Lillian, *Sickert*, Rupert Hart-Davis, Soho Square, Londres, 1960.

–, *Sickert,* Faber & Faber Ltd., Londres, 1943. (En achetant ce livre, j'eus le plaisir de découvrir qu'il avait appartenu à Dorothy Sayers.)

Carter, E. C., *Notes on Whitechapel*, Cassell & Co, Ludgate Hill, Londres, date inconnue (vers 1900).

Casanova, John N., *Physiology and Medical Jurisprudence*, Headland & Co., Londres, 1865.

Casper, Johann Ludwig, *A Handbook of the Practice of Forensic Medicine : Based Upon Personal Experience*, The New Sydenham Society, Londres, vol. I, 1861.

–, *A Handbook of the Practice of Forensic Medicine : Based Upon Personal Experience*, The New Sydenham Society, Londres, vol. III, 1864.

Cassell's Saturday Journal, Londres, 15 février 1890.

Chambers, E., *Cyclopaedia : of an Universal Dictionary of Arts and Sciences*, D. Midwinter, Londres, vol. I et II, 5e édition, 1741.

Cooper, Alfred, F.R.C.S., *Diseases of the Rectum and Anus*, J. & A. Churchill, Londres, 1892.

–, *A Practical Treatise on the Diseases of the Rectum*, H.K. Lewis, Londres, 1887.

Cotran, Ramzi S., Vinay Kumar et Stanley Robbins, *Robbins Pathologic Basis of Disease*, W.B. Saunders Company, Philadelphie, 5e édition, 1994.

Cruikshank, George, *Punch and Judy. Accompanied by the Dialogue of the Puppet-Show, an Account of its Origin, and of Puppet-plays in England*, S. Prowett, Londres, 1828.

Darwin, Charles, *The Expression of the Emotions : in Man and Animals*, John Murray, Londres, 1872.

DeForest, Peter R., R. E. Gaensslen et Henry C. Lee, *Forensic Science : An Introduction to Criminalistics*, McGraw-Hill, Inc., New York, 1983.

Di Maio, Dominick J., et Vincent J. M. Di Maio, *Forensic Pathology,* CRC Press, New York, 1993.

Dictionary of Modern Slang, Cant and Vulgar Words, by a London Antiquary, John Camden Hotten, Piccadilly, 1860.

Dilnot, George, *The Story of Scotland Yard,* Houghton Mifflin Co., New York, 1927.

Dorries, Christopher, *Coroner's Courts : A Guide to Law and Practice*, John Wiley & Sons, New York, 1999.

Douglas, John, et Mark Olshaker, *The Anatomy of Motive,* Scribner, New York, 1999.

Douglas, John E., Ann W. Burgess, Allen G. Burgess et Robert Ressler, *Crime Classification Manual*, Lexington Books, New York, 1992.

Edsall, Nicholas C., *Richard Cobden, Independent Radical*, Harvard University Press, Cambridge, Massachusetts, 1986.

Ellman, Richard, *Oscar Wilde*, Hamish Hamilton, Londres, 1988.

Emmons, Robert, *The Life and Opinions of Walter Richard Sickert*, Faber & Faber Ltd., Londres, 1941.

Evans, Stewart P., et Keith Skinner, *Jack the Ripper : Letters from Hell*, Sutton Publishing Ltd., Stroud, R.-U., 2001.

–, *The Ultimate Jack the Ripper Sourcebook*, Constable & Robinson Ltd., Londres, 2000.

Evelyn, John, *Fumifugium, or the Inconvenience of the Aer and Smoake of London Dissipated*, National Smoke Abatement Society, réimp. édition de 1661, 1993.

Fairstein, Linda A., *Sexual Violence*, William Morrow & Co, New York, 1993.

Farr, Samuel, *Elements of Medical Jurisprudence*, J. Callow, Londres, 1814.

Fisher, Kathleen, *Conversations with Sylvia*, rassemblées par Eileen Vera Smith, Charles Skilton, 1975.

Fishman, William J., *East End 1888*, Hanbury, Londres, 2001.

Frith, Henry, *How to Read Character in Handwriting*, Ward, Lock, Bowden & Co., New York, 1890.

Furniss, Harold, éd., *Famous Crimes*, Fleet Street, Londres, éditions de septembre-novembre 1888.

Galton, Sir Francis, *Fingerprint Directories*, Macmillan & Co., Londres, 1895.

–, *Inquiries into Human Faculty and its Development*, Macmillan & Co., Londres, 1883.

Gilberth, Vernon J., *Practical Homicide Investigation*, CRC Press, Boca Raton, FL, 2ᵉ édition, 1993.

Granshaw, Lindsay, *St. Mark's Hospital, London,* King Edward's Hospital Fund for London, 1985.

Griffith, maj. Arthur, *The World's Famous Prisons: An Account of the State of Prisons from the Earliest Times to the Present Day, With the History of Celebrated Cases*, non daté (vers 1905).

Guerin, Marcel, et Bruno Cassirer, éds., *Degas Letters*, Oxford, non daté (vers le milieu des années 1900).

Guy, William Augustus, et David Ferrier, *Principles of Forensic Medicine*, Henry Renshaw, Londres, 1875.

Hamnett, Nina, *Laughing Torso*, Constable & Co. Ltd., Londres, 1921.

Hampstead Artists'Council, Camden Town Group. Hampstead Festival Exhibition Catalogue, 1965.

Harrison, Michael, *Clarence : Was He Jack the Ripper ?*, Drake Publishers Inc., New York, 1972.

Heywoode, Thomas, *Gynaikeion : or, Nine Bookes of Various History Concerning Women ; Inscribed by the names of the Nine Muses*, Adam Islip, Londres, 1624.

Hinde, Wendy, *Richard Cobden : A Victorian Outsider*, Yale University Press, New Haven et Londres, 1987.

Hone, Joseph, *The Life of Henry Tonks,* William Heinemann Ltd., Londres, 1939.

–, *The Life of George Moore*, Victor Gollancz Ltd., Londres, 1936.

Hooke, Robert, *Micrographia : Or Some Physiological Descriptions of Minute Bodies Made by Magnifying Glasses. With Observation and Inquiries Thereupon*, Jo. Martyn et Ja. Allestry, imprimeurs de la Royal Society, Londres, 1665.

House, Madeline, et Graham Storey, éds., *The Letters of Charles Dickens*, vol. II : *1840-1841*, Clarendon Press, Oxford, 1969.

Howard, John, *The State of the Prisons in England and Wales, with Preliminary Observations, and an Account of Some Foreign Prisons and Hospitals,* William Eyres, Londres, 1784.

Howship, John, *Disease of the Lower Intestines, and Anus*, Longman, Hurst, Rees, Orme & Brown, Londres, 1821.

Jervis, John, *A Practical Treatise on the Office and Duties of Coroners : with Forms and Precedents*, S. Sweet,

W. Maxwell et Stevens & Norton, Law Booksellers and Publishers, Londres, 1854.

Johnson, Samuel, *A Dictionary of the English Language*, W. Strahan, Londres, vol. I et II, 2ᵉ édition, 1756.

–, *A Dictionary of the English Language*, Londres, vol. II, 1810.

Kersey, John, *Dictionarium Anglo-Britannicum*, J. Wilde, Londres, 1708.

Krill, John, *English Artists' Paper : Renaissance to Regency*, Winterthur Gallery, Oak Knoll Press, Londres, 2002.

Kuhne, Frederick, *The Finger Print Instructor*, Munn & Co, Inc., New York, 1916.

Larson, J. A., *Single Fingerprint System*, D. Appleton & Co, New York, 1924. (Un petit détail intéressant : le 3 septembre 1938, l'auteur offrit ce livre à un collègue et écrivit : « Avec ma plus grande reconnaissance, en souvenir des heures passées à rechercher la vérité. » Et, au-dessous, M. Larson a laissé l'empreinte de son pouce gauche, à l'encre.)

Laski, Harold J., et Sidney et Beatrice Webb, *The Socialist Review* (vers 1929).

Lattes, Leone, *Individuality of the Blood : In Biology and in Clinical and Forensic Medicine*, Oxford University Press, Londres, 1932. (Je fus fascinée en découvrant, après avoir acheté ce livre, qu'il avait jadis appartenu au Dʳ Bernard Spilsbury, et apparemment certains passages clés concernant la médecine légale avaient été soulignés par lui. Spilsbury était peut-être le plus célèbre pathologiste de toute l'histoire de l'Angleterre. On le surnommait « le témoin incomparable » et on estimait qu'il avait effectué plus de 25 000 autopsies dans sa carrière.)

Laughton, Bruce, *Philip Wilson Steer, 1860-1942*, Clarendon Press, Oxford, 1971.

Laver, James, *Whistler*, Faber & Faber, Londres, 1930.

Leeson, ex-dét. sergent B., *Lost London : The Memoirs of an East End Detective*, Stanley Paul & Co., Ltd., Londres, non daté (vers 1900).

Lilly, Marjorie, *Sickert : The Painter and His Circle*, Elek Books Ltd., Londres, 1971 ; Noyes Press, New Jersey, 1973.

London, Jack, *The People of the Abyss*, The Macmillan Company, New York, 1903.

Luckes, Eva, C. E., *Matron, the London Hospital 1880-1919*, the London Hospital League of Nurses (non daté).

MacDonald, Arthur, *Criminology*, Funk & Wagnalls Co., Londres, 1893.

MacGregor, George, *The History of Burke and Hare*, Thomas D. Morison, Glasgow, 1884.

Macnaghten, Sir Melville, *Days of My Years*, Edward Arnold, Londres, 1914.

Magnus, Philip, *King Edward the Seventh*, John Murray, Londres, 1964.

Maile, George Edward, *Elements of Juridical of Forensic Medicine : For the Use of Medical Men, Coroners and Barristers*, E. Cox & Son, Londres, 1818.

Malthus, Thomas Robert, *An Essay on the Principle of Population, As It Affects the Future Improvement of Society*, J. Johnson, Londres, 1798.

Marsh, Arnold, *Smoke : The Problem of Coal and the Atmosphere*, Faber & Faber Ltd., Londres, non daté (vers 1947).

Martin, Theodore, *The Life of His Royal Highness the Prince Consort*, Smith, Elder & Co., Londres, 1880.

Mellow, J. E. M., *Hints on the First Stages in the Training of a Bloodhound Puppy to Hunt Man,* édité à titre privé, Cambridge, 1934.

Morley, John, *The Life of Richard Cobden*, Chapman & Hall, vol. I et II, 1881.

Moyland, J. F., *Scotland Yard and The Metropolitan Police*, G. P. Putnam's Sons, Londres, 1929.

Oliver, Thomas, *Disease of Occupation*, Methuen & Co., Ltd., 1916.

Pennell, J., et E. R. Pennell, *The Whistler Journal*, J.B. Lippincott Co., Philadelphie, 1921.

–, *The Life of James McNeill Whistler*, William Heinemann, Londres, vol. II, 1908.

Petroski, Henry, *The Pencil : A History of Design and Circumstance*, Alfred Knopf, New York, 2000.

Pickavance, Ronald, *Sickert,* The Masters 86 (publié initialement en Italie en 1963), Knowledge Publications (Purnell & Sons Ltd.), Londres, 1967.

Poore, G. V., *London (Ancient and Modern). From a Sanitary and Medical Point of View*, Cassell & Co., Londres, 1889.

Powell, George, *The Victorian Theatre, A Survey*, Geoffrey Cumerlege, Oxford University Press, Londres, 1956.

Prothero, Margaret, *The History of the Criminal Investigation Department at Scotland Yard*, Herbert Jenkins Ltd., Londres, 1931.

Robins, Anna Gruetzner, *Walter Sickert : The Complete Writings on Art*, Oxford University Press, Oxford, 2000.

–, *Walter Sickert : Drawings*, Scolar Press, Gower House, 1996.

–, «Sickert "Painter-in-Ordinary" to the Music-Hall», dans *Sickert Paintings*, Wendy Baron et Richard Shone, éds.,

Yale University Press, New Haven et Londres, 1992.

Rodwell, G. F., éd., *A Dictionary of Science*, E. Moxon, Son & Co., Londres, 1871.

Rogers, Jean Scott, *Cobden and His Kate : The Story of a Marriage*, Historical Publications, Londres, 1990.

Rothenstein, John, *Modern English Painters : Sickert to Smith*, Eyre & Spottiswoode, Londres, 1952.

Rothenstein, William, *Men and Memories*, Faber & Faber, Londres, vol. I-III, 1931-1939.

Sabbatini, Renato M. E., « The Psychopath's Brain », *Brain & Mind Magazine,* septembre-novembre 1998.

Saferstein, Richard, *Criminalistics : An Introduction to Forensic Science*, Prentice Hall, New Jersey, 7e édition, 2001.

St. John, Christopher, éd., *Ellen Terry and Bernard Shaw*, The Fountain Press, New York, 1931.

Sanger, William W., *The History of Prostitution : Its Extent, Causes and Effects Throughout the World, Report to the Board of Alms-House Governors of the City of New York*, Harper & Brothers, New York, 1859.

Scott, Harold, *The Early Doors : Origins of the Music Hall*, Nicholson & Watson Ltd., Londres, 1946.

Sickert, Walter, « The Thickest Painters in London », *The New Age*, 18 juin 1914.

–, version non publiée de « The Perfect Modern », *ibid.*, 9 avril 1914.

–, « The Old Ladies of Etching-Needle Street », *The English Review*, janvier 1912.

–, « The International Society », *ibid.*, mai 1912.

–, « The Royal Academy », *ibid.*, juillet 1912.

–, « The Aesthete and the Plain Man », *Art News*, 5 mai 1910.

–, « Idealism », *ibid.*, 12 mai 1910.

–; « The Spirit of the Hive », *The New Age*, 26 mai 1910.

–, « Impressionism », *ibid.*, 30 juin 1910.

–, brouillon d'article, « Exhibits », non daté.

Sickert, The Fine Art Society, Ltd., 148 New Bond St., Londres, 21 mai-8 juin 1973.

Sickert, Walter Richard, *Drawings and Paintings, 1890-1942,* catalogue, Tate Gallery, Liverpool.

Sickert, Walter, *Centenary Exhibition of Etchings & Drawings*, 15 mars-14 avril. Thomas Agnew & Sons, Ltd., Londres, 1960.

Sickert, Bernhard, *Whistler*, Duckworth & Co., Londres, non daté.

Sims, George R., éd., *Living London*, Cassell & Co, Ltd., Londres, vol. I, 1902.

Sinclair, Robert, *East London*, Robert Hale Ltd., 1950.

Sitwell, Osbert, *Noble Essences*, Macmillan & Co., Ltd., Londres, 1950.

–, *A Free House ! Or the Artist as Craftsman, Being the writings of Walter Richard Sickert*, Macmillan & Co., Londres, 1947.

Slang Dictionary, The : Etymological, Historical and Anecdotal, Chatto & Windus, Londres, non daté (vers 1878).

Smith, Thomas, et William J. Walsham, *A Manual of Operative Surgery on the Dead Body,* Longmans, Green & Co., Londres, 1876.

Smith, lieut.-col. Sir Henry, *From Constable to Commissioner*, Chatto & Windus, Londres, 1910.

Stevenson, Robert Louis, *The Strange Case of Dr Jekyll and Mr Hyde*, Longmans, Green & Co., Londres, 1886.

Stoker, Bram, *Personal Reminiscences of Henry Irving*, William Heinemann, Londres, vol. I et II, 1906.

Sutton, Denys, *Walter Sickert : A Biography*, Michael Joseph Ltd., Londres, 1976.

Swanwick, H. M., *I Have Been Young*, Victor Gollancz Ltd., Londres, 1935.

Taylor, Alfred Swaine, *The Principles and Practice of Medical Jurisprudence*, John Churchill & Sons, Londres, 1865.

World's Famous Prisons, The, The Grolier Society, Londres, vol. II, non daté (vers 1900).

Thompson, Sir. H., *Modern Cremation*, Smith, Elder & Co., Londres, 1899.

Treves, Sir Frederick, *The Elephant Man, and Other Reminiscences*, Cassell & Co., Londres, 1923.

Troyen, Aimee, *Sickert as Printmaker*, Yale Center for British Art, 21 février 1979.

Tumblety, Dr Francis, *The Indian Herb Doctor : Including His Experience in the Old Capitol Prison,* Cincinnati (édité à compte d'auteur), 1866.

Walford, Edward, *Old and New London*, Cassell, Petter, Galpin & Co., Londres, vol. III, date inconnue (vers la fin du XIXe siècle).

Webb, Beatrice, *My Apprenticeship*, Longmans, Green & Co., Londres, 1926.

Welch, Denton, «Sickert at St. Peter's», in *Late Sickert, Paintings 1927-1942*, Arts Council of Great Britain, 1981.

Wheatley, H. B., *Reliques of Old London Suburbs, North of the Thames*, lithographie de T. R. Way, George Bell and Sons, Londres, 1898.

Whistler, James McNeill, *The Baronet & the Butterfly : Eden Versus Whistler*, Louis-Henry May, Paris, 10 février 1899. (Cet ouvrage a appartenu à un proche de Sickert, l'artiste et écrivain William Rothenstein.)

–, *Mr Whistler's Ten O'Clock*, Londres, 1888.

Whistler : *The International Society of Sculptors, Painters & Gravers, Catalogue of Paintings, Drawings, Etchings and Lithographs,* William Heinemann, Londres (vers 1905).

Wilde, Oscar, *The Trial of Oscar Wilde*. À partir des rapports sténographiés, imprimé à titre privé, Paris, 1906.

Wollstonecraft, Mary, *Equality for Women Within the Law*, J. Johnson, Londres, 1792.

Wray, J. Jackson, *Will it Lift ? The Story of a London Fog*, James Nisbet & Co., Londres, non daté (probablement vers 1900).

Index des noms de personnes

Table

Composition réalisée par CHESTEROC Ltd

Achevé d'imprimer en mai 2007 en France sur Presse Offset par

C P I
Brodard & Taupin

La Flèche (Sarthe).
N° d'imprimeur : 40976 – N° d'éditeur : 87257
Dépôt légal 1re publication : février 2004
Édition 04 – mai 2007
LIBRAIRIE GÉNÉRALE FRANÇAISE – 31, rue de Fleurus – 75278 Paris cedex 06.